Erfolg in der agilen Transformation

Susanne Zech

Erfolg in der agilen Transformation

Anleitung für die Reise in die Agilität

 Springer Gabler

Susanne Zech
Gasel, Schweiz

ISBN 978-3-658-36138-9   ISBN 978-3-658-36139-6   (eBook)
https://doi.org/10.1007/978-3-658-36139-6

Die Deutsche Nationalbibliothek verzeichnet diese Publikation in der Deutschen Nationalbibliografie;
detaillierte bibliografische Daten sind im Internet über http://dnb.d-nb.de abrufbar.

Planung/Lektorat: Ulrike Loercher
Springer Gabler ist ein Imprint der eingetragenen Gesellschaft Springer Fachmedien Wiesbaden GmbH
und ist ein Teil von Springer Nature.
Die Anschrift der Gesellschaft ist: Abraham-Lincoln-Str. 46, 65189 Wiesbaden, Germany

Vorwort

Haben Sie auch schon einmal ein Produkt mit dem Aufdruck „100 % Natur" gekauft und zu Hause festgestellt, dass es sich doch eher um eine Chemiebombe handelt? Oder war die wunderbare Hochglanz-Beschreibung des überteuerten Feriendomizils eher eine Meisterleistung fantastischer Literatur? Dann sind Sie wohl einem unschönen Etiketten-schwindel aufgesessen. Und damit sind Sie nicht allein. Auch im Berufsleben begegnen uns diese schließlich in schöner Regelmäßigkeit. Da werden Projekte bis zur letzten Sekunde mit einem grünen Erfolgs-status etikettiert, um kurz vor Abschluss nach einem rasanten Sturzflug massive Krater zu hinterlassen. Kaschierte Qualitäts- und Sicherheits-lücken kosten Unternehmen Geld, Ansehen und nicht selten empfind-liche Marktanteile. In den letzten Jahren konnte ich in meiner Tätigkeit als agile Coach immer wieder Situationen erleben, in welchen Schein und Sein im Widerspruch standen. Dann nämlich, wenn es um die Ein-führung agiler Praktiken und Prinzipien ging. Dabei boomt der Markt nach wie vor im Sektor Befähigung zur Agilität. In unzähligen Büchern, Blogs, Konferenzen übertrumpfen sich Experten und Beratungsfirmen gegenseitig mit Heilsversprechen und Patentrezepten. Wozu also schon wieder ein Buch zum Thema? Ist nicht längstens alles gesagt, das

Topic hinlänglich bekannt? Ich denke nicht. Denn es scheint aktuell eher schwerer als leichter zu werden, Agilität in Unternehmen einzuführen und nachhaltig zu verankern. Ich möchte niemandem hier die Expertise absprechen. Doch ich konnte in der Vergangenheit immer wieder erleben, dass der Transfer von der Hochglanz-Präsentation in eine komplexe, reale Praxis harzt, und das nicht nur in Einzelfällen. Was macht die Umsetzung so schwierig, lässt Transformationen trotz Beratern, Theorien, Best Practices und Gantcharts zum Etikettenschwindel degenerieren?

> Eine agile Transformation ist für mich die Reise eines komplexen Systems, um von einem bekannten, starren, reaktiven Modus in eine neue, spannende, aber auch herausfordernde Destination zu gelangen.

Die Welt dreht sich, wirtschaftlich gesehen, immer schneller: Kurznachrichten statt Brief, Digitalfoto statt Fotoabzug, Smartphone statt Festnetz, Onlineportale statt Treffpunkte. Doch der Komfort hat seinen Preis. Die Dynamik des ständig Neuen und die exponentiell steigende Komplexität lassen uns schwindelig werden. Willkommen im digitalen Zeitalter. Für so manches Unternehmen werden die Anforderungen des volatilen, unsicheren und mehrdeutigen Marktes zum zerstörerischen Wirbelsturm. Denn nicht Effizienz ist heute noch der alleinige Erfolgsfaktor. Innovation wird überlebenswichtig. Märkte erscheinen und verschwinden fast über Nacht. Wer dann noch versucht, ein Unternehmen im 21. Jahrhundert mit Methoden und Strategien des 19. oder 20. Jahrhunderts zu managen, hat schon verloren. Das ist bekanntlich der Grund, warum Organisationen agiler werden wollen. Denn wie wir wissen, überleben nicht der oder die Stärksten oder Klügsten auf dem Markt, sondern diejenigen, die sich am besten und schnellsten anpassen können. Agilität beschreibt genau diese Fähigkeit. Es geht darum, Veränderungen und die damit verbundenen Herausforderungen als Chance zu sehen. Wir müssen proaktiv, den Wandel selbst auslösend, und reaktiv, in Anbetracht des Unerwarteten, handeln. Und schon fliegen sie wieder, die Buzzwords. Was heißt das übersetzt in konkrete Aktionen für ein konkretes Unternehmen, die Mitarbeitenden, das Management? In Transformationen wird viel Theorie gewälzt, diskutiert, präsentiert. Wahre Evangelien der einzigen Wahrheit wechseln sich ab mit schillernden Leuchtreklamen der teuer eingekauften Beratungsfirmen. Dabei ist jedes Unternehmen, meiner persönlichen Erfahrung nach, ein hoch komplexes Konstrukt, das sich nicht über einen standardisierten Einheitskamm scheren lässt.

Heißt eine agile Transformation, im Namen der Agilität alles zu vergessen und neu zu erfinden? Ich sehe genau das Gegenteil, um erfolgreich zu sein. Wir benötigen ein sehr gutes Verständnis unserer Ausgangslage und unserer Vergangenheit, die uns dahin gebracht hat, wo wir heute stehen, sowie ein sinnvolles, motivierendes Ziel vor Augen. Es geht nicht um ein blindes „Weg-von". Wir sollten vielmehr diese Reise sauber planen und uns in die schwindelnden Höhen der organisatorischen Veränderung wagen, mit allen Unvorhersehbarkeiten und Turbulenzen. Wir alle, ob Manager, Coach oder Mitarbeitende, haben in der Vergangenheit persönliche, team- und unternehmens-spezifische Erfahrungen gemacht. Wir bringen unsere Geschichte, unser Wissen, unsere Kompetenzen mit, daneben aber auch unsere mehr oder weniger begründeten Ängste und Befürchtungen. Diese Tatsache fordert Unternehmen bei Veränderungsprozessen heraus. Und genau hier setzt mein Buch an. Denn selbstverständlich setzten wir uns nicht blind-lings in irgendeinen Flieger, ohne zu planen, zu buchen und Koffer zu packen. Wir überlegen uns, wohin es gehen soll, wie viel wir investieren können und wollen, wer mit uns reisen wird. Und wie jede große Reise, beginnt alles mit dem Ziel, dem Sinn und Zweck. Für eine erfolg-reiche Transformation haben wir unsere Destination klar vor Augen. Es geht nicht um Agilität, um der Agilität willen. Natürlich wollen wir alle ins Paradies, 5-Sternhotel mit Meerblick und Skipiste vor der Tür. Ach ja – und nicht zu vergessen: das Ganze bitte mit der gewohnten Hausmannskost.

Was versprechen wir uns also vom Schritt in die Agilität? Wir wollen unsere Anpassungs- und Reaktionsgeschwindigkeit erhöhen, die Time-to-Market reduzieren, die Produktivität unserer Teams steigern und bei alledem Planbarkeit und Verlässlichkeit verbessern. Doch das allein wird nicht reichen. Wir müssen auch als Arbeitgeber attraktiver werden.

Denn die Zeiten, in denen die Mitarbeitenden nach tayloristischem Weltbild die willenlosen Rädchen waren, die von einigen wenigen getrieben, kontrolliert und gesteuert wurden, abhängig vom Wohlwollen des Vorgesetzten, sind vorbei. Die Digitalisierung verlangt und fördert Wissensarbeit, die es Unternehmen ermöglicht, der Konkurrenz um die entscheidende Nasenspitze voraus zu sein. Dazu muss eine Organisation als Arbeitgeber attraktiv für neue Talente sind, sie ansprechen, motivieren und unterstützen. Nur dann wird es gelingen, das ungeheure Potenzial unserer Mitarbeitenden als unseren wichtigsten Erfolgsfaktor zu nutzen. Sie sind es, die den Mehrwert generieren, den Erfolg des Unternehmens ausmachen und die Organisation gestalten. Möchten wir das System ändern, kommen wir an dieser Tatsache nicht vorbei. Wir müssen umdenken, traditionsgeprägte Strukturen, Werte und Menschenbilder über Bord werfen und uns auf das Abenteuer der Transformationsreise einlassen.

Doch Hand aufs Herz: Wie weit wollen wir uns tatsächlich vom heutigen Stand entfernen? Sind wir wirklich bereit, das bekannte, bequeme Zuhause zu verlassen? Würde es nicht genügen, die Wände zu streichen und ein paar schicke Etiketten aufzukleben? Wenn wir die Vorteile der Agilität nutzen wollen, müssen wir leider in den sauren Apfel beißen. Denn wir kratzen damit nicht nur ein wenig am Lack. Abläufe, Rollen und Machtpositionen werden berührt, verändert. Im Laufe einer Transformation geht es, wie ich immer wieder beobachten konnte, nicht um abstrakte Prozesse und theoretische Strukturen. Wir können auch nicht nach dem Motto fahren „wasch' mich, aber mach' mich nicht nass". So sehe ich, wie Teams den agilen Ritterschlag erhalten, aber keine echte Selbstorganisation zugelassen wird sowie traditionelle Verhaltensweisen beibehalten werden. Bitte verstehen Sie mich richtig. Das betrifft nicht nur das Management, das gewillt sein muss, diese Veränderungen zuzulassen. Ich beobachte in schöner Regelmäßigkeit ein gravierendes Missverständnis, wenn es um die Einführung von Agilität geht. Nämlich die Annahme, dass die Belegschaft nur darauf gewartet hat „agil" zu werden. Selbstorganisation bedeutet auch Verantwortung mit deutlichem Mehraufwand im Vergleich zum einfachen Geführt-Werden. Es heißt, neue Verhaltensweisen zu erarbeiten, Fehler zu machen und daraus zu lernen. Den Vorteil des Ganzen kann ich rational verstehen. Um es aber emotional fassen zu können, muss ich es tun, erleben, erfahren. Hier helfen keine Bekehrungen, sondern nur ein an die Hand nehmen, führen und loslassen.

Ich wundere mich, wie oft Agilität simplifiziert wird. Eine vorübergehende kleine Platzrunde ist ja ganz nett. Wenn es dann aber an den Langstreckenflug geht, beginnen schnell einmal die Gravitationskräfte und Seitenwinde zu wirken. Wenn wir die unausweichlichen Turbulenzen einer organisatorischen Veränderung erfolgreich meistern wollen, gehört nicht nur Mut und Durchhaltewillen dazu. Wir brauchen gute Vorbereitung und ein tragfähiges, systemangepasstes Transformationsdesign, um unserer Organisation die notwendige Sicherheit bieten zu können und steuerungsfähig zu bleiben.

Und wie kommen wir nun zum hoch gepriesenen Allheilmittel unserer Probleme? Für mich ist Agilität allerdings vielmehr ein Hilfsmittel, kein Wundermittel. Sehr oft zeigt sich bereits schon vor Beginn der Transformation ein zentrales Missverständnis. Denn Agilität lässt sich nicht kaufen, nicht verordnen. Eine solche organisatorische Veränderung ist weder ein simples Projekt noch eine Checkbox auf unserer To-do-Liste. Meiner Erfahrung nach verändern wir damit das System, verändern uns und die Art und Weise, wie wir die Welt sehen. Agilität ist für mich die schrittweise Evolution der Organisation. Sie wirkt im und aus dem System. Wir haben es dabei auch mit massiven Wechselwirkungen zu tun. Denn wir befinden uns nicht unter Laborbedingungen mit 100-prozentiger Kontrolle über alle Komponenten und Faktoren. Das angehend agile System kommt in Bewegung und entwickelt dabei stets eine Eigendynamik, die es zu handhaben gilt. Bewegt sich nichts, ist das für mich ein klares Anzeichen dafür, dass wir ein grundsätzliches, tiefer liegendes Problem haben. In meinem Buch gehe ich auf diese Herausforderungen ein, zeige auf, was auf unserer gemeinsamen Reise zu beachten ist und wie wir Turbulenzen am besten angehen können. Bei einer agilen Transformation müssen die Aktivitäten auf allen Ebenen zusammenspielen. Wir benötigen eine einheitliche Ausrichtung, um Chancen für eine nachhaltige Verankerung zu haben. Etiketten kleben, Mushrooming und Buzzword-Bingo hilft höchsten Einzelnen, sich zu profilieren, nicht aber der Organisation und seinen Mitarbeitenden. Inkonsistenzen, fehlende Abstimmung und Steuerungsmechanismen können zu widersprüchlichen Wahrnehmungen und in der Folge zu Verunsicherung und Ablehnung führen.

Den Weg in die Agilität sollten wir, wie jede Reise, angemessen planen, mit allen unbekannten Faktoren, die ein solches Unterfangen mit sich bringt. Wohin soll es gehen? Wo und unter welchen Bedingungen starten wir? Daraus leiten wir ab, welche Koffer wir packen müssen, um uns nicht im Bikini Erfrierungen auf dem Gletscher zu holen oder einen Hitzschlag im Wollpullover am Strand. Danach geht es in die eigentliche Startphase, bei der wir aktiv gegen die systeminternen und -externen Gravitationskräfte ankämpfen werden. Auf unserer Flughöhe angekommen, genügt es dann nicht, den Autopiloten einzuschalten und die Transformation sich selbst zu überlassen. Wir brauchen aktive Partizipation und Steuerungsmechanismen, um nicht in der nächsten Gewitterwolke zu landen, Triebwerkschäden zu handhaben oder in kritischen Grenzregionen die richtigen Entscheidungen zu treffen. Es gibt verschiedene Stolpersteine und Tabuthemen, die unseren Transformationsflug herausfordern werden, wenn nicht gar einen Absturz provozieren können. Und schließlich müssen wir die Agilität sauber verankern und die Transformation auf den Boden bringen. Nicht selten stagnieren Unternehmen im kräftezehrenden Ausnahmemodus, statt die neuen Strukturen und Prozesse als Standard zu etablieren.

Im vorliegenden Buch geht es darum, die Transformation über ein nachvollziehbares, visuelles Beispiel einer Reiseanleitung darzustellen. Ich möchte damit die komplexe Abstraktion agiler Prinzipien und Praktiken greifbar und handhabbar machen. Erwarten Sie in diesem Buch keine Einführung in die Tiefen einzelner Methoden oder Patentrezepte. Ich möchte Sie vielmehr dazu animieren, den ganzheitlichen Blick auf die Organisation als lebendigen, aktiven Organismus zu richten. Eine agile Transformation bietet unbestrittene Chancen, aber auch Risiken. Dieses Buch wird es Ihnen nicht abnehmen, sich diesen zu stellen.

Begeben Sie, liebe Leserin und lieber Leser, sich mit mir gemeinsam auf diese spannende, turbulente und herausfordernde Reise, um schließlich mit den fantastischen Vorteilen einer echten agilen Organisation dem Markt die Stirn bieten zu können. Steigen Sie also ein und lassen Sie uns die Reise antreten.

Susanne Zech

Inhaltsverzeichnis

1

Auf zu neuen Welten – das Unternehmen und das Land der Agilität

Zusammenfassung Unternehmen stehen heute vor enormen Herausforderungen eines volatilen Marktes. Eine agile Transformation kann je nach Umsetzung die notwendige Anpassungsfähigkeit der Organisation bringen oder aber zu zusätzlichen, kostspieligen Problemstellungen führen. Setzen wir das Unterfangen mit einer Flug-Reise gleich, so müssen verschiedene Anforderungen und Wünsche bedacht, die Zieldestination und Reiseroute definiert, Koffer gepackt, Wetterbedingungen und mögliche Turbulenzen auf dem Weg zum Ziel bedacht werden. Nur so können wir mit angemessenen Steuerungsmechanismen gut aufgestellt auch tatsächlich im Land der Agilität ankommen und die Vorteile dort im Sinne des Unternehmens nutzen.

Flughafen Zürich, ein Flieger nach dem anderen donnert über die Piste, um das Wunder des Fliegens zu vollbringen. Massen von Material und Menschen erheben sich entgegen ihrer Natur in die Lüfte, um ihre jeweilige Zieldestination zu erreichen. Die Flugzeuge bringen Personen und Waren in Bewegung, so wie wir uns auch von agilen Transformationen wünschen, dass sie unser Unternehmen in Bewegung bringen und uns in einen langfristig marktfähigen Zustand bringen.

© Der/die Autor(en), exklusiv lizenziert durch Springer Fachmedien Wiesbaden GmbH, ein Teil von Springer Nature 2022
S. Zech, *Erfolg in der agilen Transformation,*
https://doi.org/10.1007/978-3-658-36139-6_1

Vor noch nicht allzu langer Zeit erst begann die Eroberung der Luft-
räume. Das Fliegen wurde in der Mythologie und der Antike oft als
Attribut und Privileg der Götter angesehen. Doch der Mensch strebte
immer wieder danach, an diesem Privileg teilzuhaben, um die gegebenen
Grenzen der Mobilität zu überwinden. Eine der bekanntesten antiken
Sagen dürfte jene von Dädalus und Ikarus des Dichters Publius Ovidius
Naso in seinem Werk Metamorphosen sein (Holzberg N, 2016). Die
Hauptakteure wollten mit selbst gebauten Schwingen aus mit Wachs
verklebten Vogelfedern von Kreta nach Sizilien flüchten. Der Sage nach
war die Technik funktionsfähig. Dass es nicht funktionierte und Ikarus
letzten Endes abstürzte, lag vielmehr daran, dass er sich der Sonne und
damit dem Bereich der Götter zu sehr genähert hatte und quasi als
Strafe für den Frevel, das Wachs der Flügel schmolz, Ikarus ins Meer
stürzte. Aber die Menschen gaben nicht auf. Es wurden immer neue
Mittel und Wege gesucht, die Schwerkraft zu bezwingen und die Freiheit des Fliegens zu erlangen. Ziehen wir einen Vergleich zu heutigen
Unternehmen, schwingen sich immer mehr größere und kleinere
Organisationen hinauf in teilweise schwindelnde, turbulente Höhen
auf dem Weg zu einer erfolgreichen, stabilen Marktpositionierung und
erleben nicht selten die eine oder andere böse Überraschung dabei.

Betrachten wir die Entwicklung vom ersten bemannten Motorflug-
zeug der Amerikaner Wilbur und Orville Wright am 17. Dezember
1903 über das erste als Passagierflugzeug konstruierte Verkehrsflugzeug
Sikorsky Ilja Muromez, die 1914 mit einer geschlossenen, beheizten
und beleuchteten Passagierkabine Platz für 16 Personen bot, bis heute,
so zeigte sich eine enorm steile Entwicklungskurve. Waren Ende 2012
weltweit bereits ca. 20'310 Verkehrsflugzeuge im Einsatz, stieg die Zahl
der jährlichen Flüge fortlaufend bis zu knapp 47 Mio. weltweiter Flüge
im Jahr 2019. Betrachten wir parallel dazu die wirtschaftliche Entwicklung in der Schweiz zwischen 1919 und 2019, so wird das BPI für
1920 mit ca. 2'680 CHF pro Kopf angegeben. Für 2019 sprechen wir
dagegen bereits von 80'990 CHF pro Kopf. Die Bruttowertschöpfung
(in Milliarden CHF) nahm allein zwischen 2009 mit 568 auf 678.9
im Jahr 2019 zu. Die Kombination der massiven Veränderungen in
den Wirtschaftssettings und das konstante Streben des Menschen nach
Höherem, Besserem, Neuem bedingt zweifelsohne die Notwendigkeit

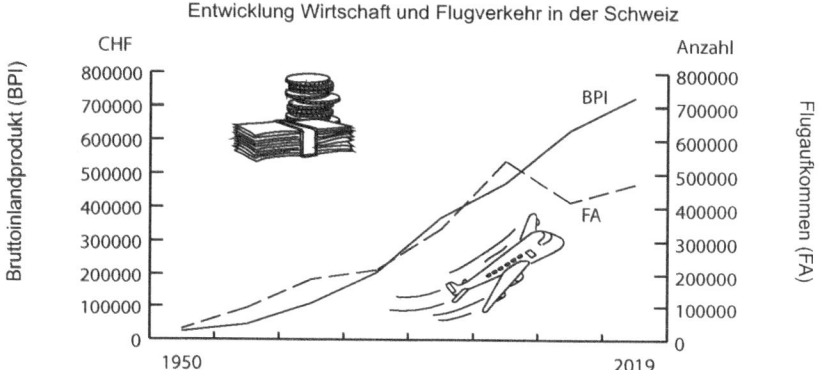

Abb. 1.1 Flugaufkommen und Wirtschaftsentwicklung in der Schweiz 1950–2019 (Bundesamt für Statistik, 2020)

flexibler, moderner Unternehmenssysteme (Abb. 1.1). Ein Unternehmen muss dabei den verschiedensten internen und externen Anforderungen gerecht werden, um bei diesem massiven Change sein Bestehen zu gewährleisten und seinem Gesamtzweck gerecht zu werden. Es hat sich gezeigt, dass Agilität als Merkmal einer Organisation, flexibel, proaktiv, antizipativ und initiativ zu agieren, entscheidende Marktvorteile bietet.

Legen wir also los Und überlegen uns, was wir für eine erfolgreiche Reise in die Agilität benötigen. Nehmen wir, der Anschaulichkeit halber, das Bild einer urlaubsreifen Großfamilie, die sich auf den Weg machen möchte, den wachsenden Stress und eskalierende Belastungen loszuwerden, um der drohenden Familienkrise zu entkommen. Diese Situation beinhaltet Herausforderungen, die, wie wir sehen werden, denen einer Transformation recht nahekommt. Und wer kennt die Situation nicht aus eigener Erfahrung? Die ganze Familie ist urlaubs-reif, alle freuen sich auf die lang ersehnte Reise. Der Stress der letzten Wochen, ständige Planänderungen von Kunden und Chefetage, dann noch die Schulsprechstunden, Organisation der Klassenfahrt und zu allem Übel wurde auch noch die Oma krank und die Katze hustet. Es muss sich dringend etwas ändern – Erholung, Ruhe und Entspannung – oder doch lieber Aktion und Abenteuer? Ach ja, und was machen wir dann mit den lieben Haustieren? Nach vielem Hin und Her, die Kinder zwängen, die Frau ist genervt, der Mann hat überhaupt keine Lust mehr über das Thema zu sprechen. Glücklicherweise gibt es für diese Fälle Reisebüros, die eine Vielzahl von Lösungen anbieten, mit Sandstrand für die Sonnenanbeter, River-Rafting oder Mountainbike-Touren für die Aktionsfreudigen und ein betreutes Kinderprogramm, das den Eltern endlich die lang ersehnte Ruhe bringen soll. Daneben werden Katzensitter und ein Betreuungsdienst für die liebe Großmutter organisiert. Hochglanzprospekte versprechen das Blaue vom Himmel und locken mit unterschiedlichsten Angeboten. Schnell soll gebucht werden und los geht's. Doch oh-weh, das Hotel hat mehr von einer Bruchbude, der Baulärm vor dem Fenster ist nervtötend, der Sohn erkrankt, der Strand ein einziger Müllhaufen. So hatten wir uns das Ziel nun wirklich nicht vorgestellt. Erkennen Sie bereits die Parallelen zu Veränderungsprozessen in Unternehmen? Ich gebe zu, das Szenario mag überspitzt anmuten. Doch seien wir ehrlich. Selten erweist sich ein übereilt angestrebtes, nicht selten viel zu teure Feriendomizil als glanzvolles Paradies. Setzen wir dieses mit dem angestrebten Ziel eines agilen Unternehmens gleich, werden auch hier Unmengen von Hochglanzprospekten zur Verfügung gestellt und das finale Resultat hat große Ähnlichkeit zur oben genannten Misere. Gleichzeitig divergieren auch in Unternehmen Motivation und Zielsetzungen, politische Spiele nehmen mehr Raum ein als sie bringen.

> **Verbreitete Herausforderungen für Unternehmen unter aktuellen Marktbedingungen**
>
> - Traditionelle Vorgehensweisen verlieren in Unternehmen ihren Grip, laufen zusehends ins Leere.
> - Steigende Überlastung fordert ihren Tribut und bisherige Arbeitsbedingungen werden vermehrt infrage gestellt.
> - Anpassungen an Strukturen und Prozesse sind für das Bestehen des Unternehmens unabdingbar.

Unsere Organisation braucht dringend eine Veränderung und der Markt diktiert die Bedingungen. In allen Bereichen hat zudem die Informatik Einzug gehalten und bestimmt die Arbeitsabläufe in erheblichem

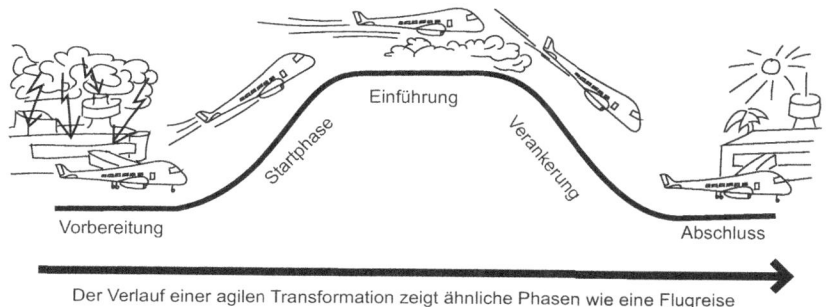

Der Verlauf einer agilen Transformation zeigt ähnliche Phasen wie eine Flugreise

Abb. 1.2 Verlauf einer agilen Transformation

Masse, was die Sache nicht unbedingt vereinfacht. Am Wort der Stunde „Digitalisierung" führt schließlich kaum mehr ein Weg vorbei. Eine Möglichkeit, um die Marktchancen und damit das Überleben des Unternehmens zu sichern, ist eine sauber geplante, vorbereitete und durchgeführte agilen Transformation, die den Systemanforderungen des jeweiligen Unternehmens entspricht, statt über leere Worthülsen und Powerpoint-Schlachten mehr Schein als Sein zu erzeugen (Abb. 1.2).

Wunderwaffe Agilität
Der Markt boomt. Internet, Zeitschriften, Konferenzen preisen die unumgängliche Notwendigkeit der agilen Transformation als hoch gepriesenes Allheilmittel an und kaum ein Beratungsunternehmen, das nicht seine „Spezialisten" zur Unterstützung der Unternehmen zur Verfügung stellen möchte. Wie die reisewillige Familie mag das Unternehmen zuerst den Rat bei mehr oder weniger renommierten Beratungsunternehmen suchen, in der Hoffnung auf einen schnellen, unkomplizierten Transfer in den angestrebten Idealzustand. Paradiesische Zustände im Schnellverfahren, aber bitte mit Garantie und auf Dauer. Rasch stellt sich dann aber Ernüchterung ein. Massive Verzögerungen, Abweichungen vom versprochenen Idealzustand, hohe Kosten aufgrund komplexer Abstimmungs- und Planungsprozesse trüben rasch die Euphorie, resultierend in einer statistisch belegten, hohen Misserfolgsrate organisatorischer Veränderungsprozesse. Das verordnete agile Mindset will sich partout nicht einstellen und wird vergeblich gesucht.

Fragen

Was bedeutet eine agile Transformation tatsächlich?
Wie sieht die Realität einer Reise in die Agilität aus?
Und was gilt es zu berücksichtigen, um auf der Reise in die Agilität
erfolgreich zu sein?

Ich lade Sie, liebe Leserin, lieber Leser, ein, mit mir hier auf die Reise
zu gehen und den Flug in die vielversprechende, aber auch abenteuer-
liche – und sicher nicht für alle und alles geeignete – agile Welt zu
unternehmen. Überlegen wir uns gemeinsam, wie wir diese Reise
planen und umsetzen wollen, welche Checks und Routinen im Vorfeld, bei Start, Steig-, Reise- und Sinkflug notwendig sind, um unsere
Organisation schließlich mit einer sauberen Landung sicher ans Ziel
zu bringen. Wie können wir Turbulenzen vorbeugen oder diese in den
Griff bekommen, um riskante Flugmanöver zu vermeiden? Selbstverständlich wünsche ich uns einen ruhigen Flug, bei dem wir entspannt
die Landschaft um uns herum betrachten, die Minibar genießen und
zufrieden und glücklich in unserer agilen Destination landen werden.
Aber Sie ahnen es sicherlich schon. Turbulenzen sind vorprogrammiert.

1.1   Reif für die Insel? – Gründe für agile Transformationen

Nun, die Idee der Reise steht unwiderruflich im Raum. Die Familie
geht in die Planungsphase und wilde Diskussionen, Träumereien, aber
auch Machtkämpfe wechseln sich ab. Gehen wir doch nach X! Nein,
nein, nach Y! Aber nein, zu teuer. Oder doch lieber ganz woanders hin?
Gefangen im Modus Operandi stecken wir fest, diskutieren, überlegen,
verwerfen in endlosen Kreisen. Die Emotionen kochen über, mal vor
Vorfreude und Begeisterung, dann wieder aus Frust und Ärger. Jeder, der
schon einmal in den Genuss kam, eine größere Reise zu organisieren,
kennt die Herausforderung, unterschiedlichste Interessen und Vorlieben
unter einen Hut zu bringen. Schnell geht dabei unter, dass die Reise

lediglich Mittel zum Zweck ist. Wir sollten also zuerst einen Schritt zurück machen und uns fragen, warum wir überhaupt auf diese Reise gehen wollen. Denn bekanntlich planen wir nicht grundlos, viel Geld und Effort in diese Reise zu investieren. Was ist der Grund, der hinter all dem Aufwand und der Aufregung einer agilen Transformation steckt?

> Wir benötigen ein gutes Verständnis davon, was unsere Motivation ist und was der konkrete Mehrwert der agilen Transformation sein wird.

Als Unternehmen sind wir bestrebt, unsere Wertschöpfungskette im Fluss zu halten und zu optimieren, was zugegebenermaßen im Wesen der Sache liegt. Warum also eine Transformation in die Agilität? Ähnlich dem Anstieg der Flüge in den letzten Jahrzehnten nahmen auch die Veränderungen und Bewegungen auf dem Markt zu. Hatten uns früher Jahrespläne gute Dienste geleistet, sehen wir uns heute mit Globalität und Unvorhersehbarkeiten konfrontiert. Wir wollen aber nicht zu jenen gehören, die letztlich aufgeben müssen. Wir wollen unsere „Familie" erhalten und zusammenhalten. Dass dies nicht ohne Anstrengungen funktioniert, dürfte eine Trivialität sein. Damit dies jedoch nicht in ineffizienten Platzrunden oder gar Bruchlandungen resultiert, lohnt es sich, einen Blick auf unsere Wertschöpfungsketten zu werfen.

Informationstechnologie und Wertschöpfungskette

Schauen wir uns die zunehmende Verflechtung der Informationstechnologie in eben jenen an, so zeigt sich schnell, dass die theoretisch gedachte und vielfach praktizierte Entkopplung lediglich eine scheinbare ist. Die Verknüpfungen und Abhängigkeiten beginnen bereits beim Empfang, gehen über Buchhaltung und Finanzen bis hin zu Produktionsplanung und -steuerung. Ob wir es mit einem Gewerbebetrieb, hochautomatisiertem Produktionsbetrieb oder Dienstleistern zu tun haben, ein Verzicht auf IT stellt heutzutage keine Option mehr dar. Industrie, Dienstleistungsunternehmen, Gewerbe, öffentliche Verwaltung oder Behörde, der Einfluss der Informatik auf die jeweiligen Kernprozesse und die Notwendigkeit eines engen Zusammenspiels von Business und IT kann nicht mehr wegdiskutiert werden. Nicht selten zeigen sich ähnlich gelagerte Muster wie in der nachfolgenden, den meisten Lesern sicher bestens bekannten Situation.

Standardmuster

Die Entscheidung des Managements ist endlich gefallen. Ein neues EDV-System muss her, und zwar schnellstmöglich. Das alte muckt, der Service ist längstens ausgelaufen, das Risiko eines Ausfalls kann auch auf höchster Ebene trotz heftigster Anstrengung nicht mehr ignoriert werden. Die Risiken nehmen allmählich bedrohliche Ausmaße an.

Unter der Prämisse schnell, günstig und ohne großen Aufwand werden Abhängigkeiten ignoriert, Altlasten negiert und unter dem Strich suboptimale Lösungen implementiert, ohne die bestehenden Systeme tatsächlich abzulösen.

Es ist immer wieder festzustellen, dass notwendige Neuerungen in der IT-Landschaft von Unternehmen, Behörden, Versicherungen oftmals so lang wie möglich hinausgezögert werden. Eine nachvollziehbare und verständliche Verhaltensweise, zieht man den wirtschaftlichen Aspekt in Betracht. Handelt es sich bei der IT im Unternehmen doch – auch wenn es in allgemein technikaffiner Begeisterung gerne ignoriert wird – „lediglich" um einen sehr kostspieligen Support-Prozess. Oder um es mit einfachen Worten auszudrücken, IT ist Mittel zum Zweck und kein Selbstzweck. Sie unterstützt die ertragbringenden Kernprozesse – wie ein Passagierflugzeug. Es hat den Zweck, Personen von einem Ort zum anderen zu bringen. Dabei interessiert es weder den Kapitän noch den netten Herren auf Platz 15D oder die Dame in der ersten Klasse, wie die Konstruktion dieses Fliegers im Detail aussieht. Die Bedienung soll verständlich und einfach sein, dabei ausgestattet mit ausreichendem Komfort und mit einer 100-%igen Sicherheitsgarantie. Zudem soll die Reise möglichst wenig kosten. Schließlich muss jeder Euro, Franken oder Dollar, der hier investiert wird, über den Kernprozess wieder wettgemacht werden. Dieser soll wiederum über die Investition in die IT effizienter, flexibler, aber auch kostentransparent abgewickelt werden können. Wir befinden uns in einem klaren Dilemma, das auf dem Papier recht einfach zu beschreiben ist: superschnelle Umsetzung – am besten Vorgestern – bei indiskutabel höchster Qualität und das ganze bitte zum günstigsten Preis.

Zunehmende Abhängigkeiten und Komplexität von Business und IT
Tatsächlich gerät das System oftmals durcheinander, wenn die Abhängigkeiten und die Komplexität von Business und IT ungeahnte Ausmaße annehmen. Das Business ist auf die Funktionsfähigkeit ihrer IT-Systeme in wachsendem Masse angewiesen, analoge Backup-Szenarien lassen sich kaum mehr bewerkstelligen, ob es sich nun um Buchhaltung, Produktionssteuerung, Produktion, Dienstleistung oder Administration handelt. Daneben zwingen Neuerungen in der technischen Entwicklung und auf dem Markt Unternehmen im allgemeinen Digitalisierungs-Hype mitzuziehen, um den Anschluss nicht zu verlieren. Ob dieser Druck nun den realen Tatsachen entspricht oder eher ähnlich zu kategorisieren ist, wie Börsenentwicklungen aufgrund von Mutmaßungen und Gerüchten bleibe dahingestellt.

> Tatsache ist, dass Unternehmen den enormen Druck von angenommenen und/oder realen Veränderungen des Marktes spüren, vermehrte Abhängigkeiten und Komplexität handhaben und sich schnellstmöglich an diese anpassen müssen.

Dabei sind die Auslöser dieser Veränderungen nicht selten in der Informationstechnologie selbst begründet, mit erheblichen Auswirkungen auf das Business fast aller Branchen (Abb. 1.3).

Ein steter Kreislauf rasanter Veränderungen und Anpassungen tut sich auf und mündet in einen spiralförmigen Sog, der die Unternehmen herumwirbelt und zu immer schnelleren Anpassungen und Flexibilität nötigt. Erschwerend kommt dazu, dass der gesamte Markt einem steten, unkontrollierbaren Wandel unterliegt und das Rad der Veränderung auch Business-seitig immer schneller dreht.

Anpassung an nicht beeinflussbare externe Anforderungen

Als Beispiel können wir die Anforderungen aufgrund sich ändernder und konstant wachsender Normen und Gesetze nehmen. Kaum ein Unternehmen kann sich diesen mehr entziehen, ob nun im Automotiv- oder Medizin-Bereich, welche schon seit längerem unter dem Druck ständiger Auditierungen ächzen. Weitere Beispiele, denen sich keine Firma entziehen kann, sind steigende Anpassungen in nationaler und internationaler Gesetzgebung wie etwa Anforderungen an die Datensicherheit mit zunehmender Digitalisierung.

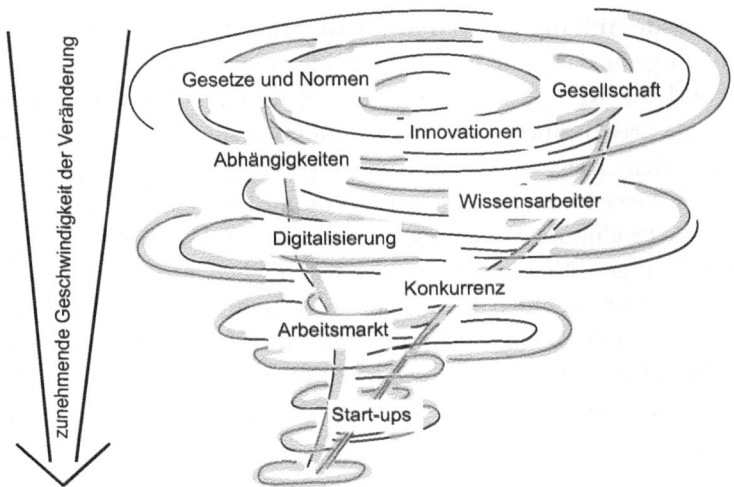

Abb. 1.3 Wirbel der zunehmenden Veränderungsgeschwindigkeit

Es ist deshalb dringend notwendig, nicht nur die technische Seite der Informationstechnologie, sondern ganz intensiv den Kern des Unternehmens, das Business, in den Fokus einer agilen Transformation zu nehmen. Agilität kann längst nicht mehr auf einzelne IT-Abteilungen oder Projekte beschränkt werden und muss zwingend für die gesamte Organisation gedacht werden, wie wir unten noch sehen werden.

Motive agiler Transformationen
Recherchieren wir ein bisschen, so poppen in Gesprächen, Medien und Internet unterschiedliche Motive für agile Transformationen auf. „Jeder tut es", es ist in, hip, State-of-the-Art (?), unsere Kunden verlangen es von uns, unsere Lieferanten leben es vor, der Markt zwingt uns zu höherer Flexibilität, besserer Qualität, Optimierung des Produktwertes sind nur einige der Aussagen. Daneben wird mit Reduktion von Projektrisiken, bessere Planbarkeit, höhere Attraktivität auf dem Arbeitsmarkt für „High Potentials" und erfahrene Profis als Arbeitgeber, Reduktion der kostspieligen Fluktuationsraten argumentiert oder dass wir kreativer und innovativer werden wollen, um auf dem Markt zu bestehen. Es könnte aber auch einfach eine Veränderung im Management sein:

Neue Besen kehren bekanntlich besser. Agile Methoden und unzählige Abwandlungen derselben versprechen Abhilfe in den unterschiedlichsten Settings. Das Stichwort „Agilität" ist mittlerweile Programm, gepriesen als leichtgewichtig und flexibel. Inkrementelle Umsetzungen mit raschen Feedback-Zyklen und Selbstorganisation heißen die Zauberworte, die helfen sollen, die beschriebenen Herausforderungen handhaben zu können. Ich möchte hier klar hervorheben, dass die grundsätzlichen Vorteile der Agilität heute nicht mehr wegzudiskutieren und die Erfolge vielfach belegt sind. Dennoch fällt der Schritt in die agile Welt oft schwerer als erwartet und führt nicht selten zur bitteren Erkenntnis, dass die nachweislich positiven Effekte nicht nur nicht erreicht wurden, sondern auf dem Weg dorthin der eine oder andere schmerzhafte Kollateralschaden entstanden sein mag. Schnell werden Schuldige gesucht und der Misserfolg mit der Tatsache begründet, dass die Theorie eben in genau diesem Unternehmen nicht funktionieren kann – wie „alle" ja bereits vorher gewusst haben. Was muss ein Unternehmen also tun, um genau dies zu vermeiden und die Reise der agilen Transformation organisationsgerecht und nutzbringend umzusetzen?

1.2 Auf ins Paradies? – Zieldestination Agilität

Bleiben wir bei unserer reisewilligen Familie, so sehe ich zwei relevante Aspekte einer Reise-Planung. Einerseits sollten wir uns auf eine Zieldestination einigen, andererseits müssen wir uns überlegen, wie wir zu dieser gelangen wollen. Wie wir bereits gesehen haben und in den nächsten Kapiteln noch sehen werden, sind bereits diese beiden Punkte nicht ganz trivial. Je nach Familienstruktur und Bedürfnissen stehen wir vor den ersten massiven Herausforderungen, die den Verlauf und Erfolg unseres Vorhabens massiv beeinflussen werden. Doch um eine Reise tatsächlich buchen zu können, brauchen wir ein Ziel sowie einen zeitlichen und finanziellen Rahmen.

Überlegen wir uns, wie unsere paradiesische Zieldestination aussieht. Bezogen auf unser Unternehmen, so ist wohl ein klares Ziel, langfristig auf dem Markt erfolgreich zu bestehen. Dazu, so haben wir festgestellt, müssen wir vermehrt kreativ, leistungsfähig und flexibel sein. Eine agile

Transformation kann uns helfen, dieses Ziel zu erreichen. Dazu müssen wir den Flug zur Destination „Agilität" sauber planen und durchführen, ohne eine kostspielige Bruchlandung zu erleiden oder lediglich Platzrunden zu drehen. Dazu stellen sich bereits im Vorfeld nicht unerhebliche Fragen.

Fragen

Was bedeutet das Ziel „Agilität" respektive „agiler werden" konkret für unser Unternehmen?

War bisher alles schlecht und muss abgeschafft werden?

Warum hört man immer wieder, dass viele Projekte, trotz aller Bestrebungen zur Agilität, nicht wie gewünscht verlaufen?

Kann eine agile Transformation tatsächlich der Weg in eine bessere Welt sein?

Und beschränkt sich dieses Prinzip auf agile Software-Entwicklung oder hat diese Veränderung eventuell doch mit dem ganzen Unternehmen zu tun?

Mit welchen Stolpersteinen und Turbulenzen müssen Sie rechnen, wenn Sie sich auf diesen abenteuerlichen Flug einlassen?

Das Konstrukt „Agilität"

Lassen Sie uns also einen Blick auf das Konstrukt „Agilität" werfen, um diesen Fragen nachzugehen und unser Ziel klarer vor Augen zu bekommen. In diesem sehr frühen Stadium unserer Reise stellen sich oft die ersten Weichen zu Missverständnissen, falschen Erwartungen und Bruchlandungen. Bei aller Wertschätzung der Vorteile agiler Frameworks muss der Ehrlichkeit halber auch gesagt werden, dass die Marketing-Spirale bei diesem Thema volle Fahrt aufgenommen hat und so manches Unternehmen wie einen Papierflieger im Sturm durchschüttelt. Wasserfall wird verteufelt, der heilige Gral „Agilität" gepriesen und als einzig wahre Wahrheit zur Lösung jeglicher Probleme gepredigt. Vielleicht fragen auch Sie sich, ob es sich nicht lediglich um einen neuen Hype mit einem erfolgreichen Verkaufskonzept handelt.

Betrachten wir dazu zuerst die Spezifika der Agilität und ihre Bedeutung für ein Unternehmen. Ich möchte dabei den Fokus auf die notwendige Übersetzungsleistung lenken, denn Definitionen der Agilität sind massenhaft in Literatur und Internet zu finden. Diese kreisen um die Dimensionen Werte, Prinzipien, Praktiken und Methoden. Dabei wird in großer Regelmäßigkeit betont, dass eine entsprechende Haltung, das agile Mindset, benötigt wird, um vom „Doing-Agile" zum „Being-Agile" zu gelangen.

Zusammenhang agiler Werte, Prinzipien, Praktiken und Methoden

Werte beschreiben wie ein Kompass die grundlegende Ausrichtung unseres Handelns.

Prinzipien sind aus Werten abgeleitete Handlungsschemata, die den Rahmen unseres Handelns bestimmen.

Praktiken beschreiben die konkrete Umsetzung der Prinzipien.

Methoden helfen, über eine systematische Vorgehensweise, die Praktiken anzuwenden.

Eine Haltung wiederum bezeichnet die individuelle Denkweise, die sich in der Handlung manifestiert.

Werte:

- Mut
- Offenheit
- Respekt
- Fokus
- Commitment[1]

Beispiele für Prinzipien

- Ermächtigung und Entscheidungsbefugnis
- Selbstorganisation und Selbstverantwortung
- Verbesserung durch eigenverantwortliches Überprüfen und Anpassen
- kontinuierlicher Fluss der Arbeit
- qualitativ hochwertige Lieferergebnisse
- Kundenzentrierung

Beispiele für Praktiken

- Team-Abstimmung in Daily Stand-ups
- Definition der Qualitätskriterien einer Anforderung und deren Umsetzung über eine „Definition of Ready" und eine „Definition of Done"

---

[1] (Selbst-)Verpflichtung.

- inkrementelle Lieferung von Arbeitsergebnissen
- Einholen von Feedback über Demonstrationen der Lieferobjekte
- kontinuierliche Verbesserung vom Prozess über Retrospektiven
- kontinuierliche Qualitätsverbesserung des Produkts
- Team-Kontinuität

Beispiele für Methoden (Frameworks)

- Scrum – Vorgehensmodell des agilen Projekt- und Produktmanagements
- Kanban – Methode aus der Produktionssteuerung zur Prozessoptimierung über Pull-Prinzip
- SAFe (Scaled Agile Framework) – Rahmenwerk für größere Projekte oder Unternehmen zur Anwendung von agilem Projektmanagement und agilen Transformationen
- Design Thinking – Ansatz zum Lösen von Problemen und Entwickeln neuer Ideen
- Lean Start-up – Produkt- und Unternehmensentwicklungsmethode zur Verkürzung von Produktentwicklungszyklen

Beispiele für agiles Mindset

- Einsicht, dass Veränderung permanent passiert
- Verständnis, dass Bewegung und Veränderung positiv genutzt werden können
- Überzeugung, dass Menschen Verantwortung übernehmen möchten und können

Diese Aspekte gilt es bei einer agilen Transformation auf das spezifische Setting des Unternehmens so zu übertragen, dass die Wirkungen sich nicht nur auf kostspielige Grundsatzdiskussionen beschränkt oder aber in ineffizienten Wildwuchs ausartet. Dazu müssen wir verstehen, dass diese Übertragungsleistung eine Reise ist, die wir unternehmen werden. Je besser wir diese vorbereiten, unsere Koffer packen und Steuerungsmechanismen implementieren, desto besser werden wir mit den zu erwartenden Herausforderungen zurechtkommen.

Betrachten wir die Dimensionen Werte, Prinzipien und Haltung, so führen diese zu Fragestellungen, die wir sowohl in der Vorbereitung als auch Implementierung vor Augen haben sollten. Denn hier sitzen die grundlegenden Hebel für den Erfolg einer agilen Transformation, die wir in diesem Buch beleuchten.

Werte

- Ist Mut und Offenheit im aktuellen Setting des Unternehmens geschätzt oder eher ein Karrierekiller?
- Respektieren wir unsere Mitarbeitenden heute schon als kompetente Personen oder sehen wir sie als Rädchen, die kontrolliert und gesteuert werden müssen?
- Ist der Fokus im Unternehmen auf den gemeinsamen Erfolg ausgerichtet oder eher auf Positionierung, Abgrenzung und Machterhalt?

Prinzipien

- Welche Anpassungen müssten für die Ermächtigung der Mitarbeitenden und Abgabe der Entscheidungsbefugnis vorgenommen werden?
- Trauen wir unseren Mitarbeitenden Selbstorganisation und Selbstverantwortung zu und wie müssten sie dazu befähigt werden?
- Sind wir bereit, Mängel in Qualität und Prozessen offenzulegen und im Sinne der kontinuierlichen Verbesserung über konstruktives Feedback zu optimieren oder sind wir in kostspieligen Rechtfertigungskämpfen gefangen?

Agiles Mindset

- Sind wir der Überzeugung, dass Veränderung permanent passiert und wir uns anpassen müssen, oder glauben wir noch immer an die eigene Macht, Konstanz und absolute Steuerbarkeit?
- Sehen wir unsere Mitarbeitenden als Wissensarbeiter, die Verantwortung übernehmen können, oder sind wir noch immer dem tayloristischen Menschenbild verhaftet?

Der Markt diktiert die Prinzipien

Die agilen Grundprinzipien sind Transparenz, Selbstverantwortung, Beteiligung und Kommunikation und das Ganze mit Fokus auf die effektive Wertschöpfung. Es muss damit immer wieder ins rechte Licht gerückt werden, dass das Kundenbedürfnis höchste Priorität hat, auch wenn so mancher Prozess sich historisch bedingt einen oftmals kostspieligen Stand im Unternehmen aufgebaut hat. Nachdem in den letzten Jahren beobachtet werden konnte, dass der Druck des Markts zu höherer Flexibilität, selbstverständlich mit immer höherem Qualitätsanspruch, stetig wächst, wird es schwierig, eine einigermaßen adäquate Vorhersagbarkeit zu erhalten. Bei der traditionellen, klassischen Planung werden oftmals bereits zu Beginn Verzögerungen und Budgetüberschreitungen als unabdingbares Übel hingenommen. Iteratives Vorgehen mit einer maximalen Dezentralisierung innerhalb der Entscheidungsmatrix und einer gezielten Einbindung der vorhandenen Ressourcen über Empowerment der Leistungsträger kann nicht nur diese Problematik einfangen. Zusätzlich kommt es dem Image des Unternehmens als attraktiver Arbeitgeber entgegen, mit den Folgen der Kostenreduktion durch eine niedrigere Fluktuationsrate und weniger Verlusten von Wissensträgern.

Agile Prinzipien wurden entwickelt, um die weitreichende Problematik fortlaufenden Wandels gerecht zu werden. Schrittweise soll das neue System aufgebaut und erweitert werden können, um den Abhängigkeiten und Veränderungen des Marktes, aber auch dem Wandel in der jeweiligen Entwicklerszene über kürzere Feedback-Zyklen gerecht zu werden. Das Ganze mit dem hochgesteckten Ziel schneller Lieferungen in höchster Qualität innerhalb eines definierten Kostenrahmens. Häufig betrachten wir derartige Frameworks als fachliche Methoden, einfach zu erlernen und mittels weniger Prinzipien anzuwenden. Uns sollte jedoch bewusst sein, dass wir hier einen das gesamte Unternehmen betreffenden Change anstreben, der weit über die reine Methodik und den begrenzten Rahmen der IT hinausgeht.

Mögliche Challenges

- Notwendigkeit höherer Flexibilität bei steigendem Qualitätsanspruch komplexer Systeme
- Sinkende Vorhersehbarkeit und Planbarkeit mit klassischen Methoden
- Ressourcenknappheit und steigende Ansprüche an die Arbeitgeberattraktivität

Agilität begründet sich auf Werte und Prinzipien, deren Tragweite oft erst spät, und dann meist schmerzlich, erkannt werden. Die Basis bildet das agile Manifest, erstellt im Jahr 2000. Es beschreibt die im Agilen zu praktizierende Priorisierung. Individuen und Interaktionen stehen über Prozessen und Werkzeugen, funktionierende Software über einer umfassenden Dokumentation, Zusammenarbeit mit dem Kunden über der Vertragsverhandlung, das Reagieren auf Veränderung über dem Befolgen eines Plans. Entscheidend und oftmals gerne überlesen ist der Zusatz, dass beide oben genannten Seiten ihre Daseinsberechtigung und Notwendigkeit haben. So missverstehen viele Menschen die Tatsache, dass es nicht um ein „Entweder-oder" geht, sondern um eine Gewichtung beider Seiten. Nun höre und sehe ich in Trainings an dieser Stelle oftmals ein „Ja, ja, schon klar". Und „Bumm" – ich sehe das Projekt bereits Anlauf nehmen, um die nächste Wand zu küssen. Sie denken, ich übertreibe? Nun, das Thema der Dokumentation mag ein anschauliches Beispiel sein.

Dokumentation und andere Mühsamkeiten

Gehen wir davon aus, dass die agilen Werte korrekt verstanden wurden, so würden wir beispielsweise in Aufwandsschätzungen jeweils die Berücksichtigung der Dokumentation erwarten. Doch weit gefehlt. In vielen Fällen höre ich Dinge wie: „Wir arbeiten agile. Der Code ist selbsterklärend und kommentiert". Wenn diese Art der Dokumentation ausreichend wäre, wie kommt es dann, dass die Übergabe von Software in den operativen Bereich in der Praxis mit so großen Schwierigkeiten und hoher Fehleranfälligkeit verbunden ist? Und wie sieht es mit Schulungsunterlagen aus? Gehen wir davon aus, dass der werte Nutzer den Code studiert oder das Produkt zeitintensiv im Try-and-Error-Verfahren erkundet? Und sollten wir bei funktionierender Software nicht auch berücksichtigen, das Business nicht nur als Input-liefernde, lästige Randfigur zu betrachten und stattdessen in einen kooperativen Modus gelangen, um den entsprechenden Mehrwert für das Unternehmen zu liefern?

Werteschema und Scheinheiligkeit

Wir alle haben die agilen Prinzipien gehört und gelesen, aber trotzdem straucheln wir oftmals in den unterschiedlichen Phasen einer Transformation. Wer sich mit dem Gedanken trägt, den Schritt in die Agilität anzutreten, sollte meiner Erfahrung nach beginnen sein existierendes Werteschema genauer unter die Lupe zu nehmen und dies nicht als Psycho-Weichspülerei abtun. Natürlich konstatieren viele Firmen und auch Mitarbeitende eine mehr oder weniger glückliche Familie zu sein. Aber wie jede Familie verbergen sich Schatten und Unschönheiten hinter dieser Fassade. Da wird vielleicht schon mal grundsätzlich von der Unfähigkeit des Mitarbeitenden ausgegangen, das große Ganze überblicken zu können, geschweige denn im Sinne des Unternehmens zu agieren. Gärtchen-Denken und Selbstdarstellung dominieren den Alltag und lassen Wertschätzung und Respekt verblassen. Eine der Ursachen dafür ist oftmals in den historisch gewachsenen Karrieremodellen und Systemstrukturen zu finden. Wenn ich mich nicht ausreichend sichtbar mache, profiliere und den Ellbogen herausnehme, habe ich in den meisten traditionellen Unternehmen kaum Aufstiegschancen. Und hier blitzt sie bereits auf, die Erkenntnis, dass Agilität mehr ist als nur ein theoretisches Konstrukt, ein schnell eingeführtes Framework oder einfach eine weitere Methode.

> Agilität beeinflusst und wird getragen vom Unternehmen und seinen real gelebten Werten, nicht den verbal bekundeten.

In Unbewusstheit dieser Tatsache gerät der Weg in die Agilität schnell mal in heftige Turbulenzen, wenn wir überhaupt in der Lage waren, unseren Flieger vom Boden zu bringen. Tatsächlich bedeutet Agilität die Lieferung von Wert (Value), indem Kundenbedürfnisse über regelmäßige, qualitativ hochwertige Lieferungen befriedigt werden und Veränderungen rasch adaptiert werden. Im Rahmen einer agilen Transformation beschränkt sich Agilität längst nicht mehr auf die Produktion von Software. Längst wurde erkannt, dass die Chancen und Vorteile im Gesamtsystem gewinnbringend eingesetzt werden können und müssen. Voraussetzung ist allerdings die korrekte Umsetzung und Verankerung. Dazu gehört das Bewusstsein, das Richtige zu tun. Ist das, was wir tun, tatsächlich wertschöpfend, respektive unterstützt es den Wertschöpfungsprozess effizient und effektiv? Mit agilen, kurzen, zeitbegrenzten Iterationszyklen sind wir einerseits schneller, andererseits aber auch flexibler, um auf geänderte Wünsche und Bedürfnisse eingehen zu können. Dadurch wird der finanzielle Einsatz im Wertschöpfungsprozess im Rahmen jeder Iteration überschaubar und besser kalkulierbar. Dabei müssen wir jedoch Wege finden, auch in einem agilen Setting unsere langfristige Kalkulation zur Unternehmensführung

durchführen zu können. Denn kein Unternehmen kann auf Liquiditäts-
berechnungen und eine saubere Governance verzichten, um zu überleben.

Wir sehen bei allem Optimismus bereits jetzt, dass ein mehr oder
weniger großer Spagat notwendig ist zwischen alter und neuer Welt.
Doch mit einer angemessenen Vorbereitung können wir die Reise nicht
nur euphorisch beginnen, sondern unter korrektem Einbezug der Unter-
nehmenswelt auch die Turbulenzen auf dem Weg in der agilen Welt
meistern. Eine differenzierte Betrachtung der realen Systembedingungen
und Anforderungen ist vorab notwendig und kann teures, verlustreiches
Lernen aus Fehlern reduzieren. Beginnen wir also hoffnungsvoll in die
Ferne zu blicken, ohne das wahre Gewicht dieser „leichtgewichtigen"
agilen Frameworks zu unterschätzen.

1.3 Reisevorbereitung – klassisches Vorgehen auf dem Prüfstand

Würden wir die Zeit etwas zurückdrehen, so wäre der Ablauf unserer
Reiseplanungen wohl ein völlig anderer. Das Familienoberhaupt traf
damals eine Entscheidung, der Rest der Familie hatte sich zu fügen.
Heute ist dies wohl eher ein unrealistisches Szenario. Hier der technik-
affine Teenager, der mit dem Handy schon fast zusammengewachsen ist
und uns längstens in der Technologie voraus ist. Jede Ansage von oben
provoziert schon per se Ablehnung und Trotz. Dort die erfahrenen
Großeltern, deren Weisheit wir keinesfalls missen wollen, die aber auch
ihre Ansprüche geltend machen und gerne am altbewährten festhalten
möchten. Wir selbst wollen es dabei allen recht machen, alles berücksichtigen und wissen doch nicht wie, wenn wir ehrlich zu uns selbst
sind. Darüber verlieren wir uns gerne in Diskussionen in ein detailver-
liebtes „Wie", um sich der Notwendigkeit von Zweck und Nutzen nicht
stellen zu müssen. Irgendwann heißt es nur noch: „es muss sich etwas
ändern, wie auch immer, Augen zu und durch".

Traditionelle Systementwicklungen unter Druck

Dem traditionellen Entscheidungsprozess patriarchalischer Familienstrukturen entspräche im Unternehmen unsere klassisch-hierarchische Aufbauorganisation, manifestiert in der über Jahrzehnte getrimmten Methodik des Top-Down-Managements. Und so kommt es, dass in aller Regel auch Transformationen mit klassischen, tayloristisch geprägten Projektmanagementmethoden analysiert, geplant und gestartet werden. Doch spätestens bei der Umsetzung stoßen wir aufgrund der massiv gewachsenen Verflechtungen und gestiegenen Komplexität an die Grenzen realistischer Planbarkeit. Die Resultate sind nicht eingehaltene Timelines, weit überzogene Budgets und Lieferobjekte, Längen vom erwarteten Ergebnis entfernt. Zurück bleiben ein verärgertes Management, eine schiefe Finanzlage und haufenweise schlechte Stimmung. Die Kosten einer klassisch starren Spezifikations- und Management-Herangehensweise lassen sich nicht mehr rechtfertigen, wenn Projekte, kaum beendet, bereits wieder mit hohem administrativem Aufwand kostenintensiv überarbeitet und angepasst werden müssen.

Weniger Standard, mehr Abhängigkeiten

Konnten beispielsweise in der IT früher noch einigermaßen überschaubare Standardsysteme die zentralen Aufgaben eines Unternehmens abdecken, stehen heute Customizing und Anpassungen auf allen Ebenen im Vordergrund. Mag es in einem kleineren Unternehmen noch möglich sein, auf die am Markt angebotenen Standardlösungen zurückzugreifen, steht dies in mittleren und größeren Organisationen kaum mehr zur Diskussion. Bestehende Systeme müssen berücksichtigt, immer neue Anforderungen eingepflegt, neue Normen beachtet werden. Das Netz von Abhängigkeiten verdichtet sich zusehends. Die Kosten für Anpassungen steigen ins Unermessliche bei sinkender Stabilität und Sicherheit.

Betrachten wir heutige EDV-Konstrukte in Firmen unterschiedlichster Größen, so stellen wir fest, dass es nahezu unmöglich ist, diese Systeme noch in ihrer vollen Ausprägung zu erfassen, zu definieren, zu bauen und auf einen Schlag umzusetzen, geschweige denn spontan an neue Anforderungen anzupassen. Schrittweise müssen Altsysteme analysiert, rissige Fäden eines komplexen Gewebes gelöst, durch reißfeste Stränge ersetzt und neue Anwendungen und Anforderungen eingebettet werden. Und zu allem Übel geht dabei ständig das jeweils erworbene Know-how über das bestehende System aufgrund der Wechsel im Business- und Entwicklerumfeld verloren. Theoretisch sollte das ganze keine große Sache sein. Müsste doch alles dokumentiert und nachvollziehbar sein. Doch leider sieht die Realität ganz anders aus. Hilfreiche Dokumentationen sind Mangelware, Vorgaben aus Wasserfall-getriebenen Projekt-Methodiken zum Trotz, das Wissen in den Köpfen der damaligen Hersteller und Programmierer längstens nicht mehr verfügbar und die Theorie der Nachvollziehbarkeit im Code ein Mythos. Zu allem Übel unterliegen sowohl Programmiersprachen als auch die Art der Programmierung ebenfalls einem steten Wandel. Dadurch kann es für ein Unternehmen außerordentlich schwer werden, alte Systeme weiterhin zu warten, deren Kenntnisse höchstens noch ein paar „alten Hasen" geläufig sind. Da die meisten Tools keine Stand-Alone-Systeme sind, tun sich für Unternehmen immer mehr Blackboxes auf. Daten kommen „irgendwie" rein und „irgendetwas" passiert. Bleibt nur die Einhaltung der Regel „never touch a running system" und das tägliche Stoßgebet, dass das System keine Probleme haben möge, bevor eine neue Lösung gebaut wurde. Kommen nun neue Anforderungen auf, kann es schwierig werden. Denn wird an der einen Seite des Systems geschraubt, muckt plötzlich ein Service auf der anderen Seite. Der Teufel der Komplexität hat zugeschlagen und fordert seinen, nicht gerade günstigen Preis.

Bekannte Folgen steigender System-Komplexität

- massiver Anstieg von Wartungskosten
- Know-how-Verlust betreffend Alt-Systemen
- externe Know-how-Abhängigkeiten
- Kostenanstieg und Risiken aufgrund der Vervielfachung der Gesamtkomplexität

Delegation nach Aussen

Erschwerend kommt hinzu, dass die Arbeiten an den IT-Systemen vermehrt nach außen delegiert werden und so unterschiedlichste Firmen an verschiedenen Ecken des fragilen EDV-Konstrukts bauen. So entsteht hier eine neue Schnittstelle, dort kommen neue Tools zum Einsatz und Modifikationen werden vorgenommen, die für spätere Anpassungen erneut in undurchsichtigen Mysterien enden. Ob Consulting-Unternehmen oder Softwarelieferanten, die Aufgaben werden mandatsbezogen umgesetzt und die Profis ziehen eines schönen Tages, nach Vertragsablauf, ihres Weges. Damit beginnt das mühsam auf externem Know-how aufgebauten Kartenhaus zu wackeln und einzustürzen, da versäumt wurde, die wesentlichen Prinzipien der Erstellung zu internalisieren und den Knowledge-Transfer nachhaltig im Unternehmen zu verankern. Eine vielfach gewählte Lösung ist es nach wie vor, speziell in großen Unternehmen – und öffentliche Verwaltungen sehe ich hier explizit eingeschlossen –, stetig neue Tools zum Einsatz zu bringen, in aller Regel ohne alte außer Betrieb zu setzen. Und so entsteht nun ein wunderbares Dilemma aus Komplexität, Anforderungen an die Qualität, Zeitdruck und limitierten Budgets. Diesem wird versucht mit punktueller, auf die IT fokussierter Agilität zu begegnen, meist mit geringer Beteiligung der Verantwortlichen für den eigentlichen Wertschöpfungsprozess, das Business.

Scheitert ein Projekt, so geht es schnell auf die Suche nach den Schuldigen, wobei externe Berater dankbare Opfer sind. Ich möchte hier keinesfalls die Lanze für alle externen Berater brechen und diese in Schutz nehmen. Vieles mag beim Einsatz von Consultants im Argen liegen und es ist mit Sicherheit keine Seltenheit, dass an den Bedürfnissen des Unternehmens tatkräftig und kostenintensiv vorbeiberaten wird. Ich möchte auch nicht weiter auf die in vielen Ohren ketzerische Frage eingehen, ob seitens IT-Branche gelegentlich nicht hehre Luftschlösser verkauft werden, welche dem Management teilweise irreale, aber dafür umso kostspieligere Notwendigkeiten suggerieren.

Tatsache ist, und darin werden Sie, liebe Leserinnen und Leser, mir sicher zustimmen, dass Unternehmen im Dilemma der Anpassungen und Veränderungen stehen und vielmals auf die Expertise externer Berater angewiesen sind. Die Informatik und ihre Vernetzungen sind in ihrer Gesamtheit kaum mehr zu erfassen und die Folgen für ein Unternehmen sind, wie unterschiedlichste Projekte in der Vergangenheit gezeigt haben, keineswegs banal. Bereits kleinste Fehler können Tausende von Menschen betreffen und sich damit auf Reputation und Portemonnaie des Unternehmens auswirken.

Fehler mit Folgen

Wenn ein ganzes Bahnnetz aufgrund eines Fehlers in der Personalbewirtschaftungs-Software blockiert ist, da plötzlich kein Lokomotivführer zum Einsatz bereitsteht, oder das Sicherheitsnetz eines Unternehmens Lücken aufweist, das die Datensicherheit einer nicht geringen Anzahl von Kunden gefährdet, werden Unsicherheit, Intransparenz und Komplexität zu einem geradezu toxischen, leicht entzündlichen Gemisch.

Konventionelle Projektmanagementmethoden im Wasserfall-Prinzip können sich bei diesen Herausforderungen nur noch bedingt durchsetzen. Nun ist es aber auch keine adäquate Lösung den Kopf in den Sand zu stecken und zu hoffen, dass dieser Kelch an uns vorübergehen möge. Es wird notwendig, das Konzept neu zu denken. Agile Methoden werden angepriesen als einzig wahres Mittel der Stunde, oftmals in Verbindung einer wahren Verteufelung traditioneller Wasserfall-Ansätze. Man könnte dabei durchaus argumentieren: „Wozu Agilität und noch dazu agile Transformation? Ich möchte doch lediglich mein Business weiterführen. Und zwar mit maximaler Präzision und Kontrolle betreffend Umfang, Kosten und Timing." Dieser Wunsch ist zwar durchaus nachvollziehbar, doch liegt dabei bereits in den Anfängen der Überlegung ein wesentlicher Malus, welcher von einer theoretischen Vorhersagbarkeit und vollständigen Kontrolle ausgeht. Entscheidende Rahmenbedingungen, Prozesse und Vorgehensweisen sind jedoch vorher in Betracht zu ziehen, um den Fokus auf die spezifische Situation des Unternehmens und seines Erfolgs nicht im „Nebel des Grauens" der Komplexität zu verlieren. Dabei benötigen wir einen stabilen Rahmen, um nicht in wirres Adhoc-Gebaren zu verfallen und jegliche Sicherheit und Vorhersehbarkeit zu verlieren. Und genau hier setzt das Wesen der Agilität an. Leider lässt sich die Realität längstens nicht mehr punktuell abhandeln und in mundgerechten, einfach kontrollierbaren Häppchen konsumieren.

> Unternehmen müssen den Umgang mit Unsicherheit und steter Veränderung permanent lernen und ihre Strategien ständig neu überdenken.

1.4 Voraussetzungen einer Flugreise – das theoretische Fundament

Steigen wir in ein Flugzeug, so verlassen wir uns auf die Professionalität und Qualität von Menschen und Maschine. Wir erwarten, dass unsere Sicherheit an oberster Stelle steht. Selbstverständlich muss die Crew ausgebildet und fähig sein, den Flieger zu steuern, und das Flugzeug in einem gewarteten, sicheren Zustand. Um dies zu gewährleisten, durchläuft jeder geplante Flug bekanntlich eine Vielzahl standardisierter, verpflichtender Checks und Routinen. Nur so kann auch ein hochfrequenter Flugverkehr sichergestellt werden. Die Mannschaft an Boden und an Bord folgen dabei definierten Abläufen, die sich sowohl auf Start als auch auf Flugverlauf und Landung, aber auch auf Wartung und Service vor und nach einem Flug beziehen. Da wir dies als Passagiere wissen, können wir uns beruhigt in unseren zugegebenermaßen nicht allzu geräumigen Sitzen zurücklehnen, unsere Ängste sortieren und vertrauensvoll auf einen möglichst schüttel-freien Flug hoffen.

Setting einer agilen Transformation
Wie sieht nun das Setting bei einer agilen Transformation aus, um ein Mindestmaß an Sicherheit zu gewährleisten? Können wir auch hier auf definierte und erprobte Vorgehensweisen zurückgreifen und uns entspannt zurücklehnen? Die Erwartungshaltungen vor allem im Management scheinen meiner Erfahrung nach gerne in diese Richtung zu tendieren. Ähnlich einem neuen Tool oder Prozess werden die Aktionen theoretisch definiert, Angestellte möglichst kostenoptimiert im Schnelldurchgang geschult und die Reorganisation damit weitgehend als erledigt betrachtet. Das Erstaunen im Nachgang, dass trotzdem keine nachhaltige Veränderung stattgefunden hat und sich der

gewünschte Erfolg partout nicht gedenkt einzustellen, erstaunt mich persönlich immer wieder. Wer sich für eine Reise in die agile Welt interessiert oder auf diese geschickt wird, stellt sehr schnell fest, dass diese Standardisierung in klassischer und vor allem schnellen „Define-Train-Do"-Form nicht empfehlenswert ist, wie wir auf unserer Reisebeschreibung sehen werden.

> Eine agile Transformation ist eine äußerst komplexe System-Veränderung, die sich, selbst wenn nur für eine oder zwei Abteilungen oder Projekte angedacht, nachhaltig auf die gesamte Organisation auswirkt.

Dabei sind die Eigenheiten und speziellen Anforderungen jedes Unternehmens, seine Struktur und Kultur zu berücksichtigen. Wir können und dürfen nicht alle und alles über einen consultingmäßig standardisierten Einheits-Kamm scheren, wenn wir besagten vorhersehbaren Überraschungseffekt vermeiden wollen. Auf der anderen Seite höre ich in großer Regelmäßigkeit, dass Agilität genau hier nicht funktionieren kann. Schließlich sei dieses Unternehmen, diese Abteilung, diese Einheit nicht mit anderen gleichzusetzen. Hier herrschen Sonderbedingungen, besondere Anforderungen. Nicht auszudenken, hier die gleiche Messlatte wie bei anderen anzusetzen! Schnell werden dramatische Untergangsszenarien heraufbeschworen. Aber ist es tatsächlich so, dass es eben gerade hier nicht möglich ist?

> Was oder wer steht uns im Weg, um der definitiv erfolgversprechenden Strategie der Einführung von Agilität zu folgen?

In diesem Buch gehe ich auf die komplexen und doch wieder einfachen Zusammenhänge ein, um diese Fragen zu beantworten. Sie werden sich nun vielleicht fragen, wie kann das sein: komplex und einfach zugleich? Auf der einen Ebene ist das ganze Geschehen inklusive der entstehenden Probleme logisch erklärbar und insofern nachvollziehbar. Wir begreifen die Theorie in aller Regel sehr gut. Auf der anderen Seite steht der Realisierung eben genau diese Einfachheit der Ursachen im Weg. Doch darauf kommen wir noch im Detail. Es sei nur so viel bereit vorweggenommen.

> Menschen und Unternehmen stellen komplexe Systeme dar, die sich wiederum in interagierenden Systemen befinden, diese beeinflussen und von ihnen beeinflusst werden.

Jeder Mensch und jedes Unternehmen bringt dabei spezifische Eigenschaften, Erfahrungen und Kompetenzen mit, die sie oder ihn dazu bringen, die Umgebung in einer eigenen Weise wahrzunehmen und entsprechend aus der persönlichen respektive systeminternen Logik zu agieren.

Kommunikationsebenen

In Veränderungsprojekten wird sehr oft diese, tendenziell banale Tatsache übergangen. So geht man implizit von einheitlichem Sach-Verständnis aus, was sich wiederum auf die Art und Weise auswirkt, wie wir Veränderungen kommunizieren. Wie uns aber aus der Kommunikationswissenschaft bekannt ist, werden lediglich maximal 20 % unserer Kommunikation vom sachlichen Inhalt bestimmt. 80 % liegen unter der Oberfläche und beeinflussen unser Verhalten und Denken. Wie ein Eisberg seine Masse unter der Wasseroberfläche versteckt, wird unsere Kommunikation von einer Unmenge von Faktoren beeinflusst, die in aller Regel weder Sender noch Empfänger bewusst sind. Gelerntes und Erfahrenes, aber auch ungeschriebene Gesetze und kulturelle Eigenarten prägen als zugrunde liegende Werte, Annahmen und Glaubenssätze direkt Verhalten und Arbeitsweisen (Abb. 1.4). Setzten wir nun für unsere Transformation die systemische Brille auf, wird sehr schnell deutlich, dass wir es hier nicht mit statischen Konstrukten zu tun haben. Wir haben vielmehr die Chance über eine offene und ehrliche Auseinandersetzung mit unseren eignen Eisbergen kommunikativ Gelegenheiten zu schaffen, um Wissen aufzubauen und Kompetenzen zu erlernen. Nicht zu unterschätzen ist dabei die Schaffung von angemessenen Rahmenbedingungen und Vorbildern für situatives Lernen. Dazu benötigen wir ein gutes Verständnis unserer eigenen Kommunikationsstrukturen und -gepflogenheiten. Wenn wir

Abb. 1.4 Eisbergmodell der Wahrnehmung

erkennen und verstehen, dass wir in einem Unternehmen mehr tun müssen, als nur ein paar wenige Prozesse zu ändern, können wir auf unserem Weg in die Agilität den Turbulenzen, Luftlöchern und anderem Ungemach im Veränderungsprozess deutlich besser standhalten.

Agilität ist keinesfalls Beliebigkeit und agiles Leadership kein Nice-to-have, um erfolgreich das Unternehmen weiterhin auf dem Markt zu differenzieren. Wir benötigen eine gute Balance von Enabling und Engagement, Action und Awareness, Vertrauen und vor allem ein neues Verständnis von Kontrolle. Dies alles erfolgt über unsere Kommunikation. Der agile Prozess besteht letztendlich aus einer kontinuierlichen Wiederholung von Planung, Zusammenarbeit, Lieferung, Lernen und kontinuierliche Verbesserung, basierend auf und geprägt von unserer Art in den gegenseitigen Austausch zu treten. Über unsere Kommunikation formen wir das agile Mindset, das sich jedoch weder initial verordnen noch löschen lässt, wenn einmal vorhanden. Das neue Denken einer agilen Grundhaltung breitet sich schließlich gerne von allein aus. Das bedeutet für das Management einerseits eine Chance, andererseits ist es auch ein Risiko. Denn wir können, einmal begonnen, nicht mehr Stopp rufen und alles rückgängig machen. Der Stein ist ins Rollen gebracht, leider so manches Mal ohne das notwendige Bewusstsein des eigenen Systems, mit der Folge eines wahren Wildwuchses agiler und pseudo-agiler Methoden, Praktiken und Missverständnisse. Aus diesem Grund muss sich das Management bewusst auf den Pilotensitz setzen und das Steuer in die Hand nehmen, um Sicherheit und Rückhalt zu geben, dabei gleichzeitig Freiheit und Dezentralisierung vorantreiben, um Fahrt aufzunehmen. Eine Kommunikationsanalyse lässt uns erkennen, wie die Kommunikationsebenen und -prozesse aktuell gestaltet sind. Dazu kann die Berücksichtigung nachfolgenden Fragestellungen hilfreich sein.

> **Fragen**
>
> Wie geht „Führen", ohne zu dirigieren, und Dezentralisieren, ohne den Flieger abschmieren zu lassen?
>
> Welches Umdenken und Handeln sind in unserer Kommunikation nötig, um den Schub für die Transformation zu bekommen, ohne blindlings in den nächsten Berg zu crashen?
>
> Wie gehen wir mit diesem Paradoxon und dem Widerspruch zum jahrelang Praktizierten um?
>
> Woran können wir uns orientieren und ausrichten, wenn nicht am Bisherigen, Bekannten und Gewohnten, ohne in unkontrollierbares Chaos abzudriften?

Das Unternehmen als System

Es empfiehlt sich zuerst ein wenig mit dem eigenen System auseinander zu setzen und auf die Vorgehensweisen und Prinzipien, die sich im Change-Management bewährt haben, zurückzugreifen. Wir müssen uns dazu an erster Stelle bewusst machen, dass eine agile Transformation, entgegen einer häufig anzutreffenden Annahme, nicht nur die formale Einführung eines neuen Verfahrensprozesses ist. Es geht bei einer solchen Veränderung vielmehr um tief greifende Operationen am offenen Herzen einer Organisation, die sich als System wiederum aus weiteren Systemen wie Abteilungen, Teams, Hierarchie-Ebenen, mit Relationen zu Familie, Freundeskreis, Sportverein etc. zusammensetzt. Die Aspekte einer Systemanalyse werden im Kap. 2 genauer betrachtet.

Wie Sie jedoch unschwer erkennen können, basiert jedes System auf dem Zusammenspiel mit weiteren Systemen. Denn auch jeder einzelne Mensch stellt ein eigenständiges, individuell gewachsenes, hoch-potenzielles System dar, das sich nicht einfach von außen steuern, programmieren und dirigieren lässt wie eine Maschine. Jeder hat seine eigene Dynamik und Funktionsweise, die permanent geprägt, adaptiert, ergänzt und interpretiert wird, je nachdem, was wir erleben und erfahren. Ich möchte hier nicht zu tief in die Systemtheorie und den Konstruktivismus abtauchen. Ich denke aber, dass es erfolgsentscheidend ist, sich wenigstens in groben Zügen mit dem eigenen System aus-einanderzusetzen und zu erkennen, dass wir mit Powerpoint-Schlachten keine Transformation gewinnen können, sondern es in erster Linie mit People-Business zu tun haben, von welchem wir wiederum selbst Teil sind.

> Ein Unternehmen ist ein geschlossenes, selbstreferenzielles System, bestehend aus einer Vielzahl von Systemen, die über Schnittstellen mit-einander in Austausch stehen und sich aus der Abgrenzung definieren: Jedes System kann dabei wiederum nicht sehen, was es nicht sieht, wenn es sieht, was es sieht.

Jedes Unternehmen ist ein gewachsenes und im Wachstum befindliches System mit etlichen Sub-Systemen bis hin zu jedem einzelnen System Mensch. Für eine agile Transformation ist es von Vorteil, die Sichtweise der systemischen Organisationsentwicklung, die auf Systemtheorie und Konstruktivismus fußt, zu akzeptieren. Wir haben es daher mit einer Unzahl blinder Flecken zu tun, die nur über die jeweilige Kommunikationsstrategie aufgefangen werden und die Notwendigkeit angepasster Kommunikation wird so zur logischen Schlussfolgerung. Ich möchte Sie nicht mit dem Abschweifen in die Tiefen der äußerst komplexen Systemtheorie langweilen und verweise interessierte Leserinnen und Leser gerne auf die im Literaturverzeich-nis aufgelisteten Ressourcen. Ein wesentlicher Punkt sollte jedoch die Erkenntnis sein, dass keine zwei Systeme, ob Unternehmen, Abteilung oder Menschen, identisch sind, Kommunikation ein wesentlicher

Faktor der Überlebensfähigkeit jedes Systems darstellt und es sich in kontinuierlicher Entwicklung befindet.

Unternehmen tragen die Verantwortung einer langfristigen Existenz-sicherung ihrer Mitarbeitenden und tun dies basierend auf den Erfolgen und Misserfolgen der Vergangenheit. Agilität kann helfen, schneller und effizienter zu lernen. Je besser wir dabei unseren unternehmerischen Werdegang verstehen, umso besser können wir den positiven Nutzen für uns einsetzen. Nur eine offene Auseinandersetzung mit Vergangenheit, Ist-Zustand und den tatsächlichen Bedürfnissen des Unternehmens werden dazu führen, dass Agilität das System nachhaltig Richtung Ziel-Zustand bringt. Dazu müssen wir uns, wie wir noch sehen werden, unternehmerisch aufgeräumt auf die Reise begeben, um nicht in einen unkoordinierten Blindflug zu stürzen.

Wie jedes lebendige System lernt auch unser Unternehmen ständig dazu Gerade auf unserem heute außerordentlich schnelllebigen Markt ist diese Fähigkeit des Lernens ein zentraler Erfolgs-, wenn nicht gar Überlebensfaktor. Allerdings sollten wir dabei nicht nur unsere aktuellen Lernerfolge berücksichtigen und dabei außer Acht lassen, dass Lernen auch Erinnern bedeutet. Wir wurden, was wir sind, aufgrund unseres Werdegangs und dies gilt ebenso für Unternehmen. Es gilt somit systemisch zu denken und zu berücksichtigen, dass es Faktoren gibt oder gab, die das Unternehmen zu dem machten, was es heute ist. Mögen die einen oder anderen Faktoren heute auch obsolet, überflüssig oder auch kontraproduktiv sein, so hatten sie in der Vergangenheit dennoch ihren Einfluss. Wir sollten sehr vorsichtig und hellhörig sein gegenüber Verteufelungen der Vergangenheit oder deren Verherrlichung.

Changemanagement
Vielmehr sollten wir die vielfachen Erfahrungen des Changemanagements nutzen.

Nach Kotters Klassiker „Leading Change" sind mehrere Schritte in drei Phasen notwendig, um eine organisatorische Veränderung dauerhaft und nachhaltig zu implementieren und zu verankern [29]. Die Phasen Sensibilisierung, Mobilisierung und Umsetzung bauen dabei aufeinander auf und versprechen eine hohe Chance auf nachhaltige Verankerung. Bei der Umsetzung geht es nicht um eine sklavische Einhaltung von theoretischen Anweisungen und Regeln. Vielmehr können und müssen Details Abweichungen je nach Setting zeigen, um dem Unternehmen nicht wie ein starres Korsett die Luft abzuschnüren und damit das Gegenteil dessen zu erreichen, was das Ziel der ganzen Aktion ist.

Betrachten wir jedoch übliches Re-Organisations-Vorgehen, werden im Bemühen schnellen Outcome zu generieren gerade Sensibilisierung und Mobilisierung oftmals nachlässig behandelt, was schmerzhafte Folgen für das Unternehmen haben kann. Eine unzählbare Masse von Projektleitern und Managern haben, in Unkenntnis oder schlimmer noch in bewusster Missachtung dieser Empfehlung, bewiesen, dass man Sensibilisierung und Mobilisierung ignorieren und damit die Re-Organisation in eine kostenintensive Pflichtübung mit eingeschränktem Wert, wenn nicht gar massiven Misserfolg für ein Unternehmen verwandeln kann. Doch es hilft nicht, mit dem Finger auf andere zu zeigen. Entscheidend ist die Frage, wie wir vorgehen müssen, um eine agile Transformation zum Fliegen zu bringen und die Agilität nachhaltig zum Vorteil des Unternehmens zu nutzen. Ist eine solche Transformation, wie wir gesehen haben, doch ein massiver Eingriff in die Eingeweide des Unternehmens, in Struktur, Prozesse und vor allem Kultur. Auf unserer Reise werden wir die verschiedenen Phasen genauer betrachten und erkennen können, welche Stolpersteine und Hindernisse auf unserer Reise zu beachten sind. Doch, bevor wir weiter auf das „Wie" einer Transformation eingehen, möchte ich mit Ihnen ein Blick auf die Destination werfen, um ein gemeinsames Verständnis dafür zu schaffen, was es damit nun auf sich hat und womit eben nicht.

1.5   FLIGHTCHECK – Auf zu neuen Welten

Übersicht

☑ Klärung der Motivation für die agile Transformation
☑ Analyse des eigenen Systems und bisherigen Vorgehens
☑ Verständnis schaffen für die Bedeutung von Agilität im eigenen Setting
☑ Change-Management klären und frühzeitig einbeziehen
☑ Transparenz schaffen, dass eine längere Reise mit eingeschränkter Vorhersehbarkeit ansteht

Literatur

Holzberg N (2016) Ovids Metamorphosen. Beck, München

Weiterführende Literatur

Bendel O (2018) Digitalisierung. Gabler Wirtschaftslexikon. https://wirtschaftslexikon.gabler.de/definition/digitalisierung-54195. Zugegriffen: 3. Juni 2018
Berger M, Chalupsky J, Hartmann F (2008) Change Management – (Über-)Leben in Organisationen. Schmidt, Giessen
BFU (Büro für Flugunfalluntersuchungen) (2001) Statisik über Flugunfälle von in der Schweiz immatrikulierten Luftfahrzeugen im In- und Ausland sowie von im Ausland immatrikulierten Luftfahrzeugen in der Schweiz. https://www.sust.admin.ch/inhalte/pdf/Jahresberichte_u._Statistiken/Statistik_2000.pdf. Zugegriffen: 26. März 2021
Brandes U, Gemmer P, Koschek H, Schültken L (2014) Management Y. Campus, Frankfurt
Bundesamt für Statistik (2017) Marktwirtschaftliche Unternehmen nach Wirtschaftsabteilungen und Grössenklasse. https://www.bfs.admin.ch/bfs/de/home/statistiken/industrie-dienstleistungen/unternehmen-beschaeftigte/wirtschaftsstruktur-unternehmen.assetdetail.3202074.html. Zugegriffen: 1. Juni 2018

Bundesamt für Statistik (2018) Konkursverfahren nach Kanton – 1994–2017. https://www.bfs.admin.ch/bfs/de/home/statistiken/industrie-dienstleistungen/unternehmen-beschaeftigte.assetdetail.4642607.html Zugegriffen: 1. Juni 01 2018

Bundesamt für Statistik (2020) Bruttoinlandprodukt, lange Serie. https://www.bfs.admin.ch/bfs/de/home/statistiken/volkswirtschaft/volkswirtschaftliche-gesamtrechnung/bruttoinlandprodukt.assetdetail.14347493.html. Zugegriffen: 1. Juni 2021

Bundesamt für Statistik (2020) Schweizerische Zivilluftfahrtstatistik 2019 – 4. Bewegungen. https://www.bfs.admin.ch/bfs/de/home/statistiken/mobilitaet-verkehr/querschnittsthemen/zivilluftfahrt.assetdetail.13607520.html. Zugegriffen: 1. Juni 2021

DeMarco T (1997) The deadline. Dorset House, New York

Diesbrock T (2011) Ihr Pferd ist tot? Steigen Sie ab! Campus, Frankfurt

Dobelli R (2017) Die Kunst des klaren Denkens. dtv, München

Fischer-Epe M, Reissmann M (2017) Coaching zu Führungsthemen. Rowohlt, Hamburg

Fischermanns D (2010) Praxishandbuch Prozessmanagement. Schmidt, Giessen

Forward Intelligence Group (2020). Agile transformation domains. http://mybusinessagility.com/agile-transformation-domains/. Zugegriffen: 26 März 2020

Gloger B, Margetich J (2014) Das Scrum-Prinzip. Schäfer Poeschel, Stuttgart

Goldratt E, Cox J (2010) Das Ziel. Campus, Frankfurt

Gorman T (2011) The complete idiot's guide to MBA basics. Alpha Books, New York

Grossmann R, Bauer G, Scala K (2015) Einführung in die systemische Organisationsentwicklung. Carl-Auer, Heidelberg

Hackl B, Gerpott F (2015) HR 2020 – Personalmanagement der Zukunft. Franz Vahlen, München

Häusling A, Römer E, Zeppenfeld N (2018) Praxisbuch Agilität. Haufe Gruppe, Freiburg

Hofert S (2016) Agiler führen. Springer Gabler, Wiesbaden

Höfler M, Bodingbauer D, Dolleschall H, Schwarenthorer F (2018) Abenteuer change management. Frankfurter Allgemeine Buch, Frankfurt

Hohm H-H (2006) Soziale Systeme, Kommunikation Mensch. Juventa, Weinheim

Kennedy O, Künzi M (2016) Full potential report. Cominmag, Enigma Lab. https://enigma.swiss/full-potential/report-2016-fp-analysis.pdf. Zugegriffen: 29. Mai 2020

Kim G, Behr K, Spafford G (2018) The phoenix project. O'Reilly, Sebastapol

Kleinoth C (2019) Top Trends in der Unternehmenssteuerung. https://www. valsight.de/blog/top-trends-in-der-unternehmenssteuerung/.   Zugegriffen: 26. März 2021

Kotter J, Rathgeber H (2011) Das Pinguin-Prinzip. Droemer Knaur, München

Kotter J (2012) Leading Change. Franz Vahlen, München

Krech D, Crutchfield R (1992) Grundlagen der Psychologie. Beltz, Weinheim

Kruse DP (2008) 8 Regeln für völligen Stillstand (nach P. Kruse). https:// erfolgreich-projekte-leiten.de/8-regeln-fuer-voelligen-stillstand/. Zugegriffen: 25. März 2021

Kunow A (2017) Projekt management & business coaching. Books on Demand

Laloux F (2017) Reinventing organizations. Les Èditions Diateino, Paris

Leido P (2014) Lean & agile project management. Trafford

Leopold K (2018) Agilität neu denken. Leanability, Wien

Lombriser R, Abplanalp P (2010) Strategisches Management. Versus, Zürich

Lyonnet B (2015) Lean Management. Dunod, Malakoff Cedex

Mann L (1999) Sozialpsychologie. Beltz, Weinheim

Marquet D (2015) Turn the ship around! Penguin

Marquet D (2020) Leadership is language. Penguin

Martin R (2020) Clean Agile – Back to Basics. Pearson, Boston

Nowotny V (2018) Agile Unternehmen. Business Village, Göttingen

Osterwalder A, Pigneur Y (2011) Business Modell – Nouvelle Génération. Pearson, Paris

Sagmeister S (2016) Business culture design. Campus, Frankfurt

Schmidt DS (2021) Schwarmorganisation. https://www.schwarmorganisation. de. Zugegriffen: 30. März 2021

Schmidt P (2011) Organisatorische Grundbegriffe. Schmidt, Giessen

Schuldt C (2012) Systemtheorie. CEP Europäischer, Hamburg

Schwarz T, Lindner A (2016) KATA – Verbesserung zur Routine machen. Hanser, München

Simon F (2013) Einführung in Systemtheorie und Konstruktivismus. Carl-Auer, Heidelberg

Strode DE, Huff SL, Tretiakov A (2009) The impact of organizational culture on agile method use. IEEE, Waikoloa

Stroebe W, Jonas K, Hewstone M (2003) Sozialpsychologie. Springer, Berlin

Süddeutsche Zeitung (2010) Studie zu Flugzeugunglücken. https://www. sueddeutsche.de/reise/studie-zu-flugzeugungluecken-die-landung-ist-am-gefaehrlichsten-1.241053#:~:text=Nach%20Darstellung%20von%20 Experten%20sind,Fahrwerk%2C%20die%20Landeklappen%20und%20 die. Zugegriffen: 28. März 2021

UK Civil Aviation Authority (2013) Global Fatal Accident Review 2002 to 2011, CAP1036. https://www.caa.co.uk/Data-and-analysis/Safety-and-security/Analysis-reports/Global-fatal-accident-review/. Zugegriffen 25. März 2021

Vahs D, Weiand A (2010) Workbook Change Management. Schäfer-Poeschel, Stuttgart

Weber C, Preuss A (2006) Potentialorientiertes Coaching. Klett-Cotta, Stuttgart

Wegener R, Loebbert M, Fritze A (2014) Coaching-Praxisfelder – Forschung und Praxis im Dialog. Springer VS, Wiesbaden

Wirtz MA (2017) Dorsch – Lexikon der Psychologie. In: Hogrefe AG (Hrsg). https://dorsch.hogrefe.com. Zugegriffen: 28. März 2021

Würzburger T (2019) Die Agilitäts-Falle. Vahlen, München

2

Planung, Buchen und Koffer packen – Ziele, Visionen und Strategien

Zusammenfassung Wurde das grundsätzliche Verständnis dafür geschaffen, was eine agile Transformation für das Unternehmen bedeutet, geht es im nächsten Schritt darum, das Ziel der Reise zu konkretisieren. Dies geschieht mittels einer tragfähigen Vision und der Entwicklung der auf die Rahmenbedingungen des Unternehmens abgestimmten Strategien. Dabei müssen für die optimale Wahl der Vorgehensweise die vorhandenen Werte und kulturellen Gegebenheiten berücksichtigt werden, um bereits im Vorfeld das Risiko von Turbulenzen bei der Implementation zu reduzieren.

Wir konnten uns also darauf einigen, dass die Reise in die Agilität angetreten wird. Es soll heraus gehen aus dem altbekannten Trott mit seinen immer gleichen Dramen und Problemen. Wir wollen frischen Wind um die Nase spüren, durchatmen und neuen Schwung bekommen. Dazu haben wir tonnenweise Reiseprospekte vorwärts und rückwärts studiert. Doch das große Angebot macht mehr schmackhaft, als das Budget zulässt und ob der wunderschönen, über-perfekten Traumstrände kommen Skepsis und Bedenken auf. „Null-komma-nichts" flammen die Diskussionen erneut auf. Vielleicht doch nicht

© Der/die Autor(en), exklusiv lizenziert durch Springer Fachmedien Wiesbaden GmbH, ein Teil von Springer Nature 2022
S. Zech, *Erfolg in der agilen Transformation,*
https://doi.org/10.1007/978-3-658-36139-6_2

die Berge, sondern lieber sonniger Meeresstrand, aber bitte mit Skipiste vor dem Hotel! Und da man schließlich neue Kulturen entdecken will, soll es so urig und authentisch wie möglich sein, aber bitte mit der gewohnten Hausmannskost! Kosten sollte das ganze Unterfangen dabei möglichst wenig. Die Angestellten im Reisebüro raufen sich die Haare, versuchen zwischen widersprüchlichen, teilweise utopischen Wünschen zu vermitteln und versprechen letztendlich das Blaue vom Himmel, um die zwängende Familie endlich ruhig zu bekommen und den notwendigen Umsatz zu generieren.

Genauso scheint es bei vielen Veränderungsprojekten zu passieren. Nicht selten werden Ziele definiert, die bei genauerer Betrachtung eine starke Tendenz zur beschriebenen Ambiguität, wenn nicht gar kompletten Widersprüchlichkeit aufweisen. Wir wollen alles, meist mit sehr eingeschränkter Definition dieses ominösen, Buzzwordbasierten „Alles" und ohne Vermittlung des fundamentalen Verständnisses, welchen Impact und Mehrwert diese Reise letztendlich für unser Unternehmen haben wird. Werden dann auch noch die „Koffer" falsch gepackt, steht der Erfolg einer Veränderung bereits unter äußerst ungünstigen Vorzeichen. Es empfiehlt sich somit eine gute Planung und Reisevorbereitung, um die Vorteile der Agilität für das Unternehmen zu erschließen. Dazu müssen die Phasen einer organisatorischen Veränderung berücksichtigt werden. Es beginnt bei der ersten Wahrnehmung eines Veränderungswunschs. Dieser wird vielfach noch nicht als bedrohlich wahrgenommen und es macht sich eine gewisse Aufbruchstimmung breit. Doch kaum setzt sich unsere Transformation Richtung Startbahn in Bewegung, kommt der Schock über die drohende Betroffenheit, welche unter dem Druck des Steigflugs nicht selten in Wut, Ärger und Widerstand übergeht. Nach einer Weile folgt jedoch die Erkenntnis, dass wir definitiv unterwegs sind. Es kommt zu wiederholten Zyklen des Ausprobierens, Lernens und mit jeder gemeisterten Herausforderung steigt das Selbstbewusstsein. Bis zum Landeanflug vertieft sich das Verständnis für Wirk- und Erfolgsfaktoren bis hin zur emotionalen Akzeptanz und der Integration der Agilität im Unternehmen (Abb. 2.1). Doch um diesen Weg zu gehen, müssen wir zuerst das Ziel der Reise definieren.

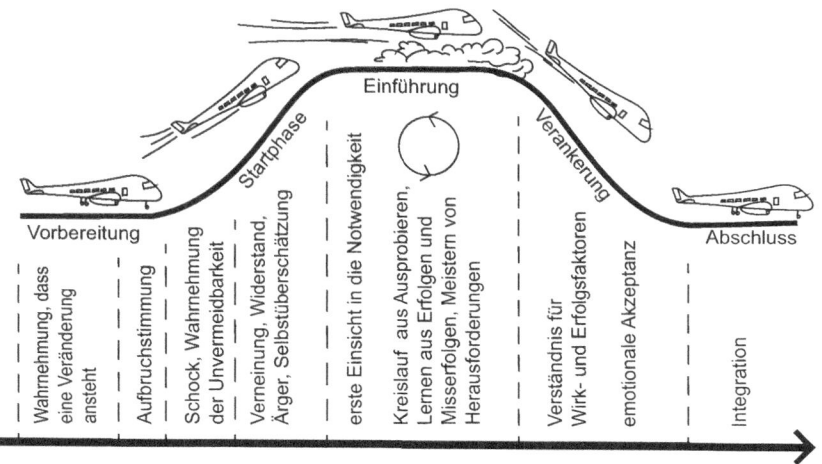

Abb. 2.1 Die Veränderungskurve der agilen Transformation

2.1 Die Destination – weg ja, aber wohin

Gehen wir gedanklich nochmals einen Schritt zurück. Unsere Familie ist gestresst, die Familienmitglieder übermüdet und bedeutungslose Zankereien lassen den Haussegen massive Schieflage annehmen. Waren die lieben Nachbarn nicht in einer ähnlichen Lage? Sie hatten sich entschlossen, eine Auszeit zu nehmen. Ja genau, die Malediven waren es. Und natürlich schwärmen Herr und Frau Nachbar wie fantastisch die Reise war. Nur Sonne, allerfeinstes Essen und das Meer ließe sich gar nicht mit Worten beschreiben. Dass es dabei den einen oder anderen Wermutstropfen gab, wird erst in den folgenden Gesprächen erkennbar. Und kaum zwei Wochen später hören wir die gleichen Beschwerden wie vor der viel zu teuren Reise. Der positive Effekt ist wie Seifenblasen verpufft. Die Erinnerung an entspannte Tage kann dabei den Funken der Unmut im Alltag dann sogar noch schneller entfachen.

Für ein Unternehmen stellt sich die Situation bei Re-Organisationen, und als solche ist eine Transformation zu betrachten, meist ähnlich dar. Wir sollten uns also fragen, ob wir lediglich eine kurze Unterbrechung der aktuellen Prozesse und vorübergehende Impulse generieren, um anschließend in unsere gewohnten Routinen zurückzukehren. Wir riskieren damit nicht nur ineffiziente, wenig nachhaltige Kosten zu generieren, sondern auch Erwartungen zu generieren, die wie besagte Seifenblasen zerplatzen. Aber was ist dann das tatsächliche Ziel unserer organisatorischen Reise? Bezogen auf eine agile Transformation werden leider vielfach so viele schillernde Seifenblasen generiert, dass jedes Kleinkind in wahre Euphorie ausbrechen würde. Die Konsequenz solcher instabilen Luftschlösser hinterlässt dabei einen größeren Schaden, als gemeinhin angenommen wird. Zumal im Fall der Implementierung von Pseudo-Agilität oder Lipstick-Agility der Funken der Unzufriedenheit noch schneller als bei einer klassischen Reorganisation zum Busch- oder gar Waldbrand mit verheerenden Auswirkungen werden kann.

> Mit dem Schritt in die Agilität berühren wir über einen massiven kulturellen Richtungswechsel den Kern des Systems Unternehmen und seine wichtigste Ressource, die Mitarbeitenden.

Gehen wir also in uns und beantworten die Frage, ob wir diesen Weg tatsächlich gehen wollen und wenn ja, wohin er dieses Unternehmen und seine Belegschaft führen soll. Da stehen wir also, konfrontiert mit unzähligen Möglichkeiten von wunderschönen Orten und Plätzen, beschrieben in den schillerndsten Farben und blumigsten Worten. Wie soll unsere Zieldestination denn nun aussehen? Das kleine Strandhotel oder die Mega-Clubanlage? Mit oder ohne Golfplatz? Ruhe auf dem Land oder Trubel in der Stadt? Diese Vorstellungen lassen schlichte Wünsche schnell wachsen und generieren Begehrlichkeiten. Doch nehmen wir an, unser Unternehmen träumt im übertragenen Sinne vom warmen Meer und dem Sandstrand mit Palmen. Nun mag aber der eine an einer Sonnenallergie, der nächste unter einer Wasserphobie leiden, wieder andere gar nicht mitbekommen haben, dass überhaupt eine Reise ansteht. Selbstverständlich wird es insbesondere in großen Unternehmen nicht möglich sein, sich mit der gesamten Belegschaft an einen großen Tisch zu setzen und alle Wünsche unter einen Hut zu bringen. Meist misslingt dies jedoch schon in den jeweiligen Entscheidungsgremien, was sich sehr schön an der Menge der kostenintensiven Abstimmungsmeetings und oftmals intransparenten Kommunikation erkennen lässt.

> Vor dem Start einer agilen Transformation muss Klarheit geschaffen und offen kommuniziert werden, was der Mehrwert und auch die Risiken für das Unternehmen sind.

Sicht auf den Ist-Zustand

Es ist deshalb hilfreich, zuerst eine klare, möglichst objektive Sicht auf den aktuellen Zustand des Unternehmens zu bekommen. Nur wenn uns die Ausgangslage bekannt ist, wird es auch möglich sein, unseren Flieger entsprechend den Fluganforderungen korrekt zu konfigurieren, auszustatten und später zu navigieren. Erst dann können wir die Dringlichkeit der Veränderung greifbar machen sowie Zieldestination und richtige Flughöhe definieren. Meine Empfehlung ist die Durchführung einer soliden Ausgangs-Analyse als Fundament einer tragfähigen Vision. Diese sollte als wesentliche Entscheidungsgrundlage unsere weiteren Schritte leiten, aber auch zügig vollzogen werden. Je gründlicher eine solche Analyse zu Beginn unserer Reise durchgeführt wird, desto konstruktiver werden die folgenden Diskussionen zur Definition von Rahmenbedingungen und Maßnahmenpaketen sein. Nur der aktuelle Ist-Zustand und die Definition des erstrebten Mehrwerts kann die Entscheidungsgrundlage liefern, welchen finanziellen und organisatorischen Impact wir für das Unternehmen in Kauf nehmen können und wollen. Dieser wiederum definiert, ob unsere Reise unter Einbezug der gesamten Organisation im Großraumfrachter erfolgen soll oder doch erst im Rahmen eines Piloten lediglich mit einem Teil des Unternehmens im Sportflieger gestartet wird. Damit legen wir auch bereits den Grundstein, um den Verlauf der Transformation messbar zu machen.

Die Betonung liegt hier unter anderem auf Aktualität des Ist-Zustands. Die oftmals intensiven, langwierigen Unternehmensanalysen externer Beratungsfirmen mögen zwar hoch professionell sein und ihre generelle Berechtigung haben, helfen aber vielmals nicht für die korrekte „Auslegeordnung" einer agilen Transformation. Denn sowohl Flughöhe der Analyse als auch Zeitnähe muss gegeben sein, um den richtigen Startpunkt des Flugs nicht zu verpassen.

Gängige Analysemethoden zur Erfassung des Ist-Zustands und ihr Bezug zur agilen Transformation

- **SWOT-Analyse**
  - *Kurzbeschreibung*: Instrument zur strategischen Planung mit Kombination innen- und außen-gerichteter Perspektive auf Stärken, Schwächen, Chancen und Risiken des Unternehmens
  - *Nutzen für eine agile Transformation*: zielgerichtete, ressourcen-orientierte Ausrichtung des Transformationsdesigns auf vorhandene Stärken und Schwächen, aber auch Erkennen der Einflussmöglich-keiten des Unternehmens nach Außen
- **PESTEL-Analyse**
  - *Kurzbeschreibung*: Analyse-Methode mit Fokus auf den Einfluss des Umfelds auf das Unternehmen
  - *Nutzen für eine agile Transformation*: Klärung der Wirkung externer Faktoren, welche als Rahmenbedingungen im Set-up einer Trans-formation berücksichtigt werden müssen
- **Porter's Five-Forces**
  - *Kurzbeschreibung*: Strukturierungsansatz, um zukünftige Einfluss-faktoren auf ein Unternehmen kategorisieren zu können
  - *Nutzen für eine agile Transformation*: Berücksichtigung zukünftiger Trends und Einflüsse ermöglicht eine zielgerichtete, nachhaltige Ausrichtung der Transformation
- **Benchmarking**
  - *Kurzbeschreibung*: Vergleich der Unternehmenswerte und -resultate mit dem Markt respektive dem stärksten Wettbewerber
  - *Nutzen für eine agile Transformation*: Ausrichtung der Trans-formation, um von den Besten zu lernen und die eigene Per-formance konkurrenzfähig zu verbessern
- **Wertkettenanalyse nach Porter**
  - *Kurzbeschreibung*: Identifikation von Wettbewerbsvorteilen über Leistungssteigerung in der Wertschöpfungskette des Unternehmens
  - *Nutzen für eine agile Transformation*: Ausrichtung der Trans-formation auf Verbesserungspotenzial in der Value Chain und Sichtbarmachen der Beteiligung von Unternehmensteilen am Gesamterfolg des Unternehmens (Einfluss und Anteil innerhalb der Wertschöpfungskette)

- **Analyse der Personalarbeit**
  - *Kurzbeschreibung:* Schaffen eines Überblicks über die aktuelle und zukünftige Personalsituation inklusive Skill-Matrix[1]
  - *Nutzen für eine agile Transformation:* Identifikation der Personalstrukturen und effizienter Handlungsansätze, um das Hauptkapital des Unternehmens, sein Personal, zu erhalten und zu fördern

Sichtbarmachen von Sinnhaftigkeit und Dringlichkeit

Die Ergebnisse dieser Analysen sollten zwingend offen kommuniziert und transparent gemacht werden, um die Sinnhaftigkeit und Dringlichkeit der Transformation im ganzen Unternehmen zu vermitteln. Da aber Erfolg vielenorts im engeren Managementkreis und über schnellen Output definiert wird, neigen die Verantwortlichen zur Argumentation, dass es ausreichend sei, wenn dem oberen Management diese Dringlichkeit bekannt ist. Diese entscheiden und delegieren Aktionen, sodass die wichtigen ersten Quick-Wins in einzelnen Bereichen dann schnell mit der eigentlichen Transformation verwechselt werden und die Platzrunde schnell zurück zu alten Gewohnheiten führt. Wie wir bereits gesehen haben, befinden wir uns nicht in isoliert agierenden Einzelsystemen, an welchen nach Belieben vorwärts und rückwärts geschraubt werden kann. Das systemische Verständnis ist entscheidend, um den Flieger nicht in teure Loopings über dem Platz zu schicken.

> Die Sub-Systeme Management und einzelne Abteilungen sind Teile des Gesamtsystems und beeinflussen dieses wechselseitig.

Vorüberlegungen zum Kofferpacken

Das Management muss sich zwingend der Tatsache stellen, dass die Motivation, den Koffer zu packen, mehr benötigt als einen Managemententscheid und sachliche Standard-Kommunikation. Wozu soll jemand seine Koffer für eine Reise packen, wenn er weder Reiselust

---

[1] Wissenträgerkarte, die die Kenntnisse und Fähigkeiten einzelner Personen in einem Team oder einem Bereich im Überblick sichtbar macht.

verspürt noch einen Mehrwert darin sieht, diese Reise zu unternehmen? Das Kern-Business läuft schließlich und in der Vergangenheit konnten wir Veränderungen doch bestens über Top-down Approach und klassisches Projekt-Management handhaben. Vielleicht nicht so erfolgreich wie gewünscht, dafür aber in gewohnten und bekannten Prozessen und Strukturen. Doch die Zeiten ändern sich – und das in immer kürzer werdenden Kadenzen. Der Druck auf Unternehmen steigt und wesentliche Faktoren müssen berücksichtigt werden.

> **Die beiden zentralen Treiber Globalisierung und Digitalisierung haben direkten Einfluss auf das Design einer agilen Transformation**
>
> - **Globalisierung:**
>   - *Chancen und Risiken:*
>   Bedrohung durch zusätzliche Konkurrenz, aber auch Chancen über neue Marktzugänge
>   Veränderung auf dem Arbeitsmarkt über Off- und Near-Shoring.
>   - *Einfluss auf Transformationsdesign:*
>   Notwendigkeit, die Unternehmensprozesse so auszurichten, dass auf Bewegungen am Markt schnell reagiert und Veränderungen am Markt über Innovation vorweggenommen werden können. Dazu müssen Aufbau- und Ablauforganisation entsprechend adaptiert werden.
> - **Digitalisierung**
>   - *Chancen und Risiken:*
>   Mehr innovative Konkurrenz auf dem Markt, digitale Produkttrends und wachsende Angebote generieren neue Kundenbedürfnisse.
>   Digitale Service-Angebote über Plattformen beeinflussen die Arbeitsinhalte und -prozesse bestehender Services, stellen neue Anforderungen an Entwicklung und Betrieb derselben und verstärken den Trend zur Wissensarbeit.
>   - *Einfluss auf Transformationsdesign:*
>   Technologien müssen rasch aufgenommen und internes Wissen konstant angepasst und aufgebaut sowie reaktive Ablaufstrukturen in flexible, iterative Prozesse überführt werden, um Automatisation und Ausbau der Wissensarbeit zu verstärken.

Diese Faktoren lassen die Kundenloyalität bröckeln. Traditionelle, Sicherheit gebende Strukturen kommen in Bewegung und stürzen Organisationen aller Sparten in Unsicherheit. Dazu kommt der Trend zu höherer Automatisierung von einfachen, maschinell ausführbaren Aufgaben, was den Druck auf das Unternehmen noch mehr erhöht, die eigene Attraktivität als Arbeitgeber für erfahrene und qualifizierte Wissensarbeiter zu pflegen. Damit wird nicht nur die Außenwelt eines Unternehmens von Veränderungen betroffen. Viele traditionsreiche Unternehmen realisieren oft erst sehr spät, dass sie mit ihren Mitarbeitenden ein enorm wichtiges Kapital besitzen. Dieses drohen sie zu verlieren, wenn weiterhin den gewohnten Verhaltensweisen und einem traditionell geprägten Mindset angehängt wird. Wenn dann aber noch zu wenig Attraktivität ausgestrahlt wird, um den genannten personellen Anforderungen gerecht zu werden, beginnt eine Abwärtsspirale, die in aller Regel zulasten der Belegschaft und dem Unternehmenserfolg geht. Langjährige Anstellungsverhältnisse, statischer Know-how-Aufbau und Stabilität nehmen je länger je mehr ab. Angestellte fühlen sich längst nicht mehr verpflichtet, einem Arbeitgeber aus Loyalität die Treue zu halten. Und es gibt kaum einen höheren Kostenfaktor in einem Unternehmen als Know-how-Verlust und Fluktuation. Gelingt es uns jedoch insbesondere die Mitarbeitenden, welche die bisherige Organisation bereits infrage stellen, abzuholen und einzubinden, nutzen wir bereits im Vorfeld vorhandene Ressourcen. Denn Unzufriedenheit sollte als wichtiges Potenzial einer Transformation genutzt werden. Agilität fördert und fordert dabei konstruktive Kritik. Ergeben nickende, obrigkeitshörige Mitglieder mögen in der Organisation bis jetzt ihre Positionen erfolgreich gesichert haben. Im Rahmen der Transformation benötigen wir jedoch das Commitment zur aktiven Partizipation an der Neugestaltung.

Differenzierung auf dem Arbeitsmarkt

Mit dem Schritt in die Agilität sind Veränderungen verbunden, über die sich ein Unternehmen auf dem Markt positiv differenzieren.

- dynamische Weiterentwicklung der Mitarbeitenden
- lebenslanges Lernen auf allen Ebenen
- Arbeitsbedingungen, die innovatives, kreatives Arbeiten fördern
- Stärken- und Ressourcenorientierung
- kurze Entscheidungswege

Bedeutung der Vision

Je klarer wir uns also mit unserer Ausgangssituation und unseren Zielen auseinandergesetzt haben, desto überzeugender wird die zu kommunizierende Vision ausfallen und wir werden in der Lage sein, ein tragfähiges, unternehmensgerechtes, messbares und flexibles Design unserer Transformation zu konzipieren (Abb. 2.2).

Dabei ist es keinesfalls ausreichend, sich auf eine theoretische Analyse der Chancen und Risiken zu beschränken und diese als Weisheit letzter Schluss zu kommunizieren, in der Annahme der sich selbsterklärenden Fakten. Ist es doch hinlänglich bekannt, dass die Reise im Prospekt mit den schönsten, am Computer aufgepeppten Bildern dargestellt wird. Wir benötigen jedoch keine Hochglanz-Bilder, sondern eine Vision mit Überzeugung, Herzblut und Mut zum Risiko.

Vergleichen wir unsere agile Transformation mit einer Reise, so zeigt sich, dass in beiden Fällen im Vorfeld klar die Destination definiert werden muss, die angibt, wohin die Reise gehen soll. Ein grobes „alles wird besser" Ziel ist kaum ausreichend. Und hier tut sich in vielen Fällen bereits ein nachhaltiges Problem auf. Ohne klare und auch überzeugende Vision des Managements wird unser Flieger vielleicht zwar abheben, aber nach einer oder mehreren holprigen Platzrunden

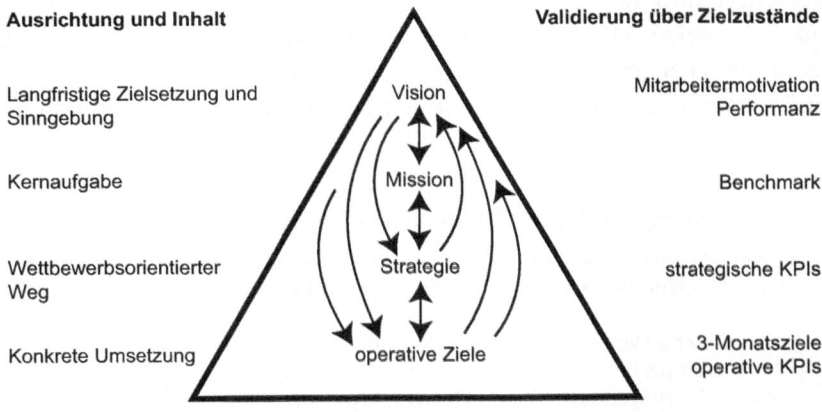

Abb. 2.2   Von der Vision zur Operationalisierung über messbare Zielzustände

schließlich wieder im altbewährten Hangar landen. Bestätigt von allen, die ja bereits vorher wussten, dass es nicht funktionieren wird, wird schnell ein Schuldiger gesucht – bestens geeignet wären hierfür etwa das externe Beratungsunternehmen und ein paar überengagierte Personen aus den eigenen Reihen, derer man sich dann schnell mal entledigt. Da die ursprüngliche Problemstellung des Unternehmens, nämlich im aktuellen Setting nicht angemessen auf die zukünftigen Marktanforderungen reagieren zu können, aber nach wie vor existiert, geht es in die nächste Runde. Erneut stürmen wir den nächstbesten Flieger, der Pilot – diesmal vielleicht ein anderes Beratungsunternehmen – hebt ab. Die Richtung ist „Auf nach Agilität", das Schlaraffenland mit dem Kuchen, der auf Bäumen wächst. Da aber nach wie vor nicht klar ist, was die genaue Erwartungshaltung ist, respektive wo unsere sagenumwobene Destination „Agilität" genau liegt, werden wir erneut fliegen, solange der Sprit es zulässt. Schlimmstenfalls kommt es zu einer Bruchlandung im Nirgendwo. Das Unternehmen verliert entnervte, wertvolle Mitarbeitende, die Pilotin oder der Pilot ist plötzlich verschwunden und die ganze Misere kostet gutes Geld für Aufräumarbeiten. Das Tragische an dieser Tatsache ist, dass eine Vision als Vorgabe des „Warums" direkt auf das „Wie" der Strategie und letztendlich auf das „Was" des Produkte- und Servicekatalogs eines Unternehmens auswirkt. Denn die Strategie legt den Weg zur durch die Vision definierten Zieldestination fest. Fehlende, unklare Visionen führen bei einer Transformation zu unklaren, oftmals nicht abgestimmten strategischen Ausrichtungen.

> Eine tragfähige Vision bestimmt über die Beschreibung des Zielzustands die strategische Ausrichtung über Richtung, Dauer und Bedingungen unseres Fluges und damit das Design der Transformation.

Stattdessen findet man jedoch vielfach Buzzwords und unscharfes Halbwissen macht die Runde, kaschierend, dass weder Zielsetzung noch Nutzen der Übung ausreichend geklärt wurden. Die Folgen sind unverständliche, abgehobene, nicht ernst genommene Phrasen, die Mitarbeitenden und selbst das Management weder ansprechen noch motivieren. So wird Agilität in jedem Bereich unterschiedlich verstanden und artet nicht selten in unabgestimmten, redundanten, wenn nicht gar widersprüchlichen Vorgaben und Aktivitäten aus.

Wenn Sie zu denjenigen gehören, denen das Wort Vision grundsätzlich schon negativ aufstößt, hatten Sie vielleicht noch nie die – zugegebenermaßen seltene – Chance, eine solche tragfähige Vision in einem Unternehmen erleben zu dürfen. Betrachten wir jedoch die Gründungsvision von Microsoft aus dem Jahr 1975 oder diejenigen von Wal-Mart oder Wikipedia, so können wir die Kraft hinter einem starken, bedeutungsvollen Statement klar erkennen. Eine überzeugende Vision führt dazu, dass Angestellte nicht mehr nur in einem Unternehmen arbeiten, sondern sich tatsächlich als Teil desselben identifizieren und es entsprechend nachdrücklich unterstützen und vertreten.

> Die Glaubwürdigkeit und damit die Wirksamkeit einer Vision ist abhängig von unserer Fähigkeit, die Betroffenen zu Beteiligten zu machen.

Dazu gehört es, offene und verdeckte Agenden zu klären sowie die tatsächlichen Bedürfnisse im Unternehmen zu erkennen. Andernfalls werden diese, mehrheitlich unbewusst und ohne jede böse Absicht, immer wieder aufpoppen und unseren Flieger in Turbulenzen stürzen. So müssen im Vorfeld unbequeme Diskussionen und Vorabklärungen erfolgen. Denn die Krux ist oftmals in der Tatsache zu finden, dass wir große Mühe haben, unsere Wünsche und Bedürfnissen überhaupt zu erkennen, verständlich zu formulieren, um uns darauf einigen zu können, dass diese Reise langfristigen Mehrwert für alle Beteiligten bietet. Die Vision ist schließlich auch der entscheidende Treibstoff für unseren Flug in die Veränderung (Abb. 2.3).

Herangehensweisen zur Visionsentwicklung

So gibt es unterschiedliche Herangehensweisen, eine Vision zu entwickeln und zu kommunizieren. Die einen schwören nach wie vor auf den einsamen Management-Entscheid, um sämtlichen Diskussionen erst einmal aus dem Weg zu gehen. Wieder andere diskutieren und analysieren auf der Suche nach dem einzig wahren Allheilmittel, bis jeder auch nur bei der leisesten Erwähnung der Vision die Flucht ergreift. Im Idealfall stünden ausgereifte, vollständige Analysen mit Darlegung

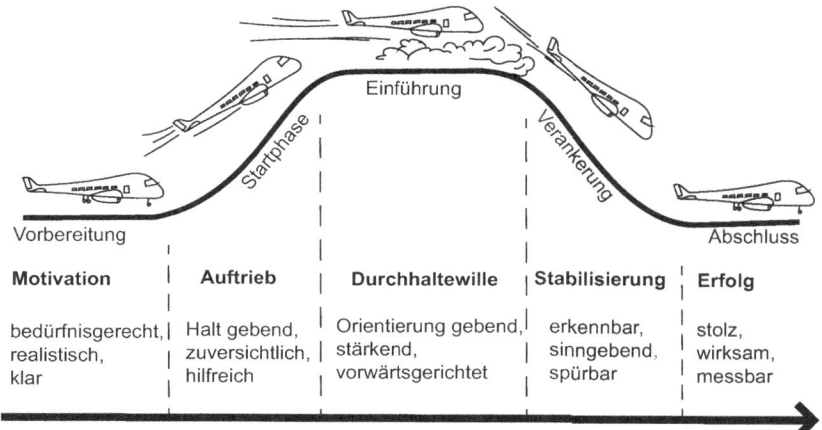

Der Einfluss und die Wirkung der Vision variiert im Transformationsverlauf.

Abb. 2.3 Wirkung der Vision in der agilen Transformation

aller erdenklichen Risiken zur Verfügung. Doch leider ist eine solche Erwartungshaltung höchstens in praxisfernen Schulbüchern zu finden. Das Management eines Unternehmens sieht sich mit einem hohen Maß an Unsicherheiten, Annahmen und Erfahrungswerten, aber auch Wunschvorstellungen und verkaufsgetriebenen, nicht immer der Realität entsprechenden Informationen konfrontiert.

Fragen

Woran kann und soll sich die Unternehmensführung bei der Entwicklung einer Vision orientieren?

Wie schaffen wir es, die unterschiedlichen Bereiche und Ebenen eines Unternehmens mit einer greifbaren Vision für die Agilität zu begeistern?

Welche Vision kann den Mitarbeitenden helfen, den gewagten Schritt in neue Prozesse und Strukturen zu wagen?

Keine noch so wunderbar angepriesene Theorie ist in der Lage, die für alle Unternehmen gültige goldene Regel zu liefern und über die Tatsache hinwegtäuschen, dass jede Organisation eine spezifische Zielsetzung und Konstellation hat. Diese besteht entgegen der landläufigen

Annahme aber nicht nur aus Gewinnmaximierung. Aber auch eine Verteufelung derselben hilft nicht weiter. Je nach Sicht auf das Gesamtsystem können unterschiedliche Ziele identifiziert werden. Die Gewinnmaximierung ist dabei wesentlich, aber nichtsdestotrotz letztendlich nur Mittel zum Zweck, um den Fortbestand auf dem Markt zu gewährleisten.

Gehen wir davon aus, dass wir unser Unternehmen genau, aber maßvoll unter die Lupe genommen haben. In vielen Fällen basiert die Vision nun leider auf einer Vermeidungsstrategie, indem erkannte Risiken und Schwachstellen beseitigt werden sollen. Für mich ein eindeutiger Fliegenfokus auf jeden nur möglichen Misthaufen im Unternehmen. Ich empfehle für die Entwicklung der Vision, die negativen Aspekte zwar zu identifizieren, denn Risiken müssen über angemessene Strategien konstant gemanagt werden, um das Unternehmen nicht gegen die Wand zu fahren. Doch für den Fokus und die Formulierung der Vision empfiehlt es sich, das tatsächliche Potenzial des Unternehmens ins Zentrum zu stellen. Damit suchen wir im lösungsorientierten Bienenfokus die nächste Chance, generieren Begeisterung und Motivation.

Agilität und Vision

Die positiven Seiten der Agilität wie höherer Qualität und größerer Flexibilität über kurze, überschaubare Produktionszyklen und schnelle Rückmeldungen sind valide Gründe einer Transformation. Agilität fördert und fordert dezentralisierte Entscheidungssysteme, welche die intrinsische Motivation unseres Personals fördern. Was bei großen, komplex-verschachtelten Unternehmen leicht in den Hintergrund gerät, ist der Mensch und die Sinnstiftung der Arbeit. Wir arbeiten, um unser Leben finanzieren zu können, aber wir arbeiten auch, um in Kontakt mit anderen Menschen zu sein, unsere Ideen einbringen zu können, Bestätigung und Zuwendung zu erhalten. Leadership bedeutet in diesem Zusammenhang heutzutage mehr als nur die Definition von Leistungszielen.

Agile Prinzipien tragen mit gezieltem Empowerment der Mitarbeitenden, basierend auf Respekt, Ver- und Zutrauen, der Ausrichtung auf nachhaltige Wertgenerierung und damit dem Fortbestand des Unternehmens Rechnung.

Zahlreiche Untersuchungen haben inzwischen belegt, dass die Leistungen der Angestellten nur bis zu einem bestimmten Punkt über finanzielle Anreize gesteigert werden können. Unternehmen sind damit gefordert, aus der konventionellen, monetär gesteuerten Antriebspolitik auszubrechen, um das wahre Potenzial des Unternehmens aktivieren zu können. Bestes Beispiel, dass Projekte, die nicht über monetäre Kompensationen gesteuert werden, erfolgreich sein können, ist sicherlich Linux. Was motiviert Menschen unentgeltlich Höchstleistungen zu erbringen und diese dann gratis zur Verfügung zu stellen? Intrinsische Motivation und Loyalität lassen sich jedoch nicht kaufen und basieren mehrheitlich auf nicht-monetären Anreizen. Viele Unternehmen verlieren Jahr für Jahr Unmengen an Geld durch Fluktuationen, bedingt durch das Ignorieren dieser Tatsache. Stellen wir die grundlegende Frage nach den tatsächlichen Zielen und Bedürfnissen der Entscheidungsträger auf der einen Seite und der Mitarbeitenden als zentrales Fundament des Unternehmens auf der anderen, haben wir einen wichtigen Erkenntnis-Schritt für die Formulierung einer tragfähigen Vision getan.

> Die Vision einer agilen Transformation sollte zwingend auf den Stärken unseres Unternehmens sowie unserer aktuellen und zukünftigen Mitarbeitenden aufbauen. Sie vermittelt den zentralen Sinn und Mehrwert, für welche es sich emotional und monetär lohnt, Einsatz zu bringen.

Managemententscheide setzen Rahmenbedingungen

Sind sich die Entscheidungsträger bewusst, wohin sie das Unternehmen mit der Vision steuern, vermeiden wir es, auf der rosaroten monetären Management-Wolke direkt auf die schwarzen Gewitterwolken der Realität zuzufliegen. Neben der sinnstiftenden Vision gehört selbstverständlich auch ein finanzielles und zeitliches Commitment zu den Grundvoraussetzungen einer Transformation. Das Management setzt über Budget und Timeline der Transformation die wesentlichen Rahmenbedingungen für die Umsetzung der Transformation. Entscheidend ist hier den Rahmen auf die Gesamtsicht anzuwenden.

Wieviel Treibstoff im Sinne von finanziellen und zeitlichen Ressourcen müssen wir für unseren Flug in die Agilität zur Verfügung stellen?

Zum einen benötigen wir ausreichend Sprit für die Reise selbst, daneben aber auch Contingency, Alternate, Final und Extra Fuel für Mehrverbräuche, Ausweichrouten, Warteschleifen und mögliche Verzögerungen. Davon ist abhängig, wie weit die Reise gehen kann, respektive ob kostenintensive Zwischenstopps zum Nachtanken notwendig werden. Bei der Planung von agilen Transformationen wird leider häufig übersehen, dass eine zu knappe Kalkulation des Gesamtrahmens meistens zu sehr kostspieligen Abklärungen, massiver Überzeugungsarbeit, Rechtfertigungen und letztlich Blamegames führt. Dabei geht es dann nicht länger darum, das ursprüngliche Ziel, die Vision der Agilität zu erreichen, sondern vermehrt um Machtdemonstrationen und Profilierung. Aber auch Sunk-Cost-Effekte spielen hier mit. Denn es liegt in der Natur des Menschen, an bereits getätigten Investitionen festzuhalten, auch wenn der Erfolg längst außerhalb jeglicher Reichweite liegt. Das wiederum zeigt uns, wie wir im Laufe unserer Vorbereitungsaktivitäten noch sehen werden, dass wir frühzeitig über Messmethoden nachdenken sollten. Zum jetzigen Zeitpunkt sollten uns aber bewusst sein, dass die wesentlichen Rahmenbedingungen des Unternehmens berücksichtigt werden müssen und viel Mut benötigt wird, um einer agilen Transformation unternehmensgerecht umzusetzen. Begeben wir uns schließlich auf eine Reise in weitgehend unbekannte Gefilde. Realistisch betrachtet können wir viele Experten befragen, Statistiken studieren und Analysen fahren. Niemand wird uns jedoch feste Zusagen machen können, ob das Unternehmen den Weg ins Paradies findet oder ob interne und externe Einflüsse unser Vorhaben nicht gewaltig durchschütteln werden. Eine agile Transformation, das sollte nun definitiv klar sein, ist kein nettes, kleines, hippes Profilierungsprojekt. Es beeinflusst das gesamte System und kann es voranbringen oder aber auch ins Trudeln bringen.

2.2 Die Buchung – Grundsatzentscheid zur Transformation

Reisewilligen können heutzutage das Internet mit seinen Online-plattformen als Entscheidungshilfe zurate ziehen, um die Risiken bei der Buchung ihres Reisewunsches zu reduzieren. Hier können Reise-berichte und Ratings studiert sowie Bilder begutachtet werden, welche Erfahrungen anderer Reisenden zum Besten geben. Doch aufgepasst, es ist Vorsicht geboten. Nicht jede Beurteilung entspricht einer objektiven Beurteilung und hat tatsächlich Relevanz für unsere eigene Reise. Mag der eine sich an den abgenützten Teppich gestört haben, muss dies noch längstens kein Ausschlusskriterium für meine eigene Reise sein.

Ähnlich verhält es sich für Unternehmen in einem Veränderungs-prozess. Hier sind es jedoch weniger Onlineplattformen, sondern viel-mehr eine Vielzahl mehr oder weniger renommierter Berater, die dem Unternehmen bei entsprechender monetärer Gegenleistung gerne zur Seite stehen. Mit welchem Anbieter wollen wir dieses Abenteuer wagen?

Wahl der Beratungsunterstützung
Nicht wenige Consulting-Unternehmen verkaufen erfolgreich teure Luxus-Jets, die sich im Laufe der Transformation dann doch als mittelmäßige Holzklasse mit geringer Sicherheit erweisen. Tatsächlich benötigen wir aber eine solide Maschine, die ausreichende Kapabilität hat, um der Vision und Statur des Unternehmens zu genügen. Und das auch unter turbulenten Bedingungen. Der Berater-Markt wabbelt dem Management hier mit einer äußerst nebulösen Masse an bunt schillernden Mega-Heros und sogenannten Experten unterschied-lichster Ausprägungen entgegen. Die Auswahl fällt definitiv schwer. Ist es besser, den Ratschlägen des wortgewandten, souverän auftretenden Managertypen zu folgen oder doch eher auf den etwas zurückgezogenen Spezialisten, der sich auf sein Handwerk der Unternehmensanalyse ver-steht, aber die Begeisterung nicht zu wecken vermag? In vielen Fällen beruht die Wahl schließlich eher darauf, wie ein Berater dem jeweiligen Entscheidungsträger zu schmeicheln vermag und nur bedingt auf Fakten oder realen Leistungsnachweisen. Matchentscheidend für

die Wahl sind so häufig Beziehungen und Marketing der Beratungsunternehmen. Es ist leider immer wieder festzustellen, dass auf dem Berater-Markt „Schein" und „Sein" starke Divergenzen aufweisen und Unternehmen viel Geld aufgrund ausgeklügelter und zugegebenermaßen erfolgreicher Marketing-Strategien investieren, welche dem reellen Gegenwert der Beratungsleistung nicht gerecht werden. Wie sonst ließen sich die vielen gescheiterten oder halbherzigen Transformationen erklären?

Berater können eine wertvolle Unterstützung bei der Steuerung unseres Transformationsfliegers sein. Dazu muss aber klar sein, dass sie nicht der zentrale Schlüssel für den Erfolg sind und bei aller Expertise auf das Zusammenspiel mit dem Unternehmen angewiesen sind. Der Erfolg liegt im Unternehmen selbst. Somit sollte der Match Berater – Unternehmen sauber geklärt werden und das Management sich bewusst sein, dass die Verantwortung für die Transformation nach wie vor in seinen Händen liegt.

Trailer

Bei der Auswahl der Berater bei einer agilen Transformation kann die Beachtung folgender Punkte helfen:

- Erfolge mit Referenzen aus unterschiedlichen Unternehmen und Hierarchiestufen belegen lassen. Es empfiehlt sich, diese Referenzen insbesondere auf der Umsetzungsebene zu kontaktieren.
- Konkrete Demonstrationen und Umsetzungsvorschläge fordern, statt viel Zeit in auf Hochglanz polierte, rhetorisch aufwendige Präsentationen zu investieren.
- Den Umgang mit Misserfolgen in der Vergangenheit aufzeigen lassen. Denn Agilität basiert auf einem positiven Verständnis von Fehlern als Quelle für Lernen und Verbesserung. Dies sollte auch vom jeweiligen Beratungsunternehmen entsprechend vorgelebt, nicht nur gepredigt werden.

Berater stellen ein wichtiges Hilfsmittel dar. Was für ein Unternehmen dabei zählt, ist aber die Tatsache, dass der oder die Berater zur Unternehmens-DNA passen. Beratungsunternehmen sollen das Management unterstützen, die richtigen Entscheidungen zu treffen, auf

die Unternehmensstrategie abgestimmte Maßnahmen und Tools aus-
zuwählen und umzusetzen. Auf dem Papier eine einfache Geschichte.
Doch passt die Mentalität des Beraters nicht zum Unternehmen, wird
sich dieses bevormundet fühlen, hintergangen, ausgenutzt. Um dies von
vornherein zu vermeiden, empfiehlt es sich, wie wir nachfolgend sehen
werden, zuerst unsere eigenen Entscheidungsprinzipien und Grundsätze zu hinterfragen. Das kann uns helfen, überlebte Mechanismen zu
durchbrechen und bessere Entscheidungen zu treffen.

> Wie müsste der richtige Berater für das Unternehmen aussehen,
> respektive welche Eigenschaften muss er haben, um dem Management bei
> einer agilen Transformation zu helfen, den Flug in die Agilität sicher zu
> starten, zu steuern und ans Ziel zu bringen?

Das A und O ist natürlich die Fachkompetenz. Der Berater muss einerseits die Branche kennen, andererseits aber gerade im Bereich Agilität,
Changemanagement und Transformation nicht nur auf theoretische
Kenntnisse zurückgreifen können, sondern auch einen eigenen
Erfahrungsschatz mitbringen. Er muss in der Lage sein, gekonnt Analysen in unterschiedlichen Detaillierungsgraden durchzuführen und
diese in handlungsrelevante strategische Planung umzusetzen. Gerade
hier ist die Aussage „der Teufel steck im Detail" außerordentlich
passend. Jeder Fehler in Erfassung und Auswertung im Rahmen einer
solchen Analyse kann sich negativ auf das Gesamtergebnis und damit
den Erfolg der Transformation auswirken.

**Der Berater braucht die Fähigkeit, das Große-Ganze zu über-
blicken** Ein umfassendes Verständnis für die Thematik Agilität und den
Stand des Unternehmens ist Grundvoraussetzung. Gleichzeitig muss
er oder sie aber auch ein geschultes Auge für die Details mitbringen
und in der Lage sein, seine Befunde und mögliche Optionen Stake-
holder-gerecht zu präsentieren und zu erklären. Entscheidend ist dabei,
dass Kunde und Berater auf Augenhöhe kommunizieren und eine ver-
trauensvolle Beziehung aufbauen können. Ein guter Berater ist mit
Herzblut bei der Sache. Er stellt sich den Herausforderungen, als wäre

es sein eigenes Unternehmen, und hilft, die aufkommenden Hürden und Turbulenzen zu meistern. Drama-Queen und Super-Hero sollten tunlichst gemieden werden.

Die Grenzen der externen Beratung dürfen niemals aus den Augen verloren werden Letztendlich können Berater Optionen bieten und es steht dem Unternehmen frei, diesen zu folgen oder nicht. Die finale Definition einer Strategie, die Umsetzung und das Leben in der neuen, wunderbaren agilen Welt obliegt nach wie vor dem Unternehmen, das sich auf den Flug und seine Risiken einlassen will. Nicht selten lehnen sich Führungskräfte mit Auftauchen eines Beraters aber zurück und delegieren Verantwortung, die keinesfalls aus den Händen gegeben und nach Außen delegiert werden darf. Betrachten wir Re-Organisationen, so sind nicht selten das Nicht-Eintreten und Delegieren auf unternehmenseigene Verantwortlichkeiten in zentralen Phasen des Veränderungsprozesses das defekte Triebwerk, das den Absturz provoziert. Doch dazu kommen wir noch. Jetzt liegt es erst einmal in unserer eigenen Verantwortung, die Buchung für unsere Reise in die Agilität zu tätigen und die Koffer entsprechend zu packen.

Einfluss von Kultur und Werteschemata
Um diese Buchung vornehmen zu können, müssen wir unsere eigenen Werte wie auch die aktuelle Kultur im Unternehmen als Treiber unserer Entscheidungen und Handlungen kennen. Ich empfehle jedem Manager regelmäßig persönliche Werte-Checks für sich selbst, sein Team und das Unternehmen durchzuführen.

Aspekte einer beispielhaften Unternehmenskultur, Werte und Wirkung

- **Verhalten und Umgang:** Im Unternehmen duzen sich alle und Mitarbeitende treffen sich in der Freizeit für gemeinsame Aktivitäten.
  - *Werte:* Wertschätzung, Zugehörigkeit
  - *Wirkung:* Mitarbeitende fühlen sich gleichwertig, trotz unterschiedlicher Hierarchiestufen, und miteinander verbunden.
- **Machtstrukturen und Führung:** Die Mitarbeitenden können verschiedene Entscheide ohne Rücksprache treffen und informieren den Vorgesetzten selbstständig.

- – *Werte:* Vertrauen, Selbstverantwortung
- – *Wirkung:* Mitarbeitende nehmen sich als Unternehmensvertreter wahr und entlasten die Führungskräfte.
- **Kommunikationsstrukturen:** Wichtige Informationen werden vom Management zeitnah kommuniziert, entweder über E-Mail, in Meetings oder im persönlichen Gespräch.
  - – *Werte:* Offenheit, Transparenz
  - – *Wirkung:* Mitarbeitende haben Vertrauen und kommunizieren in der gleichen Weise.
- **Organisation:** Das Unternehmen ist hierarchisch organisiert, aber mit hoher Einbindung der Mitarbeitenden bei Entscheiden.
  - – *Werte:* Verantwortung, Respekt
  - – *Wirkung:* Mitarbeitende akzeptieren die organisatorischen Level und die damit verbundenen Zuständigkeiten, fühlen sich aber wertgeschätzt über die Möglichkeit, sich einbringen zu können.
- **Arbeitsumgebung:** Es gibt Großraumbüros mit vereinzelten Räumlichkeiten für vertrauliche Gespräche.
  - – *Wert:* Transparenz, Teamwork
  - – *Wirkung:* Mitarbeitende fühlt sich als Teil des Teams, unter Umständen aber auch kontrolliert und überwacht.

Eine solche kontinuierliche Reflexion kann uns helfen zu erkennen, welche Werte tatsächlich gelebt werden und wann wir uns lediglich mit Lippenbekenntnissen die Welt schönreden. Gibt es doch kaum ein Unternehmen, das auf dem Papier nicht Respekt vor der Würde des Einzelnen, Integrität und Ehrlichkeit, Souveränität etc. predigt. Leider stellt sich die Realität meist ganz anders dar. Ellbogen raus, knallharte Leistungsbeurteilungen und wenig Platz für Kreativität oder Abweichlertum sind anzutreffen, alles unter dem Deckmäntelchen des sozialen Unternehmens. Erst vor Kurzem konnte ich diese Diskrepanz in einem Firmen-Workshop erleben, schockierender Weise sogar von Beratern, deren Credo in Wortwahl, Tonfall und Aussagen in krassestem Widerspruch zu den jeweiligen gepredigten Unternehmensgrundsätzen stand. Um diesen Widerspruch aufzulösen, benötigen wir dringend einen neuen Ansatz, der dem Motto „Leading by Example" folgt. Welch Überraschung, wenn der Abteilungsleiter nicht nur Respekt vor dem Einzelnen predigt, sondern das Risiko eingeht, diese auch tatsächlich zu grüßen, mit Namen anzusprechen und ihnen auf Augenhöhe zu begegnen. Solidarität und Loyalität sind die Konsequenz, können aber als Werte nicht verordnet werden. Aber sie können vorgelebt, sichtbar gemacht und honoriert werden. Die finanziellen Einsparungen aufgrund höherer Motivation der Angestellten, sinkender Fluktuation, Identität mit Unternehmen und Produkten kann nicht hoch genug eingeschätzt werden. Natürlich mag der Entwickler oder der Büro-Angestellte ersetzbar sein. Doch kalkulieren wir alle Faktoren wie etwa Wissensabfluss, Produktivitätsreduktion, Vertrauensverlust im Team mit ein, gelangen wir zu erschreckend hohen Abschreibungen, die wir allein durch nicht gelebte Werte zu verdauen haben.

> Die Vermittlung und das aktive Leben von Werten sind Leadership-Qualitäten, deren Aufbau bereits in der Planung einer agilen Transformation entscheidend für den Erfolg ist und berücksichtigt werden muss.

Sie haben massiv Einfluss auf den Erfolg der Transformation und des Unternehmens im Ganzen. Hier können wir uns über die ehrliche Auseinandersetzung mit unseren eigenen Werten bereits im Vorfeld auf Erkundung begeben und Hebel finden, deren Betätigung nicht einfach ist, dafür aber umso nachhaltiger wirksam.

Durchführung der Buchung
Wir kennen unsere Vision. Nun geht es an die Buchung. Wie viel wollen wir investieren? Wovon wollen wir profitieren? Jede Ausprägung hat seinen Preis und teilweise auch das eine oder andere Risiko.

Man könnte vielleicht doch ein Sternchen mehr beim Hotel in Erwägung ziehen und die eine oder andere Zusatzoption ergänzen. Je nach gewählter Variante werden wir vielleicht die Kinder vorher in einen Schwimmkurs schicken oder selbst einen Sprachkurs absolvieren. Wir haben erkannt, dass wir die Veränderung dringend benötigen, möchten dabei aber die Gesundheit unserer Familien, respektive unseres Unternehmens, nicht gefährden. So wollen wir uns keinen gefährlichen Tropen-Krankheiten oder unnötigen Gefahren durch Naturkatastrophen und dergleichen aussetzen. Allerdings kreisen wir damit häufig auch um das Weg-von anstelle des Hin-zu. Was soll uns die Reise bringen? Setzen wir uns also an den Tisch und diskutieren ein letztes Mal Wünsche und Bedürfnisse, bevor mit der Buchung Nägel mit Köpfen gemacht werden.

Alle bisherigen Punkte gilt es zu berücksichtigen und spätestens jetzt sicherzustellen, dass Verständnis dafür herrscht, dass eine agile Transformation nicht mit einem Modetrend gleichzusetzen ist.

> Bei einer agilen Transformation geht es darum, das System Unternehmen in Bewegung zu versetzen und den Schwung des in Bewegung gekommene Systems konstruktiv zu nutzen und weiter aufzubauen.

Dazu müssen wir uns selbst in dieses einzuschwingen und aktiv mitzugestalten. Sind wir bis jetzt den Veränderungen reaktiv hinterhergelaufen, können wir mit der agilen Transformation unser Unternehmen fit und beweglich auf allen Ebenen gestalten, um die Challenge anzunehmen, aktiv im Markt zu bestehen. Eine erfolgreiche Transformation setzt voraus, dass wir unsere spezifische Ausgangssituation wie oben beschrieben kennen, um daraus das passende Zielbild und ein stimmiges Transformationskonzept zu entwickeln.

Damit verbunden ist die Klarheit darüber, was der effektive Nutzen und Mehrwert der Veränderung für das Unternehmen, seine Kunden und Stakeholder, aber auch seine Belegschaft im Verhältnis zu den zur Verfügung stehenden Investitionen sein wird. Gemäß diesem Nutzen werden schließlich die Transformationsmaßnahmen definiert, priorisiert und umgesetzt werden. Dabei muss im systemischen Sinne Außen- und Innenwelt gleichermaßen Beachtung finden. Die Außensicht gibt Auskunft über die Markt- und Kundenentwicklung, aber auch über Arbeitsmarkt und gesellschaftliche Tendenzen. Die Innensicht wiederum geht auf Strukturen, Prozesse und Kultur ein. Dabei steht einerseits der Mensch im Zentrum, als Kunde, Mitarbeitende, Führungskraft, Befähiger und Verhinderer. Andererseits müssen wir unsere spezifischen finanziellen, organisatorischen und zeitlichen Rahmenbedingungen, die maximale Flughöhe und Geschwindigkeit, des ganzen Unterfangens setzen. Wir müssen uns über Notwendigkeit und Dringlichkeit des organisatorischen Change sowie den Sinn und Zweck von Agilität im Unternehmen klar sein.

Ein gerne vernachlässigter Punkt ist die im vorherigen Kapitel angesprochene Ganzheitlichkeit einer agilen Transformation. Dies beeinflusst sowohl den Entscheid zur Transformation als auch das daran anschließend definierte Transformationsdesign, denn es muss sichergestellt werden, dass keine agilen Insellösungen geschaffen werden. Vielmehr ist bereits jetzt zu berücksichtigen, dass eine Integration aller Aktivitäten der Transformation geschafft werden muss, um die Durchgängigkeit von Strategieentscheiden im Top-Management bis zu deren Operationalisierung durch die Basis des Systems zu schaffen. Nur mit einer solchen Durchgängigkeit kann Effizienz und Effektivität erzielt und auch gemessen werden.

> ### Entscheid für die agile Transformation – die Buchung
>
> Für den verbindlichen Entscheid müssen somit folgende Punkte erfüllt sein:
>
> - Wir kennen unser aktuelles System und die Einflussfaktoren der Umsysteme.
> - Nutzen, Mehrwert und Dringlichkeit der agilen Transformation ist klar definiert.
> - Unterstützungsleistungen über externe Ressourcen wurden auf das Unternehmen abgestimmt.
> - Die Anforderungen an die Durchgängigkeit der neuen Prozesse sind bekannt.

Es geht nicht darum, „agile" zu sein, weil es trendy ist. Wir sollten nicht die Malediven buchen, nur weil der Nachbar von den Malediven geschwärmt hat, dabei aber den einen oder anderen negativen Beigeschmack unerwähnt ließ. Für eine agile Transformation benötigen wir mehr. Wir brauchen Mut, müssen Bedenken und Ängste bereits vor der Veränderung akzeptieren und berücksichtigen, um Bereitschaft für die kommenden Herausforderungen zu schaffen. Wir haben uns entschieden, den Flug anzutreten. Nun geht es ans Kofferpacken, Strategien entwickeln und die Rahmenbedingungen festzurren.

2.3 Koffer packen – strategische Herausforderungen bei den Modalitäten

Wir haben uns entschieden, die Buchung ist getätigt. Da stehen wir nun mit unserer Motivation, reif für die Veränderung und bereit, den Weg an den Flughafen anzutreten. Jetzt heißt es Kofferpacken. Welche Wetterverhältnisse werden zu erwarten sein? Shorts oder Pelzmantel? Ski oder Luftmatratze? Alle Eventualitäten wollen schließlich berücksichtigt werden, bis wir, am Gepäcklimit angelangt, in mehreren Anläufen einen unsicheren Kompromiss zwischen Wissen – am Strand mit über 30 Grad ist die Ski-Jacke vielleicht doch nicht von Nöten – und Risiko – es könnte aber doch noch schlechtes Wetter aufkommen und eine Jacke dementsprechend nützlich sein – eingegangen sind. Es bleibt die Unsicherheit. Haben wir die Koffer richtig gepackt, nichts vergessen?

Nehmen wir an, dass dem Management der grundlegende Drahtseilakt der fundamentalen Grundsatzentscheidung gelungen ist. Es wurde erkannt, dass Agilität dem Unternehmen helfen wird, zu bestehen und voranzukommen. Wir konnten uns darauf einigen, warum eine agile Transformation angestrebt wird und uns auf eine Zielrichtung und Vision einigen.

> **Fragen**
>
> Wie sieht nun das Gepäck aus, das wir auf die Reise in die Agilität mitnehmen wollen?
> Was benötigen wir zwingend, was möchten wir beibehalten, was wollen wir auf keinen Fall mitnehmen?
> Wie viel Risiko können wir akzeptieren?
> Wie viel Offenheit können wir bereits für den Start einpacken?
> Welche Strukturen und Werte wollen wir zurücklassen?

Wenn ich mir das Gepäck von Transformationen anschaue, sehe ich oft, dass mit den Skiern an den Strand geflogen wird und die Winterlandschaft mit dem dünnen Sommerkleidchen und Sandalen bereist wird. Ich sehe, dass eingefahrene, starre Grundhaltungen für rasante top-down Abfahrten eingepackt werden, wenn es eigentlich Beweglichkeit, gutes Alignement und Empowerment bräuchte. Oder aber verdeckte Emotionen werden möglichst unbemerkt in den Koffer gestopft, statt solide Bedürfnisse offen zu legen und abzuholen.

Gepäckstücke einer agilen Transformation

- **Aufbauorganisation**
  - Strukturen
  - Hierarchien
  - Karrieremodelle
  - Netzwerke
- **Ablauforganisation**
  - Strategien
  - formale Prozesse
  - Normen, Regeln, Vorgaben
  - informelle Kommunikationswege
- **Werte und Prinzipien**
  - Menschenbilder
  - Kommunikations- und Umgangsformen
  - Tabus
  - implizite Erwartungshaltungen und Wünsche

Ob starre Denkgerüste oder flüchtige Euphorie, es geht beim Packen der Koffer einer agilen Transformation einerseits um die gegebenen Strukturen und Abläufe, auf welche die Transformation Einfluss nimmt, andererseits um die emotionale Seite der Veränderungsmedaille, die es zu erkennen gilt, um die Veränderung erfolgreich zu machen.

Entscheide in Unsicherheit

Nun gibt es nicht die eine, einzig wahre Agilität nach Lehrbuch, welche all die oben genannten Aspekte gleichermaßen berücksichtigt, auch wenn mancher Berater diesen Eindruck erwecken mag. Es müssen demzufolge einige Entscheide getroffen werden, nicht nur über monetäre und zeitliche Rahmenbedingungen.

Wie wir bereits gesehen haben, gehört zu einer guten Vorbereitung ein Check unserer aktuellen Vision, Strategie, Struktur und Kultur. Diese müssen auf Tragfähigkeit im Rahmen einer agilen Transformation überprüft und angepasst werden. Denn die agile Arbeitsweise wird direkt oder indirekt letztlich in alle Bereiche des Unternehmens vordringen und muss dementsprechend verstanden werden. Wir sollten dazu genau betrachten, welche Anforderungen und aktuellen Gegebenheiten auch in Zukunft Gültigkeit haben sollen.

> Eine agile Transformation muss zwingend eine Berücksichtigung und Wertschätzung dessen enthalten, was das Unternehmen in der Vergangenheit erfolgreich gemacht hat, um auf diesem Potenzial und Erfahrungsschatz aufzubauen.

Unternehmen sehen sich mit der Notwendigkeit konfrontiert, optimale Rahmenbedingungen für etwas zu definieren, dessen Ausprägung nur bedingt und äußerst schwer abschätzbar ist. Wir müssen Entscheide in Unsicherheit treffen. Welche Relevanz haben die Modalitäten einer agilen Transformation für das Gesamtsystem und was ist mit all den Dingen, die wir noch gar nicht abschätzen können?

Es ist hilfreich, erste organisatorische Aufräumarbeiten durchzuführen, bevor wir in die Implementation neuer Wert und Prinzipien starten: Aufräumen bei unseren Werten und Praktiken, dabei aber auch erkennen, welche Strukturen und Praktiken das Unternehmen dahin gebracht haben, wo es heute steht. In diesem Rahmen müssen wir uns der Frage stellen, welche Risiken und Abstriche wir bereit sind einzugehen. Kann etwa der Verlust langjährigen Know-how-Träger riskiert werden oder werden wir es schaffen, diesbezüglichen „Flurschaden" der organisatorischen Veränderung zu begrenzen? Nur weil Agilität in aller Munde ist, heißt es noch lange nicht, dass es für die Eier-legende-Woll-Milch-Sau steht und uns diese Fragen abnimmt. So empfiehlt sich neben Werten und Kultur im Rahmen des Aufräum-Checks auch aktuelle Prozesse zu erfassen und zu überprüfen.

Organisatorische Aufräumarbeiten
Um beim Bild unseres Fluges zu bleiben, wird schnell und euphorisch der Flug in ein exotisches Domizil gebucht, ungeachtet der Tatsache, dass wir nicht die richtigen Vorbedingungen mitbringen. Wir sollten schließlich keine Abenteuerreise buchen, um vor Ort dann festzustellen, dass uns die notwendige Kondition oder Kenntnisse fehlen, um die Örtlichkeiten zu nutzen oder uns im schlimmsten Fall sogar

gefährden. Bleiben wir bei unserem aktuellen Umgang mit Prozessen, so können wir daraus bereits Schlüsse auf die Anforderungen der Transformation ziehen. Denn Agilität ist bekanntlich keine regel-freie Zone der Beliebigkeit. Ganz im Gegenteil. Um die positiven Aspekte der Agilität nutzen zu können, werden wir unser Unternehmen an neue, agile Prozesse und Strukturen gewöhnen müssen und diese nachhaltig verankern.

Ein bekannter, aber leider immer wieder unterschätzter Stolperstein von Veränderungsprozessen ist eindeutig die Unkenntnis oder Missachtung, wie wir bis jetzt mit Prozessen im Unternehmen umgegangen sind. Starten wir unter diesen Umständen eine Transformation, ist sie entweder direkt zum Scheitern verdammt oder aber es muss mit massiven Aufwänden gerechnet werden. Denn die Unkenntnis oder Missachtung bestehender Prozesse und Anforderungen an die Kern- und Supportaufgaben eines Unternehmens werden nicht über die Einführung eines neuen Prozesses oder Frameworks gelöst. Ein agiles Framework stellt lediglich die neuen Rahmenbedingungen dar, die sich an Vision und Wertschöpfung des Unternehmens orientieren.

Werbung oder im Falle der agilen Transformationen unsolide Beratungen lassen uns glauben, dass mit Agilität die große Freiheit winkt, sich Probleme, wie das Ignorieren bestehender Prozesse, wundersamerweise in Luft auflösen und dazu lediglich ein passendes Framework eingeführt werden muss, welches sich dann natürlich ganz von selbst implementiert. Die Transformation wird aber auch den Finger schmerzlich in Wunden nicht eingehaltener Prozesse, Missachtung von Spielregeln und lieb gewonnener Gewohnheiten legen, die wir bis heute erfolgreich ignoriert oder ausgeblendet haben mögen. Das ist grundsätzlich positiv und entspricht dem zentralen agilen Prinzip der Transparenz.

> Können wir in der Transformation auf einer sauberen, ehrlichen Prozessanalyse aufbauen, so ersparen wir uns erhebliche Turbulenzen im Flugverlauf und erhöhen bereits im Vorfeld die Steuerbarkeit der Veränderung.

Unsere Businessprozesse, ihre Stärken und Schwächen und unser Umgang mit ihnen sollten uns also bekannt sein. Eine Abklärung, wie wir zu unseren Prozessen stehen, hilft maßgeblich rudimentären Falschannahmen bereits präventiv aus dem Weg zu gehen und teure Aufräumarbeiten im Rahmen der Umsetzung zu vermeiden. Denn ein agiles Framework stellt, wie der Name „Framework" bereits sagt, lediglich die neuen Rahmenbedingungen dar, die sich an Vision und Wertschöpfung des Unternehmens orientieren.

Bei der Prozessanalyse sollten einerseits Schwachstellen deutlich werden, andererseits aber auch hervorgehoben werden, welche Stärken in bestehenden Abläufen liegen. Vielfach geht im Rausch der Begeisterung für das Neue genau dieser Punkt vergessen und wir landen in der Verteufelung des Alten und der maßlosen Überschätzung neuer Besen. Gezieltes Changemanagement stellt die Verbindung her von bestehenden Stärken und Erfolge der Vergangenheit zu neuen Prozessen und Strukturen. Über die Wertschätzung des Vergangenen mit der Vermittlung der Vorteile des Neuen, ohne die Herausforderungen herunterzuspielen, kann die Akzeptanz und aktive Adaptation erheblich gefördert werden.

Tücken bei der Definition des Soll-Zustands
Soweit zur Theorie. Man nehme also die bestehenden Abläufe, soweit überhaupt auffindbar, gehe zum Business und frage: „Na, wie soll es denn in Zukunft laufen?". Damit stehen wir vor einer entscheidenden Problematik, die gerne auch von sicherlich kompetenten und fachkundigen Analysten schnell übersehen wird. Ich spreche hier von der eingeschränkten Fähigkeit des Menschen als Teil eines gewachsenen Systems im zukünftigen, unbekannten Soll zu denken. Unsere Sicht der Zukunft basiert auf unserem Wissen und unseren Erfahrungen, die wir uns in der Vergangenheit angeeignet haben. Wir befinden uns zudem innerhalb des Systems und tun uns schwer, dasselbe von innen heraus in einem Zukunftsmodus zu betrachten. Dennoch ist es glücklicherweise für uns Menschen machbar, erfordert gleichzeitig aber eine sehr hohe Abstraktionsleistung. Wird dies bei der strategischen Ausrichtung unserer Transformation berücksichtigt, können wir unser Vorgehen so anpassen, dass auch auf unterschiedlichen Ebenen diese Leistung gelingen kann.

Für die Definition der Transformationsstrategien benötigen wir

- Verständnis für unseren Umgang mit Prozessen
- Offenheit für Zukunftsszenarien, welche sich außerhalb unseres bestehenden Erfahrungshorizonts befinden

Möchten wir tatsächlich innovativ in die Zukunft blicken, müssten wir uns von unseren Vorannahmen und Erfahrungen bewusst trennen und uns gedanklich ins Ungewisse begeben. Kaum etwas ist jedoch schwerer auszuhalten als Unsicherheit. Der Schritt ins Ungewisse kostet Überwindung und setzt Vertrauen voraus. Für diese Leistung ist das Management bereits jetzt als agile Leader gefordert.

Einschränkungen strategischer Entscheide

Eine in diesem Bewusstsein entwickelte Strategie, welche auch der Veränderlichkeit des Change-Prozesses selbst durch die nötige Flexibilität Rechnung trägt, ist eine große Herausforderung. Sie muss klar und eindeutig sein, gleichzeitig aber auch flexibel und anpassungsfähig für den Schritt ins Unbekannte.

Kein noch so erfahrener Manager oder Berater wird letztendlich in der Lage sein, alle Eventualitäten eines derartigen Prozesses bis ins Detail vorherzusehen. Und genau über die Tatsache der Unklarheit muss Klarheit herrschen.

Nur so können wir die häufig zu beobachtenden Stolpersteine agiler Transformationen aufgrund wenig richtungsweisender, schlecht kommunizierter Visionen, unsauber vorbereiteter Strategieentscheide und einer Überfrachtung der Prozesse mit unklaren Erwartungshaltungen umgehen. Wie ein überladener, schlecht gewarteter Flieger kommen so Transformationen ins Trudeln und es drohen Bruchlandungen und schwere Verluste auf finanzieller Ebene und im Vertrauen in die Führungsebene. Widerstand ist in diesem Zusammenhang vorprogrammiert.

Widerstand ist dabei nicht grundsätzlich negativ zu werten, sondern vielmehr frühzeitig zu wertschätzen und zu adaptieren. Denn Widerstand kann, richtig verstanden, gerade in der Planungsphase konstruktiv genutzt werden. Über die Verbindung von klarer Kenntnis des Ist-Zustandes, seiner Stärken und Schwächen, die Wertschätzung der Vergangenheit und der aktiven Adaption von Widerstand optimieren wir die Startbahn unseres Flugs in die agile Welt und setzen sie konstant als Stabilisatoren im Flugverlauf ein. Packen wir also sorgsam und überlegt unsere Koffer, im Bewusstsein, dass wir nicht alle Eventualitäten berücksichtigen können.

2.4 Großraumfrachter oder Sportflieger – Wahl des Transformations-Designs

Je nachdem, in welcher Distanz unsere Zieldestination liegt und wie hoch die Transportmenge an Personen und Waren ist, benötigen wir Langstreckenflieger, Großraumfrachter oder Sportflieger. So würde die Wahl des Großraumfrachters für einen kleinen Erkundungstrupp oder einen räumlich nahe liegenden Kurztrip wohl sicher genauso wenig Sinn machen, wie der Sportflieger, um mit einer großen Anzahl Personen nach Übersee zu fliegen. Der gewählte Flugzeugtyp muss somit den physikalischen Anforderungen der jeweiligen Flughöhe und Geschwindigkeit entsprechen, aber auch die ökonomischen Aspekte berücksichtigen. Es sollte weder an der falschen Stelle gespart noch übertrieben werden. Denn beides kann massive Auswirkungen auf die Flugtauglichkeit des Fliegers und damit die Wahrscheinlichkeit haben, unser Reiseziel sicher zu erreichen.

So stehen uns auch bei einer Transformation eine Vielzahl an Strategien, Theorien und Frameworks mit unterschiedlichen Spezifikationen zur Verfügung. Entscheidend für unsere Reisesicherheit muss die angemessene Auslegung des Transformationsdesigns und die Adaptation an die Rahmenbedingungen sein. Im Rahmen des Transformationsdesigns müssen wir bereits die ganzheitliche Durchgängigkeit und Messbarkeit berücksichtigen, welche mit jedem iterativen Schritt der organisatorischen Veränderung ergänzt werden muss. Andernfalls

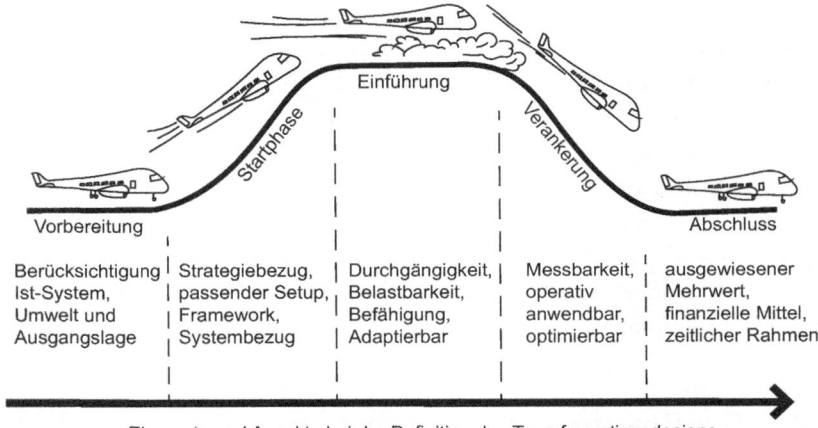

Vorbereitung	Startphase · Einführung · Verankerung			Abschluss
Berücksichtigung Ist-System, Umwelt und Ausgangslage	Strategiebezug, passender Setup, Framework, Systembezug	Durchgängigkeit, Belastbarkeit, Befähigung, Adaptierbar	Messbarkeit, operativ anwendbar, optimierbar	ausgewiesener Mehrwert, finanzielle Mittel, zeitlicher Rahmen

Elemente und Aspekte bei der Definition des Transformationsdesigns

Abb. 2.4 Elemente und Aspekte des Transformationsdesigns

riskieren wir, dass erneut unzählige Insel-Lösungen geschaffen werden und damit konventioneller Kontrollaufwand betrieben wird. Eine agile Transformation ist kein lustiger Kurztrip, der mal schnell spontan übers Wochenende unternommen wird. Sie zahlt auf die Tatsache ein, dass ein Unternehmen Strategien entwickelt, diese in den Wertschöpfungsketten operationalisiert und über den damit erzielten Gewinn das Überleben des Unternehmens sichert. Dazu muss die agile Transformation sicherstellen, dass einerseits die Transformation auf ihre Zielsetzung und Wertgenerierung messbar ist, andererseits aber auch die Durchgängigkeit und Messbarkeit von Strategie bis Operationalisierung geschaffen wird (Abb. 2.4).

> Ein gutes Transformationsdesign trägt entschieden zur Erfolgswahrscheinlichkeit des Veränderungsprozesses bei, indem die systemische Durchgängigkeit und Messbarkeit gewährleistet wird.

Größenordnung der Transformation

So muss entschieden werden, in welcher Größenordnung die Transformation angesiedelt sein soll. Geht ein Erkundungstrupp vor, um das Terrain zu sichten und gegebenenfalls den Rest des Unternehmens nachkommen zu lassen, oder wird nach dem Motto „Alles oder nichts" gleich der Großraumfrachter gebucht? Je nach Entscheid können bei einer agilen Transformation unterschiedliche Frameworks zum Einsatz kommen und der Aufwand wie auch das Risiko ist entsprechend zu berücksichtigen. Der Sportflieger könnte einzelne Teams zum näher gelegenen Scrum-Strand bringen, der Großraumfrachter hingegen das ganze Unternehmen in die weiter entfernte agile Welt der Business Agilität transportieren.

Gehen wir bereits bei der Planung in den agilen Ansatz der iterativen Umsetzung über eine Pilotierung, so müssen wir uns dennoch im Klaren sein, dass wir keine isolierten Laborbedingungen haben werden. Bereits der Pilotversuch wirkt organisatorisch nachhaltig auf das gesamte Unternehmen. Egal ob erst einmal kleiner Sportflieger oder gleich der Großraumfrachter, ein Blick über den nächsten Schritt hinaus ist unabdingbar. Jedes Unternehmen, das den Weg in die Agilität antreten möchte, sollte sich bewusst sein, dass sowohl Erfolg als auch Misserfolg massive Auswirkungen auf das Gesamtsystem haben werden und wir mit Startschwierigkeiten und Turbulenzen zu rechnen haben. Wenn es nicht läuft, zurück nach Hause und tun, als wäre nichts gewesen? Jeder Manager weiß nur zu gut, dass es dieses „Zuhause" nicht mehr in seiner ursprünglichen Form geben wird, auch wenn nur mit einem Piloten gestartet wurde. Überlegen wir uns jedoch zuerst, wo unsere Stärken liegen, die wir nutzen können, und unsere Schwächen, die wir berücksichtigen müssen, haben wir höhere Chancen, nicht mitten im Prozess unvermittelt in den Sinkflug gezwungen zu werden. Doch nicht nur die internen Faktoren spielen bekanntlich eine wesentliche Rolle für den Erfolg einer agilen Transformation. Wie sieht es mit unseren externen Chancen und Risiken aus? Wo stehen wir auf dem Markt und wo wollen wir überhaupt hin?

> Der Außendruck muss bei einer Transformation genauso wie auf einem Reiseflug bekannt sein. Wirkt er sich doch direkt auf Belastbarkeit, maximale Flughöhe und Geschwindigkeit aus.

Wie an der Analogie zum Flug unschwer zu erkennen ist, sind mit jeder Entscheidung unterschiedliche Bedingungen verknüpft. Der kleine Flieger mag mit einer geringeren finanziellen Tankfüllung auskommen, wohingegen eine Boeing 787 zwar Platz für bis zu 330 Passagieren bietet, mit seinen stolzen 245 t Gewicht jedoch auch deutlich mehr monetären Einsatz bedeutet und eine wesentlich längere Start- und Landebahn benötigt. Auch die Risiken eines Kurzfluges sind sicher nicht mit denen eines Langstreckenflugs gleichzusetzen. In beiden Fällen begeben wir uns auf unterschiedliche Flughöhen und es empfiehlt sich, gründliche Analysen durchzuführen, bevor das Management letztendlich Go oder No-Go entscheidet.

Eine agile Transformation mit einer „schauen-wir-mal-was-dabei-herauskommt"-Haltung schraubt seine Erfolgschancen nicht nur gegen null, sondern riskiert massive Negativfolgen.

> **Fragen**
>
> Welche Vorteile und Konsequenzen bringt ein Kurzstrecken-flug = Pilotierung einzelner Abteilungen gegenüber dem Langstrecken-flug = Zielsetzung der Agilisierung des Gesamtsystems?
> Was ist aus systemischer Sicht im jeweiligen Fall, ob Pilot oder Gesamtsystem, zu berücksichtigen, um unterwegs nicht ins Trudeln zu kommen?

Der Veränderungsprozess wird unabhängig von seiner Größenordnung immer, ob gewünscht oder nicht, Einfluss auf das Gesamtsystem nehmen. Dabei muss uns bewusst sein, dass Agilität in unterschiedliche Richtungen skalieren kann und wird. Wir können den Fokus zuerst auf eine partielle strukturelle Einführung legen, sollten dabei aber die Entwicklung des Wertschöpfungsprozesses, die Komplexität unserer Produkte und Prozesse, Kultur und Organisationsentwicklung stets mitberücksichtigen.

Partielle agile Transformationen

Gerade in partiellen Transformationen, welche sich auf einzelne Abteilungen oder Teams beschränken, sehe ich oftmals Herausforderungen. Diese Teams können nicht einfach in eine theoretische

Selbstorganisation entlassen werden, wenn sie gleichzeitig mit externen Vorgaben konfrontiert werden, sich der Veränderung noch nicht gewachsen fühlen oder die Strukturen als Fremdbestimmung und somit Unterwanderung ihrer Selbstorganisation wahrnehmen.

Beispiel von Einflussfaktoren auf die Selbstbestimmung, die einen höheren Reifegrad verlangen

– nicht beeinflussbare Releasepläne, z. B. durch fehlende Infrastrukturen und komplexe Abhängigkeiten
– extern vorgegebene Milestones, z. B. im Finanzsektor
– Testfactories außerhalb des jeweiligen Systems, z. B. bei der Anbindung an externe Systeme
– hohe Compliance- und Security-Anforderungen, z. B. im Medizinalbereich

---

Diese Einflussfaktoren sind keineswegs ein Hinderungsgrund für die Einführung von Agilität, verlangen aber einen höheren Reifegrad in der Einbindung. Dazu muss bereits zuerst eine solide Befähigung und Begleitung unter derartigen Gegebenheiten angedacht werden. Der Kurzstreckenflug kann nur gelingen, wenn wir das machbare Maß der Selbstbestimmung erkennen und auf allen Ebenen klar den Umgang damit schulen und kommunizieren, aber auch die Gesamtsteuerung des Systems über integrierte Messbarkeit sicherstellen. Andernfalls ernten wir Frustration und Widerstand, der unseren Flug schneller als erwartet zu Boden bringt. Es muss dem Leadership bewusst sein, dass Selbstorganisation von Anfang an in Einklang mit den Anforderungen an die weiterhin bestehenden Prozesse des Unternehmens stehen muss, um die Selbstorganisation der Teams nicht in Konflikt mit übergeordneten Zielen der Führungsebene zu bringen, sondern diese über die strategischen Zielsetzungen zu integrieren. Es muss klar sein, wie weit die Selbstbestimmung in unserem Unternehmen tatsächlich gehen soll und wie wir sicherstellen, dass wir jeden Etappen-Flug in das Gesamtsetting des Unternehmens einbetten können.

Wahl Kurz- oder Langstreckenflug

Bei der Wahl Kurz- oder Langstreckenflug ist es von zentraler Bedeutung zu entscheiden, in welchem Masse Entscheidungsbefugnisse tatsächlich dezentralisiert werden können und sollen. Auf diese Weise riskieren wir nicht, den Steuerknüppel unseres Flugzeugs in einer Wolke der Beliebigkeit komplett loszulassen oder über Mikro-Management ständig in unterschiedliche Richtungen zu lenken und in der Konsequenz aufgrund eines Strömungsabrisses in den freien Fall überzugehen. Denn Selbstorganisation und dezentrale Entscheidungsstrukturen benötigen ein angemessenes Maß an hilfreicher Führung. Mit einer klaren Linie und Zuständigkeitsklärung können wir effektive und effiziente agile Strukturen ermöglichen. So wird in der Agilität darauf Wert gelegt, die Verantwortung dorthin zu bringen, wo das Wissen ist, um in schnelleren Lernzyklen maximale Qualität zu erzielen.

> Das Maß der Dezentralisierung von Entscheidungen ist sowohl bei partieller als auch Gesamt-Transformation abhängig von den Bedingungen des Gesamtsystems, der Komplexität seiner Produkte und der gesamten Wertschöpfungskette.

Insbesondere höhere Hierarchiestufen benötigen im agilen Prozess zwingend eine neue Definition und Abstraktion ihrer Funktion, um hier die nötige Führungsqualität leisten zu können. Dies bedeutet jedoch nicht, in Endlosdiskussionen unverstandener Top-down-Entscheide zu versinken. Was bedeutet dies nun für unser System Unternehmen und das Management und inwiefern unterscheidet sich dabei der Kurz- vom Langstreckenflug?

Haben wir uns im Rahmen unserer Transformationsplanung für eine geringere Flughöhe mit einer ersten Pilotierung mit nachfolgender Erweiterung entschieden oder gehen gleich mit dem ganzen Unternehmen ins Rennen? In diesem Zusammenhang sei darauf hingewiesen, dass diese Entscheidung nicht nur Einfluss auf unsere Reiseplanung hat, sondern bei ungeeigneter Aufgabenstellung des zu transformierenden Bereichs zu heftigen Turbulenzen führen kann. Denn agile Konzepte eignen sich hervorragend für komplexe Situationen, bringen jedoch in einfachen oder komplizierten oftmals keinen bahnbrechenden Mehrwert. Diese Tatsache wird leider häufig missachtet.

Die Pilot-Strategie

Betrachten wir zuerst die vielfach gewählte Pilot-Strategie, in welcher zuerst einzelne Teams auf die Reise geschickt werden, um das Terrain zu erkunden und das restliche Unternehmen schrittweise nachzuziehen. Bei einem solchen flotten Kurzstreckenflug werden erst nur einzelne Teams in die Agilität eingeführt. Wir haben dabei andere Rahmenbedingungen zu berücksichtigen als etwas beim Langstreckenflug des gesamten Unternehmens. Bewegen wir zuerst ein Team oder eine Abteilung in einem System, so wird sich diese Veränderung dennoch unweigerlich im Zusammenspiel mit dem Gesamtsystem auswirken. Im besten Fall geschieht dies bewusst und geplant, im schlechtesten und leider häufig anzutreffenden Fall ungeplant und unkoordiniert. Es wäre das Gleiche, als würden wir unseren Flieger nur zur Hälfte auftanken und ohne Wartung auf die Reise schicken. Sollte der Start noch gelingen, so stellt sich doch die Frage nach dem weiteren Flugverlauf.

Antipattern eines Scrum-Piloten

Ein Projekt-Team wird agil aufgesetzt und soll mittels der Methode Scrum die Tauglichkeit agiler Arbeitsweisen für das Unternehmen als Pilot testen. Um bestehende Projekte nicht zu gefährden, werden die Angestellten jedoch nur partiell für den Piloten zur Verfügung gestellt und erhalten keine zeitaufwendige Schulung. Linienvorgesetzte möchten zudem die Kontrolle über ihre Mitarbeitenden nicht verlieren und fordern eine Beibehaltung bestehender Kontrollstrukturen. Beides führt zu einer Reduktion der Umsetzungsgeschwindigkeit, da die Prinzipien von Scrum nicht gelebt werden können. Kommen nun noch Abhängigkeiten zu nicht-agil gemanagten Systemen und Prozessen hinzu, wird der sichtbare Erfolg des Teams gering ausfallen.

In der Konsequenz wird die agile Methode als für das Unternehmen ungenügend eingestuft, obwohl die Ursachen im Setting, nicht in der Methode zu suchen sind.

Ist die Entscheidung zur Größe unseres Fliegers getroffen, würde es Sinn machen, sich erste Gedanken zur Wahl des Designs im Sinne eines initialen Frameworks zu machen. Vielfach wird davon ausgegangen Agile = Scrum gemäß Scrum Guide. Doch es gibt, wie in Kap. 1 aufgezeigt, verschiedene Methoden zur Anwendung agiler Prinzipien, die je nach Ausgangssituation und Aufgabenstellungen zum Einsatz kommen können. Die einen schwören auf Scrum-Teams, die nächsten auf Kanban, bei Fragen zur Skalierung, das heißt Einbindung einer größeren Zahl von Variablen und Abhängigkeiten, streiten sich die jeweiligen Vertreter, ob nun SAFe, LeSS[2] oder gar Spotify[3] die Wahl der Stunde seien. Wieder andere plädieren für von Anfang an adaptierte Methoden, welche oftmals in einem einzigen Etiketten-Schwindel enden.

Antipattern bei der Einführung agiler Frameworks

Das Management hat entschieden, in der IT Scrum einzuführen, um den Arbeitsfluss in den Teams zu verbessern. Eines der Teams wird geschult, die Rollen Product Owner und Scrum Master besetzt.

Der Product Owner ist jedoch aufgrund aktueller Überlastung kaum verfügbar. Und bereits bei der Festlegung der Sprintlänge wird das Maximum von vier Wochen gewählt. Zudem wird auf die Formulierung einer Definition of Ready verzichtet. Schon im ersten Planning nimmt das Team so Arbeiten auf, die unklare Abhängigkeiten aufweisen oder unvollständig beschrieben sind. Die Regeln von Scrum werden maximal gebogen.

Schon nach den ersten beiden Sprints beginnen emotionale Diskussionen, da die Lieferergebnisse ungenügend sind. Doch anstatt einer Überprüfung des Prozesses folgen unzählige, zeitaufwendige Meetings zur Schuldfrage und wilde Anforderungswechsel, die wiederum dazu führen, dass die geplanten Aufgaben im Sprint einem ständigen Wandel unterliegen und die Lieferqualität weiter negativ beeinträchtigen.

Die Anpassungen am Framework wurden unter Vermeidung der Einhaltung der Spielregeln, Werte und Prinzipien vorgenommen, da diese das Ist-System verändern würden, was über frühzeitige Adaptationen und Schein-Agilität tunlichst vermieden wurden. Schnell werden Stimmen laut, welche die agile Methode als Grundübel des Problems deklarieren. Nicht thematisiert wurden jedoch die ineffizienten, herkömmlichen Vorgehensweisen, welche selbstverständlich weiter gepflegt und nicht verändert wurden.

---

[2] Large Scale Scrum; Rahmenwerk, um eine Organisation auf Scrum mit mehreren Teams umzustellen.

[3] Vom Musikanbieter Spotify entwickelte agile Organisationsstruktur mit Squads, Tribes, Chapters.

Das beschriebene Beispiel ist leider kein Einzelfall, sondern vielmehr ein wiederkehrendes Muster. Wieder andere gehen davon aus, dass sich alles auf wundersame Weise von allein findet. Es wird an fundierter Schulung und Begleitung auf dem Weg in die Agilität gespart. Sind wir dann doch selbstorganisiert unterwegs! Ich hoffe, Sie hören meine Ironie. Denn kaum etwas ist toxischer als die Annahme der Selbstregelung, bevor überhaupt die notwendige Befähigung stattgefunden hat. Ob wir nun Scrum- oder Kanban-Teams auf den Weg schicken, Tatsache ist, dass die Verlockung groß ist, die strikten Regeln des jeweiligen Frameworks aus- respektive aufzuweichen. Ich finde es immer wieder schade, dass auf diese Weise enormes Potenzial in ineffizienten Hyperaktivismus bei gleichzeitig mangelnder Transparenz und hoher Orientierungslosigkeit vergeudet wird.

Herausforderung Selbstbestimmung
Ich möchte hier nicht auf die Details der jeweiligen Konzepte eingehen, da dies den Rahmen und Zweck des Buches sprengen würden. Ich möchte Ihre Aufmerksamkeit vielmehr auf die Konsequenzen der Wahl auf das System Unternehmen lenken. In jedem Fall, egal ob Scrum, Kanban oder Scrumban, können wir mit der Bildung von kleinen, fixen, iterativ arbeitenden Teams von den Vorteilen schnellere Feedback-Zyklen, besserer Vorhersagbarkeit in kürzeren Zeiträumen und einer höher intrinsischen Motivation der Mitarbeiterinnen und Mitarbeiter rechnen.

Wir sollten uns aber im Klaren sein, dass wir autonome Teams in die Selbstbestimmung über gehen lassen wollen, weg vom fürsorglichen, treibenden, überwachenden, allgegenwärtigen Manager. Dieser wiederum muss befähigt werden, den Anforderungen agilen Leaderships gerecht zu werden. Das setzt voraus, dass er oder sie sich bewusst mit den neuen Anforderungen seiner Rolle auseinandersetzen. So eignet sich Kanban für Spezialisten-Teams mit unterschiedlichen Anforderungen in Größenordnung und Dringlichkeit mit strikter „Work-in-Progress"[4]-Begrenzung (WIP-Limit). Scrum fokussiert im iterativen Prozess auf

---

[4] Begonnene, noch nicht beendete Arbeiten.

den committeten Scope und verlangt eine hohe Kontrolle über diesen. Bei Missachtung der Regeln wie strikte WIP-Limits und mangelnder Selbstdisziplin droht jedoch schnell das Ausarten in Beliebigkeit.

> Die strikten Regeln agiler Praktiken, ob Scrum oder Kanban, stellen zu Beginn eine gewöhnungsbedürftige Neuerung dar, dienen letztendlich aber der Entlastung und dem Schutz des Teams. Sie erlauben die Fokussierung auf qualitativ hochstehende Ergebnisse, die dank frühzeitigem Kunden-Feedback die Treffsicherheit in Richtung Erfolg und Qualität erhöhen.

Umdenken in der Fehlerkultur

Ein wesentlicher Aspekt agiler Teams ist neben der Selbstorganisation das Grundprinzip des konstanten Lernens. Wir arbeiten iterative, um frühzeitig Feedback zu erhalten und nicht am Ende des Projektes mit großem Knall in die Bruchlandung überzugehen. Vielmehr gilt nun das Prinzip des frühen Scheiterns. Und genau hier stoßen wir in traditionell geprägten Unternehmen auf großen Widerstand. Fehler kosten Geld, sind unerwünscht und müssen, wenn nicht vermeidbar, so doch kaschiert, begründet, von sich gewiesen werden. Da mögen die theoretisch bekundeten Werte des Unternehmens von Toleranz und Respekt sprechen. In der Praxis werden dann doch die Ellbogen herausgefahren und der hart erkämpfte Status verteidigt. Denn Fehler kratzen in der Realität nicht nur an der Ehre, sondern häufig auch an den Beförderungschancen.

> **Fragen**
> Wie bringen wir das agile Prinzip des agilen Plan-Do-Check-Act als fehlertolerantes Lernprinzip mit den erfolgsorientierten Unternehmensrealitäten in Einklang?
> Lassen wir Fehler tatsächlich von jetzt auf nachher zu und ändern unsere Fehlerkultur, um das Lernen aus Fehlern zu ermöglichen?
> Oder bleibt es bei Verbalbekundungen der Toleranz auf dem Papier und hochpreisig installierter Scheinagilität?

Leider stehen in diesem Zusammenhang gerade bei partiellen Transformationen Theorie und die Erkenntnisse aus agilen Erfahrungs-
berichten in krassem Gegensatz. Entscheidet sich ein Unternehmen,
diesen Weg in die Agilität einzuschlagen, sollten die oben genannten
Fragen gründlich reflektiert und im strategischen Design berücksichtigt
werden.

Großflächige Transformationen

Die Ansprüche sind selbstverständlich deutlich massiver bei einem
Langstreckenflug im Rahmen einer großflächigeren Transformation.
Hier sind wir stärker gefordert, ein geteiltes Mindset und damit eine
neue Unternehmenskultur auf breiter Basis zu schaffen, in welcher die
agilen Prinzipien und Praktiken nicht nur top down verordnet werden,
sondern nachhaltig verankert und gelebt werden. Es geht nicht darum,
lediglich einen statischen Blueprint zu generieren, sondern auch eine
agile Evolution für die kontinuierliche Verbesserung in Gang zu setzen.
Uns steht eine deutlich höhere Komplexität entgegen, die gehandhabt
werden will. Mehr Personen, Prozesse und Strukturen müssen berücksichtigt und eingebunden werden, die Kommunikation bekommt übergreifende Tragweite und die Veränderungen müssen mehrschichtig in
Angriff genommen werden. Die flächig angedachte Transformation
bietet den großen Vorteil, Themen wie Vision, Strategie und Kultur
in einen größeren Rahmen abgestimmt einsetzen zu können und diese
konstant auf den unterschiedlichen Unternehmensebenen umzusetzen,
aber auch im Sinne der Agilität konstant weiterzuentwickeln und zu
optimieren.

Agile Transformationsmodell können hier helfen, uns schrittweise
diesen Herausforderungen zu stellen. Ihnen allen gemeinsam als Basis
sind die Werte und Prinzipien der Agilität und des Lean Managements,
der Fokus auf konstanten, optimalen Wertefluss mit einer maximalen
Flexibilität und Anpassungsfähigkeit über Kadenz und iterative Vorgehensweisen. Dazu wird die Entscheidungsbefugnis dezentralisiert
und Selbstbestimmung nicht nur gefördert, sondern auch verlangt. Das
kann, wie wir im weiteren Flugverlauf noch sehen werden, durchaus zu
heftigen Turbulenzen und Seitenwinden führen.

Bei der Wahl des Transformationsdesigns und der Vorgehensweise bei der Implementierung gibt es keine absolute Wahrheit. Ob partiell oder großer Paukenschlag, einzelne Scrum/Kanban-Teams oder gleich komplette SAFe-Einführung, wir sind genötigt, den Schritt ins Ungewisse zu wagen und dem agilen Prinzip des konstanten Lernens Rechnung zu tragen.

Denn Unternehmen und Personen sind und bleiben fehleranfällig, ebenso wie die jeweils verknüpften Systeme. Sie sind konstant unvollständig, fehlerbehaftet. Aber gerade darin liegt ihre größte Chance für ein positives Wachstum. Über Akzeptanz und bewusste Reflexion dieser Tatsache entwickeln Individuen und Systeme aktiv Lernmechanismen, die Fehler zu wertvollen Ressourcen und Entwicklungspotenzial machen. Zu diesem Zeitpunkt unserer Reise sollten wir uns diesem Impact und den resultierenden Anforderungen an das System Unternehmen bewusst sein, um bereits in der Vorbereitung unserer Reise einigen absehbaren Turbulenzen vorzubeugen und die Koffer richtig zu packen.

2.5 FLIGHTCHECK – Planung, Buchen und Koffer packen

Übersicht

☑ Entwicklung einer tragfähigen Vision
☑ Definition der finanziellen und zeitlichen Rahmenbedingungen
☑ Erfassung der Kultur über einen Wertecheck
☑ Prozessanalyse und Identifikation der heutigen Gepflogenheiten
☑ Ausarbeiten einer Transformations-Strategie
☑ Wahl des geeigneten Frameworks für das Transformations-Design

Weiterführende Literatur

Adams P (2017) Question thinking. dtv, München
Ballé M, Beauvallet G (2016) Le Management Lean. Pearson, Paris

Bendel O (2018) Digitalisierung. Gabler Wirtschaftslexikon. https://wirt-schaftslexikon.gabler.de/definition/digitalisierung-54195. Zugegriffen: 3. Juni 2018

Berger M, Chalupsky J, Hartmann F (2008) Change Management – (Über-) Leben in Organisationen. Schmidt, Giessen

Birkenbihl V (2004) Kommunikation für Könner. Redline, Frankfurt

Brandes U, Gemmer P, Koschek H, Schültken L (2014) Management Y. Campus, Frankfurt

Bundesamt für Statistik (2017) Marktwirtschaftliche Unternehmen nach Wirt-schaftsabteilungen und Grössenklasse. https://www.bfs.admin.ch/bfs/de/home/statistiken/industrie-dienstleistungen/unternehmen-beschaeftigte/wirtschaftsstruktur-unternehmen.assetdetail.3202074.html. Zugegriffen: 1. Juni 2018

Bundesamt für Statistik (2018) Konkursverfahren nach Kanton – 1994–2017. https://www.bfs.admin.ch/bfs/de/home/statistiken/industrie-dienstleistungen/unternehmen-beschaeftigte.assetdetail.4642607.html Zugegriffen: 1. Juni 01 2018

DeMarco T (1997) The deadline. Dorset House, New York

Derby E, Larsen D (2012) Agile retrospectives – Making good teams great. Pragmatic Bookshelf, Dallas

Diesbrock T (2011) Ihr Pferd ist tot? Steigen Sie ab! Campus, Frankfurt

Dobelli R (2017) Die Kunst des klaren Denkens, dtv, München

Fischer-Epe M, Reissmann M (2017) Coaching zu Führungsthemen. Rowohlt, Hamburg

Fischermanns D (2010) Praxishandbuch Prozessmanagement. Schmidt, Giessen

Forgas J (2011) Soziale Interaktion und Kommunikation. Psychologie, Wein-heim

Forward Intelligence Group (2020). Agile transformation domains. http://mybusinessagility.com/agile-transformation-domains/. Zugegriffen: 26 März 2020

Gadatsch A, Mayer E (2010) Masterkurs IT-Controlling. Vieweg + Teubner, Wiesbaden

Gloger B, Margetich J (2014) Das Scrum-Prinzip. Schäfer Poeschel, Stuttgart

Goldratt E, Cox J (2010) Das Ziel. Campus, Frankfurt

Gorman T (2011) The complete idiot's guide to MBA basics. Alpha Books, New York

Grossmann R, Bauer G, Scala K (2015) Einführung in die systemische Organisationsentwicklung. Carl-Auer, Heidelberg

Hackl B, Gerpott F (2015) HR 2020 – Personalmanagement der Zukunft. Franz Vahlen, München

Hanschke I, Giesinger G, Goetze D (2016) Business Analyse. Hanser Fachbuch, München

Häusling A, Römer E, Zeppenfeld N (2018) Praxisbuch Agilität. Haufe Gruppe, Freiburg

Heringer H (2017) Interkulturelle Kommunikation. A. Franke, Tübingen

Hofert S (2016) Agiler führen. Springer, Wiesbaden

Höfler M, Bodingbauer D, Dolleschall H, Schwarenthorer F (2018) Abenteuer change management. Frankfurter Allgemeine Buch, Frankfurt

Hohm H-H (2006) Soziale Systeme, Kommunikation Mensch. Juventa, Weinheim

IBBA International Institute of Business Analysis (2012) Leitfaden zur Business Analyse – IIBA BABOK Guide 2.0. Schmidt, Giessen

Institut für Angewandte Psychologie (2018) IAP Studie 2017. Zürcher Hochschule für Angewandte Wissenschaften (Hrsg) https://www.zhaw.ch/de/psychologie/institute/iap/iap-studie/. Zugegriffen: 1. Juni 2018

Jule A (2009) Teamentwicklung – Die Rolle des Teamleiters. GRIN

Kaltenecker S (2016) Selbstorganisierte Teams führen. dpunkt, Heidelberg

Kennedy O, Künzi M (2016) Full Potential Report. Cominmag, Enigma Lab. https://enigma.swiss/full-potential/report-2016-fp-analysis.pdf. Zugegriffen: 29. Mai 2020

Kim G, Behr K, Spafford G (2018) The phoenix project. O'Reilly, Sebastapol

Kleinoth C (2019) Top Trends in der Unternehmenssteuerung. https://www.valsight.de/blog/top-trends-in-der-unternehmenssteuerung/. Zugegriffen: 26. März 2021

Kotter J, Rathgeber H (2011) Das Pinguin-Prinzip. Droemer Knaur, München

Kotter J (2012) Leading change. Franz Vahlen, München

Krech D, Crutchfield R (1992) Grundlagen der Psychologie. Beltz, Weinheim

Kruse DP (2008) 8 Regeln für völligen Stillstand (nach P. Kruse). https://erfolgreich-projekte-leiten.de/8-regeln-fuer-voelligen-stillstand/. Zugegriffen: 25. März 2021

Kunow A (2017) Projekt management & business coaching. Books on Demand

Laloux F (2017) Reinventing organizations. Les Èditions Diateino, Paris

Leido P (2014) Lean & agile project management. Trafford

Leopold K (2018) Agilität neu denken. Leanability, Wien

Lombriser R, Abplanalp P (2010) Strategisches Management. Versus, Zürich

Lyonnet B (2015) Lean management. Dunod, Malakoff Cedex

Mann L (1999) Sozialpsychologie. Beltz, Weinheim

Marquet D (2015) Turn the ship around! Penguin

Marquet D (2020) Leadership is language. Penguin

Martin R (2020) Clean agile – Back to basics. Pearson, Boston

Mathis C (2016) SAFe – Das Scaled Agile Framework. dpunkt, Heidelberg

Nowalski D (2019) Lean, Kanban et DMAIC. Maxima, Paris

Nowotny V (2018) Agile Unternehmen. Business Village, Göttingen

Olfert P (2010) Projektmanagement. NWB, Neckargemünd

Osterwalder A, Pigneur Y (2011) Business Modell – Nouvelle Génération. Pearson, Paris

Osterwalder A, Pigneur Y, Bernarda G, Smith A (2015) Value proposition design. Pearson, Paris

Pfetzing K, Rohde A (2009) Ganzheitliches Projektmanagement. Schmidt, Giessen

Röpstorff S, Wiechmann R (2016) Scrum in der Praxis. dpunkt, Heidelberg

Rosenberg M (2016) Gewaltfreie Kommunikation. Jungfermann, Paderborn

Sagmeister S (2016) Business culture design. Campus, Frankfurt

Schmidt DS (2021) Schwarmorganisation. https://www.schwarmorganisation.de. Zugegriffen: 30. März 2021

Schmidt P (2011) Organisatorische Grundbegriffe. Schmidt, Giessen

Schuldt C (2012) Systemtheorie. CEP Europäischer, Hamburg

Schulz von Thun F (2013) Klarkommen mit sich selbst und anderen: Kommunikation und soziale Kompetenz. Rowohlt Taschenbuch, Hamburg

Schwarz T, Lindner A (2016) KATA – Verbesserung zur Routine machen. Hanser, München

Simon F (2013) Einführung in Systemtheorie und Konstruktivismus. Carl-Auer, Heidelberg

Strode DE, Huff SL, Tretiakov A (2009) The impact of organizational culture on agile method use. IEEE, Waikoloa

Stroebe W, Jonas K, Hewstone M (2003) Sozialpsychologie. Springer, Berlin

Summerer A, Maisberger P (2018) Teamwork agil gestalten. Hanser, München

Vahs D, Weiand A (2010) Workbook change management. Schäfer-Poeschel, Stuttgart

Weber C, Preuss A (2006) Potentialorientiertes Coaching. Klett-Cotta, Stuttgart

Wegener R, Loebbert M, Fritze A (2014) Coaching-Praxisfelder – Forschung und Praxis im Dialog. Springer VS, Wiesbaden

Wirtz MA (2017) Dorsch – Lexikon der Psychologie. In: Hogrefe AG (Hrsg). https://dorsch.hogrefe.com. Zugegriffen: 28. März 2021

Würzburger T (2019) Die Agilitäts-Falle. Vahlen, München

3

Transfer, Check-in und Gepäckaufgabe – auf in die Mobilisierung

Zusammenfassung Nach der Planung und dem definitiven Entscheid den Weg in die Agilität zu gehen, geht es bereits vor dem großen Kick-off in die Mobilisierung. Dies bedingt die Auseinandersetzung mit den Kommunikationsstrukturen, um einerseits Dringlichkeit zu vermitteln, andererseits aber auch den Grundstein für Partizipation zu legen. Das bedeutet eine ehrliche Auseinandersetzung und Abstimmung von Ist und Soll hinsichtlich Kultur, Leadership und Ressourcenentwicklung. Damit macht sich das Unternehmen auf den Weg und stellt sich zentralen Fragen der zukünftigen Unternehmensstruktur.

Die Koffer sind gepackt, der Flug gebucht. Letzte Vorbereitungen wurden getroffen, um die Reise anzutreten. Nun geht es an die letzten Hürden, bevor wir endlich loskommen. Die Vorfreude ist riesig, zumindest bei jenen, die der Veränderung positiv gegenüberstehen. Je weiter der Starttermin entfernt ist, desto größer aber auch die Ungeduld. Diejenigen auf der anderen Seite, die eigentlich gar keine Lust haben, das warme, heimelige Nest mit seinen lieb gewonnenen Gewohnheiten zu verlassen, oder diejenigen, welche unter Flugangst leiden, würden den Tag des Abflugs lieber weiter hinausschieben.

S. Zech, *Erfolg in der agilen Transformation*,
https://doi.org/10.1007/978-3-658-36139-6_3

Je unklarer das Startdatum, desto dramatischer werden mögliche Risiken beschrieben. Aus kleinen Böen werden gedanklich bereits die schlimmsten Absturzszenarien gezeichnet. Andere wiederum mögen noch nicht einmal mitbekommen haben, dass überhaupt eine Reise ansteht.

Das Management hat – zumindest nach eigener Ansicht – seine Hausaufgaben für die Reise in die Agilität gemacht: Es wurde entschieden, den Weg in die Agilität anzutreten, eine Vision erstellt, Budgets gesprochen, Milestones gesetzt und das ganze Managementgerecht an die Unternehmensleitung verkauft. Aber wurden auch Zweck, Notwendigkeit und damit die Dringlichkeit auf allen Unternehmensebenen kommuniziert? Jetzt geht es darum, die Mitarbeitenden zum Flughafen zu bringen, um die Transformation starten zu können. Auf unserem Weg zum Flughafen nehmen wir Anlauf, um mit unserem Transformations-Flieger die spannende Reise in agile Gefilde zu starten. Das bedeutet, dass das Unternehmen auf die anstehende Veränderung vorbereitet werden muss.

Dazu muss in eine angemessene Kommunikation mit der Belegschaft getreten werden, um ein einheitliches Verständnis zu schaffen, Widerstände und Ängste zu erkennen und abzuholen, aber auch zu aktiver Partizipation zu ermutigen.

Agilität ist eine Grundhaltung, die das Unternehmen in einem volatilen Umfeld befähigt, den kommenden Herausforderungen standzuhalten. Doch Agilität ist nicht einfach ein neuer Besen, auch kein fixer Bauplan mit Erfolgsgarantie, sondern ein massiver Eingriff in das Unternehmenssystem, wie in den vorherigen Kapiteln aufgezeigt wurde. Die aktuellen Strukturen haben das Unternehmen in der Vergangenheit aufgebaut, auf dem Markt gehalten, Erfolg generiert. Doch die Welt dreht sich und der Markt verändert sich in immer rasanterem Tempo. Alte Strukturen lassen das Gebäude knarzen und ächzen. Es gibt Risse und teilweise besteht bereits Einsturzgefahr. Höchste Zeit, das System zu sanieren. Genau das ist auch das Ziel der Reise in die Agilität, die in diesem Buch beschrieben wird. Wie bereits in den vorherigen Kapiteln deutlich geworden sein sollte, lässt sich Agilität jedoch nicht verordnen und auf Knopfdruck implementieren. Wir begeben uns gemeinsam auf die Reise mit einer vagen Vorstellung der Zieldestination, mit aller damit verbundenen Unschärfe und dem Risiko gewohnte und bequeme Strukturen hinter uns lassen zu müssen. Wir nehmen die unkomfortablen Zeiten der Veränderung in Kauf, verlassen unsere Komfortzone, quetschen uns in enge Sitzreihen neuer, ungewohnter Prozesse und Strukturen. Wir lassen uns auf dem Flug durch so manche Turbulenz schütteln, um schließlich am Ziel unserer Reise die Beengung der Veränderung hinter uns zu lassen und die Vorteile der Agilität zu leben.

Nun ist es nicht so, dass alle nur darauf gewartet hätten, diese Reise anzutreten. Wie oben beschrieben wird es die ganze Palette an Motivation, Übermotivation, aber auch Ablehnung und totalem Widerstand geben. Das sollte nicht als Hinderungsgrund gesehen werden, sondern vielmehr als Motivation. Ein Unternehmen existiert nur, weil es eben diese Diversität an Meinungen, Erfahrungen und Potenzialen der Mitarbeitenden hat. Diese gilt es vor dem Start über angemessene Kommunikation abzuholen und mit auf die Fahrt zum Flughafen zu nehmen, nicht nur über die Reise zu informieren. Wenn uns dies gelingt, werden wir nicht mit einem halb leeren Flieger eine kostspielige Platzrunde drehen. Prüfen wir also, wie es um unsere Kommunikation steht, welche Regeln, Prozesse und Vorgaben wir aus der Alten Welt mitnehmen müssen respektive wollen (Abb. 3.1).

3.1 Stau und Irrfahrten – die initiale Kommunikation

Die Koffer stehen parat. Wie kommen wir nun aber zum Flughafen? Eine banale Frage? Keineswegs, denn nehmen wir den öffentlichen Verkehr, mag das mit allem Gepäck ein schwieriges Unterfangen sein. Vielleicht doch das Taxi oder in weiser Voraussicht, dass wir sowieso wieder zurück in die alte Welt kommen, lieber das Auto, um nach einer kurzen Rundtour möglichst einfach in die heimelige Wohnung zurückzukommen? Eine Entscheidung, die unsere Grundhaltung zur Reise und damit auch deren Erfolgschancen bereits deutlich zum Ausdruck bringt. Ach, und wo sind denn schon wieder die Kinder hin

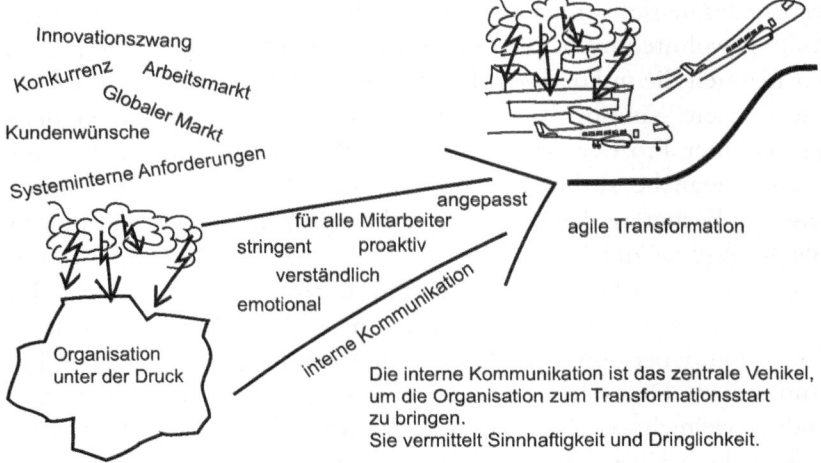

Abb. 3.1 Interne Kommunikation – das Vehikel zur Vermittlung von Dringlichkeit

verschwunden? Mit viel Hektik und Stress schaffen wir es die Haustüre zu schließen, um auf dem Weg zum Flughafen festzustellen, dass hier das Lieblingsbuch und dort die Sonnenbrille vergessen wurde. Ein Drama für die einen, stoisch getragen von den anderen. Stress und Hektik nehmen unangenehme Ausmaße an. Die Unsicherheit wächst. Schließlich sind wir endlich unterwegs, mit leichter Verspätung, aber doch mit Sack und Pack. Wenn nur der übliche Verkehr nicht wäre! Und nun haben wir auch noch die richtige Abfahrt zum Flughafen verpasst. Panik, Hektik, genervte Gesichter. Welch Glück, dass wir wenigstens das Navigationsgerät eingepackt haben. Es hilft uns doch noch den richtigen Weg zu finden und rechtzeitig den Check-in-Schalter zu stürmen.

In dieser frühen Phase unserer Transformation werden bereits die unterschiedlichen Haltungen deutlich. Die einen glauben an eine realistische Chance auf einen Flug in die agile Welt, die anderen eben nicht. Sie bevorzugen höchstens mal den Rundflug oder provozieren womöglich über Stimmungsmache jetzt schon das Risiko einer Bruchlandung. Doch der Entscheid ist getroffen. Jetzt heißt es einsteigen und los geht's.

Unser Weg zum Flughafen stellt für mich eine Metapher dar, die zeigt, dass wir unsere Mitarbeitenden mitnehmen und den Startpunkt über gute Information und Kommunikation erreichen müssen. Wir haben jetzt nochmals die Chance Ziel und Strategien der Transformation challengen zu lassen, bevor es tatsächlich losgeht. Kommen wir auf Kotter zurück, so ist das System vor der eigentlichen Umsetzung zwingend zu sensibilisieren und zu mobilisieren. Dazu gehört es, ein allgemeines Gefühl der Dringlichkeit zu erzeugen, eine Führungskoalition aufzubauen, um eine Sensibilisierung für die kommende Transformation zu erreichen.

> Sensibilisierung und Mobilisierung sind kritische Erfolgsfaktoren einer Transformation. Werden sie übersprungen, fehlt das notwendige Verständnis, warum wir diese Reise überhaupt unternehmen, und die Bereitschaft, sich darauf einzulassen.

Vermittlung von Dringlichkeit

Der Führungsebene ist die einzuschlagende Richtung klar und sie sieht das Unternehmen bereit den nächsten Schritt in Angriff zu nehmen. Doch leider passiert es häufig, dass die Entscheidungswelt des Managements nicht unbedingt deckungsgleich mit der Wahrnehmung und Interpretation der restlichen Belegschaft ist. Woher kommt dann aber das unternehmensweite Verständnis für die Notwendigkeit der geplanten Veränderung und woran orientiert sich das Unternehmen? Auf unserer Reise in die Agilität benötigen wir ein zuverlässiges Navigationsgerät, das uns auch dann wieder auf den richtigen Weg leitet, wenn wir einmal die falsche Abzweigung genommen haben. Wir benötigen jene, im vorherigen Kapitel beschriebene, klare, ansprechende, insbesondere aber vom Management getragene Vision.

Sie ist es, die als Navigationsgerät den Angestellten die Richtung zeigt, motiviert und loyal zum Unternehmen werden lässt. Nun ist es leider so, dass, sobald das Wort Vision in den Mund genommen wird, viele bereits das Gesicht verziehen und die Augen verdrehen. Zu abgedroschen sind die Phrasen und leeren Worthülsen top-down kommunizierter Zukunftsvisionen. Zu oft wurden Mitarbeitende enttäuscht über falsche Versprechen und unrealistische Wortmalereien.

Wir wollen/werden/blablabla. Und dennoch benötigen wir für eine agile Transformation eine tragfähige, motivierende Vision. Doch die beste Vision hilft nichts, wenn sie nicht systemangepasst vermittelt wird, um das Verständnis zu schaffen, dass das System in eine erst einmal durchaus unbequeme Bewegung kommen muss, um dem zunehmenden Druck des Marktes standhalten zu können. Hier liegt der Schlüssel der initialen Partizipation. Doch die Türe, die wir damit öffnen müssen, lässt sich bekanntlich weder mit einem Universalschlüssel für jedes Unternehmen noch mit der Brechstange öffnen.

> Die Sensibilisierung eines Unternehmenssystems für die Dringlichkeit und Notwendigkeit einer agilen Transformation verlangt ein deziertes Verständnis für die spezifischen Strukturen und Informationsaustausch-prozesse.

Die Dringlichkeit einer Veränderung kann ihren Auslöser sowohl Bottom-up als auch Top-down haben. Er leitet die Ausrichtung der Art und Weise, wie Bedeutung der Veränderung kommuniziert und ein Bewusstsein dafür geschaffen werden, dass es sich nicht weder um eine Laune des Managements noch dem Folgen eines gut verkauften Beraterkonzepts oder um extravagante Wünsche einzelner Abteilungen handelt. Es sollte in diesem Zusammenhang auch frühzeitig mit dem Missverständnis aufgeräumt werden, dass Agilität ein „Overall-Problem-Solver", Allheilmittel oder Placebo ist, um Ruhe vor aufmüpfigen Veränderungstreibern zu haben. Das Unternehmen ist als System vielmehr als Ganzes von der Notwendigkeit der Veränderung betroffen. Es wird über die Transformation in Bewegung versetzt. Auf der inhaltlichen Ebene zeigt die Vision der Transformation dabei die zugrunde liegende Motivation auf. Das Management macht sich und dem System Unternehmen im Rahmen der Kommunikation der Vision klar, was der Auslöser und Beweggründe sind. Die Art des Informationsaustauschs gilt es so aufzubauen, dass wir in der Umsetzung der Transformation konsistent, effizient, transparent und motivierend unterwegs sind. Für den Aufbau einer angemessenen Kommunikationsstruktur sollten somit zuerst die aktuellen Bedingungen hinterfragt werden.

Fragen

Wie sehen die aktuellen Kommunikationsprozesse aus?

Auf welchen Wegen werden Mitarbeitende angesprochen und welche Grundhaltung gegenüber der Belegschaft steckt dahinter?

Wie wird im Unternehmen üblicherweise Dringlichkeit auf unterschiedlichen Stufen vermittelt?

Wie hoch ist das aktuell tolerierte Maß an Transparenz, um Hintergründe zu Entscheiden offen zu legen und auch kritisch hinterfragen zu lassen?

Lassen die aktuellen Strukturen und Prozesse zu, dass Management und Mitarbeitende gleichermaßen mit auf die Reise genommen werden oder müssen wir bereits jetzt etwas anders machen?

Über die initiale Kommunikation für die agile Transformation werden die Gründe, der Nutzen und auch die bereits bekannten Herausforderungen offen auf den Tisch gelegt. Dabei geht das Management leider gerne von der impliziten Annahme aus, dass ihnen bekanntes Wissen und Gedankengut allen gleichermaßen verständlich ist und die Belegschaft absolutes Vertrauen in die Richtigkeit ihrer Entscheide hat. In der Folge kommt es zu wenig stufengerechtem Kommunikationsverhalten. Statements werden im Intranet verkündet, meist in Kombination mit Top-down-Verordnungen an das mittlere Management, in der Überzeugung, damit der Vorbereitung der Transformation genüge getan zu haben. Kritische Fragen unerwünscht. Und so steht der Mitarbeitende da und grübelt: Einsamer Management-Entscheid aufgrund eigener Vorlieben und Präferenzen? Marktgetrieben? Bottom-up? Woher kommt der Druck, den Weg in die Agilität zu suchen? Folgen wir lediglich dem allgemeinen Hype, transformieren wir lediglich um der Transformation Willen nach dem Motto „neue Besen kehren besser als alte" oder ist die Transformation tatsächlich notwendig, um Überleben und Wachstum des Unternehmens langfristig zu gewährleisten? Und was heißt das nun für mich persönlich? Wichtiger Erfolgsfaktor und große Herausforderung für die zukünftige Veränderung ist die Fähigkeit des Managements, die Hintergründe und Notwendigkeit des Entscheids stufengerecht offen zu legen und Verbindlichkeit zu schaffen.

Die Wege der neuen Welt wenden sich ab von einer tröpfchenweisen, stark gefilterten Einweg-Kommunikationsstrategie, hin zu Transparenz, Wertschätzung und Vertrauen in die Fähigkeiten und Motivation der Angestellten. Selbstverständlich ist mir bewusst, dass der Weg zu einer solchen Kommunikationsform Zeit benötigt und auch Teil unseres Fluges ist. Doch bereits bei der Vorbereitung des Kick-offs bereiten wir die zukünftige Grundhaltung vor, welche wir schließlich zum Teil unserer Unternehmenskultur machen wollen. Ich möchte hier nochmals deutlich hervorheben, dass es nun keinen verlustlosen Rückzug mehr gibt. Die ersten Schritte in die Agilität wurden unternommen, auch wenn die Umsetzung längstens noch nicht vollzogen ist. Die Mitarbeitenden haben, offiziell oder an Kaffeemaschinen und in Pausenräumen, gehört, dass es Änderungen gibt, und haben damit erste Erwartungshaltungen aufgebaut. Wie das Taxi auf dem Weg zum Flughafen keine Kehrtwendung auf der Autobahn zum Flughafen machen sollte, müssen wir uns bewusst machen, dass der Impuls zur Bewegung des Systems gegeben wurde. Ein Rückzug wäre zwangsläufig mit Vertrauensverlusten und negativen Konsequenzen verbunden.

> Jede Person im Unternehmen befindet sich als Mitglied einer spezifischen Personengruppe (Management, Team, Abteilung) innerhalb des Unternehmens in unterschiedlichen Sub-Systemen. Jedes davon konstruiert seine Sicht der Welt basierend auf den systemspezifischen Erfahrungshintergründen, Zielen und Zusammensetzungen des Systems.

Kommunikationsformen als Ausdruck der Kultur

Leider ist vielen, in traditionellen Macht- und Kommunikationsstrukturen verhafteten Führungskräften anscheinend nicht bewusst, dass die Mitarbeitenden einen völlig anderen Wissensstand und andere Sichtweisen auf das Unternehmen haben als sie selbst. Systemisch betrachtet ist dies nachvollziehbar, sollte nun aber zwingend reflektiert werden, um der Transformation eine Chance zu geben. Die Erfahrung zeigt, dass die Angestellten die klassischen, basisfernen Formen der Informationsübermittlung meist stoisch hinnehmen, ihre Meinung über informelle Kommentare an der Kaffeemaschine kundtun und damit wiederum die Akzeptanz und Bereitschaft zur Partizipation im eigenen wie auch in anderen Sub-Systemen beeinflussen. Vertrauen und aktive Mitgestaltung lassen sich damit nicht erreichen. In vielen Fällen wird dies oft erst zu spät realisiert und resultiert im Versuch das nicht vorhandene Vertrauen über Brechen von Widerstand zu kompensieren. Und schon befinden wir uns in einem äußerst destruktiven Wirbel aus Druck und Gegendruck, der unseren Flieger zu Boden drücken wird.

> Die Zauberformel für die Vermittlung der Vision im agilen Mindset ist offene, ehrliche Kommunikation, Transparenz und die Bereitschaft sich möglicher Kritik konstruktiv zu stellen.

Die unternehmensspezifische Kommunikation ist dabei eine zentrale Ausprägung der herrschenden Kultur. Als Basis der Vertrauensbildung ist sie entscheidend für das Maß an Widerstand und Veränderungsresistenz, mit dem wir rechnen dürfen, und sollten gründlich überprüft werden. Wir müssen Dringlichkeit und auch unser Commitment zur Veränderung empfängergerecht darlegen, kommunizieren, verständlich machen und auch belegen können. Meiner Erfahrung nach stehen Unternehmen dabei vor gravierenden Herausforderungen. Es gibt zahllose Theorien, Bücher, Abhandlungen und Experten zum Thema Kommunikation. Dennoch gestaltet sich der Transfer in die Praxis regelmäßig schwierig (Abb. 3.2).

Ein Grund dafür mag im unvollständigen Verständnis der bestehenden Kommunikationsstrukturen liegen. Da der zeitliche Druck oft hoch ist und auch die Überlastung der kommunizierenden Personen, nehmen wir uns selten die Zeit den Aufwand einer solchen Analyse aufzubringen.

Beispiel eines Kommunikationsablaufs

Das Unternehmen möchte die Mitarbeitenden frühzeitig in eine anstehende Veränderungsmaßnahme integrieren. Es wurden top-down Experten-Arbeitsgruppen gebildet und Ankündigungen im Intranet aufgeschaltet. Darin werden die Angestellten aufgefordert, Ideen und Wünsche einzubringen. Dazu möge man sich bitte an den Management-Support wenden.

Es kommt zu einigen wenigen Rückmeldungen von jenen, die sich auch sonst diesbezüglich hervortun. Der Rest des Unternehmens hüllt

Aspekte interner Kommunikation und systemische Wechselwirkungen

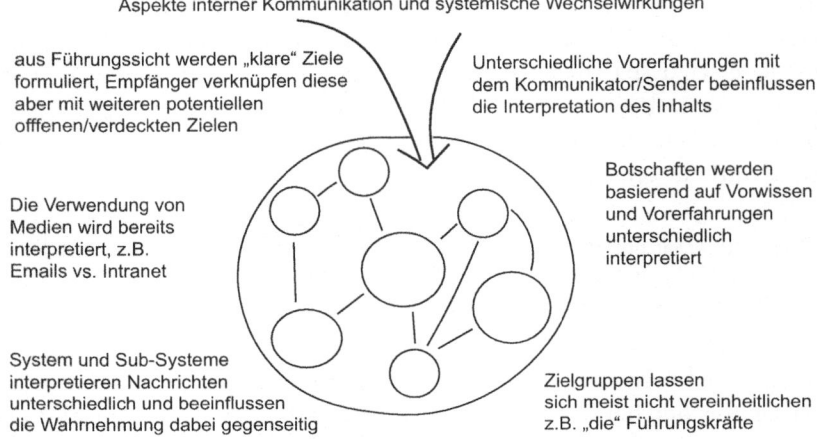

aus Führungssicht werden „klare" Ziele formuliert, Empfänger verknüpfen diese aber mit weiteren potentiellen offfenen/verdeckten Zielen

Unterschiedliche Vorerfahrungen mit dem Kommunikator/Sender beeinflussen die Interpretation des Inhalts

Die Verwendung von Medien wird bereits interpretiert, z.B. Emails vs. Intranet

Botschaften werden basierend auf Vorwissen und Vorerfahrungen unterschiedlich interpretiert

System und Sub-Systeme interpretieren Nachrichten unterschiedlich und beeinflussen die Wahrnehmung dabei gegenseitig

Zielgruppen lassen sich meist nicht vereinheitlichen z.B. „die" Führungskräfte

Abb. 3.2 Systemische Einflüsse auf die interne Kommunikation

sich in Schweigen. Bei der folgenden Implementation der Maßnahme kommt es hauptsächlich zu indirektem Widerstand, Unmut-Bekundungen und Personalabgängen. Es werden aufwendige Kontrollmaßnahmen für die Einführung notwendig, bis die Veränderungsmaßnahme schließlich offiziell als abgeschlossen betrachtet wird.

Kommunikation: erfolgt, aber nicht empfängergerecht und ohne Vermittlung der Dringlichkeit

Partizipation im Vorfeld: Gering

Partizipation in der Umsetzung: Gering bis negativ

Kosten: höher   als   angenommen   (Fluktuationskosten, Kontrollmaßnahmen)

Effizienz der Maßnahme: gering

Frustration vieler Beteiligten: hoch

Es wurde kommuniziert, die Mitarbeitenden hätten die Möglichkeit gehabt sich zu beteiligen und trotzdem stolperten wir durch eine Veränderungsmaßnahme mit mehr als zweifelhaftem Ausgang. Was lief denn nun falsch? Oder betrachten wir mittlerweile derartig ineffiziente Verläufe tatsächlich bereits als erfolgreich?

Aspekte einer Kommunikationsanalyse

Über welche Kanäle wird üblicherweise kommuniziert?
Zu welchem Zeitpunkt erfolgt eine Informationsweitergabe?
Wer ist der Adressat der Kommunikation?
Wie hoch ist der Vollständigkeitsgrad der Information (Teilinformationen, häppchenweise Aufbereitung, etc.)?
Wie konsistent waren die Informationen?
Was wurde vom Adressaten tatsächlich verstanden?
Gab es konkrete oder implizite Aufforderungen?
Welche Reaktionen haben die Informationen auf unterschiedlichen Stufen ausgelöst?

Die Beantwortung dieser Fragen kann uns helfen zu erkennen, welcher Aspekt unserer Kommunikation bis jetzt zu den jeweiligen respektive fehlenden Reaktionen geführt haben. Meine Sicht auf diese Problematik ist, dass wir eine Kommunikation niemals perfekt aufsetzen können. Wir müssen uns im Gegenteil sogar von der Vorstellung der Perfektion und hundertprozentigen Steuerbarkeit verabschieden. Wir sollten allerdings unsere bisherigen Verhaltensweisen unter einem systemischen Blickwinkel betrachten. Je besser unser Verständnis der Zusammenhänge ist, desto klarer können Hebel identifiziert werden, um die Kommunikation im Unternehmen zu verbessern.

Die Herausforderung bei der Kommunikation im Rahmen einer Transformation liegt in der Tatsache, dass diese Konstruktion und Interpretation größtenteils unbewusst ablaufen. Massen uns nun an, die Subsysteme Mitarbeitende, Gruppen, Abteilungen, Teams unseres Unternehmens, tayloristisch steuern zu können, werden wir die Chance verpassen, echte Partizipation zu schaffen. Haben wir in der Vergangenheit mehr dazu beigetragen, das Vertrauen unserer Belegschaft ins Management eher gering zu halten, beginnt mit dieser Erkenntnis die erste wesentliche kulturelle Veränderung im Unternehmen.

Sender und Empfänger sind autarke Systeme, jedes mit seiner eigenen, erfahrungsbasierten Konstruktion und Interpretation dessen, was kommuniziert wird.

Gehen wir also in uns, verabschieden uns vom Anspruch der Beherrschbarkeit, akzeptieren die Tatsache der Selbstreferenz der Systeme, mit welchen wir kommunizieren, so nehmen wir unproduktiven Druck und Verhärtung aus der Kommunikation. Wir bauen eine iterativ optimierbare Kommunikationskultur auf. Die frühe Analyse und Adaptation der bestehenden Kommunikationsprozesse sind dabei bereits eine praktische Anwendung agiler Prinzipien: reflektieren der Verhaltensweisen der Vergangenheit, aus diesen lernen und konkrete Verbesserungsmaßnahmen ergreifen, um neue Lernfortschritte zu ermöglichen.

Diese Grundhaltung agiler Werte muss unabdingbar vom Management als Piloten unseres Transformations-Fliegers adaptiert und gelebt werden, um die Vision nachhaltig und erfolgswirksam im Unternehmen zu verankern. Die angemessene, weder zu banaler noch zu komplizierter Vermittlung der Vision und der nächsten Schritte ist ein kaum zu unterschätzender Erfolgsfaktor.

Der Kommunikationsplan

Es sollte aber nicht das Missverständnis entstehen, dass mit einer initialen Kommunikation eine einmalige Verkündung gemeint ist. Nach dem Motto: „Hier habt ihr die Anweisung – nun setzt gefälligst um!". Vielmehr benötigen wir auch einen langfristigen Kommunikationsplan, um die Ziele unserer Transformation konstant im Bewusstsein des Unternehmens zu visualisieren. Wie wir oben gesehen haben, werden wir nicht alle Bedürfnisse abdecken können und auch bei noch so guten Kommunikationskonzepten mit Widerstand und Ablehnung rechnen müssen. Gehen wir bewusst mit dieser Tatsache um, werden wir eine klarere, akzeptierte Kommunikationsstrategie entwickeln können und darüber der Transformation den nötigen Sprit liefern.

Gerade deshalb ist ein rechtzeitig entwickelter, guter Kommunikationsplan ein zentraler Erfolgsfaktor, vergleichbar mit dem Navigationsgerät für unseren Weg zum Flughafen. Das Navi berechnet unsere Route und berücksichtigt gleichzeitig aktuelle Gegebenheiten, um schnellstmöglich die optimale Streckenführung zu berechnen. Unsere Kommunikationsstruktur für den Veränderungsprozess sollte wie ein solches Navigationsgerät funktionieren, das Ziel klar kommunizieren, Anpassungen transparent machen und dem Personal eine echte Chance zur Mitsprache gewähren.

Fragen

Nehmen wir die Bedürfnisse der Mitarbeitenden überhaupt wahr? Haben wir sie in der Planung realistisch und ausreichend berücksichtigt?

Eine gute Kommunikation ist der Steuerhebel unserer gesamten Veränderung und entscheidet nicht selten über das Mindset und damit über den Erfolg unseres Vorhabens. Man könnte selbstverständlich argumentieren, dass Vision und Strategie „offiziell" kommuniziert wurden und somit allen Betroffenen geläufig sein sollten. Doch bekanntlich schlägt die menschliche Natur uns hier ein Schnippchen. Um es mit den Worten von Konrad Lorenz (1903–1989) auszudrücken: „Gesagt ist noch nicht gehört, gehört ist noch nicht verstanden, verstanden ist noch nicht einverstanden, einverstanden ist noch nicht getan, getan ist noch nicht beibehalten." Gemäß Kotter ebnet ein klares Verständnis der Dringlichkeit und Notwendigkeit im Unternehmen, wohl gemerkt nicht nur auf Management-Ebene, den Einstieg in die erweiterte Diskussion mit der Basis. Denn wir müssen uns bewusst auf diese einlassen, gewappnet sein für kritische Fragen und diese auch als Pfeiler und positiven Schub in unserem organisatorischen Transformationsprozess erkennen. Ist Vision und Strategie auf offiziellem Wege kommuniziert, so vermitteln wir wie wir gesehen haben längstens noch kein Gefühl der Dringlichkeit, das auch jene überzeugt, die eine agile Transformation für ein „Nice-to-have" oder eine überflüssige Pflichtübung ohne Mehrwert halten. Zahllose Reorganisationen und gescheiterte Veränderungsprojekte belegen, dass sich organisatorischer Change nicht verordnen lässt. Er muss mühsam erarbeitet und nachhaltig verankert werden. Dabei ebnet uns das erzeugte Gefühl, dass es sich bei der ganzen Aktion tatsächlich um eine dringende und somit auch notwendige Veränderung handelt, schließlich den Weg und hilft in der Umsetzung das zu durchschreitende Tal der Tränen mit deutlich weniger Verlusten zu überwinden.

Aspekte eines Kommunikationsplans

Ein Kommunikationsplan begleitet die gesamte Transformation und macht deren Verlauf für das Unternehmen transparent. Dabei sollte es für die Adressaten möglich sein, direkt Rückmeldung zur jeweiligen Kommunikation zu geben. Dazu sind folgende Aspekte zu berücksichtigen.

- **Adressaten:** Auch bei offener, unternehmensweiter Kommunikation stehen in aller Regel eine oder mehrere Zielgruppen im Fokus.
  - Wer ist die zentrale Zielgruppe der Kommunikation zum jeweiligen Zeitpunkt?
- **Wissensstand:** Aktueller und gewünschter Wissensstand müssen für jede Kommunikation geklärt werden, um empfängergerechte Nachrichten zu generieren.
  - Was ist der aktuelle und was der gewünschte Wissenstand im Unternehmen, insbesondere bei der/den Zielgruppen?
- **Inhalte:** Mit jeder Nachricht werden Informationen transportiert, die einen Mehrwert bieten müssen, um für die Empfänger interessant zu bleiben.
  - Welche Informationen sollen vermittelt werden?
  - Welchen Mehrwert generieren die Inhalte im Unternehmen?
- **Zielsetzung:** Mit einer Nachricht sind Erwartungen an Verhaltensweisen oder konkrete Aufforderungen geknüpft, z. B. Interesse wecken, aktive Partizipation, Akzeptanz aufbauen.
  - Welche Wirkung soll die Information bei der Zielgruppe erzielen?
  - Mit welchen Reaktionen wird bei anderen Adressaten gerechnet?
- **Form und Kanäle:** Die Übermittlungsform hat großen Einfluss auf die Wahrnehmung und Interpretation einer Nachricht.
  - Welche Kanäle und Kommunikationsformen erzielen in Bezug auf die gewünschte Zielsetzung den größten Effekt?
  - Wie ist die Möglichkeit für Rückmeldungen seitens Adressaten und wie werden diese weiterverarbeitet?

Anforderungen an das Management

Wie das Taxi, das sich den Weg durch den reglementierten Straßenverkehr bahnt, sollte das Management nochmals über den jeweiligen organisatorischen Ist- und Soll-Zustand reflektieren und welche Argumente für die Veränderung stehen. Auch am Zielort werden wir Regeln einzuhalten haben, um auf dem Markt bestehen zu können. Compliance und extern vorgegebene Normen mögen hier nur ein Aspekt der Marktreglementierungen sein. Daneben spielen auch interne Punkte eine wichtige Rolle, zum Beispiel der Umgang mit bestehendem Wissen und Machtgefügen. Agile Prinzipien helfen dem Unternehmen über Veränderungen auf der Struktur- und Prozess- sowie Kulturebene im von rascher Veränderung und geringer Planbarkeit geprägten Umfeld zu bestehen. Doch wir befinden uns nicht in einem Vakuum. Nehmen wir beispielsweise öffentliche Organisationen wie Behörden, so mag der Anspruch eine Vereinbarkeit der dort üblichen Wasserfall-Methodik, Hermes, bestehen. Oder in Medizinal- und Automotive-Branchen, wo ständig wechselnde und zunehmende Reglementierungen einzuhalten sind. Echte Agilität lässt sich durchaus mit diesen Ansprüchen kombinieren und bietet dem jeweiligen System mehr Flexibilität wie auch interessantere Arbeitsbedingungen für die Mitarbeitenden aller Stufen.

> Zentrale Grundvoraussetzung für den Erfolg einer agilen Transformation ist die Bereitschaft und das Bekenntnis des Managements zu den agilen Prinzipien und ihren Konsequenzen.

So kann Lernerfolg aus Fehlern niemals nachhaltig erfolgen, wenn die Unternehmenskultur kategorische auf Null-Fehler-Handling besteht – im vollen Bewusstsein, dass es sich hierbei um eine unrealistische Utopie handelt. Wir sehen, dass wir vor dem eigentlichen Kick-off nochmals genau auf unsere Grundhaltung schauen sollten und überprüfen, ob wir bereit sind, uns den Chancen und Risiken zu stellen. Beherrschen der oder die Fahrer/-innen die Kunst, ein unter Umständen recht großes Vehikel, wie es ein Unternehmen darstellt, überhaupt zum Ausgangsort unserer Reise zu bewegen und den richtigen Weg einzuschlagen, um den Start nicht zu verpassen? Gerade in Transformationen geht in der Vorbereitung oftmals das Momentum verloren, wir verpassen den Flieger und es folgen kostspielige Umbuchungen, Anpassungen, Korrekturen bis hin zu Stornierungen.

Kann das Management in dieser wichtigen Phase über angemessene Kommunikationsstrategien den Ansprüchen gerecht werden?

- Sicherheit vermitteln
- Schlichten
- Beruhigen
- Motivieren
- Begeistern

Für unsere Transformation stellt sich zudem die Frage, ob unsere Führungsebene überhaupt noch ansprechbar oder längstens schon im nächsten wichtigen Topic versunken ist. Die Organisation benötigt das Management in seiner Rolle als Fahrer zum Flughafen und später als kompetente Piloten und Crew. Mag es auch den einen oder anderen Versuch geben, bereits hier in Autopiloten-Modus zu gehen, zeigt die Erfahrung, dass Überzeugung und Führung gerade auf dem Weg zum Kick-off außerordentlich wichtig sind.

Stärke durch Führungskoalition
Aus dem Vorherigen leitet sich zwingend die Notwendigkeit einer starken Führungskoalition ab. Ohne ein starkes, konstantes und immer wieder sichtbar gemachtes Einstehen der Führungsebene für Agilität und ihre Werte und Prinzipien bereits in dieser Veränderungsphase riskieren wir, dass unser Flieger später abschmiert und schmerzlich auf der Nase landet. Nur eine hoch genug angesiedelte Führungskoalition mit deutlich kommuniziertem Interesse an der Veränderung kann dem Vorhaben die notwendige Rückendeckung und den Nachdruck der Notwendigkeit geben, um diejenigen zu unterstützen, die motiviert und engagiert das Flugzeug für unsere Reise vorbereiten.

Eine fehlende starke Führungskoalition gibt nicht selten den Ausschlag für Widerstand auf unterschiedlichen Ebenen. Fehlt das sichtbare und mit Überzeugung immer wieder kommunizierte Commitment auf den oberen Hierarchiestufen hat dies entscheidende, oftmals destruktive Signalwirkung. Dagegen kann ein überzeugtes Gremium den Mitarbeitenden zeigen, dass das Management nicht nur einen, im stillen Kämmerchen erkorenen Plan hat, sondern an sie, die Basis und das

Unternehmen, glaubt und Vertrauen in sie setzt. Es gibt wohl kaum eine stärkere Motivation als die Aussage eines Managers zu seinen Angestellten: „Ich weiß, es ist schwer. Aber ich glaube, dass wir das gemeinsam schaffen und ich glaube an euch". Zu pathetisch? Keineswegs. Ich konnte selbst erleben, wie auf diese Weise aus destruktiven Korridorkritikern konstruktive Unterstützer wurden, die sich aktive einbrachten, wie Mitarbeitenden aufblühten und Herausforderungen annahmen, die sie vorher weiträumig umfahren hätten. Ich konnte erleben, wie sich Teams gefunden haben und sich und ihre Ergebnisse mit stolz geschwellter Brust dem Management präsentierten.

> Menschen suchen Bestätigung und Sinn in ihrem Tun und die Führungsebene hat im Agilen genau diese Aufgaben: Vertrauen aufbauen, Bestätigung geben und Befähigung vermitteln.

Es drängt sich eine Frage auf, die Sie, liebe Leserin und Leser, stellen sollten: Wenn es schwierig ist, diese Führungskoalition aufzubauen, woran hakte es? Ein vielgehörtes Argument des Managements, warum es eben nicht so intensiv bei diesem Thema einbringen kann, und die Führungskoalition letztendlich bröckelig ist, liegt einesteils sicher in der zeitlichen Verfügbarkeit. Diese gilt es aber zu hinterfragen.

> **Fragen**
>
> Was sind die Beweggründe, Befürchtungen, vielleicht auch widersprüchlichen individuellen Ziele, die der agilen Transformation in dieser frühen Phase im Weg stehen?
>
> Behindern eine auf Konkurrenz basierende Kultur, politische Absicherungsbestrebungen, negative Erfahrungen der Vergangenheit die Bereitschaft, eine Führungskoalition zu bilden?
>
> Was könnte für einen Manager wichtiger sein, als das Unternehmen und seine Mitarbeitenden in ein neues Format der Produktivität zu überführen, anzuleiten und zu stützen?

Wir sehen, dass wir bereits bei der Bildung der Führungskoalition mit der bestehenden Kultur in Konflikt geraten können. Wird dies aus politisch-strategischen Gründen heruntergespielt und zu wenig thematisiert, ist jetzt schon klar, dass der Flug holprig wird. Wir befinden uns auf dem Weg zu einer nachhaltigen Veränderung, zum Abheben in eine neue Arbeitsweise, deren Verherrlichung dem soliden Widerstand Change-erfahrener Profis im Unternehmen entgegensteht. Daneben können wir das volle Ausmaß und die Folgen des Change auch mit dem schärfsten Blick in unsere polierte Glaskugel nicht vollständig abschätzen. In dieser Ausgangslage lässt sich nun immer wieder beobachten, dass der Weg zum eigentlichen Start einer agilen Transformation einige wesentlichen Aspekte missen lässt. So werden Entscheide nicht selten in Meetings getroffen, in welchen der Meinungsführer oder beste Verkäufer einer Sache den Ausschlag gibt. Fundierte Analysen, wie im vorherigen Kapitel beschrieben, werden auf das Rudimentärste reduziert. So sucht man teilweise vergeblich nach einer solide durchgeführten SWOT, Prozess-Analysen und Organisationsstrukturen, die dem Wesen einer derart nachhaltigen Transformation gerecht werden.

Frühe Adaptation des Leadership-Verständnisses
Wie wir sehen, wäre es dringlich nötig, dass die Führungsebene selbst frühzeitig ein vertieftes Verständnis von Agilität aufbaut und erkennt, was es mit agilem Leadership auf sich hat und welche Anforderungen hier auf sie und ihre Führungsebenen zukommt. Wo kollidiert das neue Prinzip mit unserem bisherigen Führungsstil? Wie gehen wir mit dieser Situation um? Sind wir uns als Führungskräfte bewusst, dass wir es sind, welche die noch holprige Startbahn putzen und glätten sowie den Flug angemessen begleiten werden? Haben wir tatsächlich empfängergerecht kommuniziert, wohin die Reise gehen soll und auch sichergestellt haben, dass diese Nachricht richtig verstanden wurde? Haben wir unseren Mitarbeitenden erklärt, wozu wir das Ganze tun wollen? Was ist der Impact für sie und was der Nutzen? Haben wir sie als Betroffene auch zu Beteiligten gemacht? Konnten sie mitsprechen, als es um die Zieldestination ging oder standen uns die alten Werte wie das Misstrauen in die Urteilskraft der Mitarbeitenden im Wege?

So machte es Sinn, eine Transformation agil anzugehen, um den Unsicherheiten und offenen Punkten iterativ und flexibel begegnen zu können, ohne in Beliebigkeit, Intransparenz und damit fehlender Steuerbarkeit abzudriften.

> Mitarbeitende und Management, müssen neugierig, mutig und berechtigtermassen auch vorsichtig und mit einigen Befürchtungen die neuen Gegebenheiten der agilen Prinzipien und Methoden erkunden.

Das bedeutet, dass Etappenziele definiert und priorisiert werden, Learnings aufgenommen und für die nächsten Schritte berücksichtigt werden. Nur so erreichen wir den Flughafen, starten unsere Reise und genießen schließlich einen kontinuierlichen Flug, ohne im erstbesten Luftloch ins Trudeln zu kommen. Wie wir auf unserer Flugbeschreibung noch sehen werden, geht es bei der agilen Transformation darum, die Prinzipien von Lean und Agile mit allen Konsequenzen umzusetzen. Klären wir also rechtzeitig, wer diese Verantwortung übernehmen wird und bereit ist, das Steuer auf unserem Flug in die Hand zu nehmen. Doch zuerst stellt sich die Frage, ob wir unser System organisatorisch korrekt aufgeräumt haben, um nun tatsächlich die Reise zu wagen. Auf zu Gepäckaufgabe und Check-in.

3.2 Übergewicht und Handgepäck – wie viel vom Alten muss/soll/darf mit?

Wir haben uns durch den Straßenverkehr gequält und sind über den einen oder anderen Umweg letztlich noch rechtzeitig am Flughafen angekommen. Auf zur Gepäckaufgabe. Dort haben die meisten Airlines recht genaue Vorschriften: Nicht zu groß darf das Gepäck sein, die Dimensionen sind definiert und auch ein maximales Gewicht darf nicht überschritten werden. Ein unsicherer Blick auf die Kofferwaage am Check-in-Schalter zeigt: 19,8 kg. Glück gehabt, gerade noch im Rahmen dessen, was beim Aufgabegepäck erlaubt ist. Denn wer hier drüber liegt, muss unter Umständen kräftig in die Tasche greifen.

Der Vergleich mit der Gepäckaufgabe sollte als Aufforderung verstanden werden das Transformationsgepäck nochmals kritisch zu überprüfen. Was vom Bestehenden nehmen wir mit? Das aufgegebene

Gepäck stellt den Rahmen der Transformation dar und setzt die entsprechenden Rahmenbedingungen, denen unser Unternehmen auch
längerfristig zu folgen hat, die Grundstruktur sozusagen wie rechtliche
und finanzielle Vorgaben (Abb. 3.3). Vielleicht werden wir, am Ziel
angekommen, feststellen, dass wir doch noch Überflüssiges loswerden
können oder Mitgebrachtes anpassen müssen. Wenn es am Ziel unserer
Reise heiß ist, überlegen wir unter Umständen die alten Jeans zu Shorts
umzuwandeln, indem wir die Hosenbeine kürzen. So mag es sein, dass
wir noch den einen oder anderen Prozess im Gepäck haben, der in der
Agilität seine Daseinsberechtigung verliert oder an die neuen Gegebenheiten angepasst werden muss. Ich empfehle aber das offensichtliche
Übergepäck nicht blind auf die Reise zu schicken. Ein Beispiel hierfür
ist die, für mich immer wieder überraschende Tatsache, dass im Vorfeld Themen wie die geänderten Anforderungen an die Mitarbeiter-
beurteilung in agilen Teams kaum bis gar nicht diskutiert werden.
Karrieremodelle werden sich jedoch im Rahmen der Agilität verändern,
tradierte Strukturen infrage gestellt und neue Wirkmodelle in der
Steuerung wirksam.

Wir nehmen auf unsere Transformation neben den Standardprozessen,
nicht veränderbaren Compliance- und Governance-Strukturen aber auch

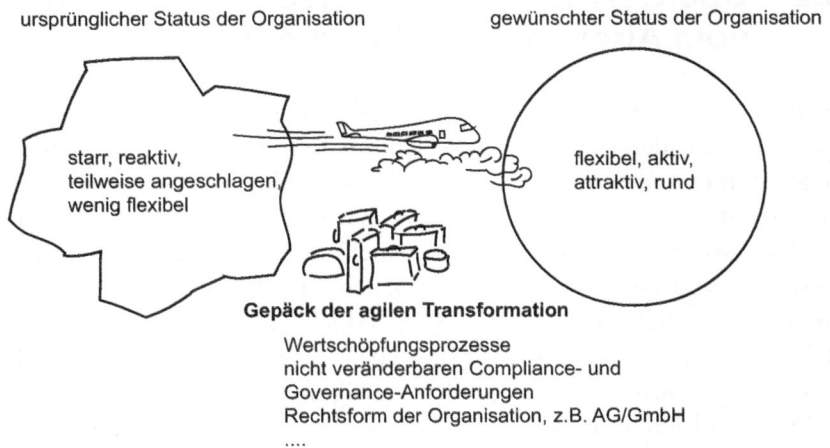

Abb. 3.3 Das Gepäck der agilen Transformation

Spezial-Gepäck mit, für welches wir den entsprechenden Zuschlag mit einkalkulieren müssen. Dieses Gepäck ist es, das uns in der Vergangenheit das Leben schwer gemacht hat und das mittels agiler Arbeitsformen und -strukturen besser handhabbar werden soll.

Spezial-Gepäck einer agilen Transformation

Zum Spezial-Gepäck zählt unter anderem Folgendes:

- Projekte mit hoher Komplexität und vielen Abhängigkeiten
- unklare, intransparente Anforderungen und Umgang mit denselben
- organisatorische Silos mit aufwendigen Abgrenzungs- und Graben-kämpfen
- komplexe Messmethoden mit wenig Aussagekraft und Impact
- zunehmende, extern vorgegebene Regulatorien und Normen

Diese Gepäckstücke möchten wir mittels Agilität schrittweise in handhabbare Pakete schnüren, deren Gewicht das Unternehmen nicht nur stemmen kann, sondern sie zu Erfolgsfaktoren des Unternehmens machen. Denn der Umgang mit Komplexität ist heute bereits Keyfaktor für den Unternehmensbestand. Wurde das Unternehmen über Silos zum heutigen Erfolg gebracht, muss der Schritt in eine neue, messbare Form der Kollaboration gemacht werden, um die Schlagkraft zu entwickeln, die unseren Mitarbeitenden auch morgen noch einen sicheren Arbeitsplatz garantieren.

Dabei dürfte klar sein, dass einiges vom Bisherigen nach wie vor von Wichtigkeit ist und in den neuen Strukturen der Agilität berücksichtigt und eingebunden werden muss. Andernfalls hätte unser Flug mehr mit einer Flucht gemeinsam. Eine solche Weg-von-Mentalität ist nachweislich kein guter Start für eine zielgerichtete, nachhaltige und überzeugende Veränderung. Wir sollten vielmehr überlegen, welches Gepäck wir aus unserer alten Welt mitnehmen. Haben wir unsere Hausaufgaben gemacht, so liegt uns eine fundierte SWOT-Analyse vor, die uns unsere Stärken und Schwächen in unserer Struktur, unseren Prozessen, Rollen und Werten aufzeigen. Ein erfahrener und umsichtiger Change Manager wird sich diese Grundlagen zunutze machen, um zu identifizieren, welche Elemente „eingepackt" oder aber verabschiedet werden müssen.

> Eine erfolgreiche Transformation startet unter Berücksichtigung der Tatsache, dass aktuelle Gegebenheiten und Rahmenbedingungen existieren und in das spezifische agile Setting des Unternehmens integriert werden.

Handgepäck der Transformation

Während man um das Wiegen des Koffers gleich beim Einchecken nicht herumkommt, sind die Kontrollen beim Handgepäck nicht so eindeutig. Dabei gibt es auch hierfür bei jeder Fluggesellschaft Vorschriften zu Größe und Gewicht. Aufgrund der geringen Selbstdisziplin der Reisenden werden verstärkt Kontrollen durchgeführt, um diese Regeln durchzusetzen und sicherzustellen, dass keine verbotenen Gegenstände in den Taschen den Flug gefährden.

Haben die Gepäckstücke Einfluss auf die Rahmenbedingungen des Transformationsdesigns, sieht es beim Handgepäck etwas anders aus. Hier sprechen wir von Verhaltensweisen, Überzeugungen und Ansichten, aber auch von Ängsten und Befürchtungen, die uns auf unserer Reise begleiten. Denn Verhaltensweisen werden von diesen geprägt und folgen Mustern, die wir nur durchbrechen können, indem wir ihre Ursache und Funktion erkennen und uns damit auseinandersetzen.

Ich komme an dieser Stelle nicht umhin, den Blick auf ein verbreitetes Verhalten bei Veränderungsprozessen zu lenken. Emotionale Aspekte werden als Weichspülerei abgetan. Sind wir doch alle rein sachorientiert! Ein klarer Irrtum und Anti-Pattern bei einer organisatorischen Veränderung. Wir stellen keine Fabriklinien um und unsere Mitarbeitenden einfach an eine andere Position, um den gleichen Handgriff wieder und wieder zu tätigen. Vielmehr greifen wir in einen Organismus ein, dessen Überleben von Wissensarbeitern abhängt, die nur über einen kollaborativen Modus der zunehmenden Komplexität die Stirn bieten können. Dazu müssen wir uns von Anfang an der Tatsache bewusst sein, dass wir bei einer Transformation keine Stellschrauben an einer Maschine bedienen.

> Erfolgreiche Veränderung beginnt damit, Widerstand nicht nur zu begrüßen, sondern aktiv abzuholen, um Maßnahmen dadurch erfolgreich zu machen, dass sie die Gründe hinter dem Widerstand aufnehmen und aktiv angehen.

Was sind also unsere Vorgaben an das Handgepäck der Transformation und was tun wir, wenn wir erkennen, dass sie den Anforderungen nicht entsprechen? Eine heikle Frage, auf die es zugegebenermaßen keine standardisierte Antwort gibt. Wir werden bei der Transformation eine hohe Variabilität an Verhaltensweise, Meinungen und Ansichten mitnehmen. Im Rahmen des Checks geht es somit nicht um eine generelle Einschränkung. Es geht auf der einen Seite um die Schaffung von Verständnis für die Diversität, die wir bei einer aktiven Analyse konstruktiv nutzen können. Auf der anderen Seite sollten wir uns fragen, welche Verhaltensweisen und Haltungen zurückgelassen werden müssen, um den Erfolg der Transformation nicht schon vor Beginn infrage zu stellen.

Im Hype moderner Trends werden traditionelle Werte und Vorgehensweisen oftmals kollektiv und nicht selten sehr absolutistisch negativ belegt. Wir wollen weg von alten Projektmanagement-Verfahren und deren Misserfolgen und Fehlern. Agilität soll uns helfen, uns von den negativen Erfahrungen der Vergangenheit zu befreien, am besten mit den neuesten Framework-Besen auf dem Markt. Denn bekanntlich kehren diese schon bereits per Definition besser als die alten, ausgedienten. Das „Alte", wie traditionelles, hierarchisch orientiertes Projektmanagement-Vorgehen, wird nicht selten verteufelt. Ich sehe unterschiedliche Gründe, die zu einem solchen Verhalten führen. Zum einen kann sich jemand über den neuen Besen profilieren und eine Machtposition im System einnehmen, meist ohne jedoch zur Verantwortung der Konsequenzen gezogen zu werden. Denn hier greift die Tatsache, dass die Schuldzuweisung für Misserfolge gerne über gegenseitiges Blaming im allgemeinen Raum hängen bleibt. Wird beispielsweise eine agile Methode eingeführt, wird kaum jemand den Initianten selbst für den ausbleibenden Erfolg verantwortlich machen. Andererseits konnte ich auch immer wieder Fälle finden, in welchen das „Alte" schlicht weg in Unkenntnis verurteilt wurde. Gerade junge Mitarbeitende können wenig Erfahrung in Wasserfall-Projekten mit positiven Erfolgserlebnissen sammeln und müssen sich ihre Meinung mit Informationen aus zweiter Hand zur Meinungsbildung begnügen. Diese wiederum sind nicht selten von Frustration geprägt. Ob diese jedoch auf eine Projektmethode, fehlende Systemunterstützung, Überlastung, eigene Beschränkungen oder externe Einflussfaktoren zurückzuführen ist, sei dahingestellt. Ein weiterer Punkt für die kategorische Ablehnung des Alten mag selbstverständlich auch auf der Tatsache beruhen, dass das Vorgehen schlicht nicht mehr zum Erfolg führt. Es ist dabei leichter, etwas vollständig negativ zu belegen und abzulehnen, um nicht in einen Strudel von unklaren, verhängnisvollen Mischformen zu geraten.

Doch die bisherigen Vorgehensweisen haben das Unternehmen auch dahin gebracht, wo es heute steht, mal besser, mal schlechter. Eine Transformation steht im konstanten Spannungsfeld von Ablehnung des Bestehenden und Ablehnung des Neuen. Das Management sollte sich bewusst sein, dass wir im Rahmen der agilen Transformation so sehr unterschiedliches Handgepäck auf engem Raum mitführen. Dementsprechend werden die Anforderungen an unsere Flugbegleiter stark davon abhängen, welche Menge an Ablehnung des Alten der Ablehnung des Neuen gegenübersteht. Die Argumente gegen das Bestehende liefert uns in aller Regel die offenen schmerzenden Wunden, welche zu heilen sind, wohingegen die Ablehnung des Neuen sehr sorgfältig zu betrachten sind. Sie geben uns insbesondere Hinweise auf die Ängste und Befürchtungen, Erfahrungen und Kenntnisstände, die bei der Transformation zu berücksichtigen sind. Diese gilt es im Vorfeld proaktiv abzuholen und im Transformationsdesign einzubinden. Denn es wird entgegen der immer wieder zu beobachten Grundhaltung weder möglich sein, bei allen bereits im Vorfeld Euphorie und Begeisterung zu erwecken, noch werden unterschwellige und offene Ängste sich im Laufe der Transformation auf wundersame Weise von selbst auflösen. Im Gegenteil, sie werden, wenn nicht bewusst berücksichtigt, die Tendenz zu Turbulenzen befeuern und den Erfolg der Transformation gefährden.

> Im Vorfeld der Transformation muss Raum für den offenen Diskurs geschaffen werden und Abschied von imaginären Idealzuständen genommen werden.

Eine Transformation benötigt dazu ein hohes Maß an Commitment seitens Managements, Reife und aktive Guidance im Umgang mit einem System, das wir bewegen wollen, ohne es völlig aus dem Gleichgewicht zu bringen.

Erste Präventivmaßnahmen gegen Buzzwording und Schein-Agilität
Was jedoch häufig passiert, sind verbal Bekundungen zur Veränderung und die Verbreitung von abstrakten Buzzwords wie „Mindset-Change", Flexibilität und Selbstorganisation. Wissen wir aber, was das genau nun für die Mitarbeitenden, die Vorgesetzter heißen wird? Die Veränderung wurde als notwendig und positiv bewertet. Nun nur noch umsetzen, könnte man meinen. Denn wer möchte schon dem Fortschritt des Unternehmens im Weg stehen? Es folgt ein allgemeines Nicken, Zustimmungsbekundungen, Gremien werden ins Leben gerufen, Meetings abgehalten. Doch die Aktivitäten werden nur so weit vorangetrieben, bis das Ganze einen direkten Einfluss auf das eigene, persönliche Verhalten, Stellung, Einfluss und Macht hat. So werden Rufe laut, dass erst alle anderen sich bitte schön zuerst zu ändern hätten. Mühsame Henne-Ei-Diskussionen blockieren jegliche Bemühungen, Veränderungen wirksam werden zu lassen. So sind mir immer wieder Manager, Führungspersonen und sogar Berater und Coaches begegnet, die sich wieder und wieder für die Agilisierung des Unternehmens aussprechen, selbst aber keinerlei Ambitionen hegen, den eigenen Verhaltensstil dementsprechend zu ändern.

Nun geht es nicht darum, mit dem Finger auf diese Personen zu zeigen, sondern zu erkennen, dass der Flug einer agilen Transformation hohe Ansprüche an die Fähigkeiten der Piloten und begleitenden Crew stellt. Diese müssen in der Lage sein, derartige Verhaltensweisen zu identifizieren, bei anderen wie auch bei sich selbst, Bisheriges zu wertschätzen, zu verabschieden und das Neue willkommen zu heißen. Doch dazu ist es notwendig zu erkennen, dass wir nicht über neutrale Objekte oder abstrakte Konstrukte und Theorien sprechen. Wir sprechen über uns und unsere Mitmenschen im Unternehmen.

> Bei der Vorbereitung einer agilen Transformation steht die konkrete Überzeugungsarbeit mit praktischem Bezug im Vordergrund.

Mitarbeitende erreichen, verpflichten, einbinden
Bei der Einführung von Agilität geht es nicht, wie viele zu denken scheinen, um die Neuerfindung des Rades respektive des Unternehmens. Vielmehr sollen bestehende Stärken genutzt werden, um die Flexibilität und Standfestigkeit des Unternehmens auf dem Markt zu verbessern. Klare Voraussetzung ist dabei, dass die mit der Transformation beauftragten Personen die entsprechende Kompetenz und das Verständnis der alten Welt, aber auch des Zielbilds mitbringen. Ich konnte nicht selten beobachten, dass Agilität mit Euphorie und Begeisterung an das Management verkauft wurde, mit rosaroten Versprechungen, nicht unähnlich diverser Werbespots. Wenn es jedoch um die Umsetzung ging, stolperte das ganze Projekt über Widerstände, Leute, die sich angeblich nicht transformieren lassen wollten und dergleichen mehr. Wir alle kennen wohl ausreichende Beispiele oberflächlicher Veränderungsprozesse, die von großen Teilen der Belegschaft im „Bend-and-Wait-Modus" ad absurdum geführt wurden: der Change kommt, wir ducken uns, bis die Hektik sich gelegt hat, kommen wieder hoch und machen weiter wie zuvor.

Change-Resistenz

Im Rahmen eines organisatorischen Change-Projekts erklärte mir ein Projektleiter nicht ohne einen gewissen Stolz: „Ach, wissen Sie, Ihr Anliegen in Ehren. Doch wir haben schon so viele organisatorische Changes hinter uns. Und bisher haben wir nie wirklich etwas geändert. Auch dieser wird vorbeigehen."

Diese Aussage gab mir zu denken und ich entschied mich, meine damalige Strategie zu ändern. Statt ihn zu überzeugen, wie großartig hinterher doch alles sei, fragte ich ihn um Rat. Er und sein Team hatten das Unternehmen zum heutigen Stand gebracht und Erfolge generiert, also warum nicht von seiner Erfahrung profitieren und ihn in den Prozess

> einbinden. Der Projektleiter reagierte darauf zuerst mit Skepsis. Zu oft
> wurden in der Vergangenheit falsche Versprechungen gemacht, Spielchen
> gespielt. Doch er ließ sich schließlich darauf ein. Denn ich widersprach ihm
> nicht, erklärte ihm nicht die Welt. Ich hörte zu.
> Letztendlich wurde er selbst zum größten Verfechter der Trans-
> formation, da wir ihm die Chance gegeben hatten, das Wertvolle aus der
> Vergangenheit mit den Vorteilen und Chancen des Zukünftigen realistisch
> und praktisch zu vereinen.

Statt gegeneinander anzukämpfen, hatten wir uns auf ein wert-
schätzendes Miteinander geeinigt. Und ich spreche hier nicht von
faulen Kompromissen und Zugeständnissen. Wenn die Betroffenen
bereits in der frühen Phase vor dem Start als Beteiligten eingebunden
werden, schaffen wir es unsere Koffer richtig zu packen und uns weder
mit unnötigem Übergepäck noch mit Schmuggelware zu belasten.

3.3 Passkontrolle – wer fliegt mit?

Das Gepäck ist aufgegeben. Wir wissen, was wir auf die Reise mitnehmen werden und haben unsere Koffer auf den Weg geschickt. Nun
noch schnell durch die Passkontrolle. Haben auch alle ihre Ausweise zur
Hand? Werden alle problemlos passieren können oder gibt es Vorbe-
halte, Rückweisungen?
   Was wäre die Passkontrolle im Rahmen einer agilen Transformation?
Es empfiehlt sich rechtzeitig einen solchen Checkpoint einzurichten.
Dabei geht es nicht um abgelaufene Reisepässe oder fehlende Visa. Vielmehr sollten wir uns vor Beginn der Transformation bewusst machen,
dass in unserem Flieger vermutlich nicht alle Platz haben werden oder
so mancher erkennen mag, dass er oder sie den Flug doch nicht mit uns
unternehmen will. Wen gedenkt das Management mitzunehmen, wen
brauchen wir unbedingt und wer bleibt lieber zurück?

Kommunikation von personellen Konsequenzen

Ich hatte eine interessante Diskussion mit einem Hochschuldozenten
im Bereich Wirtschaft betreffend Mitarbeiterkommunikation. Die
Frage war, ob man Mitarbeitende frühzeitig über einen möglichen

Stellenabbau informieren oder lieber bis zum letzten Moment warten solle. Interessanterweise plädierte der Dozent dafür, nicht zu früh zu kommunizieren, um die Angestellten nicht zu verunsichern. Mein Standpunkt diesbezüglich ist jedoch ein anderer. Denn erfahrungsgemäß bleiben derartige Managemententscheide nicht geheim. Im Gegenteil, sie verbreiten sich mit unterschiedlich hohem Wahrheitsgehalt in den Fluren und an den Kaffeemaschinen. Der negative Effekt ist exponentiell steigendes Misstrauen in die Führungsetagen und meist übersteigerte Ängste der Belegschaft. Dies kann schließlich einen wesentlich höheren Schaden anrichten als die eigentliche Veränderung. Denn fehlendes Vertrauen der Belegschaft in das Management hat schon vielen Reorganisationen das Genick gebrochen, indem jene mit wertvollem Know-how das vermeintlich sinkende Schiff schnellstmöglich verlassen haben oder dem Veränderungsprozess wesentlich ablehnender gegenüberstanden als notwendig. Eine sinnvolle Kommunikation und Aussicht auf die geplanten Maßnahmen kann Klarheit schaffen, auch wenn dies bedeutet, dass noch immer das Risiko von Abgängen und Missverständnissen gegeben ist.

Damit sind wir bei wesentlichen Prinzipien der Agilität, Transparenz und Respekt für die Menschen, welche wir hier bereits aktiv einführen und leben sollten. Die agile Transformation beginnt so schon lange vor dem eigentlichen Projektstart über ein bewusstes Commitment zu diesen Werten und Prinzipien. Nur wenn ich in den direkten Austausch mit der Basis gehe, kann ich diese einbinden. Wie wir oben gesehen haben, war es in jenem Change-Projekt möglich einen der größten Kritiker an Bord zu holen. Das zeigte mir einmal mehr, dass ein Checkpoint vor dem Projektstart nicht zu viel Beachtung finden kann, um die Menschen abzuholen.

> Gelingt es uns Betroffene zu Beteiligten zu machen, geben wir unserem Flieger den notwendigen Treibstoff über die intrinsische Motivation der Betroffenen.

Erkennen von divergierenden Interessen

Viele Unternehmen starten hoch motiviert in eine solche Transformation und wundern sich, warum es dann doch nicht vorwärtsgeht. Wurde doch fleißig geplant, wahrhafte Powerpoint-Schlachten geschlagen und mehr oder weniger wild rauf und runter kommuniziert. Und doch stock oft schon der Einstieg. Vielleicht wurde in diesem Fall die Passkontrolle vernachlässigt. Betrachten wir unser System dort nämlich etwas genauer, so stellen wir fest, dass nicht jeder mit dem Ziel der Transformation konform läuft.

Manche Dinge können nicht verordnet werden. Natürlich können Entscheide getroffen, Befehle erteilt und die ökonomische Abhängigkeit der Mitarbeitenden genutzt werden. Doch der Bumerang wird unweigerlich zurückschlagen, und zwar an der Kaffeemaschine. Überall dort, wo informelle Gespräche stattfinden, artet der Widerstand nicht selten in einen wahren Guerilla-Krieg aus, mit der Konsequenz, dass noch mehr Befehle erteilt werden und versucht wird, den Druck mit noch mehr Gegendruck zu bekämpfen. Wie uns die Geschichte gelehrt hat, ist ein solches Vorgehen nicht erfolgreich und oft mit mehr Verlusten als Gewinnen verbunden. Und nein, ich habe keine rosa Brille auf. Ich bin vielmehr überzeugt, dass nicht alle die Veränderung großartig finden werden, auch wenn man sie noch so positiv und überzeugend vermittelt wird. Doch die kritischen Personen sind für mich nicht diejenigen, die wir im Rahmen unserer Passkontrolle genauer unter die Lupe nehmen sollten.

Die ganze Geschichte ist deutlich subtiler und komplexer, zumal wir für eine erfolgreiche Transformation auch Kritiker benötigen.

> Nur mit deren herausfordernden Fragen und gesundem Widerstand kann ein Veränderungsprozess auch tatsächlich eine Veränderung des Bestehenden herbeiführen.

Was wir tun können, ist die Kritiker abholen, ihnen zuhören, aktives Marketing betreiben, den Mehrwert aufzeigen und Verständnis generieren für die Notwendigkeit des Changes, aber auch ihren persönlichen Mehrwert als Teil des Unternehmenssystems. Diese Aufgabe ist einfach zu formulieren, doch alles andere als einfach in der

Umsetzung. Wir müssen dazu unsere eigene Komfortzone verlassen, uns in Unsicherheit begeben, uns angreifbar machen und dabei gleichzeitig anderen Sicherheit geben. Funktionieren kann dies, wenn wir akzeptieren, dass unser Unternehmen ein System ist, das in seiner Vollständigkeit nicht durch uns allein gesteuert wird. Wir geben bei einem guten Changemanagement einen Teil der Umsetzungsverantwortung an die Mitarbeitenden ab, indem wir sie zur Partizipation nicht nur auffordern, sondern auch befähigen. Dafür müssen wir uns von einfachen, linearen Steuerungsmechanismen verabschieden und die Verantwortung stufengerecht dorthin delegieren, wo die Kenntnisse für eine Entscheidungsfindung liegen.

Um Menschen zu Handlungen wie aktiver Partizipation zu bewegen, ist es notwendig, dass sie den Mehrwert erkennen und sich schrittweise in die Partizipation begeben können, um Sicherheit aufzubauen. Dabei spielt wiederum der emotionale Aspekt der Einbindung eine wesentliche Rolle. Dies ist auch der Grund, warum es in Unternehmen zwar viele Aufrufe, aber wenig Rücklauf gibt. Als Beispiele mögen Verbesserungsvorschläge, Innovationsanträge oder die Beteiligung an organisatorischen Maßnahmen sein. Keine Chance also? Fragen wir uns in diesem Zusammenhang doch einmal, warum so viele Menschen völlig überteuerte Produkte kaufen, obwohl es auch günstigere mit gleichen Qualitätsmerkmalen gäbe. In den seltensten Fällen liegen rationale Gründe vor. Doch Menschen wollen begeistert werden, sie suchen Vorbilder, wollen vertrauen können und sehnen sich nach Wertschätzung. Das alles ist eine kontinuierliche Aufgabe des Managements. Geben wir den Mitarbeitenden zudem reale und echte gemeinte Möglichkeiten, an der Veränderung zu partizipieren und schrittweise hineinzuwachsen, so stehen die Chancen gut, genau die Personen mit auf die Reise zu nehmen, die das Unternehmen auch in Zukunft weiterbringen werden.

> Agilität wird über kontinuierliches Erleben, Erfahren, Fehler, Erfolge und Misserfolge individuell erlebt und kollektiv iterativ aufgebaut.

Bedränger, Peitscher und Zwiesel

Nun haben wir festgestellt, dass die Kritiker nicht in der Passkontrolle hängen bleiben sollten. Wer jedoch sollte hier nun herausgepickt werden?

Ich möchte dazu auf ein Wording aus der Forstwirtschaft zurückgreifen. Im Rahmen der Waldpflege müssen jene Bäume entfernt werden, die den Fortbestand der guten Stämme gefährden. Dazu gehören Bedränger, die anderen Bäumen das Licht nehmen, Peitscher, die über die Bewegung ihrer schmalen Krone andere Bäume schädigen, und Zwiesel, die aufgrund einer Baumgabelung zwei Kronen aufweisen. Übertragen wir dieses Bild auf ein Unternehmen, so gibt es auch dort die Bedränger, die sich ohne Rücksicht auf andere in erster Linie ihren Platz an der Sonne der Macht sichern wollen. Sie hindern aufstrebende Mitarbeitende und Innovationen, um die eigene Position zu stärken oder auszubauen. Die Peitscher wiederum sind der festen Überzeugung, dass Mitarbeitende nur unter der Knute gewillt sind, Leistung zu erbringen. Sie brechen über ihre ständige Bewegung in alle Richtungen anderen die Äste ab, hindern sie an der Entfaltung und schädigt sie damit nachhaltig. Und schließlich sind da noch die Zwiesel, die so tun, als wären Verfechter der Agilität, letztendlich aber doch alles kontrollieren wollen. Sie gleichen einem Baum mit zwei Stämmen, bekunden vordergründig Zustimmung und Akzeptanz, verzichtet in der Praxis aber nicht auf permanente Kontrolle und Mikromanagement. Alle drei Formen untergraben die Bemühungen, über gelebte Agilität den Fortbestand des Unternehmens sicherzustellen.

> Bedränger, Zwiesel und Peitscher in zentralen Positionen des Unternehmens verhindern eine nachhaltige, erfolgreiche Transformation und verfestigen bestehende Macht-Strukturen, die sich nicht mit den agilen Prinzipien vereinbaren lassen.

Etablierte Unternehmen sind sich oft nicht bewusst, dass ihre Kultur in der Vergangenheit maßgeblich zu diesen Ausprägungen geführt hat. Bei einer agilen Transformation tragen solche Personen dazu bei, dass Agilität lediglich als Lippenbekenntnis statt als nachhaltige Praxis etabliert wird. Die jeweiligen Verhaltensweisen werden dabei oft aufgrund gewachsener

Strukturen und der aktuellen Kultur gepflegt, statt neuen, aufstrebenden Pflanzen die Chance zu geben, ihr Potenzial zu entfalten. Denn diese Personen haben sich oft bereits an zentralen Machtpositionen fest in der Organisation verwurzelt und sehen grundlegende Veränderungen nicht selten als Bedrohung des eigenen Status. Führungskräfte und Mitarbeitende, die interessiert, motiviert und fähig wären, unsere Transformation voranzubringen, werden so teilweise direkt, teilweise subtil unterschwellig bedrängt und in ihrem Wachstum eingeschränkt.

Der Zwiesel in Aktion

Ein Unternehmen möchte seine umfangreiche Informatik-Abteilung neu ausrichten und agil aufstellen, um den wachsenden Anforderungen an Geschwindigkeit und Qualität gerecht zu werden. Dazu wurden Transformationsteams gebildet, die im agilen Modus zu verschiedenen Themengebieten innovative Vorschläge erarbeiten und realisieren sollten.

In besagten Teams kamen motivierte, begeisterte Mitarbeitende zusammen, brachten konstruktiv Problemstellungen aus der Praxis ein und erarbeiteten mit großem Einsatz Lösungsansätze. Eines dieser Teams wollte diese nun, wie ursprünglich vereinbart, im Management-Gremium vorstellen.

Ein Manager, der offiziell die Agilität unterstützte, stellte sich dem jedoch mit Verweis auf seine hierarchische Position entgegen. Er korrigierte das Erarbeitete nach eigenem Ermessen und nahm direkten Einfluss auf Art und Inhalt dessen, was das Team schließlich gemäß seinen Vorstellungen präsentieren durfte.

Das Team fühlte sich dadurch nicht nur bevormundet und behindert. Es verlor das Vertrauen in die Transformation und das gesamte Management, da sich das Commitment in ihren Augen zur agilen Arbeitsweise als reines Lippenbekenntnis erwiesen hatte. Dadurch sank die Motivation, verschiedene Teilnehmer verließen das Team und taten ihrem Unmut auf informellen Kanälen Luft. Das wiederum hatte direkten Einfluss auf die Wahrnehmung der gesamten Transformationsbemühungen seitens Belegschaft.

Es sollte unsere Aufgabe sein, bei unserem Kulturwandel bei der Führungsequipe anzusetzen, nicht erst beim ausführenden und umsetzenden Mitarbeitenden. Doch haben wir die Courage, uns von jenen zu trennen, die nicht hinter der Veränderung stehen, sie durch motivierte agile Talente zu ersetzen und die Organisation in ein wachstumsfähiges, marktgerechtes Konstrukt mit einer entsprechenden Kultur zu überführen? Selten ist das Management in dieser frühen Phase gewillt, die notwendige Konsequenz aufzubringen und sich insbesondere von jenen zu trennen, die der Transformation nicht nur kritisch gegenüberstehen, sondern sie aktiv behindern. Sie erhalten stattdessen meist besonders komfortable Plätze und Sonderbehandlung. Zu stark sind die Machtstrukturen mit dem Ist-Zustand verhaftet. Damit wird die destruktive Kraft besagter Blockierer noch gestärkt und zur vollen Entfaltung gebracht. So wird viel Energie in angestrengtes Ignorieren der Aktivitäten derselben gesteckt, statt den motivierten Personen den notwendigen Support zu geben und Effizienz in den Flugtauglichkeitscheck unseres Fliegers zu stecken.

Sind wir dann erst einmal gestartet, werden die Konsequenzen so lange wie möglich heruntergespielt, bis uns die Turbulenzen in Zugzwang bringen, in die eine oder andere Richtung.

3.4 FLIGHTCHECK – Transfer, Check-in und Gepäckaufgabe

Übersicht

☑ Vermittlung der Dringlichkeit in der initialen Kommunikation
☑ Definition des passenden Kommunikationsplans zur Begleitung der gesamten Transformation
☑ Verständnis für veränderte Anforderungen an Leadership schaffen
☑ Einen ehrlichen Blick auf die aktuelle Kultur werfen
☑ Definition der zukünftigen Ressourcen unseres Unternehmens
☑ Klären, von wem und was das Unternehmen sich verabschieden möchte

Weiterführende Literatur

Adams P (2017) Question Thinking. dtv, München
Ballé M, Beauvallet G (2016) Le Management Lean. Pearson, Paris
Bendel O (2018) Digitalisierung. Gabler Wirtschaftslexikon. https://wirtschafts-lexikon.gabler.de/definition/digitalisierung-54195. Zugegriffen: 3. Juni 2018

Berger M, Chalupsky J, Hartmann F (2008) Change Management – (Über-) Leben in Organisationen. Schmidt, Giessen

Birkenbihl V (2004) Kommunikation für Könner. Redline, Frankfurt

Brandes U, Gemmer P, Koschek H, Schültken L (2014) Management Y. Campus, Frankfurt

DeMarco T (1997) The Deadline. Dorset, New York

Diesbrock T (2011) Ihr Pferd ist tot? Steigen Sie ab! Campus, Frankfurt

Dobelli R (2017) Die Kunst des klaren Denkens, dtv, München

Fischer-Epe M, Reissmann M (2017) Coaching zu Führungsthemen. Rowohlt, Hamburg

Fischermanns D (2010) Praxishandbuch Prozessmanagement. Schmidt, Giessen

Forgas J (2011) Soziale Interaktion und Kommunikation. Psychologie, Weinheim

Forward Intelligence Group (2020). Agile transformation domains. http://mybusinessagility.com/agile-transformation-domains/. Zugegriffen: 26 März 2020

Gloger B, Margetich J (2014) Das Scrum-Prinzip. Schäfer Poeschel, Stuttgart

Goldratt E, Cox J (2010) Das Ziel. Campus, Frankfurt

Gorman T (2011) The complete idiot's guide to MBA basics. Alpha Books, New York

Grossmann R, Bauer G, Scala K (2015) Einführung in die systemische Organisationsentwicklung. Carl-Auer, Heidelberg

Hackl B, Gerpott F (2015) HR 2020 – Personalmanagement der Zukunft. Vahlen, München

Hanschke I, Giesinger G, Goetze D (2016) Business Analyse. Hanser Fachbuch, München

Häusling A, Römer E, Zeppenfeld N (2018) Praxisbuch Agilität. Haufe Gruppe, Freiburg

Heringer H (2017) Interkulturelle Kommunikation. Franke, Tübingen

Hofert S (2016) Agiler führen. Springer Gabler, Wiesbaden

Höfler M, Bodingbauer D, Dolleschall H, Schwarenthorer F (2018) Abenteuer Change Management. Frankfurter Allgemeine Buch, Frankfurt

Hohm H-H (2006) Soziale Systeme, Kommunikation, Mensch. Juventa, Weinheim

IBBA International Institute of Business Analysis (2012) Leitfaden zur Business Analyse – IIBA BABOK Guide 2.0. Schmidt, Giessen

Institut für Angewandte Psychologie (2018) IAP Studie 2017. Zürcher Hochschule für Angewandte Wissenschaften (Hrsg) https://www.zhaw.ch/de/psychologie/institute/iap/iap-studie/. Zugegriffen: 1. Juni 2018

Kennedy O, Künzi M (2016) Full Potential Report. Cominmag, Enigma Lab. https://enigma.swiss/full-potential/report-2016-fp-analysis.pdf. Zugegriffen: 29. Mai 2020

Kim G, Behr K, Spafford G (2018) The phoenix project. O'Reilly, Sebastapol

Kleinoth C (2019) Top Trends in der Unternehmenssteuerung. https://www.valsight.de/blog/top-trends-in-der-unternehmenssteuerung/. Zugegriffen: 26. März 2021

Kotter J, Rathgeber H (2011) Das Pinguin-Prinzip. Droemer Knaur, München

Kotter J (2012) Leading change. Vahlen, München

Krech D, Crutchfield R (1992) Grundlagen der Psychologie. Beltz Psychologie, Weinheim

Kruse DP (2008) 8 Regeln für völligen Stillstand (nach P. Kruse). https://erfolgreich-projekte-leiten.de/8-regeln-fuer-voelligen-stillstand/. Zugegriffen: 25. März 2021

Laloux F (2017) Reinventing Organizations. Les Èditions Diateino, Paris

Leopold K (2018) Agilität neu denken. Leanability, Wien

Lombriser R, Abplanalp P (2010) Strategisches Management. Versus, Zürich

Lyonnet B (2015) Lean Management. Dunod, Malakoff Cedex

Mann L (1999) Sozialpsychologie. Beltz, Weinheim

Marquet D (2015) Turn the ship around! Penguin

Marquet D (2020) Leadership is language. Penguin

Martin R (2020) Clean Agile – Back to Basics. Pearson, Boston

Nowalski D (2019) Lean, Kanban et DMAIC. Maxima, Paris

Nowotny V (2018) Agile Unternehmen. Business Village, Göttingen

Osterwalder A, Pigneur Y (2011) Business Modell – Nouvelle Génération. Pearson, Paris

Osterwalder A, Pigneur Y, Bernarda G, Smith A (2015) Value proposition design. Pearson, Paris

Rosenberg M (2016) Gewaltfreie Kommunikation. Jungfermann, Paderborn

Sagmeister S (2016) Busines Culture Design. Campus, Frankfurt

Schmidt DS (2021) Schwarmorganisation. https://www.schwarmorganisation.de. Zugegriffen: 30. März 2021

Schmidt P (2011) Organisatorische Grundbegriffe. Schmidt, Giessen

Schuldt C (2012) Systemtheorie. CEP Europäischer, Hamburg

Schulz von Thun F (2013) Klarkommen mit sich selbst und anderen: Kommunikation und soziale Kompetenz. Rowohlt Taschenbuch, Hamburg

Simon F (2013) Einführung in Systemtheorie und Konstruktivismus. Carl-Auer, Heidelberg

Strode DE, Huff SL, Tretiakov A (2009) The impact of organizational culture on agile method use. IEEE, Waikoloa

Stroebe W, Jonas K, Hewstone M (2003) Sozialpsychologie. Springer, Berlin

Summerer A, Maisberger P (2018) Teamwork agil gestalten. Hanser, München

Vahs D, Weiand A (2010) Workbook change management. Schäfer-Poeschel, Stuttgart

Weber C, Preuss A (2006) Potentialorientiertes Coaching. Klett-Cotta, Stuttgart

Wegener R, Loebbert M, Fritze A (2014) Coaching-Praxisfelder – Forschung und Praxis im Dialog. Springer VS, Wiesbaden

Wirtz MA (2017) Dorsch – Lexikon der Psychologie. In: Hogrefe AG (Hrsg). https://dorsch.hogrefe.com. Zugegriffen: 28. März 2021

Würzburger T (2019) Die Agilitäts-Falle. Vahlen, München

4

Boarding – Umgang mit Wartezeiten und kurzfristigen Änderungen

Zusammenfassung In agilen Transformationen muss die Zeit zwischen Entscheid und tatsächlichem Kick-off aktiv gestaltet werden, um den Schwung des initialen Impulses zum Verlassen der Komfortzone aufzunehmen, aber auch divergierende Aktivitäten müssen kanalisiert werden. Die Zeitspanne verlangt einerseits intensive Vorbereitungsarbeiten, um die agilen Prinzipien aufzubauen. Andererseits empfiehlt sich auch einen nochmaligen Realitätscheck, um den Entscheid konsequent tragen zu können. Nun sollte zudem die sorgfältige Auswahl der systemangepassten Begleitung unserer Reise erfolgen.

Jeder, der schon einmal das Vergnügen des Fliegens hatte, kennt das Prozedere: Kontrollen, Duty-free, vielleicht noch ein Kaffee. Schließlich auf zum Gate und warten, in der bangen Hoffnung, wenigstens dieses Mal weder Verspätung noch Flugausfall oder sonstige unschöne Scherereien zu haben. In aller Regel bleibt dabei ausreichend Zeit, Beobachtungen anzustellen, die über die Bildschirme flimmernden Werbefilmchen auswendig zu lernen und sich über den einen oder anderen Fluggenossen zu wundern.

© Der/die Autor(en), exklusiv lizenziert durch Springer Fachmedien Wiesbaden GmbH, ein Teil von Springer Nature 2022
S. Zech, *Erfolg in der agilen Transformation*,
https://doi.org/10.1007/978-3-658-36139-6_4

Die Parallele zur Transformation liegt hier in der meistens unter-schätzten Bedeutung der Zeitspanne zwischen Entscheid, Definition von Vision und Strategie sowie dem eigentlichen Start der Maßnahmen. Wie viele Reorganisationen wurden schon hoch motiviert angepriesen, um schließlich, ähnlich einem verspäteten Flug, die Mitarbeitenden im Wartesaal der Veränderung sitzen zu lassen, im Ungewissen über die Ausmaße der Veränderung! Geht es wider Erwarten dann doch end-lich los, verliert sich das großartigste Ziel nicht selten in der Hektik einer in Bewegung kommenden Masse, die jedoch sofort wieder ins Stocken gerät, um im nächsten Wartezyklus vor dem Einstieg zu ver-harren, wobei der eine oder andere dann doch lieber das Weite sucht. Folgen sind im besten Fall Motivationsverlust, im schlimmeren der Abgang wertvoller Angestellter, die das Vertrauen in das Unternehmen unnötigerweise verloren haben.

Die Zeit zwischen Idee, Planen, Aufgleisen und effektivem Start einer agilen Transformation wird in ihrer Wirkweise auf das System oftmals unterschätzt, ignoriert respektive nicht angemessen genutzt. Dabei passiert genau jetzt vieles, das den weiteren Verlauf beeinflussen wird. Nach der initialen Kommunikation beginnen die informellen Kanäle, das Topic aufzunehmen. Annahmen und Erwartungen vermischen sich dabei mit Erfahrungen aus vergangenen Veränderungsprozessen. Diese können Ängste schüren, aber auch deutlich machen, dass die Bereit-schaft der Belegschaft, bestehende Standards zu verändern, durch eine einfache Top-down-Initialisierung bei Weitem nicht gegeben ist. Diese Tatsache sollte aus systemischer Sicht höchste Beachtung finden. Zeigen sich hier doch Verhaltensmuster, welche ein durchaus interessantes Bild der aktuellen Kultur zeichnen, die wir im Handgepäck haben. Wir haben eine Vielzahl an Möglichkeiten, diese Aspekte für den Erfolg der Transformation zu nutzen. Doch dies gestaltet sich in aller Regel vielschichtig und anspruchsvoll. Denn wir müssten uns dazu auf die emotionalen Ebenen unseres Systems begeben und gleichzeitig unser eigenes kulturelles Referenzsystem hinterfragen.

Jetzt bietet sich nochmals eine Chance zu einer Risiko-Abwägung. Verhaften wir durch unsere systembedingten Strukturen an einem Ent-scheid, koste es, was es wolle, so müssen wir uns klar sein, dass wir bei der Transformation einen großen Brocken Arbeit am Verständnis von

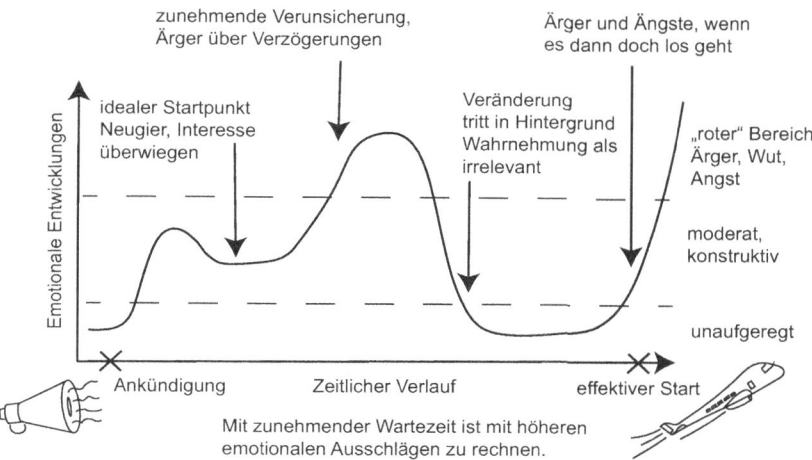

Abb. 4.1 Emotionale Entwicklungen im Unternehmen im Warteraum

Agilität vor uns haben. Denn dies würde darauf hinweisen, dass in der aktuellen Kultur Erkenntnisse und Learnings ignoriert werden, wenn damit Status und Machtpositionen infrage gestellt werden (Abb. 4.1).

Wie kommen wir also von der Passkontrolle in den Flieger unserer Transformation und was sollte berücksichtigt werden?

4.1 Warten am Gate – was tun in der Zeit bis zum Kick-off?

Wir haben es erst einmal geschafft, die Kontrollen sind hinter uns, das Gepäck eingecheckt und wir befinden uns hoffentlich auf dem Weg zum richtigen Flieger. Nach einem kleinen Bummel durch die massiv überteuerte Duty-Free-Shopping-Welt des Flughafens bleibt noch der Weg zum Gate und das geduldige Warten auf das Boarding. Die einen versenken sich in ihre Lektüre, die Arbeit am Laptop oder das Telefon. Andere diskutieren, schauen ständig auf die Uhr, beobachten die Mitreisenden. Eine zunehmende Ungeduld wird spürbar.

Dieses Warten hat für mich einiges mit der Zeit vor dem eigentlichen Start der Transformation gemein und verdient wesentlich mehr Beachtung als angenommen. Bis zum jetzigen Zeitpunkt wurden, meist in exklusiven Management-Gremien, Diskussionen geführt, wohin die Reise gehen soll, Risiken abgeschätzt, die voraussichtlich beste Option in harten Grabenkämpfen gewählt und schließlich die notwendigen Entscheide zu Design, Flughöhe und Reichweite getroffen. Doch nicht selten gibt es zwischen dem Entschluss zur Veränderung und der tatsächlichen Umsetzung eine nicht unerhebliche zeitliche Verschiebung. Das Unternehmen ist in Warteposition wie die Passagiere eines Flugzeuges, wobei sich die Piloten der Organisation meist bereits der Planung anderer Reisen widmen.

Disconnect Management und Belegschaft
Es lässt sich nicht selten beobachten, dass das Management das Topic Agilität zwar aufgegleist hat, inzwischen aber bereits wieder auf andere Punkte der Agenda fokussiert ist. Führungskreise gehen gerne davon aus, dass es lediglich darauf ankommt, Entscheide zu fällen, der Rest, die eigentliche Umsetzung, wurde beauftragt und ergibt sich dann von selbst. Die Mitarbeitenden sind jedoch in der Veränderungskurve noch deutlich weiter zurück, schlittern geradewegs in Unsicherheit und Verwirrung, insbesondere, wenn der genaue Ablauf des Starts vage und nicht für alle greifbar ist. Man macht sich Gedanken und tauscht diese auf vielerlei informellen Wegen aus, was wiederum zu Annahmen und Missverständnissen führt, die den Erfolg der Transformation beeinflussen. So mag der eine oder andere kalte Füße bekommen und vorsorglich einen anderen Flug buchen, indem er oder sie eine neue Stelle sucht. Andere machen Stimmung gegen die anstehende Veränderung, deren wahre Bedeutung und Ausmaß sie noch gar nicht abschätzen können. Es entsteht ein Disconnect zwischen Belegschaft und Management. Die einen werden ungeduldig, die anderen ängstlich, ob der Unsicherheiten und Turbulenzen, die da kommen mögen. Wieder andere nutzen die Gelegenheit, sich zu positionieren, um beim Boarding der oder die Erste beim Einstieg zu sein. Es mag aber auch jene geben, die Gerüchte über Abstürze und technische Mängel verbreiten, um Zweifel und Unbehagen zu streuen. Wie geht die

Führungsebene mit dieser Situation nun um? Angestrengter Blick zur Seite, in die Zeitung oder aus dem Fenster? Oder werden wir aktiv?

> Bei agilen Transformationen lässt sich oft eine Phasenverschiebung in der Aufmerksamkeit des Managements und des restlichen Unternehmens feststellen.

Menschen mögen, von Natur aus, keine Veränderungen, auch wenn die Verkaufsprospekte der Beratungsunternehmen noch so sehr auf Hochglanz poliert wurden. Evolutionär bedingt suchen wir Sicherheit, Planbarkeit und Vorhersehbarkeit. Jede Art von Unsicherheit ist mit höherem Energieaufwand und potenziellen Risiken verbunden. Lieber das unbequeme Bekannte beibehalten als sich auf das vermutlich bessere, aber unbekannte Neue einzulassen. Diese Tatsache ist jedem erfahrenen Changemanager klar vor Augen.

Herrscht dann noch eine Kultur hoher Intransparenz im Unternehmen, läuft die Gerüchteküche an der Kaffeemaschine auf Hochtouren. Halbwissen, Vermutungen und Annahmen machen die Runde. Die Verunsicherung wächst und damit in der Folge oft auch der Widerstand. Dem kann mit einem hohen Fokus auf Visibilität des Themas entgegengewirkt werden. Je deutlicher das Management die Transformation vertritt, kommuniziert und sichtbar macht, desto mehr Sicherheit kann den Mitarbeitenden vermittelt werden. Denn die zentrale Aufgabe eines agilen Managers ist es nicht, die Peitsche zu schwingen und sich selbst zu positionieren. Es empfiehlt sich daher dringlich die eigene Haltung im Hinblick auf die zukünftige Position des servant Leaders gemäß den Prinzipien der Agilität zu erproben, um diese Grundhaltung auf unserer Reise nachhaltig als kulturelle Basis zu verankern.

Möglichkeiten die Verbindung mit den Angestellten zu behalten

Das Management kann der erwähnten Phasenverschiebung aktiv entgegenwirken:

– Den kontinuierlichen Dialog über den Kommunikationsplan mit den Mitarbeitenden pflegen.

– Den Verlauf der Transformation bereits in der Vorphase über eigene Partizipation an Aktivitäten mitgestalten.
– Rahmenbedingungen kontinuierlich überprüfen und deren Verbindlichkeit deutlich machen.
– Nicht nur zur Partizipation auffordern, sondern diese über entsprechende Maßnahmen konkret fördern, z. B. Zeit und Finanzen für die Teilnahmen an Arbeitsgruppen zur Verfügung stellen, Schulungsmaßnahmen fördern, Begleitung der Bereiche durch agile Coaches frühzeitig aufgleisen.

Mushrooming[1], agiler Wildwuchs

Ein anderes, weit verbreitetes Symptom in den Anfängen einer agilen Transformation ist ein wahrer Wildwuchs unterschiedlichster Aktivitäten. So wird versucht, sich durch das Einbringen von immer weiteren, nicht mit dem Gesamtkonzept abgestimmten Methoden in Szene zu setzen und zu profilieren. Es poppen redundante, teilweise widersprüchliche Informationsquellen, Theorien und halb gare Praktiken auf, nicht selten mit geringem Return on Investment. Eine wahre Pracht an „Mushrooming" schießt aus dem Boden. Die Mitarbeitenden werden dabei mit inkonsistenten Informationen überschwemmt, was dazu führt, dass die ursprüngliche Zielsetzung mehr als nur gefährdet ist.

Doch leider ist sich das Management der negativen Effekte derart wild wuchernder Aktivitäten nicht bewusst. Im Gegenteil. Vielfach wird das Mushrooming sogar als positiv empfunden. Zeigt es doch Motivation und Begeisterung! Dass damit aber die konsequente Einführung einer sauber implementierten Agilität entgegengewirkt wird, wird meist erst dann augenfällig, wenn die Methoden in der Implementierung aufeinanderprallen und Grabenkämpfe der theoretischen Lager beginnen.

Die Bewegungen, Ideen und kreativen Ansätze im Unternehmen zu erkennen, zusammenzuführen und Synergien sinnvoll zu kanalisieren, wird oftmals nicht für notwendig gehalten. Leider tragen diese Auswüchse kaum zu einem einheitlichen Mindset und Verständnis bei.

---

[1] Hier: die schnelle, unkoordinierte, ausufernde Ausbreitung unterschiedlicher Methoden.

Es kommt zu Redundanzen, Widersprüchen, Verunsicherung. Unser Flieger wird auf diese Weise mit Motoren bestückt, welche in unterschiedliche Richtung ausgerichtet und nicht steuerbar sind.

> Das Management ist in der Pflicht in dieser Phase konstant an den Rahmenbedingungen zur Abstimmung einer gemeinsamen Zielsetzung und Methodologie zu arbeiten, um Klarheit in der Ausrichtung der Systemveränderung zu schaffen.

Nur wenn das Management die unterschiedlichen Ideen frühzeitig und konstant aufnimmt, integriert, steuert, kann sichergestellt werden, dass die Motivation der Belegschaft über die Nutzung von Synergien konstruktiv genutzt wird.

Aktivitäten in der Vorphase der Transformation

Was sollte nun ein Unternehmen in der Wartephase tun, um diese möglichst optimal für die anstehende Transformation zu nutzen? Je länger die Zeit bis zum eigentlichen Start ist, desto höher ist das Risiko Löcher und Unebenheiten in unsere Startbahn zu bekommen, die wiederum eine nicht unerhebliche Gefährdung der erfolgreichen Umsetzung darstellen. Das Management sollte deshalb bemüht sein, diesen Zeitraum auf ein Minimum zu verkürzen, ohne jedoch in unangemessene Hektik zu verfallen. Dazu sollte stets auch das richtige Timing berücksichtigt werden, wie das nachfolgende Beispiel zeigt.

Agilität im Schnellverfahren

Der Unternehmensbereich einer Organisation kommuniziert den Entscheid, auf agile Arbeitsweise zu wechseln. Da hier im Vorfeld externe Berater zwar das Management erfolgreich für die Agilität gewinnen konnten, aber keine auf das Unternehmen abgestimmten konkreten Umsetzungsmaßnahmen mitlieferten, kommt es zu einer überstürzten Handlung nach der anderen. Ein rudimentäres Konzept wird im Schnellverfahren aus dem Boden gestampft, zurechtgezupft, kommuniziert und mit einer ambitionierten Roadmap losgetreten.

Als Haken erweist sich schnell die hohe Komplexität im Bereich. Denn nicht nur die eigenen Mitarbeitenden, auch andere Abteilungen sind von dieser neuen Zusammenarbeitsform betroffen, müssten abgeholt, geschult und eingebunden werden. Bereits unter normalen Bedingungen eine Mammutaufgabe aufgrund der in der Vergangenheit gut gepflegten unternehmerischen Silos.

Zudem steht aber nur eine geringe Anzahl von Experten zur Verfügung, die diese Transformation fachlich bewerkstelligen können. Und die Abwesenheiten aufgrund der Sommerferien stehen an. Zusätzlich lässt die chronische, wohl etablierte Überlast aufgrund traditioneller Ablaufverfahren viele Aktivitäten ins Leere laufen. Konstruktive Auseinandersetzungen werden über einen verordneten Top-down Approach tief gehalten und damit natürlich auch das ins Boot-holen der Mitarbeitenden verhindert.

Es entsteht unproduktive Unruhe, Etiketten werden geklebt und bestehende Verhaltensweisen eher zementiert als verändert.

Über abgestimmte Vorbereitungsarbeiten und eine Berücksichtigung der Bedingungen in unserem Warteraum können wir aber diese Zeit auch sinnvoll nutzen, den Passagieren unserer Transformationsreise Ängste nehmen, erste Befähigungen vornehmen und die Rahmenbedingungen optimieren. Dies bedeutet nicht, dass wir die eigentliche Transformation bereits vorwegnehmen. Über angemessene Aktivitäten müssen wir aber sicherstellen, dass unsere Angestellten die Zielsetzung der Veränderung nachhaltig verstehen und nicht nur gehört haben. Das System muss in die Lage versetzt werden, das Boarding zu vollziehen. So kann die Wartezeit, bevor es ans Gedrängel beim Einstieg geht, effizient für die Planung und Vorbereitung zur Befähigung und Schulung der Mitarbeitenden genutzt werden. Dabei sollten wir nicht vergessen, dass Ausbildungen wichtig sind, aber allein niemals ausreichen werden, ein agiles Mindset zu generieren. Es ist, wie wir gesehen haben, deutlich mehr notwendig als ein paar Buzzwords, eingekaufte Theorie und spielerische Übungen.

Aspekte der Vorbereitungsphase

Das Unternehmen sollte in dieser Zeit intensiv auf die bestehenden Veränderungen vorbereitet werden:

- Sichtbarkeit und Gesprächsbereitschaft des oberen Managements, um die notwendige Nachdrücklichkeit der Veränderung greifbar zu machen.

- Prüfen der aktuellen Leadership Kulturen, insbesondere des Middle-Management, anhand der agilen Prinzipien auf Veränderungsbedarf.
- Bereitstellen von zentralen Austausch- und Mitgestaltungsforen für die Mitarbeitenden, um Mushrooming zu verhindern und Partizipation zu fördern.
- Planung der im Rahmen der Implementation agiler Arbeitsweise notwendigen Ebenen und Inhalte von Schulungen und Befähigungen.

Statt möglichen Widerstand gegen die geplante Veränderung über Stillschweigen oder repetitive Wiederholung längstens kommunizierter Inhalte Vorschub zu leisten, kann und muss aktives Marketing betrieben werden. Das Management ist insbesondere zwischen initialer Kommunikation zur anstehenden Transformation und der effektiven Implementation gefordert, anspruchsgruppengerecht, verständlich und transparent zu kommunizieren, um das Personal ins Boot zu holen, Zweifler als positive Äußerer unbequemer Fragen ernst zu nehmen und damit die Piste für unseren Abflug frei zu räumen und zu glätten.

Agiles Mindset

Sehr oft höre ich gerade in dieser Phase vor Beginn der Transformation die Aussage: wir benötigen agiles Mindset. Ohne dieses kann das Unternehmen nicht agil werden. Der Notwendigkeit einer entsprechenden Grundhaltung möchte ich selbstverständlich nicht widersprechen. Doch oftmals ist für mich nicht klar, was genau mit einer solchen Aussage erreicht werden soll. Ist es vielleicht eine präventive Ausrede, um eine frühzeitige Distanzierung zum Veränderungsprozess herzustellen? Müssten sich doch erst einmal Management, Orbit und Sonnensystem ändern, bevor ich selbst mich aus meiner angestammten Komfortzone bewege und mir wagemutig die Finger verbrenne.

Gerade in der Vorphase werden Mitarbeitende mit großartigen Buzzwords regelrecht bombardiert. „Agile Mindset" hat dabei ein außerordentlich hohes Buzzword-Potential. Eine Grundhaltung lässt sich jedoch nicht verordnen und auch nicht er-schulen. Vielmehr geht es um eine Kombination aus Hören, Verstehen, Erfahren und Adaptieren. Eine agile Grundhaltung wird letzlich im Laufe einer Transformation über das Erproben, Erlernen und Erfahren schrittweise erworben und über die Resultate in der Anwendung Prinzipien verankert. Nur so können die Aspekte der Veränderung tatsächlich nachhaltig verankert werden und tatsächlich auch ein agiles Mindset entwickelt werden.

Formulieren wir die obige Aussage um, so würde sie wohl heißen: „Ich weiß noch nicht, was Agilität für mich und mein Unternehmen konkret bedeutet und habe Angst vor der Veränderung." Selbstverständlich klingt dies nicht sehr „cool" und taugt nicht wirklich zur Profilierung im Unternehmen.

> Ein bereits vorhandenes agiles Mindset ist eine Erleichterung für die anstehende Adaptation der Agilität im Unternehmen, sollte aber nicht als Vorbedingung an die agile Transformation gelten.

Kann im Laufe der Transformation nicht vermittelt werden, was agiles Mindset in genau diesem System heißt, bleibt es ebenso wie die gesamte Transformation eine leere Hülle, ohne konkreten Bezug zum Einzelnen und damit zum Unternehmen. Wenn wir unseren Flieger auf die Reise in die Agilität schicken wollen, empfiehlt es sich, jede mögliche Zeit zu verwenden, um Worthülsen zu eliminieren und durch relevante und verbindliche Aussagen und iterative Lernzyklen zu ersetzen, Synergien zu erkennen und zu nutzen, die den Angestellten Motivation, Halt und Vertrauen geben.

4.2   Change of the Gate oder Flight Cancelation – Last Minute Actions

Hatten wir uns gerade noch ob der unbequemen Sitzgelegenheiten im Wartebereich genervt, kommt plötzlich Hektik in der Menge auf. Irgendetwas stimmt nicht. Die Anzeigen zeigen plötzlich eine andere Destination an. Natürlich haben wir erst einmal nicht auf die blecherne Durchsage geachtet. Wurde der Flug nun gecancelt, delayed oder auf ein anderes Gate verschoben? Panik macht sich breit. Eine weitere Durchsage sorgt zwar einerseits für Erleichterung angesichts der Tatsache eines Gate-Wechsels, andererseits aber auch für Ärger. Ist das besagte Gate doch üblicherweise auf der anderen Seite des Flughafens, welche es nun hektisch zu erstürmen gilt.

In Veränderungsprozessen können wir immer wieder solche Last-Minute-Actions beobachten. Diese reichen von geänderten Set-ups bis hin zu kompletten Rückziehern. Machen neueste Erkenntnisse, wie beispielsweise eine unerwartete Abschlussbilanz, unvorhergesehene Marktgeschehnisse oder auch ein Zerwürfnis mit dem geplanten externen Beraterteam, eine solche Aktion notwendig, ist es unabdingbar, klar zu konstatieren, welche Veränderungen dies für die Transformation bedeutet. Nicht selten ähnelt die Mitteilung aus dem Management hier aber den blechernen, wenig ernst genommenen Durchsagen am Flughafen, schlecht verständlich, undeutlich und vielfach mehr verunsichernd als beruhigend und wegweisend.

Fragen

Wie holen wir die Mitarbeitenden bei solchen Change-the-Gate-Aktionen ab?
Wie vermitteln wir die notwendige Sicherheit?
Wie gehen wir mit einer Situation um, in der offensichtlich wird, dass Zeitpunkt und/oder Umsetzungsplanung nicht mehr realistisch sind?
Vertraut uns die Belegschaft dann noch und sieht im Rückzug den Schutz des Unternehmens oder überwiegen Hohn und Häme?

Wir sprechen hier von äußerst schwierigen Fragestellungen mit nicht unerheblichem Einfluss auf das Unternehmen, inklusive drohendem Gesichtsverlust der Entscheidungsträger. Die aktuelle Kultur macht sich in derartigen Situationen deutlich bemerkbar.

Sunk Cost[2] Fallacy
Erstaunlicherweise wird in den gängigen Projekt- oder Change-Management-Theorien auf dieses in der Praxis durchaus realistische

---

[2] Kosten, die zwar aufgewendet wurden, aber durch Umsatzerlöse oder sonstige Einnahmen nicht mehr amortisieren werden können.

Szenario meist nur am Rande eingegangen. Dort starten wir eine solide vorbereitete Transformation und ziehen es durch, koste es, was es wolle. Gehen wir doch von der Annahme aus, sämtliche Abklärungen getroffen zu haben und den Herausforderungen im Laufe der Veränderung auch erfolgreich die Stirn bieten zu können. Wo kämen wir hin, wenn ständig Rückzieher gemacht würden? Doch wo sind die Grenzen, wann überschreiten die Kosten den Nutzen? Sind wir einmal unterwegs, werden wir unseren Flieger entsprechend steuern und versuchen die Turbulenzen zu umfliegen oder so zu handhaben, dass dem Unternehmen kein größerer Schaden droht. Kein qualifizierter Pilot würde den Start aber mitten im Unwetter, mit leerem Tank oder einem nicht funktionsfähigen Flieger wagen. Wir sollten also unsere Wetterbedingungen für die Transformation prüfen. Lässt der Markt und das interne Setting eine derart einschneidende Veränderung zu? Oder sind wir im Hamsterrad der Reaktivität so gefangen, dass die Transformation zur netten Nebenbeschäftigung verkümmert, welcher wir dann nachgehen, wenn sonst nichts mehr ansteht?

Das Phänomen an einmal getroffenen Entscheidungen krampfhaft festzuhalten, genannt Sunk Cost Fallacy, hat sicher jeder von uns schon oft praktiziert, ob im schlechten Kinofilm, dem miserablen Restaurant, der ständig an Wert verlierenden Aktien, dem Entwurf eines Produktes oder der Entwicklung einer Software, die aufgrund neuer Erkenntnisse oder Veränderungen immer weniger die Annahmen der Ausgangssituation erfüllen kann. Gerade in Veränderungsprojekten tappen wir permanent in diese Falle, mit entsprechenden Auswirkungen auf den Erfolg der Transformation. Wir treffen, wie wir gesehen haben, unsere Entscheidungen zur agilen Transformation mittels Annahmen und unter Unsicherheit. Haben wir schließlich begonnen zu investieren, sei es mit Geld, Engagement, Ansehen, etc., so wird diese bereits getätigte Investition explizit oder implizit als Begründung für eine Fortsetzung des eingeschlagenen Weges herangezogen.

> Je höher der bereits getätigte Einsatz, desto stärker die Verteidigung zur Fortsetzung des eingeschlagenen Weges gegen alle rational logischen Argumente, den Verlust nicht noch weiter in die Höhe zu treiben.

Geht es doch nicht selten um Ehrverlust, Machtspielchen und die Unkenntnis, welche tatsächlichen Folgen ein Projektabbruch haben könnte. Meines Erachtens ist eine agile Transformation eine enorme Chance für ein Unternehmen. Jedoch müssen die Bedingungen realistisch sein und die Organisation eine solide Chance haben, mit dieser Aktion seine Marktsituation zu verbessern. Oft gerät dieser Kern-Grundsatz eines Veränderungsprozesses aus dem Fokus und die „technische" Umsetzung überdeckt den eigentlichen Wert und Zweck der geplanten Veränderung. Vor dem großen Kick-off bietet sich nochmals eine Chance, der Realität ins Auge zu sehen und abzuschätzen, ob wir der Sunk Cost Fallacy verfallen sind. Haben wir unseren Flieger gestartet und in Richtung Agilität abgehoben, wurden damit nicht unerhebliche Erwartungshaltungen generiert und Veränderungen in Gang gesetzt. Tatsache ist, dass die Kosten eines Abbruchs umso höher werden, je später der Zeitpunkt desselben ist.

Ein guter Berater wird das Management nochmals auf Herz und Nieren prüfen und darauf hinweisen, dass es nicht darum geht, ein weiteres mehr oder weniger prestigeträchtiges „Projekt" zu lancieren. Es geht um einen Grundsatz-Entscheid, wie wir bereits gesehen haben, der auch im Falle eines Sportfliegers unser gesamtes Unternehmen, seine Funktionsweise und Struktur berührt. Das Management muss sich dabei als Teil des Ganzen selbst in die Verantwortung nehmen. Und wenn dies bedeutet, dass der Zeitpunkt oder die aktuellen Rahmenbedingungen nicht die Richtigen sind, so sollte dies im Sinne agiler Prinzipien als Learning akzeptiert und transparent gemacht werden.

> Um Agilität verankern zu können, benötigen wir Commitment und Leadership auf der ganzen Linie. Dazu gehören ein solides Risikomanagement, offene Kommunikation und konsequentes Handeln unter Berücksichtigung der jeweiligen Erkenntnisse.

Damit beweisen wir Mut statt Sturheit, stehen zum Mehrwert für das Unternehmen statt an Prozessen und überholten Entscheiden festzuhalten, praktizieren Transparenz und Offenheit gegenüber den Mitarbeitenden. Binden wir sie dann noch in die Entscheidung ein, leben wir agile Werte bereits auf hohem Niveau. Denn wir beweisen, dass wir lern- und anpassungsfähig sind.

Selbstverständlich sollte das Canceln unserer Reise nicht willkürlich erfolgen. Ein gewisses Risiko zur Unsicherheit müssen wir bereit sein einzugehen. Streichen wir bereits beim kleinsten Wölkchen die Segel, zeugt auch dies von einer Grundhaltung, allerdings einer überängstlichen. Diese würde eher auf der Überzeugung des Managements basieren, dass das Unternehmen nicht die notwendigen Fähigkeiten und Voraussetzungen mitbringt, um sich langfristig den geänderten Marktbedingungen anzupassen. Rudern wir aus einer solchen Motivation heraus zurück, schließen die Augen und hoffen, dass es wieder werden wird wie in alten Zeiten, könnte dies durchaus das Ende des Unternehmens einläuten.

Wesentlich ist die Bereitschaft die Realität zu akzeptieren, sich das Risiko der Unsicherheit bewusst zu machen, ohne dogmatisch zu werden und dabei Vertrauen in die Fähigkeiten der Organisation zu behalten, offen für die Erfahrungen des Neuen zu bleiben oder zu werden.

> Die Steuerung einer agilen Transformation verlangt, dass das Management bereits in der Vorbereitung zu einem konstanten, konsequenten Risikomanagement fähig ist, um die Balance zwischen Unsicherheit und Sunk Cost Fallacy zu halten.

4.3 Sturm auf den Flieger – Vertrauensvorschuss und Kulturwandel

Gerade in dem Augenblick, in dem wir schon fast vergessen haben, dass wir verreisen möchten, ertönt die Ansage: Boarding. Schnell in die Reihe – der Flieger könnte ja ohne mich fliegen. Irrationaler Weise passieren hier unterschiedliche Dinge auf einmal. Jeder will als erster im Flieger sein, obwohl die Plätze fix vergeben sind und wir genau wissen, dass wir hinterher noch eine gefühlte Ewigkeit beengt im entweder unterkühlten oder schlecht belüfteten Flugzeug sitzen. Zugegeben, der Platz im Gepäckfach ist begrenzt und es gilt, wer zuerst kommt, mahlt zuerst. Mir ist jedoch noch kein Flug untergekommen, in welchem regulär eingecheckte Passagiere oder deren Gepäck keinen Platz gefunden hätten. Woher kommt also die Ungeduld? Herdendrang? Oder das Bestreben die eigene Position in einer massiv beschränkten Situation zu finden? Zusammengepfercht mit einer Masse Unbekannter, bewegungseingeschränkt und zu allem Übel noch der Kompetenz und Entscheidungsgewalt anderer ausgeliefert. Nach einer gefühlten Ewigkeit jedoch hat jeder seinen Platz gefunden, arrangiert sich mit der allmählich aufsteigenden Flugangst oder wagt ein schüchternes Lächeln und ein wenig Smalltalk mit dem Sitznachbarn.

Für mich hat die Initialisierung einer agilen Transformation einiges mit der doch recht unangenehmen, bedrängenden Situation beim Einstieg in ein Flugzeug gemein. Die Mitarbeitenden wissen, dass es nun losgehen soll, versuchen die Unsicherheit über bekannte Vorgehensweisen zu bewältigen und arrangieren sich allmählich mit der Tatsache, dass die Reorganisation beschlossene Sache ist, in vielen Fällen begleitet von der Überzeugung, dass sie als vorübergehender Zustand ausgesessen werden kann. Auch dieser Change wird wohl wie eine temporäre Störung vorüberziehen und es kann in gewohnter Manier weitergearbeitet werden. Platzrunde drehen und zurück zum Alt-Gewohnten, das vielleicht nicht gut, aber wenigstens bekannt ist. Wie eng und unbequem die ganze Angelegenheit dabei wird, ist natürlich von der Ausstattung unseres Fliegers abhängig. Doch die Tatsache, dass es unbequemer als das heimatliche, durchgesessene Sofa wird, dürfte unbestritten sein.

> Mit der Vorbereitung der Transformation werden die Mitarbeitenden bereits aus der bestehenden Komfortzone geholt und in eine unbequeme Situation gebracht, um die ungewohnten Verhaltensweisen, Denkmuster und Spielregeln allmählich zur neuen Komfortzone zu machen.

Wir werden es nicht schaffen, ein Unternehmen beweglicher auf dem Markt zu machen, indem wir selbst statisch in unserem alt-gewohnten Habitat verweilen. Dabei wollen wir aber auch keine Panik im Rahmen der Veränderung heraufbeschwören. Es sollte allen Beteiligten klar sein, dass diese Veränderung nachhaltig und damit in ihrer initialen Merkwürdigkeit und Unbequemlichkeit lediglich ein Übergang in einen neuen Modus ist. Wir unternehmen gemeinsam eine

Reise in ein anderes Klima, eine ungewohnte Denkweise. Dies verlangt eine Mindest-Bereitschaft aus dem Gewohnten herausgeholt zu werden. Wenn wir Vertrauen in unsere Crew und die Qualität unseres Fliegers haben, werden wir bereit sein, unseren Platz in der Transformation einzunehmen und diese mitzugestalten. Nun sollte aber nicht erwartet oder versucht werden, so zu tun, als könnten wir in dieser frühen Phase alle Mitarbeitenden zu euphorischen Befürwortern der Reorganisation machen. Zu unbequem ist die Veränderung. Die Herausforderung besteht vielmehr darin, das notwendige Vertrauen in die Steuerungsfähigkeiten unserer Piloten der Transformation aufzubauen. Dieses Unterfangen klingt auf dem Papier sehr einleuchtend. Doch die Praxis gestaltet sich üblicherweise einigermaßen herausfordernd.

Herausforderung Partizipation

Ein neuer Manager übernimmt einen Bereich, welcher neuerdings agil und bereichsübergreifend aufgestellt werden soll. Es werden Strategien entwickelt, Vorankündigungen gemacht, mit der Aufforderung an die Mitarbeitenden, aktiv zu partizipieren. Es erfolgen einige wenige Rückmeldungen von jenen, die sich in der Vergangenheit bereits oft engagiert hatten. Der Rest hüllt sich offiziell in vornehmes Schweigen. Doch die Gerüchteküche nimmt Fahrt auf.

Selbstverständlich bekommt auch der Manager dies mit und richtet ein Management Meeting für die Abstimmung mit den Führungskräften ein. Problemstellungen und Unklarheiten in den Abteilungen sollen offengelegt und Lösungen gefunden werden. Doch im Meeting werden von den Teilnehmern keine Probleme eingebracht, stattdessen wuchern auf allen anderen Ebenen redundante Abstimmungen und Grabenkämpfe, ohne den Manager jedoch direkt einzubinden.

Der Manager gibt nicht auf und initialisiert einen regelmäßigen „Coffee-Talk" Event, offen für alle Angestellten, um auf Augenhöhe die Bedürfnisse der Mitarbeiter zu erfahren, Fragen zu beantworten, Input aufzunehmen und sie aktiv an der Veränderungsgestaltung einzubeziehen. Doch Fragen? Keine. Input? Keiner. Partizipation? Null.

Zu stark ist das Hierarchie-Denken in der Kultur verankert, zu groß das Misstrauen in die Organisation. Und zu einfach ist die Möglichkeit, sich aus allem herauszuhalten und hinterher nicht doch noch auf etwas behaftet zu werden.

In der Regel werden Transformationen erst einmal als unausweichlich, von oben verordnet hingenommen, in der Annahme geringer Auswirkungen auf die eigenen Aktivitäten und das jeweilige Arbeitsumfeld. Und so vertrauen wir auf einen kurzen, Turbulenzen freien Rundflug und tun dabei unseren Unmut auf inoffiziellen Kanälen kund. Wer möchte sich schon exponieren und als Widerstand betrachtet werden? Aber im Team, unter Kollegen oder im kleinen Rahmen brodelt die Ablehnung. Wir können bereits beim Einstieg so manches Geschubse und Aggressionen beobachten, aber auch stoische Hinnahme oder stille Verweigerung. Wir sollten frühzeitig erkennen und respektieren, dass Menschen unterschiedlich mit Unsicherheit umgehen, grundsätzlich aber Unterstützung und Anleitung benötigen, um ausreichend Vertrauen zu fassen, um sich auf die Veränderung einlassen zu können. Hier spielen die bestehende Kultur und prägende Erfahrungen der Vergangenheit eine maßgebliche Rolle.

Fragen

Vertraut die Belegschaft auf die Kompetenz und Fürsorge des Managements oder ist dieses so weit weg, dass die Bestrebungen der Führungsebene nicht eindeutig positiv interpretiert werden können?
Sind wir darauf gepolt, freundlich zu lächeln und die Faust im Sack zu machen?
Was sind unsere Verhaltensweisen, Gewohnheiten und Tabus, die wir über Jahr gepflegt und verinnerlicht haben?

Auf engem Raum und in stressbelasteten Situationen werden diese Verhaltensweisen oft schneller sichtbar als im Alltag. Dies können wir aber auch als Chance nutzen, indem wir beobachten, Hand bieten und mit einer angemessenen Mischung aus Konsequenz, Geduld, Vertrauen und Kompetenz die ersten Schritte in eine agilere Grundhaltung begleiten.

Möglichkeiten, Partizipation zu fördern

Um eine Beteiligung in der Organisation bereits im Vorfeld zu fördern, bieten sich verschiedene Maßnahmen an. Doch nicht die Anzahl derselben ist ausschlaggebend, sondern Konstanz, Konsistenz und Konsequenz.

- Wiederholte Kommunikation von Mehrwert und Nutzen der Veränderung auf unterschiedlichen Ebenen: für das Unternehmen, den Bereich, das Team, den individuellen Mitarbeitenden.
- Förderung der aktiven Teilnahme am Dialog über persönliche Ansprache, konkrete Beauftragung zur Erarbeitung von Transformationsaspekten.
- Einbindung des Mittelmanagements als Verstärker und Motivator, aber auch als Vermittler zwischen oberem Management und Basis.

Setzen wir bei der bestehenden Kultur an, gleichen diese mit den agilen Prinzipien ab, generieren, leben und kommunizieren erste Schritte in stufengerechtes Leadership, werden die Beklemmungen, die unsere Mitarbeitenden im Rahmen der Veränderung erfahren, deutlich geringer ausfallen.

Das Management muss dazu aber von der klassischen Beauftragungsdenkweise definitiv Abschied nehmen. Andernfalls wird es wieder und wieder passieren, dass Foren und Plattformen geschaffen werden, die Beteiligung aber in der Nähe des Gefrierpunkts zu finden ist. Nur über eine Mischung aus persönlicher Ansprache, Motivation und Verbindlichkeit können Menschen dazu bewogen werden, die sichere Deckung klassischer Hierarchien und Strukturen zu verlassen. Denn dies müssen die Angestellten tun, wenn sie sich aktiv an der Veränderung beteiligen, ihre Meinung einbringen und Teil der Lösung sein sollen. Doch dies bedeutet auch, dass die Führungsebenen die Bereitschaft und Zeit aufbringen, um in den Dialog investieren. Eine formale Kommunikation ist zwar zwingend notwendig, kann die konkreten, situationsbezogenen Aspekte eines soliden Change-Managements aber keinesfalls ersetzen.

Denn damit schaffen wir das Vertrauen in die Crew und die Sicherheit, dass wir nicht in einer schlecht gewarteten Klapperkiste mit schöner Außen-Fassade eingestiegen sind und unsere Piloten wissen, wie unser Transformations-Flieger zu handhaben ist.

Wertschätzung und Empowerment

In vielen Unternehmen lässt sich beobachten, dass Reorganisationen nicht selten mehr der Positionierung „neuer Besen" dienen, teilweise um sich sichtbar zu machen, teilweise um die Position überhaupt zu rechtfertigen. Und hier kommt ein wesentlicher kultureller Aspekt ins Spiel, mit welchem agile Transformationen nicht selten unter der Oberfläche im Clinche liegen.

Fragen

Wie wird Wertschätzung ausgedrückt?

Werden Mitarbeitende im tayloristischen Sinn als Rädchen im Gefüge wahrgenommen oder als die Basis, ohne die kein Unternehmen Wert generieren kann?

Ist das Management sich bewusst, dass Fachwissen und Erfahrung längstens nicht mehr auf der Straße liegen und die Kosten von hohen Fluktuationen massive Löcher in die Unternehmenskasse reißen?

Wo soll das Management im System neu gemäß den agilen Prinzipien überhaupt verortet werden?

Welche Unterstützung benötigt die Führungsequipe selbst, um den Schritt in die Agilität zu tun?

Bei einer agilen Transformation geben die Mitarbeitenden dem Management einen nicht zu unterschätzenden Vertrauensvorschuss. Sie verlassen sich auf deren Kompetenz, aber auch darauf, dass es nicht nur um Gewinnoptimierung, Aktienkurse und Boni geht. Nun ist es leider einfacher, Vertrauen zu verlieren, als zu gewinnen. Es geht nicht darum, dass die Angestellten ihr Arbeit mit agilen Methoden besser rapportier fähig machen, sondern um sinnstiftende Transparenz. Dabei werden auch Ineffizienzen sichtbar gemacht, was dem einen oder anderen zum Beispiel den Abschied von lieb gewonnenen Meeting-Marathons beschert. Das Management muss sich bewusst sein, dass die Werte nicht partiell, je nach eigenem Vorteil, gelebt werden können, wenn die Transformation nachhaltig, effizient Mehrwert für das Unternehmen generieren soll. Das Motto „Wasch' mich, aber mach' mich nicht nass" auf Leadership-Ebene führt leider immer wieder zum massiven Maschinenschaden, der unseren wunderschönen Flieger in den Sturzflug zwingt.

Agilität fordert Empowerment und Berechtigung der Personen, welche über das notwendige Wissen zu den jeweiligen Entscheidungen haben, und durchgängige Transparenz mit gleichzeitiger, gezielter Reduktion des Kontroll-Überhangs.

Jede Veränderung erfordert zu Beginn gewisse Unbequemlichkeiten, vergleichbar mit dem Gedränge beim Einstieg in den Flieger, den unangenehm engen Platzverhältnissen, der Verletzung des persönlichen Raums und unserer Gewohnheiten. Mit etwas Voraussicht und guter Koordination werden schließlich aber alle ihre Plätze einnehmen können, das Gepäck verstaut und ein erstes Durchatmen vor dem Start die Anspannung leicht lösen. Eine wesentliche Aufgabe für unsere Flugbegleiter.

4.4 Das Flugbegleiter-Team – von Theoretikern, Mystikern und Praktikern

Wer schon ein paar Flüge hinter sich hat, kenn die unterschiedlichsten Facetten: die freundlich lächelnden, hilfsbereiten Flugbegleiter und Flugbegleiterinnen, die gestressten, die übermüdeten, die übertrieben grinsenden, die zu tief ausgeschnittenen, die unfreundlichen und was es sonst noch alles an Gemütslagen und Erscheinungsbildern gibt, die uns im Gedränge mehr oder weniger hilfreich unter die Arme greifen und uns den Flug so stressfrei wie möglich gestalten sollen. Die einen stehen grinsend da und schauen uns teilnahmslos zu, wie wir verzweifelt versuchen unseren Norm-Koffer in die viel zu kleinen und selbstverständlich überfüllten Gepäckfächer zu stopfen. Andere wiederum stürzen sich regelrecht auf unser Problem, sprich Gepäck, entreißen es uns, dass wir froh über die Wahl der extra starken Koffer-Ausführung sind, damit es nach mehreren Vorwärts- und Rückwärts-Drängeleien im engen Gang schließlich im hintersten Eck des Fliegers doch noch verstauen wird. Kaum auf Flughöhe angelangt beglückt uns die für uns zuständige Person mit mehr oder weniger schmackhaften Happen und Getränken. Hin und wieder bemüht, der einen oder anderen Unpässlichkeit eines Passagiers Herr zu werden. Daneben hat gutes Flugbegleitungspersonal aber auch eine ansehnliche Trick-Kiste auf Lager, um nervende oder gestresste Personen zu beruhigen und sicherzustellen, dass die explosive Beengung nicht in einer Katastrophe endet.

Auch bei einer Transformation benötigen wir Begleitung, meist in Form extern zu Hilfe gerufener Experten. Ein solides Change-Management muss dabei jedoch in interner Verantwortung aufgebaut und betrieben werden, um die Veränderung zu initialisieren, zu begleiten und nachhaltig zu verankern. Leider werden die Anforderungen an die notwendigen Kompetenzen eines Change Managers nicht selten unterschätzt. Begibt sich dieser in der landläufigen Ansicht doch auf die unterschiedlichsten Ebenen, Ecken und Nischen des Unternehmens, mit dem Auftrag, Widerstand aufzuspüren und auch den letzten Ungläubigen zu bekehren. Insbesondere agile Coaches sollen die Veränderung zügig voranbringen. Leider lässt sich nicht selten feststellen, dass die Change-Management-Aspekte auf Trainings und Workshops auf Allgemeinplätze reduziert werden. So werden einzelne Teams Methoden- oder eben vertrags-gerecht „agilisiert", ohne den Gesamtkontext des Systems Unternehmen angemessen zu berücksichtigen, geschweige denn eine Messbarkeit der Transformationsleistung zu gewährleisten. Es lässt sich somit feststellen, dass der Erfolg unserer Transformation stark von den Qualifikationen unserer Crew beeinflusst wird.

Ausprägungen von Flugbegleitern
In der Vergangenheit konnte ich unterschiedlichste Ausprägungen von „Flugbegleitern" in agilen Transformationen beobachten, die ich nachfolgend jeweils drei Kategorien zuordne. Eine davon befüllen die, aufgrund eines immer noch herrschenden Hypes auf dem Markt, wachsende Zahl der Theoretiker, eine weitere die Mystiker und schließlich jene der Pragmatiker. Eine solche Vereinfachung sei mir verziehen. Selbstverständlich gibt es in der Praxis selten Reinformen dieser Einstufungen, aber durchaus relevante Tendenzen, die sich massiv auf den Erfolg und die Nachhaltigkeit unserer Veränderungspläne auswirken. Je klarer wir die Ausprägungen unserer Transformationsbegleitung erkennen, desto höher sind unsere Erfolgschancen und geringer die Kosten aufgrund ineffizienter Unterstützungsleistungen.

Der Theoretiker ist sehr leicht zu erkennen. Er oder sie hat brav alle mehr oder weniger nötigen, unnötigen und verfügbaren Kurse belegt, tonnenweise Zertifizierungen abgeschlossen, dass es eine wahre Wonne ist, durch die seitenlange Auflistung im Lebenslauf zu schweifen. Die Wohnung musste vermutlich aufgrund übervoller Bücherregale gewechselt werden, sodass auch jedes noch so hippe Modewort dieser Person über die Lippen kommt, wie Honig vom Löffel tropft. Zugegeben, manchmal sind es eher Wellen eines Honig-Tsunamis, die über unser unwissendes Haupt prasseln, unangenehme Klebereste hinterlassen und uns in Ehrfurcht erstarren, oder eben in völliger Ratlosigkeit festkleben lassen. Natürlich nur, bis unser lieber Experte uns, in Anbetracht der drohenden Eskalationen und fehlenden Realitätsnähe, den Rücken kehrt. Dann löst sich die Kleberei allmählich auf und der gewohnte Gang kann – nachdem auch die letzten Klebrigkeiten entfernt wurden – wieder eingelegt werden.

Der Mystiker unterscheidet sich in der Herangehensweise deutlich vom Theoretiker. Hier haben wir es mit einer Gattung zu tun, die über Auftreten und Selbstmarketing den Eindruck des einzig wahren Gurus erzeugt. Oftmals werden mystische, managementgerechte Worthülsen in Massen erfolgreich zum Einsatz gebracht. Der Hintergrund dieser Experten ist nicht selten im klassischen Projektmanagement und/oder Consulting zu finden. Entsprechend unagile ist oft dann auch die eigene Vorgehensweise, da die agilen Grundprinzipien und Werte im Grunde des Herzens als nicht funktionsfähig eingeschätzt werden. Selbstverständlich habe man schon gefühlte Tausend-und-eine Transformation begleitet. Alles, ebenfalls selbstverständlich, immer im super-grünen Bereich und alle waren begeistert, hatten „Bock" auf die Veränderung. Probleme? Was für Probleme? Es lief alles wie am Schnürchen in aller kürzester Zeit. Und hoppla, schon gibt es massive Anzeichen, die uns verraten, dass wir es wohl mit mehr Schein als Sein zu tun haben. Wurde hier tatsächlich das Kundenbedürfnis mit all seiner Komplexität abgeholt oder doch eher Herausforderungen heruntergespielt, nach dem Motto „nach mir die Sintflut"? Denn es würde mich sehr erstaunen, wenn die Mitarbeitenden einer Organisation nur auf diese eine Transformation gewartet hätten, um dann sofort bewährte Prozesse, Vorgehensweisen und Gewohnheiten fröhlich, begeistert und eben „mit Bock" über Bord zu werfen.

Der Pragmatiker Sticht durch Hands-on-Coaching und viel Realismus hervor. Es ist jemand, der aufgrund von Erfahrung und einem soliden Bauchgefühl Unpässlichkeiten erkennt und proaktiv aufnimmt, statt sie so lange möglich unter den Teppich zu kehren. Der sich auch nicht scheut unbequem zu werden und dem Fortschritt wichtiger als Anpassung ist. Es ist jemand, der sich die Unternehmensziele auf die Fahne schreibt und sein gesamtes Repertoire ausspielt, um Agilität mit all seinen Vor- und Nachteilen zu vermitteln und dem System hilft, das Optimum aus der Veränderung herauszuholen. Doch auch hier erkennen wir rasch, dass Pragmatismus allein nicht alles ist, wenn das theoretische Fundament wackelt und wir letztendlich wieder in einer schön geredeten, gemanagten Form der klassischen Optimierung landen – ganz nach dem Motto back to the roots von traditionellem Management. Leider vereint sich hier oft hohe Motivation und klassische Erfahrung mit gefährlichem Halbwissen und fehlender Bereitschaft über den erfahrungsgeprägten Tellerrand hinauszuschauen.

Abstimmung von Beratung, Coaching und Change-Management
Was wir brauchen, ist weder Blenden noch Prahlen oder Kaschieren. Es ist praktische Erfahrung und Weitsicht, aber auch Berater mit innerer Überzeugung und eigenem agiles Mindset. Eines ist somit sicher: Theorie ist wichtig, Praxis fundamental, doch match-entscheidend ist die situationsangepasste Umsetzung. Und dazu benötigen wir ein gewisses Maß an Hands-on-doing, Verbindlichkeit und Unbequemlichkeit, nicht nur theoretische Diskurse, Mythen, Seifenblasen oder die Eine-Wahrheit-verkündenden, hochbezahlten Experten. Als Change Manager, und ich zähle zu dieser Gattung explizit auch die wachsende Masse an agilen Coaches und Consultants, die sich mit wahrem Heißhunger auf Transformationsprojekte stürzen, muss ich in der Lage sein, Verständnis mit Nachdruck zu verbinden, zuzuhören und hinzusehen, dorthin wo aus Harmoniewünschen oder politischen Erwägungen heraus üblicherweise lieber weggeschaut wird. Unsere Begleitung sollte sich nicht scheuen, Skeptiker anzusprechen, um ihre Bedenken gewinnbringend für eine Optimierung einzusetzen und den Support zur Überwindung von Barrieren beim Management einzufordern. Theoretiker tun sich mit diesen Aspekten meiner Erfahrung nach ebenso schwer wie Mystiker und reine Pragmatiker. Denn es kann sehr ungemütlich sein, wenn einem all die Bedenken, Ängste und Unsicherheiten um die Ohren fliegen. Der Theoretiker beruft sich hier dann gerne auf die Selbstorganisation der Gruppe, nach dem Motto:

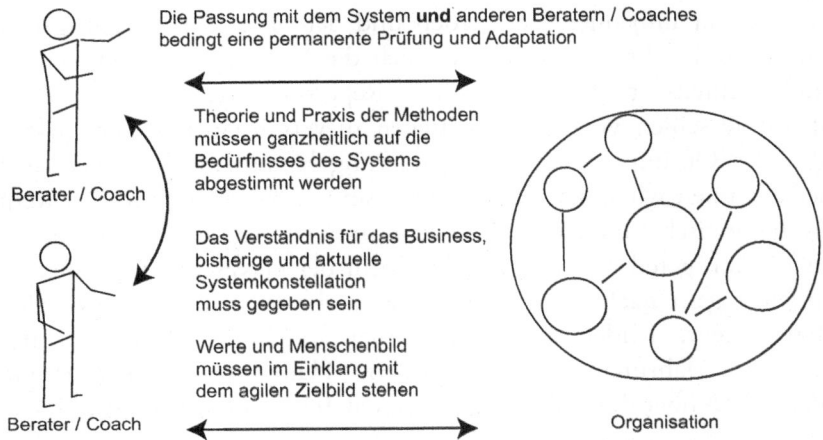

Die Passung mit dem System **und** anderen Beratern / Coaches bedingt eine permanente Prüfung und Adaptation

Berater / Coach

Theorie und Praxis der Methoden müssen ganzheitlich auf die Bedürfnisses des Systems abgestimmt werden

Das Verständnis für das Business, bisherige und aktuelle Systemkonstellation muss gegeben sein

Werte und Menschenbild müssen im Einklang mit dem agilen Zielbild stehen

Berater / Coach

Organisation

Abb. 4.2 Anforderungen an die Abstimmung unterstützender Rollen

Konflikte und Probleme muss das Team schon selbst lösen. Da möchte sich die beratende Person dann lieber nicht in die Nesseln setzen. Mit Mythen, Buzzwords oder rein pragmatisch zu lösen ist dies jedoch auch nicht. Welch Dilemma! (Abb. 4.2).

Kulturelle Veränderungen wie die einer agilen Transformation können, wie wir oben bereits gesehen haben, nicht verordnet und nicht im Schnellverfahren verankert werden. Sie müssen erfahren werden, der unabdingbare Schmerz erlebt werden, den es gibt, wenn wir Dinge anders machen und allmählich lernen sie auch richtig zu tun. Verkauft ein Berater die Schnell-Bleiche im Ruck-Zuck-Verfahren, ist meiner Erfahrung nach Vorsicht geboten. Selbstverständlich können sie als Experten hervorragende und motivierende Workshops und Training durchführen. Diese haben ihre Berechtigung und ihren Mehrwert. Nachhaltiges, aktives und effizientes Change-Management wird dadurch aber umso zwingender eine Notwendigkeit. Es muss parallel vorangetrieben und sichergestellt werden, dass der Flug keine Abkürzung nach Sylt statt auf die Malediven nimmt.

> Das Management muss sicherstellen, dass die Begleitung der Transformation auf die konkrete Systemumgebung abgestimmt, ausgewogen und im Einklang mit dem Change-Management ist.

Der Aufbau der Selbstorganisation ist zum Beispiel ein wesentlicher Punkt der Agilität, wird aber häufig als „Verantwortungsabschieberei" praktiziert. Denn echte Selbstorganisation muss von der Begleit-Crew unserer Reise schrittweise erschlossen, erarbeitet und angeleitet werden. Hier gilt es, die Mitarbeitenden an die Hand zu nehmen, zu stützen und zu führen, dabei auch Fehler zuzulassen, um aus diesen nachhaltig zu lernen. Alles in allem eine eher mühsame Angelegenheit. Richtig ungemütlich wird es zudem, wenn bei der ganzen Übung dann auch noch das spezifische Systemsetting und der Kontext der Organisation, z. B. einzuhaltende Normen und besondere Kundenanforderungen, übergangen werden und unser Flugpersonal versucht, die ganze Organisation in einen deutlich zu kleinen Sportflieger zu quetschen oder den Vegetariern Fleisch aufzwingt, weil es nun mal einfacher ist zu generalisieren. Oder wenn der Berater lediglich eingeschränkte Erfahrung in der IT gesammelt hat oder mit den Besonderheiten von Prozessen und Anforderungen der gesamten Wertschöpfungskette bis jetzt wenig Bekanntschaft gemacht hat.

> Bei einer Transformation muss die beratende Person sich auf den spezifischen Kontext des zu transformierenden Systems einlassen und unterschiedliche Bedürfnisse erkennen.

So tickt beispielsweise jeder Business-Bereich anders, ganz zu schweigen von IT oder anderen Support-Bereichen wie HR und Finanzen. Eine Vereinheitlichung der Agilisierung entsprechend den Erfahrungen in völlig anders-gearteten, partiellen Settings ist weder adäquat noch erfolgreich für ein Gesamtsystem respektive eine agile Transformation desselben.

4.5   FLIGHTCHECK – Boarding

Übersicht

☑ Vermeidung von Mushrooming durch sinnvolle Kanalisation von Synergien

☑ Ehrliche Prüfung von Zielsetzung und Machbarkeit

☑ Zeit vor Kick-Off für die Planung von Schulungen und Einbindung der Mitarbeiterinnen und Mitarbeiter nutzen

☑ Konsequenz im Vorfeld aufzeigen, um das Verlassen der Komfortzone einzuleiten

☑ Agile Prinzipien Mut, Offenheit, Wertschätzung und Vertrauen aufbauen

☑ Sorgfältige Auswahl von zum Unternehmen passenden Beratern, Trainern und Coaches

Weiterführende Literatur

Adams P (2017) Question thinking. dtv, München

Aholt G (2019) Unternehmenssteuerung mit KPIs und Kennzahlen: Denken Sie an die drei Ebenen! https://itelligencegroup.com/de/local-blog/unternehmenssteuerung-mit-kpis-und-kennzahlen-denken-sie-an-die-drei-ebenen/. Zugegriffen: 26. März 2021

Ballé M, Beauvallet G (2016) Le Management lean. Pearson, Paris

Bendel O (2018) Digitalisierung. Gabler Wirtschaftslexikon. https://wirtschaftslexikon.gabler.de/definition/digitalisierung-54195. Zugegriffen: 3. Juni 2018

Berger M, Chalupsky J, Hartmann F (2008) Change Management – (Über-) Leben in Organisationen. Schmidt, Giessen

Birkenbihl V (2004) Kommunikation für Könner. Redline, Frankfurt

Brandes U, Gemmer P, Koschek H, Schültken L (2014) Management Y. Campus, Frankfurt

Bundesamt für Statistik (2017) Marktwirtschaftliche Unternehmen nach Wirtschaftsabteilungen und Grössenklasse. https://www.bfs.admin.ch/bfs/de/home/statistiken/industrie-dienstleistungen/unternehmen-beschaeftigte/wirtschaftsstruktur-unternehmen.assetdetail.3202074.html. Zugegriffen: 1. Juni 2018

Bundesamt für Statistik (2018) Konkursverfahren nach Kanton – 1994–2017. https://www.bfs.admin.ch/bfs/de/home/statistiken/industrie-dienstleistungen/unternehmen-beschaeftigte.assetdetail.4642607.html Zugegriffen: 1. Juni 01 2018

DeMarco T (1997) The deadline. Dorset, New York

Diesbrock T (2011) Ihr Pferd ist tot? Steigen Sie ab! Campus, Frankfurt

Dobelli R (2017) Die Kunst des klaren Denkens. dtv, München

Fischer-Epe M, Reissmann M (2017) Coaching zu Führungsthemen. Rowohlt, Hamburg

Fischermanns D (2010) Praxishandbuch Prozessmanagement. Schmidt, Giessen

Forgas J (2011) Soziale Interaktion und Kommunikation. Psychologie, Weinheim

Forward Intelligence Group (2020). Agile Transformation Domains. http://mybusinessagility.com/agile-transformation-domains/. Zugegriffen: 26 März 2020

Gadatsch A, Mayer E (2010) Masterkurs IT-Controlling. Vieweg + Teubner, Wiesbaden

Gloger B, Margetich J (2014) Das Scrum-Prinzip. Schäfer Poeschel, Stuttgart

Goldratt E, Cox J (2010) Das Ziel. Campus, Frankfurt

Gorman T (2011) The Complete Idiot's guide to MBA Basics. Alpha Books, New York

Grossmann R, Bauer G, Scala K (2015) Einführung in die systemische Organisationsentwicklung. Carl-Auer, Heidelberg

Hackl B, Gerpott F (2015) HR 2020 – Personalmanagement der Zukunft. Vahlen, München

Hanschke I, Giesinger G, Goetze D (2016) Business Analyse. Hanser Fachbuch, München

Häusling A, Römer E, Zeppenfeld N (2018) Praxisbuch Agilität. Haufe Gruppe, Freiburg

Heringer H (2017) Interkulturelle Kommunikation. Franke, Tübingen

Hofert S (2016) Agiler führen. Springer Gabler, Wiesbaden

Höfler M, Bodingbauer D, Dolleschall H, Schwarenthorer F (2018) Abenteuer Change Management. Frankfurter Allgemeine Buch, Frankfurt

Hohm H-H (2006) Soziale Systeme, Kommunikation. Juventa, Weinheim

Holzberg N (2016) Ovids Metamorphosen. Beck, München

IBBA International Institute of Business Analysis (2012) Leitfaden zur Business Analyse – IIBA BABOK Guide 2.0. Schmidt, Giessen

Institut für Angewandte Psychologie (2018) IAP Studie 2017. Zürcher Hochschule für Angewandte Wissenschaften (Hrsg) https://www.zhaw.ch/de/psychologie/institute/iap/iap-studie/. Zugegriffen: 1. Juni 2018

Jule A (2009) Teamentwicklung – Die Rolle des Teamleiters. GRIN

Kaltenecker S (2016) Selbstorganisierte Teams führen. dpunkt, Heidelberg

Kennedy O, Künzi M (2016) Full Potential Report. Cominmag, Enigma Lab. https://enigma.swiss/full-potential/report-2016-fp-analysis.pdf. Zugegriffen: 29. Mai 2020

Kim G, Behr K, Spafford G (2018) The phoenix project. O'Reilly, Sebastapol

Kleinoth C (2019) Top Trends in der Unternehmenssteuerung. https://www.valsight.de/blog/top-trends-in-der-unternehmenssteuerung/. Zugegriffen: 26. März 2021

Kotter J, Rathgeber H (2011) Das Pinguin-Prinzip. Droemer Knaur, München

Kotter J (2012) Leading Change. Vahlen, München

Kowalski S (2014) Betriebliche Kennzahlen. Beck, München

Krech D, Crutchfield R (1992) Grundlagen der Psychologie. Beltz, Weinheim

Kruse D P (2008) 8 Regeln für völligen Stillstand (nach P. Kruse). https://erfolgreich-projekte-leiten.de/8-regeln-fuer-voelligen-stillstand/. Zugegriffen: 25. März 2021

Kunow A (2017) Projekt management & business coaching. Books on Demand

Laloux F (2017) Reinventing organizations. Les Èditions Diateino, Paris

Leido P (2014) Lean & agile project management. Trafford

Leopold K (2018) Agilität neu denken. Leanability, Wien

Lombriser R, Abplanalp P (2010) Strategisches Management. Versus, Zürich

Lyonnet B (2015) Lean Management. Dunod, Malakoff Cedex

Mann L (1999) Sozialpsychologie. Beltz, Weinheim

Marquet D (2015) Turn the ship around! Penguin

Marquet D (2020) Leadership is language. Penguin

Martin R (2020) Clean agile – Back to basics. Pearson, Boston

Mathis C (2016) SAFe – Das Scaled Agile Framework. dpunkt, Heidelberg

Nowalski D (2019) Lean, Kanban et DMAIC. Maxima, Paris

Nowotny V (2018) Agile Unternehmen. Business Village, Göttingen

Olfert P (2010) Projektmanagement. NWB, Neckargemünd

Osterwalder A, Pigneur Y (2011) Business Modell – Nouvelle Génération. Pearson, Paris

Osterwalder A, Pigneur Y, Bernarda G, Smith A (2015) Value proposition design. Pearson, Paris

Pfetzing K, Rohde A (2009) Ganzheitliches Projektmanagement. Schmidt, Giessen

Pillet M (2013) Six Sigma. Groupe Eyrolles, Paris

Röpstorff S, Wiechmann R (2016) Scrum in der Praxis. dpunkt, Heidelberg

Rosenberg M (2016) Gewaltfreie Kommunikation. Jungfermann, Paderborn

Sagmeister S (2016) Busines culture design. Campus, Frankfurt

Schmidt DS (2021) Schwarmorganisation. https://www.schwarmorganisation. de. Zugegriffen: 30. März 2021

Schmidt P (2011) Organisatorische Grundbegriffe. Schmidt, Giessen

Schuldt C (2012) Systemtheorie. CEP Europäischer, Hamburg

Schulz von Thun F (2013) Klarkommen mit sich selbst und anderen: Kommunikation und soziale Kompetenz. Rowohlt Taschenbuch, Hamburg

Schwarz T, Lindner A (2016) KATA – Verbesserung zur Routine machen. Hanser, München

Simon F (2013) Einführung in Systemtheorie und Konstruktivismus. Carl-Auer, Heidelberg

Strode DE, Huff SL, Tretiakov A (2009) The impact of organizational culture on agile method use. IEEE, Waikoloa

Stroebe W, Jonas K, Hewstone M (2003) Sozialpsychologie. Springer, Berlin

Summerer A, Maisberger P (2018) Teamwork agil gestalten. Hanser, München

Vahs D, Weiand A (2010) Workbook change management. Schäffer-Poeschel, Stuttgart

Weber C, Preuss A (2006) Potentialorientiertes Coaching. Klett-Cotta, Stuttgart

Wegener R, Loebbert M, Fritze A (2014) Coaching-Praxisfelder – Forschung und Praxis im Dialog. Springer VS, Wiesbaden

Wirtz MA (2017) Dorsch – Lexikon der Psychologie. In: Hogrefe AG (Hrsg). https://dorsch.hogrefe.com. Zugegriffen: 28. März 2021

Würzburger T (2019) Die Agilitäts-Falle. Vahlen, München

5

Preflight-Check – Set-up-Check

Zusammenfassung Der Erfolg einer agilen Transformation setzt eine konstante Abstimmung von Zielvision, Strategie, Organisationsstruktur und Prozessen voraus. Das Transformationsdesign selbst muss dabei auf Belastbarkeit und Umgebungsbedingungen überprüft werden. Dazu benötigen wir Präsenz, Bereitschaft und Befähigung der Führungsebene, um die kulturelle und strukturelle Ausgangslage unseres Systems auf die agilen Prinzipien auszurichten. Für eine realistische Chance, Agilität im Unternehmen zu etablieren, spielt das Erkennen von bestehenden Verantwortlichkeiten und Machtverhältnissen im Organisationssystem eine genauso wichtige Rolle wie die angemessene und abgestimmte Befähigung unserer Mitarbeiterinnen und Mitarbeiter.

Bis zu 500 Menschen, 150 t brennbares Kerosin, jede Menge Fracht, Gefahrgut und Gepäck in schweren Metallröhren, die mit 300 km/h über eine Betonpiste donnern, um sich schließlich in die Luft zu erheben und die gewünschte Destination anzufliegen. Wie kann es sein, dass diese gigantische Blechdose derart beschleunigt wird, tatsächlich vom Boden abhebt und das hochriskante Unterfangen eines Fluges funktioniert? Vor jedem Start werden dafür die Informationen

S. Zech, *Erfolg in der agilen Transformation*,
https://doi.org/10.1007/978-3-658-36139-6_5

überprüft, Infrastruktur und technischer Zustand aller wichtigen Funktionen genauestens unter die Lupe genommen. Erst wenn alle Überprüfungen positiv abgeschlossen wurden, rollt der Flieger Richtung Startbahn.

Eine agile Transformation wird geplant, Rahmenbedingungen und Implementationsabläufe definiert. Das daraus resultierende Transformationsdesign ist das Vehikel, das unsere Organisation zur Zieldestination bringen wird. Diese sollte für eine maximale Erfolgschance ebenfalls soliden Startroutinen unterzogen werden. Oje, ich höre bereits den Aufschrei des Entsetzens. Wie kann ich mir anmaßen, profane Standards, Kontrollen und Checks im agilen Setting zu propagieren? Das ist doch nicht agil! Weg mit all den einengenden Vorgaben und Regeln, her mit hochgepriesener Flexibilität und Freiheit. Stellt sich dabei jedoch die Frage: Freiheit und Flexibilität für wen und wozu? Sprechen wir von der Freiheit für Entwickler, um selbstverantwortlich maximalen Kundennutzen zu generieren oder um sich nicht festlegen zu müssen, ob ein versprochenes Umsetzungsziel tatsächlich erreicht werden kann? Oder geht es um Flexibilität für das Business, um das Überleben des Unternehmens im hoch beweglichen Marktgeschehen zu sichern oder um sich nicht erklären zu müssen, was der Mehrwert und Impact innerhalb des Wertschöpfungsprozesses sind? Für die Linie, das Management, den externen Berater? Nicht selten wird Agilität mit Beliebigkeit gleichgesetzt, um das geforderte Commitment nicht eingehen zu müssen. Unter dem Deckmantel pseudo-agiler Methoden werden die Spielregeln der Arbeitsmethoden und -praktiken missachtet oder massiv verbogen. Die Konsequenzen sind in schöner Regelmäßigkeit überschossene Budgets, nicht eingehaltene Liefertermine und eine kostspielige Suche nach dem/den/der Schuldigen. Agilität setzt jedoch durchaus Regeln, verlangt klare Verantwortlichkeiten und basiert auf empirischen Daten. Nichts da von wegen beliebig, anarchisch oder fröhlich-unverbindliches Adhoc-Vorgehen.

> Bei einer agilen Transformation geht es nicht um die Implementation von regelfreien, anarchistischen Zonen, sondern darum, den Problemstellungen traditioneller Abläufe, wie Intransparenz und träge

Spannungsfeld	CHAOS ⟷	AGILITÄT ⟷	DIKTATUR
Regeln	regellos	wenige	viele
Transparenz	keine	hoch	nur für wenige
Steuerung	führungslos	selbstorganisiert	fremdbestimmt
Verantwortung	Anarchie	dezentralisiert	zentralisiert
Zusammenarbeit	unkoordiniert	vertrauensbasiert	gemanagt
Umgang mit Unsicherheit	verzettelt	akzeptiert	Scheinsicherheit
Risikomanagement	keines	realistisch	verzögert
Fokus	kein Fokus	Fokus auf Mehrwert	planbasiert
Qualität	niedrig	kontinuierliche Verbesserung	kontrolliert

Abb. 5.1 Agilität im Spannungsfeld von Anarchie und Diktatur

> Steuerungsmechanismen, konstruktiv über klare Verantwortlichkeiten, schlanke Prozesse, Kollaboration und Messbarkeit zu begegnen.

Sind wir uns dieser Tatsache und des Spannungsfelds zwischen Beliebigkeit und zu engen, traditionellen Machtprozessen bewusst, wäre nun der richtige Zeitpunkt, unseren Flieger für den Abflug nochmals auf Herz und Nieren zu checken und startklar zu machen (Abb. 5.1).

5.1 Vorflugkontrolle – Überprüfung des Transformationsdesigns

Bevor ein Flugzeug Richtung Startbahn steuert, erfolgt zwingend die Vorflugkontrolle. Mit Prüfroutinen und Kontrollrundgang wird von der Bodenmannschaft der technische Zustand nochmals geprüft. Parallel dazu nehmen die Piloten einen standardisierten Startcheck vor. Auf diese Weise wird sichergestellt, dass keine Risse, Fremdkörper oder Fehlfunktionen die Sicherheit gefährden, der Motor sauber läuft, Armaturen und Geräte einwandfrei funktionieren und die Wind- und Wetterverhältnisse den Flug tatsächlich zulassen.

Wir begeben uns bei der agilen Transformation auf eine Reise, die das Unternehmen in eine Bewegung versetzt, die eine massive Chance für die Organisation darstellt, fit für die Herausforderungen des Marktes zu bleiben respektive zu werden. Andererseits wird das System dadurch auch einer nicht unerheblichen Belastung ausgesetzt. Denn wir verändern kulturelle, gewachsene und verankerte Prinzipien, um neuen Prozessen und Abläufen Raum zu verschaffen. Dazu müssen Werte und Überzeugungen hinterfragt werden, Neues gelernt, Fehler gemacht und kontinuierliche Optimierungen vorgenommen werden. Dabei wird auch das beste Modell und der ausführlichste Change-Plan keine hundertprozentige Garantie für den Erfolg der Veränderung geben. Wir agieren in hoher Unsicherheit. Unser Transformationsdesign muss an dieser Tatsache und die konkreten Anforderungen des jeweiligen Unternehmenssystems ausgerichtet werden, um den Veränderungsprozess in der Startphase anzustoßen, im Flug zu implementieren und angemessen steuerbar zu halten, um schließlich mit einer sauberen Landung eine nachhaltige Verankerung zu erreichen.

Wie sieht es nun mit unserem Transformations-Flug aus? Wir haben, wie in den vorangehenden Kapiteln beschrieben, die Ausgangslage analysiert und eine Zielvision erarbeitet, die strategische Ausrichtung steht, jenseits von einem undurchsichtigen Nebel aus Bauchgefühl, Buzzwording und rosarotem Optimismus. Das Transformationsdesign steht somit. Oder waren wir in der Hitze des Gefechts, des Erfolgsdrucks oder anderer Einflussfaktoren nachlässig? Selbstverständlich werden wir keine Garantien bekommen, dass alles wie am Schnürchen läuft, auch bei noch so vielen Checks und intensiven Planungen. Vielmehr sollten wir mit Überraschungen und Herausforderungen rechnen und gemäß den agilen Prinzipien die Tatsache einer VUCA[1]-Welt akzeptieren. Wir gehen sinnvollerweise davon aus, dass wir sehr viel Gelegenheit bekommen werden, den Grundsatz „Fehler willkommen heißen" zu praktizieren und unsere Lernkurve so permanent zu optimieren.

---

[1] VUCA: Akronym für die Begriffe Volatility, Uncertainty, Complexity, Ambiguity und beschreibt damit die zunehmenden Herausforderungen für Unternehmen.

Doch einige grundlegende Sicherheitsvorkehrungen können bereits vor dem Start im Rahmen der Risikominimierung getroffen werden. Denn jetzt wäre der richtige Zeitpunkt nochmals einen kritischen Blick auf Unternehmensstrategie, Aufbauorganisation und die Prozesslandkarte zu werfen. All diese Bereiche werden von der agilen Transformation beeinflusst, bei einer „kleinen" Veränderung auf Teamlevel, massiv natürlich von der „großen" auf Organisationsebene. Prozesse werden im Laufe der Reorganisation angepasst, wenn nicht sogar neu erfunden. Genau diese Anpassungen werden schließlich den Vorteil auf einem dynamischen, globalen Markt ausmachen und uns befähigen, die Nase vorne zu behalten. Aus diesem Grund sollten wir nun unsere Vorflugkontrolle für die agile Transformation durchführen.

Fragen

Welche Risiken können, dürfen und wollen wir beim Erproben des Neuen eingehen, um zu einer lernenden Fehlerkultur zu kommen?

Sind wir auf der Ebene Unternehmenssteuerung bereit, das Bestehende und Bewährte nicht nur infrage zu stellen, sondern auch dauerhaft zu verändern?

Wie können wir diejenigen, die wir dazu am meisten brauchen, nämlich die Mitarbeitenden mit ihren Fähigkeiten, Wissen, Erfahrungen, auf unterschiedlichen Ebenen abholen und als Teil des Systems auf die neuen Strukturen befähigen?

Sind wir bereit in Kauf zu nehmen, dass diese Befähigung Auswirkungen auf Organisations- und Machtstrukturen, aber auch die eigene Position haben wird?

Ein Unternehmen existiert über seine Angestellten, Menschen mit Fähigkeiten, Wissen, Mut, Enthusiasmus und der Bereitschaft, gemeinsam diesen Weg zu gehen. Dabei ist weder das Top- noch das Middle-Management ausgeschlossen oder können es sich leisten, abgehoben im Elfenbeinturm zu verweilen. Auf dem Weg in die Agilität gilt es gemeinsam in der Vergangenheit etablierte Grenzen zu sprengen und Hürden zu überwinden, mit einem Ziel vor Augen, für das es sich der Einsatz lohnt, nämlich das langfristige Überleben des Unternehmens auf dem Markt.

Outside-Check

In einem Outside-Check wird vor jedem Flug Hülle und Fahrwerk auf Unregelmäßigkeiten, Risse, Fehler kontrolliert und die Wetterlage geprüft, ob diese den Start überhaupt zulässt. So möchten wir auch bei einer agilen Transformation keine unliebsamen Überraschungen riskieren, die das Unternehmen möglicherweise in den Grundfesten erschüttern.

Fragen

Wie sieht das Fahrwerk der agilen Transformation aus, welches den Change in die Organisation in Fahrt bringt?

Wird es tragfähig genug sein, um die nötige Geschwindigkeit für das Abheben aufzunehmen?

Ist es stabil genug sein, um auch eine härtere Landung zu verkraften?

Lässt die Konstruktion die im Vorfeld definierte Flughöhe zu?

Gibt es schwerwiegende organisatorische „Risse" oder „Fehlfunktionen" wie etwas fehlendes Commitment seitens Managements oder kritische finanzielle Ausgangssituationen, die zuerst behoben werden müssen?

Wird das definierte Transformationsdesign auch einige Turbulenzen aushalten und steuerbar bleiben?

Eine organisatorische Veränderung im Ausmaß einer agilen Transformation benötigt eine stabile Konstruktion in Form eines wohlüberlegten Transformationsdesigns. Dieses beinhaltet einen Rahmen, die Hülle unseres Fliegers, welche dem Außendruck standhalten muss, und ein Fahrwerk, das Start und Landung verkraftet. Daneben diktieren die Außenbedingungen, ob die Wetterlage für den Start machbar ist.

Denn wir können das Unternehmen für den Schritt in die Agilität nicht in ein Vakuum versetzen, es einer absolut methodenkonformen, kontextfreien Fitnesskur unterziehen, wieder zurück auf den Markt kommen und dort weitermachen, wo wir aufgehört haben. Es gilt für die Transformation einen realistischen Blick auf die spezifischen, extern bedingten Einflussfaktoren auf das Unternehmenssystem zu werfen.

Mögliche, zu berücksichtigende externe Einflussfaktoren für Unternehmen

- landesspezifische Gesetze, z. B. betreffend Recycling, Energieverbrauch, Antikorruptionsgesetze
- branchenspezifische Normen, z. B. Tracability bei Medizinalprodukten/-services
- Kundenanforderungen, z. B. an Sicherheit und Verfügbarkeit von Produkten und Support
- landesspezifische und kulturelle Anforderungen, z. B. Klimaverhältnisse, Gewerkschaftseinfluss, Kommunikationsformen und Tabus

Sie sind wichtige Aspekte der Wetterlage, von der Start, Flugverlauf und Landung der Transformation abhängig sind. Und selbst, wenn die Wetterlage für unsere Reise optimistisch stimmt, werden wir beim Start, als einer der kritischen Phasen unserer Reise, mit Seitenwinden rechnen müssen.

Eine agile Transformation erfolgt nicht unter statischen, vollständig kontrollierten Laborbedingungen, sondern unter dem veränderlichen Druck der regulären, marktabhängigen Geschäftstätigkeit.

Das bedeutet, dass der Erfolg unserer Reise davon abhängt, ob die Ausgangslage realistisch eingeschätzt wurde. Leider kranken viele Transformationen an dieser recht offensichtlichen Tatsache. Kaum begonnen, stehen die für die Maßnahmen vorgesehenen Ressourcen nicht mehr zur Verfügung. Zu hoch sind die Bedürfnisse des Daily Business. Das Management ist zu sehr damit beschäftigt, aktuelle Risiken und Problemstellungen zu handhaben, um ausreichend präsent zu sein und damit ein ausreichendes Maß an Verbindlichkeit zu schaffen. Viele organisatorische Veränderungen schlingern so auf der Startpiste herum, um erst einmal wieder zurück in den Hangar zu rollen, oder crashen beim Versuch, sich über die Gegebenheiten hinweg zu setzen.

Hier ist die außen-gerichtete Systemabhängigkeit eines Unternehmens klar ersichtlich. Dies wiederum steht über zeitliche Verfügbarkeiten, Priorisierungen und Finanzierungssicherheit in direkter Wechselwirkung zur Definition des Transformationsdesigns.

Einflussfaktoren auf die Stabilität des Transformationsdesigns

- **Ressourcen:** Für eine organisatorische Veränderung eines Systems müssen die Personen des Systems tätig werden. Es muss Zeit für unterschiedliche Aktivitäten wie Kommunikation, Schulungen, Erproben, Lernen und Befähigen zur Verfügung stehen.
- **Priorisierung:** Eine Transformation darf das Tagesgeschäft nicht zum Stillstand bringen. Um jedoch erfolgreich zu sein, muss eine klare Abgrenzung und Priorisierung erfolgen, die der organisatorischen Veränderung den notwendigen Stellenwert verleiht.
- **Finanzierung:** Eine Transformation muss finanziert werden und diese Finanzierung darf in der Planung weder zu knapp bemessen sein noch in Konkurrenz zu den kurz- und mittelfristigen Finanzierungsstrategien des Unternehmens stehen.

Die oben genannten Risiken verursachen bei Nichtbeachtung schnell Risse in der Hülle unseres Fliegers und können bedrohliche Ausmaße für den Erfolg annehmen. Denn neben der Tatsache, dass Aktivitäten für die Transformation selbst zurückgestellt werden und so zu unnötigen Platzrunden und kritischen Umwegen führen, erhöht sich das Risiko, dass gewohnte Muster die ersten zaghaften Pflänzchen agiler Vorgehensweisen aufgrund des Drucks überlagern. Die Ziele werden unterwandert und machen ein Greifen des Changes nahezu unmöglich. Die Erwartungen an eine rasche Veränderung in Richtung Agilität werden damit ebenso enttäuscht wie diejenigen bestärkt, die der Veränderung kritisch gegenüberstehen.

Die Priorisierung der Maßnahmen, eine saubere Einbindung in die reguläre Geschäftstätigkeit und der klar definierte Umgang mit äußeren Einflüssen gibt das Maß der Stabilität des Transformationsdesigns und dessen Belastbarkeit vor.

Die Aktivitäten für eine agile Transformation gegenüber dem Tagesgeschäft müssen von demselben abgegrenzt, positioniert, priorisiert sowie klar formuliert und verbindlich kommuniziert werden.

Neben der Hülle muss aber auch das Fahrwerk geprüft werden. Das Organisationssystem wird mit dem Start der Transformation in Bewegung versetzt. Diese übt Druck auf das Unternehmen aus, welcher für das System verkraftbar sein muss. Natürlich können wir noch nicht abschätzen, die hoch dieser Druck genau ausfallen wird. Bereits vor dem Start gilt es aber dennoch, diesen und die Belastungsgrenzen des Systems zu berücksichtigen. Eine agile Transformation überführt die Organisation in einen agilen Standard, wodurch zuerst ein Ausnahmezustand erzeugt wird, der tragbar sein muss und schließlich als neuer Standard verankert wird. Wurden die Rahmenbedingungen und Außeneinflüsse mit dem Transformationsdesign abgeglichen, bietet der Startcheck die Möglichkeit, strukturellen Gegebenheiten nochmals zu prüfen.

Startcheck
Beim Startcheck werden die Funktionsfähigkeit von Armaturen und Geräten kontrolliert, Türen und Sicherheitsvorgaben überprüft, der Motor läuft warm. Ist die Startbahn frei?

Der Flug in die Agilität wird nach dem Start nicht im Automodus, rein intrinsisch gesteuert erfolgreich sein. Es gilt die Transformation gezielt zu starten sowie den weiteren Flugverlauf über angemessene Steuerungsmechanismen zu regeln, um den Flieger auf Kurs zu halten. Knickt das Management beispielsweise bereits beim Start ein, steht nicht ausreichend zur kommunizierten Priorisierung und seiner Verantwortung in der steuernden Rolle, kann dies das Unternehmen heftig schädigen.

In der Konsequenz muss vor dem Start klar sein, wie wir uns selbst messen wollen, um Transparenz zu erhalten, ob und wie die Veränderung des Systems voranschreitet, Risiken frühzeitig zu erkennen und angemessen reagieren zu können. Mögliche Hilfsmittel und Praktiken, wie z. B. die OKR[2]-Methode oder die Einbindung von Stakeholdern in Demo-Sessions und Reviews, sollten auf ihre Machbarkeit überprüft werden, um keine zusätzlichen zeit- und kostenintensiven Nebenschauplätze zu generieren, sondern die Steuerungsgrundlagen für das Management zu gewährleisten.

---

[2] Objectives and Key Results; Rahmenwerk zur zielgerichteten Mitarbeiterführung, das Team- und Mitarbeiter-Aufgaben über qualitative, messbare, vom gesamten Unternehmen einsehbaren Zielen mit Unternehmensstrategie und -vision verknüpft.

> Das Transformationsdesign muss über Vorgaben zu den Steuerungs-
> mechanismen verfügen, die es im Verlauf der Umsetzung ermöglichen
> effizient und effektiv den Stand und die bereits erzielte Wirkung zu
> messen sowie ein adäquates Risikomanagement vorzunehmen.

Die Transformation rollt los

Gerade hinsichtlich der Startaktivitäten lassen sich nicht selten gewisse
Anti-Pattern erkennen. So rollt mancher Flieger auf die falsche, zu kurze
Startbahn. Bei genauerer Betrachtung liegt der Grund nicht selten mal
wieder in der Anwendung bekannter Verfahren auf neuem Terrain. Oft
beobachte ich, dass Agilität mit altbewährten Projektmanagement-
Methoden eingeführt werden soll. Der Widerspruch macht sich schnell
bemerkbar, wenn auch oft konsequent ignoriert und negiert. Im
schlimmsten Fall, der altbewährten Tradition folgend, mit dem großen
finalen Blame Game zum Schluss. Die Schuldsuche erspart einem
schließlich in der Vergangenheit erfolgreich, die Notwendigkeit eine
persönliche, initial unsichere Veränderung in Angriff zu nehmen. Denn
der springende Punkt ist, dass wir uns bei einer agilen Transformation in
organisatorischer und persönlicher Ungewissheit bewegen, wie wir bereits
mehrfach gesehen haben. Wir wissen nicht genau, welche Schraube
wie weit zu drehen ist. Es mag hier ein bisschen mehr sein, dort deutlich weniger. Und wie messe und belege ich den Erfolg, zum Beispiel
den Umsetzungs- und Reifegrad der Selbstorganisation? Die Leistungsfähigkeit eines Teams lässt sich gegebenenfalls noch relativ einfach an
iterativen Lieferobjekten messen. Das Mindset jedoch fordert uns schon
deutlich stärker heraus, wie inzwischen deutlich geworden sein sollte.
Tatsache ist, dass eine agile Transformation kein abstraktes Produkt
von der Stange ist. Es muss auf die Form des Unternehmens und die
Menschen darin angepasst werden. Diese müssen abgeholt, Bedürfnisse,
Ängste und Potenziale erkannt und berücksichtigt werden. Da hilft auch
alles Projekt-Reporting in euphorischen Grüntönen nicht weiter, das
dann kurz vor Abschluss in die schillerndsten Rottöne übergeht.

> Die agile Transformation benötigt für eine nachhaltige Verankerung eine
> iterative Einführung, um auf die mit jedem Schritt bewirkte Veränderung
> aktiv reagieren zu können.

Meine Empfehlung geht deshalb eindeutig in eine agil-iterative Einführung in aufeinander aufbauenden Zyklen, die von Anfang an transparent aufzeigt, dass wir uns eben nicht in Schein-Sicherheit wiegen. Wir benötigen eine agile Reise-Planung, um die Vision für unser Unternehmen schrittweise greifbar und erfahrbar zu machen und in eine reale unternehmensorientierte Gesamtsicht zu überführen. Und wer sollte uns hier anleiten, unterstützen, den Weg weisen, Probleme ausräumen, wenn nicht eine kompetente, multidisziplinäre, entscheidungsfähige Crew?

5.2 Wo bleibt die Crew? – Management und Leadership am Start

Zu jedem Flug gehört selbstverständlich auch das entsprechende Luftfahrtpersonal, welches sich in Bodenpersonal und fliegendes Personal unterscheidet. Während das Bodenpersonal für Flugzeugwartung und Flugdienstberatung zuständig ist, zählen zum fliegenden Personal Pilot, Co-Pilot, Flugingenieur und das Kabinenpersonal. Gemeinsam erfüllen sie unterschiedliche Aufgaben, um einen sicheren und effizienten Flug zur Zieldestination zu gewährleisten. Ein wesentlicher Baustein im Rahmen der Flugsicherheit ist die Arbeitsteilung der Cockpitcrew, um Flugunfälle aufgrund von Fehlverhalten zu verhindern. Die von der NASA entwickelte Methodik dazu heißt "Crew Ressource Management" (CRM), in diesem Zusammenhang nicht mit dem "Customer-Relationship-Management" zu verwechseln.

CRM geht weit über theoretische Anleitungen, wie wir sie aus jenen Massen theorielastiger Leadership-Trainings kennen, hinaus. Hier geht es um Kooperation, situative Aufmerksamkeit, Führungsverhalten, Entscheidungsfindung und damit auch die zugehörige Kommunikation. Ein wichtiger Teilbereich ist die klare Aufteilung von Aufgaben und Verantwortlichkeiten. So übernimmt etwa ein Besatzungsmitglied die Lösung eines bestimmten technischen Problems, während die Pilotin oder der Pilot das Flugzeug steuert. Eine Selbstverständlichkeit? Weit gefehlt. Leider gab es in der Vergangenheit zu viele unschöne Beispiele für schlechtes oder nicht vorhandenes CRM, wie etwa der Linienflug der Air France von Rio de Janeiro nach Paris im Juni 2009. Er stürzte über dem Atlantik ab, alle 228 Insassen kamen ums Leben. Der Kapitän hatte nach dem Start das Cockpit für seine Ruhepause verlassen. Den beiden ersten Offizieren waren die Verantwortlichkeiten nicht ausreichend klar, wodurch ein auftretendes Problem nicht rechtzeitig kommuniziert und behoben wurde. Das wiederum führte zu Fehlverhalten und damit letztendlich zum Absturz.

Grundvoraussetzungen für die Führung einer agilen Transformation
Kennen unsere ersten Offiziere im Unternehmen ihre Verantwortlichkeiten bevor wir uns mit ihnen auf diese Reise begeben? Wissen sie, wie sie die wesentlichen Flugparameter erhalten, interpretieren und gegebenenfalls auch über angemessene Prozeduren im Sinne der Organisation korrigieren können? Oder bewegen wir uns hier in der Scheinsicherheit nach dem Motto: „Jaja, alles schon mal gehört. Bei uns passiert doch schon per definitionem nichts Schlimmes!". Haben wir uns vor unserem Weg zum Flughafen rechtzeitig Gedanken gemacht und entschieden, wer unsere Reise führt, geht es nun darum zu prüfen, ob unsere Crew die notwendigen Voraussetzungen mitbringt.

> Für eine erfolgreiche agile Transformation müssen diejenigen, die den Erfolg verantworten, auch die Umsetzung verantworten. Das bedingt Wollen, Können und Dürfen.

Ohne das Wollen, nämlich die Bereitschaft und persönlicher Überzeugung, sind die Weichen schlecht gestellt. Oftmals werden sogenannte „Zwiesel" mit dieser Aufgabe betreut, die nach außen Buzzwords predigen und sich gut verkaufen, die Veränderung aber grundsätzlich bei den anderen sehen. Selbst bleibt man gerne beim alten Leisten. Doch auch der beste Wille reicht nicht aus, wenn Fähigkeiten und Kenntnisse über die Zusammenhänge, Aufgaben und Verantwortungen im Argen liegen. Schließlich ist es oft in Führungskreisen des mittleren Managements aufgrund der gewachsenen Sandwich-Position nicht einfach, auch den erforderlichen Freiraum des Dürfens zu erhalten. Diese Voraussetzungen sollten vor dem Start auf den jeweiligen Führungsebenen zwingend berücksichtigt werden.

Leider sehe ich sehr oft, dass gerne von Mitarbeiter-Befähigung, allgemein bis esoterisch gehaltenem Mindset und der großen Kulturveränderung gesprochen wird. Die Führung lehnt sich jedoch traditionell als Auftraggeber zurück oder verfällt, in tayloristischer Manier, in die Rolle des „Peitschers". Damit verliert so manches Unternehmen den Drive, generiert klassischen Führungs-Waste[3] und verliert schneller als erwartet die tatsächliche Kontrolle.

> **Fragen**
>
> Wurden die Piloten der Transformation korrekt ausgewählt, ausreichend geschult und mit ihrer neuen Aufgabe vertraut gemacht oder riskieren wir wilde Flugmanöver, die unsere Organisation in heftige Probleme steuern werden?
> Sind wir bereit Optionen zu diskutieren oder steht uns unsere bestehende tayloristische Kultur, Erfahrung und Weltsicht im Weg?

Sicherheitsbedürfnis und Sicherheitsregeln

Das Thema Sicherheit ist für ein Unternehmen von existenzieller Bedeutung. Zeigen doch kritische Spekulationen, Fehlentscheide und mangelhaftes Risikobewusstsein immer wieder ihre unschönen Konsequenzen im Wirtschaftsraum über Umsatzeinbußen, Verlust an Marktanteilen bis hin zu Insolvenz und Firmenschließungen. Wir sollten also sicherstellen, dass wir mit unserer agilen Transformation keine waghalsigen Flugmanöver vollführen, wie etwa jene, die im Juni 1994 zum Absturz einer B-52 auf der Fairchild Air Force Base führten. Die unangemessene Verhaltensweise des Piloten wurde von den Vorgesetzten weder gemeldet noch sanktioniert. Das wiederum führte zu einer folgenschweren Unsicherheitskultur. Denn wer sich über riskante Manöver beschwerte, musste mit negativen Konsequenzen rechnen. Beim besagten Absturz während eines Trainingsflugs kamen schließlich alle vier Besatzungsmitglieder ums Leben. Der verantwortliche Kapitän war außerhalb der zulässigen Einsatzparameter geflogen und hatte die

---

[3] Waste (aus dem Lean-Management): verschwenderische, nicht wertschöpfende Aktivitäten eines Unternehmens.

Kontrolle verloren. Zum Unglück führten laut Unfalluntersuchung eine Reihe von Ereignissen. Neben dem Verhalten des Piloten wurde die vorhergehende Nicht-Reaktion seiner Vorgesetzten darauf und die daraus entstehende Kultur ein wesentlicher Faktor. Der Fall gilt auch heute noch als Beispiel dafür, wie wichtig die Einhaltung der Sicherheitsregeln ist, und dass jedes Verhalten, das dieselben verletzt, zu korrigieren ist.

Was bedeutet das nun für unseren Transformations-Flug? Müssen wir überängstlich ein groß angelegtes Sicherheitskonzept mit Berücksichtigung aller Eventualitäten erstellen? Sicher nicht. Denn das würde jede Bewegungsfreiheit gleich zu Beginn eliminieren und verunmöglichen, situationsgerecht zu handeln. Was wir hingegen benötigen, ist ein Management, das den Überblick behält, die Stärken, Schwächen und Grenzen der Unternehmung kennt.

> Eine Transformation darf nicht aus Eigeninteressen und Selbstdarsteller-Bedürfnissen einzelner heraus zu einer wagemutigen Show mutieren, die das Überleben der Organisation und damit auch die Sicherheit der Mitarbeitenden gefährdet.

Wir brauchen dementsprechend eine Crew an Board, die einen solchen Flieger nicht nur in die Luft bringen kann, sondern auch weiß, wie sie mit Herausforderungen umzugehen hat und wo die Grenzen zwischen konstruktiver Steuerungsfreiheit und destruktivem Absturzrisiko liegen.

Aktive Kommunikation als Erfolgsfaktor
Eine Flugzeug-Crew wird zu aktiver Kommunikation befähigt, um klare Aufträge und Auskünfte zu erteilen, dabei aber auch Feedback sinnbringend zu geben und anzunehmen, um Fälle wie den verheerenden Absturz im Januar 1989 vorzubeugen. Hier hatte der Kapitän nach einem Schaden am linken Triebwerk versehentlich das intakte rechte abgestellt. Obwohl der Kabinenbesatzung klar gewesen war, welches der beiden Triebwerke die Fehlfunktion aufwies, wurden diese wichtigen Informationen dem Kommandanten nicht übermittelt und von diesem nicht eingeholt. Die Maschine schlug 900 m vor der Landebahn auf, 49 Menschen starben.

Wenn schlechte Kommunikation im Flugverkehr zu derartigen Katastrophen führen kann, so müssen wir leider davon ausgehen, dass in Systemen mit einer geringen direkten Gefährdung von Leib und Leben Ausmaß und Auswirkungen mangelhafter Kommunikation noch schneller unterschätzt werden.

Eine Flugzeugcrew muss in der Lage sein, die Bedürfnisse anderer vorauszusehen, mit genauer Kenntnis der jeweiligen Verantwortungsbereiche und Aufgaben. Es erfolgen Briefings und Aktionspläne werden erstellt, um Aufgaben auch unter hoher Arbeitsbelastung integriert und synchronisiert, aber auch mit der notwendigen Flexibilität zu erledigen. Die Crew ist gefordert, gemeinsam die Leistungen des Teams im Sinne des gemeinsamen Teamziels zu beobachten, Feedback zu geben, einzuholen und auch anzunehmen. Übertragen wir dies auf ein Unternehmen, muss eine Kommunikationsstruktur aufgebaut werden, welche einerseits transparent Rollen und Verantwortlichkeiten aufzeigt, andererseits aber auch sicherstellt, dass unserer Transformationscrew alle relevanten Informationen zur richtigen Zeit in der richtigen Form zur Verfügung stehen. Nur so sind logische, verständliche Entscheidungen überhaupt möglich, können alternative Handlungen und ihre jeweiligen Konsequenzen identifiziert werden (Abb. 5.2).

Erfolgreiche Unternehmenskommunikation berücksichtigt alle drei Ebenen, die zentralen Kriterien und die Rückkoppelung (Reaktion des Empfängers).

Abb. 5.2 Elemente wirksamer Unternehmenskommunikation

Leider treffen wir in Unternehmen immer wieder auf die Tatsache, dass Wissen einen entscheidenden Machtvorteil darstellt, was sich sehr schnell in der Kommunikationsstrategie widerspiegelt. Die Konsequenzen für eine Transformation können verheerend sein. Im Vorfeld wird über die Art und Weise der Kommunikationspraxis meist schnell deutlich, wo es sich um Machterhalt und Positionierung über gutes Marketing geht und wo um Engagement und Überzeugung für das Unternehmen und seine Angestellten. Das Management steht somit in der Pflicht, ein besonderes Augenmerk auf den Einfluss des Informationsaustauschs und die dahinter verborgenen Zielsetzungen zu legen. Es gibt nicht nur eine allgemeine Vision vor und springt bereits zum nächsten Thema, bevor der Flieger überhaupt gestartet ist.

> Eine agile Transformation benötigt eine abgestimmte, gut kommunizierende Führungscrew mit maximaler Handlungsfähigkeit. Persönliche Befindlichkeiten und Machtspielchen haben hier keinen Platz, wenn die Veränderung zum Erfolg geführt werden soll.

Gerade die zunehmende Komplexität von Produkten, Marktverhalten und den eigenen Unternehmensstrukturen fordern die Führungsebenen bei einer Transformation heraus. Jedes agile Team muss ein hohes Maß an Selbstorganisation aufweisen, um über konstante Lernzyklen rasch und flexibel handeln zu können, wofür angemessene Kommunikationsstrukturen aufzubauen und permanent zu optimieren sind. Hierzu muss ein Setting im Unternehmen aufgebaut werden, das dieser Tatsache Rechnung trägt und dem leitenden Team in der Transformation eine eigenverantwortliche Zusammenarbeit erlaubt. Nur so werden die Besatzungsmitglieder in der Lage sein, schnelle Entscheidungen zu treffen, welche die Flugsicherheit gewährleisten und in unserem Fall das Überleben des Unternehmens und die soziale Sicherheit seiner Mitarbeiterinnen und Mitarbeiter ermöglichen.

Umsetzung über schlanke Prozesse

Nicht selten driftet die beschriebene Vorflug-Kontrolle in Unmengen von Meetings, redundanten, unabgestimmten Konzepten und Zick-Zack-Kursen ab. Würden wir Effizienz, Ergebnisse, Mehrwert und

Kosten dafür transparent machen und offenlegen, käme so manches gut etablierte Verhalten in heftige Erklärungsnot. Der Grundsatz der Offenheit und Transparenz mag also bereits in diesem frühen Stadium unbequem, wenn nicht gar schmerzhaft werden. Die Berücksichtigung der agilen Prinzipien kann aber auch helfen, um Sicherheit im Ungewissen zu vermitteln und den Angestellten in angemessenem Masse als Betroffenen zum Beteiligten zu machen.

Praktiken effizienter Kommunikationsstrukturen

- Nicht nur initiales Set-up einer Führungskoalition, sondern auch konstante Überprüfung der Zielorientierung im Team.
- Reduktion von einzelnen Meetings und bilateralen Abstimmungen auf regelmäßige Synchronisation mit der gesamten Führungscrew, um Divergenzen zügig auf den Tisch zu legen und zu klären.
- Klare Kommunikation und einheitliche Stoßrichtung über Bereichsgrenzen hinweg.

Bleibt also nur noch die Frage: Ist unsere Crew vollständig an Board, ausreichend geschult und vorbereitet, gewillt uns auf dieser Reise nicht nur zu begleiten, sondern auch anzuleiten, zu motivieren und aktiv auf Augenhöhe zu führen?

5.3 Sicherheitsinstruktionen – Sinn und Unsinn von Workshops und Trainings

Nach dem leidigen Einstiegsgedrängel hat jeder schließlich seinen Platz eingenommen, respektive sich auf dem bisschen, zur Verfügung stehenden Raum hinein gequetscht und versucht sich und seine sieben Sachen einigermaßen zu verstauen. Die Türen sind geschlossen. Nervöses Lachen hier, lautstarke Diskussionen dort. Nach einer gefühlten Ewigkeit setzt sich unser Flieger langsam in Bewegung. Auf dem Weg zur Startbahn wird nochmals die Gepäckablage kontrolliert, dass alle Sicherheitsgurte geschlossen sind, und es folgen die obligatorischen Sicherheitsinstruktionen. Die netten Flugbegleiter und Flugbegleiterinnen erzählen die ewig gleiche Story. Sie öffnen und schließen die Sicherheitsgurte, halten sich in gebührlichem Abstand Sauerstoffmasken vor das Gesicht, weisen auf die Schwimmwesten hin und wedeln mit theatralischen Bewegungen Richtung Notausgänge. Dabei stets ein demonstrativ entspanntes Lächeln und darauf achtend gut auszusehen. Die Aufmerksamkeit der Fluggäste hält sich meist in Grenzen. Denn wozu zuhören? Passieren die schlimmen Dinge, wie bereits mehrfach erwähnt, doch sowieso immer nur den anderen. Wichtiger ist es die richtige Musik auf dem Handy zu suchen oder schnell noch ein paar wichtige Whatsapp[4] Nachrichten zu verschicken. Natürlich sollten alle Handys längstens im Flugmodus sein, aber so ein wenig herauszögern kann ja nicht so schlimm sein. Geht es aber bei diesem Ablauf wirklich nur darum einen formalen Prozess einzuhalten oder steckt mehr dahinter?

Bei meinem letzten Flug hatte ich mir die Zeit genommen und überlegt, wozu diese Instruktionen tatsächlich dienen. Ich habe mir ausgemalt, was denn im Ernstfall wohl passieren würde. Dabei kam ich zum Schluss, dass die Instruktionen nur bedingt Panik und Fehlverhalten verhindern werden. Doch es geht bei dieser Aktion nicht ausschließlich darum, die Passagiere hinsichtlich korrekter Verhaltensweisen zu schulen, um die Überlebenschancen im Falle eines Absturzes zu erhöhen. Vielmehr lenken sie auch vom bevorstehenden Startmanöver ab, reduzieren die Flug- und Platzangst der Fluggäste. Die freundlich lächelnden Stewardessen und Stewards vermitteln Fachkompetenz und im gleichen Atemzug Sicherheit. Denn was wäre schlimmer als panische Passagiere, die bei jeder kleinen Turbulenz in Panik verfallen?

> Bei einer agilen Transformation muss zwingend Dringlichkeit vermittelt werden, um einen Handlungsimpuls zu setzen. Gleichzeitig muss die notwendige Sicherheit vermittelt werden, um als Arbeitnehmende den Schritt ins Ungewisse wagen zu können.

---

[4] Kurznachrichtendienst.

Befähigung unter dem Aspekt Sicherheitstraining

Das Genannte erinnert mich an so manche Trainings und Workshops, die im Vorfeld von Transformationen durchgeführt werden. Nicht selten strahlen uns hier mehr oder weniger kompetente, dafür aber umso teurere Experten siegessicher an und erklären uns Flugverlauf und Sicherheitsinstruktionen respektive die Tiefen und Breiten von Frameworks wie Scrum, LEss[5], Kanban, SAFe[6]. Ich möchte nicht infrage stellen, dass die theoretische Schulung der Belegschaft über Workshops und Trainings eine absolute Notwendigkeit im Vorfeld und im Laufe einer Transformation ist.

> Trainings und Schulungen bereiten Mitarbeitenden theoretisch auf die kommenden Veränderungen vor und zeigen Verhaltensweisen auf, um diese Veränderungen zielgerichtet zu gestalten.

Sie sollen die Mitarbeiter neben der Vermittlung der Theorie aber auch Sicherheit vermitteln und Ängste nehmen. Leider gibt es hier oft Missverständnisse. Mancher Trainer verfällt in die Rolle eines sich profilierenden Selbstdarstellers, andere erinnern an Prediger, die nur in der Reinform ihrer eigenen methodischen Glaubenssätze eine Erlösung aus der Pein des volatilen Markes sehen, wie wir in Kapitel vier gesehen haben. Nehmen wir an, dass wir den Empfehlungen dort gefolgt sind und eine auf das Unternehmen angepasste Auswahl an fähigen Trainern getroffen haben, müssen wir dennoch mit Reaktionen seitens der Mitarbeiter, ähnlich den oben beschriebenen, rechnen: „Ja, ja, alles ganz interessant, aber Notausgang, Sauerstoffmaske, Rettungsweste? Brauche ich nicht, da sich erst einmal ja nicht viel ändern wird." Kombinieren wir dies mit einer kulturell gepflegten Konsum-Haltung, werden teure Schulungen und Trainings zu netten, aber leider ineffizienten und teuren Banalitäten.

---

[5] Large Scale Scrum.
[6] Scaled Agile Framework.

Ineffizienz von einem Workshop

Eine Gruppe von internen Mitarbeitenden sollte zu agilen Coaches befähigt werden. Alle Teilnehmer brachten Vorkenntnisse und Erfahrungen mit und hatten sich zum Befähigungsprogramm explizit committet sowie mehrfach ihre Motivation bekundet.

Thema eines spezifischen Workshops war nun, wie die zukünftigen Coaches in den jeweiligen Abteilungen eine agile Arbeitsweise einführen sollten. Am Ende des Workshops sollte das mögliche Vorgehen dafür den Teilnehmern klar sein und vereinbart werden, welcher angehende Coach in welcher Abteilung nun aktiv werden würde.

Die Teilnehmer waren während des Workshops sehr unterschiedlich bei der Sache. Während die einen aktiv und interessiert am Praxisbezug waren, gab es andere, welche die Workshopregeln missachteten, sich lieber mit dem Checken von E-Mails auf Handy und Laptop beschäftigten und nur auf explizite Aufforderung partizipierten.

Interessanterweise waren es genau diese Teilnehmer, die im Nachgang nicht gewillt waren, eine Abteilung zu unterstützen. Die Begründung: „Ich weiß ja überhaupt nicht, was ich machen soll." Ob nun Fehler des Trainers oder des Workshopsettings, die unverbindliche Konsum-Haltung der Teilnehmer spiegelte, dass es im Unternehmen für manche unüblich war, ein verbales Commitment auch als Verbindlichkeit und den Workshop als Teil desselben zu betrachten.

Oder wie mir ein Kadermitglied einmal im Rahmen einer Transformation offen ins Gesicht sagte: „Ich habe schon x Re-Organisationen mitgemacht. Das Ganze tangiert uns nicht. Wir arbeiten genauso weiter wie bisher. Einfach mit ein paar anderen Bezeichnungen. Das wird auch diesmal so bleiben."

Viele Trainings strotzen nur so von Buzzwording und einem Bejubeln eines mystischen agilen Mindsets, welches wir nun unrealistischerweise per sofort, völlig magisch, aufbauen werden. Ohne das geht schließlich gar nichts, sagt man uns. Also ist die logische Schlussfolgerung: erst einmal müssen sich die andere – allen voran das Management – ändern. Dann sehen wir weiter. Solange dies nicht passiert – was zum aktuellen Zeitpunkt der Transformation selbstverständlich nicht möglich ist – sehe ich als Mitarbeitende selbst keine Notwendigkeit irgendetwas anders zu tun oder an meiner Geisteshaltung oder -verfassung zu schrauben. Ein nachhaltiger Bezug bleibt aus und der fahle

Beigeschmack von drohenden Turbulenzen macht sich breit. Wir müssen deshalb klar kommunizieren, dass Schulungen einen verbindlichen Startpunkt darstellen und einen wichtigen Anhaltspunkt geben, wohin die Reise gehen soll.

> Eine solide Befähigung zur Agilität bedingt Wissen und Erfahrung der Vermittelnden, aber auch eine Verbindlichkeit seitens der befähigten Mitarbeitenden die Theorie in die praktische Anwendung zu bringen, auszuprobieren und zu lernen.

Schulungen bilden eine Basis und sollten dementsprechend nicht nur dazu dienen, einen Muss-Punkt auf unserer Checkliste abzuhaken. Vielmehr sollte vom Management das Verständnis und die Erwartungshaltung aufgebaut werden, dass es dabei nicht um Selbstzweck, Selbstdarstellung, das Sammeln von Zertifizierungszettelchen oder Beschäftigungstherapie geht, sondern um eine reale Chance als Teil des Unternehmens dessen Entwicklung mitzugestalten.

Was bei vielen Trainings oftmals recht nebulös bleibt sind zwei wesentliche Dinge: erstens ein spürbarer, echter Impact, den das Ganze praktisch und nachvollziehbar für die Teilnehmer selbst hat und zweitens das Erlebbar-Machen von abstrakten Begriffen wie zum Beispiel „agile Mindset". Es wird freundlich gelächelt, gewitzelt und ein wahres Feuerwerk an Weisheiten abgefeuert, welches die tatsächliche Sprengkraft der Agilität jedoch verpuffen lässt. Ähnlich den Stewardessen und Stewards sehen unsere Trainer professionell, freundlich lächelnd vor uns und erklären uns, wie die Welt – die viele von ihnen vielleicht noch nie selbst praktisch erfahren haben – funktioniert. Ohne Verbindlichkeit das Vermittelte in die Praxis tragen zu müssen, wird sich die Wirkung stark in Grenzen halten. Die Angestellten sollten bereits vor dem Start der Transformation verstehen können, was es für sie oder ihn ganz konkret und praktisch bedeutet, statt in Schulungen und Meetings Buzzwords durchzukauen, wie einen alten, geschmacklosen Kaugummi. Dazu müssen Berater und Trainer über entsprechende Befähigung, praktische Erfahrung und psychologisches Einfühlungsvermögen verfügen. Gutes Marketing und eine ausreichende Anzahl bedruckter Papierchen oder in Perfektion gepinselte

Powerpoint-Präsentationen bringen uns nicht weiter. So nimmt ein guter Trainer die Teilnehmer mit, begeistert und berührt sie, zeigt ihnen das „so what" der Transformation, ermutigt zum kritischen, konstruktiven Hinterfragen und Partizipieren. Akzeptiert aber auch, dass die kulturelle Veränderung sich nicht er-schulen lässt.

Tabu-Thema Risiken und Nebenwirkungen
Neben ineffizienten Schulungen, deren Tragweite meist deutlich unter den Möglichkeiten bleibt, werden die Risiken, Nebenwirkungen und Gefahren einer agilen Transformation oftmals nicht explizit hervorgehoben. Meist wird weder thematisiert, dass agile Arbeitsweisen nicht für jedes Umfeld und jeden Mitarbeitenden optimal sind, noch dass bei einer konsequenten Umsetzung plötzlich jahrelang aufgebaute Rollen und Verantwortungen verschwinden könnten, organisatorische und soziale Strukturen mit nicht unerheblichen Konsequenzen in Bewegung kommen. In kaum einer Schulung wurden mir nachfolgende zentrale Fragen gestellt. Zu stark kamen jeweils die kulturellen Tabus zum Zug.

> **Fragen**
> Was wird aus dem ganzen Pool von Projekt- und Teamleitern, wenn es nur noch selbstorganisierte Teams gibt?
> Was heißt Transparenz, wenn nicht auch Kontrolle des Mitarbeitenden?
> Tragen die Angestellten jetzt auch noch die Verantwortung des mittleren Managements, ohne deren Vergünstigungen und Vergütung zu erhalten?

All das und vieles mehr wird in den seltensten Fällen thematisiert. So starten viele Transformationen ohne Sicherheitsgurt oder Sauerstoffmaske, was bei der Implementation nicht selten zu überraschten Gesichtern führt. So werden beispielsweise fröhlich Scrum-Teams aufgestellt, doch der Product Owner erhält nicht die angemessene Entscheidungsbefugnis. Würde dies doch das tabuisierte Macht-Verhältnis zum Vorgesetzten beschneiden. Oder das Team entscheidet nicht zeitnah über das „Wie" in der Umsetzung, da jegliche Entscheidungen diesbezüglich erst die gesamte Hierarchiekette hinauf und wieder herunter gespült werden müssen. Agile Prinzipien verkommen zu schlecht klebenden Etiketten und gefährden das erklärte Ziel der agilen Transformation.

> Risiken und Herausforderungen wie neue Entscheidungsstrukturen, Karrieremodelle und Arbeitsweisen sollten frühzeitig thematisiert werden, nicht als Tabu-Themen unter den Teppich gekehrt werden, wo sie zu gefährlichen Stolperfallen werden.

Agilität beinhaltet erwiesenermaßen viele Vorteilen, hat aber auch Einfluss auf das Gesamtsystem Organisation. Geben wir den Angestellten keine guten Instruktionen für allfällige Turbulenzen mit, werden sie schnell haltlos herumwirbeln, den Kopf an der Decke anschlagen oder krampfhaft versuchen sich an blanken Theorien oder beschönigten Vergangenheiten festzukrallen. Turbulenzen gehören zu einem Flug ebenso wie zu einer agilen Transformation, wie wir später noch sehen werden. Geben wir den Mitarbeiterinnen und Mitarbeitern also die richtigen Sicherheitsinstruktionen, die die Theorie des Neuen mit realistischem Praxisbezug verbinden, um zu zeigen, dass wir uns auch bei schüttelnden Seitenwinden und auf den Magen schlagenden Luftlöchern des Marktes auf unsere Crew, unsere Organisation und die Sicherheitsgurte verlassen können.

Menschenbild und Grundhaltung

Viele Generationen wurden in der Vergangenheit klassisch, tayloristisch sozialisiert. Und dies nicht nur unsere Großeltern. Auch jene Generation, welche heute Managementpositionen einnimmt, durchlief die üblichen gesellschaftlichen Prägungen. Der Lehrer weiß alles, der Schüler (noch) nichts. Der Lehrer spricht, der Schüler hört in erster Linie zu. Ich möchte hier keine gesellschaftskritischen Diskussionen lostreten. Doch wenn wir uns mit der Agilität und ihrer Einführung im Rahmen einer Transformation beschäftigen, sollten wir uns bewusst machen, dass Sozialisation, Erfahrungen und Gelerntes nicht ignoriert werden kann. Um erfolgreich zu sein, müssen wir vielmehr ein Bewusstsein dafür entwickeln, dass eine Veränderung immer auf dem Bestehenden basiert, um Verhaltensweisen neu auszurichten.

Erfolgreiche Transformationen berücksichtigen, dass eine Grundhaltung erlernt, nicht statisch aufgesetzt wird. Dazu müssen die Prinzipien der Agilität für die Menschen einer Organisation in dem System angemessenen Schritten verständlich und erprobbar sein.

In der Vergangenheit hatten viele Unternehmen, insbesondere ab einer bestimmten Größe, Erfolg, der sich auf ein tayloristisches Menschenbild stützte. Dieses lehrte uns, dass wir als Angestellte kleine Arbeitsrädchen in einem gegebenen System sind. Gesteuert und gelenkt wird von den „Wissenden" oben und unten drehen die ausführenden Rädchen. Heute kommen nun nette Herrschaften aus hochbezahlten Consulting-Firmen und erzählen etwas von radikaler Selbstorganisation, Mindset-Change und der ach so hochgepriesenen Flexibilität, auf die ja alle nur gewartet haben. Selten erzählen sie davon, wie wir Jahrzehnte lang Gelerntes und Gelebtes einfach so über Bord werfen können. Idealerweise sollten wir es stattdessen im neuen Setting nutzen, adaptieren und konstruktiv weiterentwickeln. Agilität ist keinesfalls das rosarote, auf Knopfdruck realisierte Nirwana, wie in Kapitel eins bereits deutlich geworden sein sollte. Im Gegenteil, Agilität bedeutet mehr Eigenverantwortung und Verpflichtung auf allen Ebenen, auch auf jenen, die von derartigen Ansinnen bis anhin befreit waren. Hatte doch der Chef diese Dinge geregelt. Und wenn wir dies nun einmal ketzerisch weiterdenken: Können die Trainer uns erklären, was mit denselben passiert? Bekommen sie weiter ihr „kleines" Gehalt und schieben dabei die Verantwortung dann einfach nach unten ab? (Abb. 5.3).

Um in einer agilen Transformation Erfolg zu haben, müssen bestehende Menschenbilder mittels neuer Erfahrungen neu ausgerichtet werden.

Agilität löst gewachsene Machtverhältnisse und natürliche Machtbedürfnisse auf, um diese in Strukturen zu überführen, die ein ausgewogen balanciertes Maß an Selbstverantwortung und Fremdverantwortung benötigen. Die Kunst besteht darin dies zu bewerkstelligen, ohne wertvolles Wissen und Erfahrung zu verlieren und Netzwerke zu zerstören.

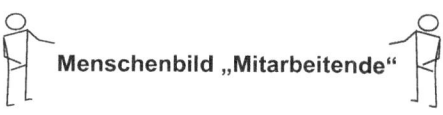

Taylorismus		Agilität
instrumentale Sicht, Mensch funktioniert wie Maschine	**Generell**	Menschen sind neugierig, vermehrt Wissensarbeiter
kein intrinsischer Leistungswille	**Leistungswille**	intrinsischer Leistungswille
nur über äußere Anreize (Belohnung und Strafe)	**Motivation**	über Sinngebung, Bestätigung, Anerkennung
Fremdsteuerung und Kontrolle zwingend notwendig	**Steuerung**	Wunsch nach Selbstorganisation, Selbstverantwortung
Mensch ist egoistisch, passiv, faul, unwillig	**Sozialverhalten**	Streben nach Zugehörigkeit, Gemeinschaft, Partizipation

Abb. 5.3 Menschenbild tayloristisch vs. agil

Mitarbeitende wollen sich auf ihre Führungskräfte verlassen können und benötigen doch ein deutlich höheres Maß an Selbstbestimmung als dies noch vor 50 Jahren der Fall gewesen ist, denn die Arbeitsanforderungen haben sich massiv gewandelt und werden sich aufgrund zunehmender Digitalisierung weiter verändern.

Fragen

Wer gibt uns auch in Zukunft in ausreichendem Maß Sicherheit, ohne die Pferde scheu zu machen und Schwarzmalerei zu betreiben?

Wo, bitte schön, sind Sicherheitsgurt und Sauerstoffmaske, wenn wir uns aus der bekannten Komfortzone bewegen?

Wieviel Sicherheit brauchen, benötigen und bekommen wir und von wem?

Rolle des agilen Coaches

Gehen wir davon aus, dass das Management seine Hausaufgaben bis jetzt gemacht hat und der organisatorische Change sauber aufgegleist wurde. Selten ist das Mittelmanagement jedoch zu diesem Zeitpunkt bereits vollends befähigt und erfahren genug, um der Belegschaft die oben beschriebene notwendige Sicherheit zu vermitteln. Aus diesem Grund empfiehlt es sich so früh wie möglich erfahrene agile Coaches an Bord zu nehmen. Nun könnte man annehmen, dass dies nicht nötig ist. Haben wir doch unsere Mitarbeitenden informiert und geschult, Vision und Strategie kommuniziert. Fehlt nur noch die Umsetzung. Und genau hier stelle ich immer wieder fest, dass eine erfolgreiche Transformation nicht einfach verordnet werden kann. Wir müssen Altes loslassen, um dann wieder Fuß fassen zu können, auf neuem, unbekanntem Terrain.

> Agile Coaches helfen an Board die Ängste und Bedenken ernst zu nehmen, Ressourcen und Stärken zu nutzen und vermitteln damit den notwendigen Halt und Zuversicht.

Denn Agilität ist keine Neuerfindung des Rades, im Gegenteil. Wir wollen unsere Fähigkeiten, Kenntnisse und Erfahrungen nicht über Bord werfen, sondern im Sinne des Unternehmens, aber auch für die persönliche Weiterentwicklung, einsetzen und weiter voran bringen. Agile Coaches können in der Vorbereitung helfen, saubere Vorbedingungen für den Start zu schaffen, um nicht mit Vollgas in den erst besten Sturm zu fliegen, der unsere Transformation wieder zu Boden zwingt. Dass es bei dieser Gattung unterschiedliche Ausprägungen gibt, haben wir bereits in Kapitel vier gesehen. Die Passung zum organisatorischen System ist und bleibt entscheidend. In einem Unternehmen haben wir erfahrene „Alte Hasen" und junge, dynamische Sprinter, kopflastige Denker und hands-on veranlagte Pragmatiker an Board. Sie alle benötigen wir für unsere Transformation und den weiteren Erfolg des Unternehmens. Erfahrene agile Coaches wissen das und helfen ihnen im Laufe des Fluges ihre Plätze zu finden, die neuen Rollen zu entdecken, schrittweise die Vorteile der Agilität zu erleben. Sie schaffen aber auch Verbindlichkeit, fordern klar und eindeutig die Einhaltung der Spielregeln ein. Und das bereits, wenn es nun losgeht, Richtung Startbahn. Bitte alle anschnallen.

5.4 FLIGHTCHECK – Preflight-Check

Übersicht

☑ Inside-Check mit finaler Abstimmung von Zielvision, Strategie, Organisationsstruktur und Prozessen
☑ Outside-Check vom Transformations-Design auf Belastbarkeit und von den Umgebungsbedingungen
☑ Wollen, Können und Dürfen einer agilen Umsetzungsstrategie des Managements klären
☑ Check von kultureller Ausgangslage, Macht- und Rollenstrukturen und Kommunikationsverhalten
☑ Schulungen mit auf das Unternehmen abgestimmten Zielsetzungen starten
☑ Frühzeitiger Einbezug von konsistentem agilem Coaching

Weiterführende Literatur

Adams P (2017) Question thinking. dtv, München

Aholt G (2019) Unternehmenssteuerung mit KPIs und Kennzahlen: Denken Sie an die drei Ebenen! https://itelligencegroup.com/de/local-blog/unternehmenssteuerung-mit-kpis-und-kennzahlen-denken-sie-an-die-drei-ebenen/. Zugegriffen: 26. März 2021

Ballé M, Beauvallet G (2016) Le Management Lean. Pearson, Paris

Bendel O (2018) Digitalisierung. Gabler Wirtschaftslexikon. https://wirtschaftslexikon.gabler.de/definition/digitalisierung-54195. Zugegriffen: 3. Juni 2018

Berger M, Chalupsky J, Hartmann F (2008) Change Management – (Über-)Leben in Organisationen. Schmidt, Giessen

BFU (Büro für Flugunfalluntersuchungen) (2001) Statisik über Flugunfälle von in der Schweiz immatrikulierten Luftfahrzeugen im In- und Ausland sowie von im Ausland immatrikulierten Luftfahrzeugen in der Schweiz. https://www.sust.admin.ch/inhalte/pdf/Jahresberichte_u._Statistiken/Statistik_2000.pdf. Zugegriffen: 26. März 2021

Birkenbihl V (2004) Kommunikation für Könner. Redline, Frankfurt

Brandes U, Gemmer P, Koschek H, Schültken L (2014) Management Y. Campus, Frankfurt

Bundesamt für Statistik (2017) Marktwirtschaftliche Unternehmen nach Wirtschaftsabteilungen und Grössenklasse. https://www.bfs.admin.ch/bfs/de/home/statistiken/industrie-dienstleistungen/unternehmen-beschaeftigte/wirtschaftsstruktur-unternehmen.assetdetail.3202074.html. Zugegriffen: 1. Juni 2018

Bundesamt für Statistik (2018) Konkursverfahren nach Kanton – 1994–2017. https://www.bfs.admin.ch/bfs/de/home/statistiken/industrie-dienstleistungen/unternehmen-beschaeftigte.assetdetail.4642607.html Zugegriffen: 1. Juni 01 2018

DeMarco T (1997) The Deadline. Dorset Housepublishing New York

Diehl A (2021) Objectives and Key Results (OKR) – Einführung in die OKR Methode. https://digitaleneuordnung.de/blog/okr-methode/. Zugegriffen: 26. März 2021

Diesbrock T (2011) Ihr Pferd ist tot? Steigen Sie ab! Campus, Frankfurt

Dobelli R (2017) Die Kunst des klaren Denkens, dtv, München

Fischer-Epe M, Reissmann M (2017) Coaching zu Führungsthemen. Rowohlt, Hamburg

Fischermanns D (2010) Praxishandbuch Prozessmanagement. Schmidt, Giessen

Forgas J (2011) Soziale Interaktion und Kommunikation. Psychologie, Weinheim

Forward Intelligence Group (2020). Agile Transformation Domains. http://mybusinessagility.com/agile-transformation-domains/. Zugegriffen: 26 März 2020

Gadatsch A, Mayer E (2010) Masterkurs IT-Controlling. Vieweg + Teubner, Wiesbaden

Gloger B, Margetich J (2014) Das Scrum-Prinzip. Schäfer Poeschel, Stuttgart

Goldratt E, Cox J (2010) Das Ziel. Campus, Frankfurt

Gorman T (2011) The Complete Idiot's guide to MBA Basics. Alpha Books, New York

Grossmann R, Bauer G, Scala K (2015) Einführung in die systemische Organisationsentwicklung. Carl-Auer, Heidelberg

Hackl B, Gerpott F (2015) HR 2020 – Personalmanagement der Zukunft. Vahlen, München

Häusling A, Römer E, Zeppenfeld N (2018) Praxisbuch Agilität. Haufe Gruppe, Freiburg

Heringer H (2017) Interkulturelle Kommunikation. Franke, Tübingen

Hofert S (2016) Agiler führen. Springer Gabler, Wiesbaden

Höfler M, Bodingbauer D, Dolleschall H, Schwarenthorer F (2018) Abenteuer Change Management. Frankfurter Allgemeine Buch, Frankfurt

Hohm H-H (2006) Soziale Systeme, Kommunikation. Juventa, Weinheim

Institut für Angewandte Psychologie (2018) IAP Studie 2017. Zürcher Hochschule für Angewandte Wissenschaften (Hrsg) https://www.zhaw.ch/de/psychologie/institute/iap/iap-studie/. Zugegriffen: 1. Juni 2018

Jule A (2009) Teamentwicklung – Die Rolle des Teamleiters. GRIN

Kaltenecker S (2016) Selbstorganisierte Teams führen. dpunkt, Heidelberg

Kennedy O, Künzi M (2016) Full Potenzial Report. Cominmag, Enigma Lab. https://enigma.swiss/full-Potenzial/report-2016-fp-analysis.pdf. Zugegriffen: 29. Mai 2020

Kim G, Behr K, Spafford G (2018) The phoenix project. O'Reilly, Sebastapol

Kleinoth C (2019) Top Trends in der Unternehmenssteuerung. https://www.valsight.de/blog/top-trends-in-der-unternehmenssteuerung/. Zugegriffen: 26. März 2021

Kotter J, Rathgeber H (2011) Das Pinguin-Prinzip. Droemer Knaur, München

Kotter J (2012) Leading change. Franz Vahlen, München

Kowalski S (2014) Betriebliche Kennzahlen. Beck, München

Krech D, Crutchfield R (1992) Grundlagen der Psychologie. Beltz, Weinheim

Kruse D P (2008) 8 Regeln für völligen Stillstand (nach P. Kruse). https://erfolgreich-projekte-leiten.de/8-regeln-fuer-voelligen-stillstand/. Zugegriffen: 25. März 2021

Kunow A (2017) Projekt management & business coaching. Books on Demand

Laloux F (2017) Reinventing organizations. Les Èditions Diateino, Paris

Leido P (2014) Lean & agile project management. Trafford

Leopold K (2018) Agilität neu denken. Leanability, Wien

Lombriser R, Abplanalp P (2010) Strategisches Management. Versus, Zürich

Lyonnet B (2015) Lean management. Dunod, Malakoff Cedex

Mann L (1999) Sozialpsychologie. Beltz, Weinheim

Marquet D (2015) Turn the ship around! Penguin

Marquet D (2020) Leadership is language. Penguin

Martin R (2020) Clean agile – Back to basics. Pearson, Boston

Nowalski D (2019) Lean, Kanban et DMAIC. Maxima, Paris

Nowotny V (2018) Agile Unternehmen. Business Village, Göttingen

Osterwalder A, Pigneur Y (2011) Business Modell – Nouvelle Génération. Pearson, Paris

Osterwalder A, Pigneur Y, Bernarda G, Smith A (2015) Value proposition design. Pearson, Paris

Röpstorff S, Wiechmann R (2016) Scrum in der Praxis. dpunkt, Heidelberg

Rosenberg M (2016) Gewaltfreie Kommunikation. Jungfermann, Paderborn

Sagmeister S (2016) Busines culture design. Campus, Frankfurt

Schmidt DS (2021) Schwarmorganisation. https://www.schwarmorganisation. de. Zugegriffen: 30. März 2021

Schmidt P (2011) Organisatorische Grundbegriffe. Schmidt, Giessen

Schuldt C (2012) Systemtheorie. CEP Europäischer, Hamburg

Schulz von Thun F (2013) Klarkommen mit sich selbst und anderen: Kommunikation und soziale Kompetenz. Rowohlt Taschenbuch, Hamburg

Schwarz T, Lindner A (2016) KATA – Verbesserung zur Routine machen. Hanser, München

Simon F (2013) Einführung in Systemtheorie und Konstruktivismus. Carl-Auer, Heidelberg

Strode DE, Huff SL, Tretiakov A (2009) The impact of organizational culture on agile method Use. IEEE, Waikoloa

Stroebe W, Jonas K, Hewstone M (2003) Sozialpsychologie. Springer, Berlin

Summerer A, Maisberger P (2018) Teamwork agil gestalten. Hanser, München

UK Civil Aviation Authority (2013) Global Fatal Accident Review 2002 to 2011, CAP1036. https://www.caa.co.uk/Data-and-analysis/Safety-and-security/Analysis-reports/Global-fatal-accident-review/. Zugegriffen 25. März 2021

Vahs D, Weiand A (2010) Workbook Change Management. Schäfer-Poeschel, Stuttgart

Weber C, Preuss A (2006) Potenzialorientiertes Coaching. Klett-Cotta, Stuttgart

Wegener R, Loebbert M, Fritze A (2014) Coaching-Praxisfelder – Forschung und Praxis im Dialog. Springer VS, Wiesbaden

Wirtz MA (2017) Dorsch – Lexikon der Psychologie. In: Hogrefe AG (Hrsg). https://dorsch.hogrefe.com. Zugegriffen: 28. März 2021

Würzburger T (2019) Die Agilitäts-Falle. Vahlen, München

6

Ready for Take-off – Start der agilen Transformation

Zusammenfassung Der Erfolg einer agilen Transformation ist eng an die Kommunikationsstrategie geknüpft. Diese beginnt, wie wir gesehen haben, bereits vor dem offiziellen Roll-out und führt mit einem gut geplanten Kick-off starten in die kulturellen Veränderungen des Systems. Diese gilt es zu tracken und die neuen Führungsverantwortungen nachhaltig zu verankern. Um die Transformation erfolgreich zu machen, werden Mitarbeitermotivation und systemangepasste Begleitung entscheidend sein. Die Unternehmensführung sollte stets vor Augen haben, dass beim Start auch eventuelle Abbruchoptionen vorsehen werden müssen.

Vor Kurzem standen wir noch in der Schlange der Startwilligen und -unwilligen. Nun sitzen wir mit einer Mischung aus Vorfreude auf das Neue und Angst, ausgelöst durch das Gefühl der Machtlosigkeit und Ungewissheit, in einer ungewohnten, beengenden Umgebung. Können wir uns auf die Piloten verlassen? Taugt das Flugzeug etwas? Was, wenn etwas schiefläuft? Letztendlich sind wir eben nicht fürs Fliegen geschaffen. Unsere Art hat schließlich keine Flügel, sondern Arme zum Zupacken und Beine zum Laufen. Beides nun in einen schmalen Sitz gezwängt und zur vermeintlichen Untätigkeit verdammt. Unser Kopf

S. Zech, *Erfolg in der agilen Transformation*,
https://doi.org/10.1007/978-3-658-36139-6_6

mit seinen eigenwilligen Denkvorgängen und unsere Emotionen, deren Eigenleben uns immer wieder positiv wie negativ fordern, können uns begeistern und motivieren oder aber über die Vorstellung wilder Absturz-Szenarien heftiges Unbehagen hervorrufen.

Je länger diese Phase dauert, desto höher ist die Wahrscheinlichkeit, dass so manchem wertvollen und wichtigen Keyplayer unseres Unternehmens der Geduldsfaden reißt. Die einen fallen vielleicht als Randalierer und Störenfriede auf, andere ergreifen im letzten Augenblick doch noch über den Notausstieg die Flucht. Mag Zweiteres in einem normalen Reiseflug ein äußerst seltener Fall sein, passiert es in einer Transformation leider oft, dass beim Start die Nerven blank liegen.

Der Change wurde geplant, Strategien entschieden, top down kommuniziert. Und doch fühlen sich die Mitarbeiterinnen und Mitarbeiter überrannt, fremdbestimmt, unsicher. Der Check, ob die Belegschaft physisch und psychisch noch an Bord ist, wird oft unterschätzt. In einem Unternehmen sind meist nur die Abgänge in Form von offiziellen Kündigungen sichtbar. Wir sollten aber auch andere Varianten im Blick behalten, wie einen Anstieg an Fehltagen und schwerer erfassbaren inneren Kündigungen. Wurde vielleicht vom Management als autoritäres Familienoberhaupt nach bestem Wissen und Gewissen entscheiden und dabei der aktuellen emotionalen Konstitution des Personals zu wenig Aufmerksamkeit geschenkt? Dumm nur, wenn genau jetzt die Befindlichkeiten durchschlagen. Die Führungsebene muss sich der Tatsache bewusst sein, dass die Angestellten heute keine Eisenkugeln mehr an den Füssen tragen. Sie sind bei Weitem nicht mehr in gleichem Maß an Unternehmen gebunden sind, wie dies vor einigen Jahrzehnten der Fall war. Dabei sind sie mit der zunehmenden Digitalisierung je länger, je mehr das alles entscheidende Potenzial des Unternehmens.

Ob offene Notfalltüren unseres Fliegers oder randalierende Fluggäste respektive Widerstand, Abgänge und Blockaden zwingen die Transformation nicht selten, am Boden zu bleiben, zurück zum Hangar zu schleichen und nochmals über die Bücher zu gehen. Wir könnten selbstverständlich versuchen, trotzdem zu starten. Was bekanntlich viele Unternehmen auch tun. Sie übersehen mehr oder weniger bewusst, dass sich das geplante Setting in der Startphase nicht eingestellt hat, wollen

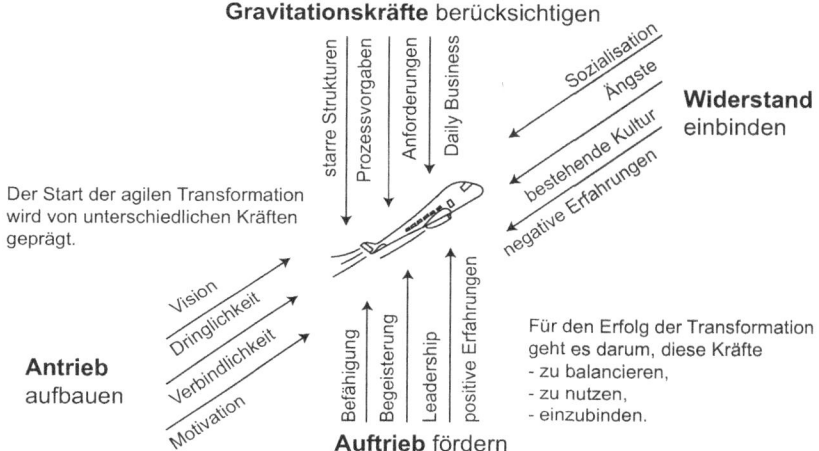

Abb. 6.1 Spiel der Kräfte beim Start der agilen Transformation

nun aber auf Biegen und Brechen los. Alles andere wäre mit empfindlichem Gesichtsverlust verbunden. Wo bliebe da unsere Glaubwürdigkeit als Entscheidungsträger? In den meisten dieser Fälle wird die Transformation eher einer holprigen Buckelpistenfahrt gleichen, da es schwer werden wird, auf die notwendige Geschwindigkeit zu kommen, die für eine erfolgreiche Transformation Voraussetzung ist. Die Konsequenzen eines solch kurzsichtigen Handeln lassen üblicherweise nicht lange auf sich warten. Selbstverständlich ziehen alle vordergründig mit, doch der innere Widerstand bremst die Transformation nachhaltig aus. Das Risiko von Fehlstart, Platzrunde oder gar Absturz ist deutlich erhöht (Abb. 6.1).

Lassen Sie uns deshalb an dieser Stelle überlegen, was unsere Startprozeduren und Handlungsoptionen sind. Bei unserer geplanten Transformation bewegen wir Menschen aus ihrer Komfortzone, vermitteln ihnen neue Verhaltens- und Denkweisen, um langfristig als Organisation bestehen zu können. Dabei vergessen viele was unsere Flug-Passagiere, die hier mehr oder weniger freiwillig sitzen, an praktischem, theoretischem, aber auch emotionalem Gepäck mitbringen.

Der Entwickler hat seinen Job nicht gewählt, um in Marathon-Meetings Organisationsentwicklung zu betreiben. Der Teamleiter sieht sich mit unklaren Aussichten und Perspektiven konfrontiert und mag sich fragen, wie er bei so viel eigener Unsicherheit seine Mitarbeiterinnen und Mitarbeiter anleiten, motivieren und schützen soll. Das Top-Kader dagegen versucht nicht selten die Fassade des traditionellen Familienoberhauptes zu wahren und dabei die Verantwortung all der unbequemen Aspekte an externe Beratungsunternehmen zu delegieren. Und schon holpert es gewaltig auf unserer Startbahn.

6.1   Ab auf die Startbahn – die Transformation bewegt sich

Endlich, die Warterei hat ein Ende. Die Triebwerke heulen auf. Das Flugzeug setzt sich in Bewegung. Stärker und stärker drückt uns der gewaltige Schub in die Sitze. Der Flieger scheint mit der Schwerkraft der Erde zu kämpfen, hebt sich, immer noch etwas verhalten, leicht an, nimmt Fahrt auf. Die vorhandene Bahnlänge soll möglichst effizient ausgenutzt werden, um die Lebensdauer der Triebwerke zu erhöhen und Verschleiß, Lautstärke und Emissionen so tief wie möglich zu halten. Damit die beträchtliche Gewichtskraft überwunden werden kann, muss auf der Startbahn eine bestimmte Geschwindigkeit erreicht werden. Verkehrsflugzeuge beschleunigen dafür auf stolze 250 bis 345 km/h. Der Schub muss aus den Triebwerken kommen. Der aerodynamische Auftrieb erfolgt schließlich durch die Anstellwinkelerhöhung, wodurch erst das Bugrad abhebt, dann die Hinterräder. Das allerdings mit rechtem Getöse. Und ist die Startbahn in einem minderwertigen Zustand, kann es äußerst holprig werden.

Fragen

Was ist die Gravitationskraft, die eine Transformation am Boden halten kann?

Woher bezieht das System seinen Schub, um die Veränderung in Bewegung zu versetzen?

Mit welchem Verschleiß und Abrieb müssen gerechnet werden?

Welche Emissionen einer agilen Transformation nehmen Einfluss auf das System und seine Umgebung?

Es klingt recht einfach. Wir legen los und transformieren die Organisation einmal schnell. Eine auf äußeren Maßnahmen und Steuerung basierende organisatorische Veränderung mag im Sinne der taylorischen Industrialisierung eine gute Idee gewesen sein. Doch die Situation hat sich massiv verändert. Dies sollte mittlerweile sehr deutlich geworden sein. Wir sollten uns deshalb im Sinne der Sicherheit und der Nachhaltigkeit einer Veränderung fragen, was unser Schub ist, der uns wegbringt von bestehenden, in der Vergangenheit verankerten Prozessen und Verhaltensweisen, und wie unsere Startbahn aussieht.

> Eine agile Transformation berücksichtigt die innere und äußere Komplexität einer Unternehmung und benötigt für den Erfolg den Aufbau intrinsischer Motivation aus dem System heraus.

Haben wir unsere Hausaufgaben wie in den vorherigen Kapiteln beschrieben gemacht, so geht es nun darum, die Motivation über Glaubwürdigkeit und Nähe zur Basis entsprechend zu befeuern und den verbleibenden Schlaglöchern gekonnt auszuweichen.

Die Gravitationskräfte

Das sollte doch alles kein Problem sein! Bereits in der Schule wird uns schließlich beigebracht, dass wir uns nur an die Spielregeln zu halten haben. Sei fleißig, folge den Anweisungen von oben, dann wird alles gut. Aber genau an diesem Punkt hapert es in einer agilen Transformation letztendlich. Wenn ich auf meine eigene Schulzeit zurückblicke, waren es nicht die «Streber» mit den guten Noten, die die coolsten Jobs ergattert haben, sondern die Kreativen, die Networker, die Eigenwilligen. So wurden über unsere Sozialisation in der Schule Grundsteine für eine Haltung gelegt, die unter der Oberfläche liegen und bei einer agilen Transformation berührt werden.

Gesellschaftlich zementierte Blame-Games reichen in ihrem Ursprung weit zurück. Der Schüler ist schließlich selbst schuld, wenn er schlechte Noten hat. Äußere Umstände oder mangelhaftes Vermögen der Lehrkraft einen Inhalt empfängergerecht zu vermitteln, stehen nach wie vor äußerst selten zur Diskussion. Stattdessen versuchen Eltern mit Zuckerbrot und Peitsche eine „intrinsische" Motivation extern zu erzeugen, selbst oft im Unklaren, was dieselbe dem Kind eigentlich bringen soll. Wir wurden dazu erzogen, so zu funktionieren und das Dilemma zu akzeptieren. Dieses zieht sich weiter in das unternehmerische System, wenn wir die Diskussionen über Top-down- oder doch lieber Bottom-up-Initiativen sowie nachträgliche Rechtfertigungsaktivitäten betrachten. Nein, ich habe kein Patentrezept, dies zu lösen. Als Mutter von zwei Kindern stand ich oft genug verzweifelt im Widerstreit der Gefühle. Eine Schlüsselerkenntnis war für mich die Einsicht, dass ich im schulischen Kontext meiner Kinder selbst oftmals nicht wusste, wozu das Ganze eigentlich gut sein sollte und ob es dem Potenzial der Schülerinnen und Schüler gerecht wird. Wozu muss ich mein Kind dazu nötigen, ein ellenlanges, altertümliches Gedicht auswendig zu lernen? Wird es den zukünftigen Chef beim Bewerbungsgespräch überzeugen, dass derjenige der oder die beste Mitarbeitende im Verkauf ist, der Schillers Glocke rezitieren kann? Ich möchte hier keine Abhandlung über pädagogischen Sinn und Unsinn halten, aber darauf hinweisen, dass dieser sich fröhlich bis in die Berufsbildung und -praxis fortsetzt und fundamental auf unser Denken und Handeln Einfluss nimmt. Das Dilemma wirkt konsequent und erbarmungslos als Gravitationskraft beim Abheben unseres Fliegers weiter, wenn einerseits der Notwendigkeit der Veränderung zugestimmt wird, andererseits aber zu wenig eigenverantwortliche Partizipation im System beobachtet wird (Abb. 6.2).

> Für den erfolgreichen Aufbau und die anschließende Verankerung eines agilen Mindsets müssen die über individuelle Sozialisation gelernten Verhaltensweisen und Grundhaltungen reflektiert werden, um ein Verlassen der jeweiligen Komfortzone überhaupt erst zu ermöglichen.

Wir sollten uns beim Start der agilen Transformation bewusst sein, dass wir selbst und jeder Angestellte im System seine jeweilige Sozialisation in das Arbeitsleben mitbringen. Es geht dabei keineswegs um psychoanalytische, esoterische oder anderweitige Spinnereien, wie manch einer/eine nun vielleicht meinen könnte, sondern um konkreten Praxisbezug. Vielfach wollen Unternehmen Agilität, Selbstorganisation, intrinsische Motivation, Kreativität, idealerweise jedoch ohne die

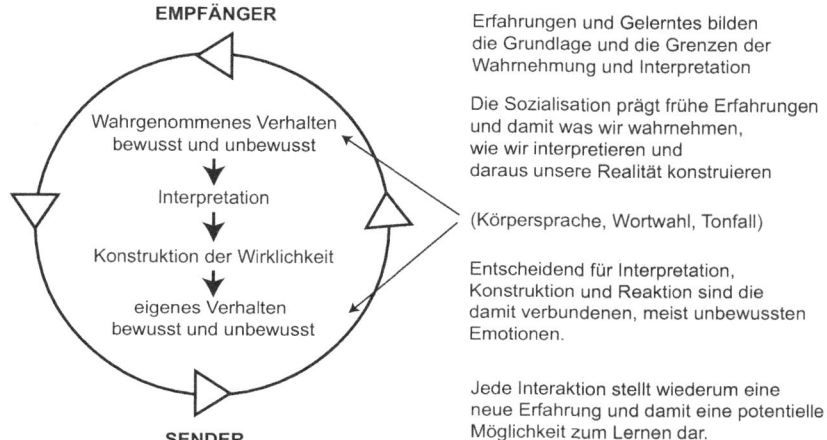

EMPFÄNGER

Wahrgenommenes Verhalten
bewusst und unbewusst

Interpretation

Konstruktion der Wirklichkeit

eigenes Verhalten
bewusst und unbewusst

SENDER

Erfahrungen und Gelerntes bilden
die Grundlage und die Grenzen der
Wahrnehmung und Interpretation

Die Sozialisation prägt frühe Erfahrungen
und damit was wir wahrnehmen,
wie wir interpretieren und
daraus unsere Realität konstruieren

(Körpersprache, Wortwahl, Tonfall)

Entscheidend für Interpretation,
Konstruktion und Reaktion sind die
damit verbundenen, meist unbewussten
Emotionen.

Jede Interaktion stellt wiederum eine
neue Erfahrung und damit eine potentielle
Möglichkeit zum Lernen dar.

Abb. 6.2 Einfluss der Sozialisation auf Wahrnehmung, Interpretation der Umwelt und eigenes Verhalten

Komfortzone des sozialen Konformismus zu verlassen. Doch das System schlägt in solchen Fällen in schönster Regelmäßigkeit zurück.

Systemisch-bedingte Gravitationskräfte

Die Kräfte der Sozialisation, die bei einer agilen Transformation hoch wirksam werden und dieser entgegenwirken, liegen in aller Regel unter der Oberfläche des Eisbergs.

- Prägung auf Top-Down-Gehorsam
- Erwartungshaltung der Steuerung über externe Treiber
- Fehlende Möglichkeiten, in der Vergangenheit intrinsische Motivation in einem geschützten Rahmen erproben, erlernen, erleben zu können

Sehen wir der Realität ins Auge, so stellen wir fest, dass intrinsische Motivation mehr benötigt als ein paar mit Buzzwords überfrachtete Powerpoint-Slides. Deren tatsächliche Auswirkungen werden leider oft unterschätzt. Denn wie ein Vogelschwarm, der einem Flieger beim Start ins Triebwerk fliegen kann, gefährden die in der Folge massenhaft herumfliegenden Buzzwords unsere Transformationsstrategie und damit den gesamten Veränderungsprozess.

Schub der Veränderung

Was wir als Antrieb der Veränderung brauchen, ist echte Begeisterung. Denn sobald die emotionale Seite gewonnen werden kann, bekommen wir von unseren Mitarbeitenden den immensen Schub, der eine Transformation überhaupt erst ermöglicht und das Unternehmen auf dem Markt differenziert.

Ich meine hier nicht die negativen Emotionen wie Angst, die bekanntlich einfach konditioniert und als Selbstschutzmechanismus deutlich schneller als jeglicher bewusste Gedanke abrufbar sind. Wie wir oben gesehen haben, wurden wir normalerweise auf Motivationsimpulse von außen getrimmt, welche uns dazu bewegen sollen, gewisse Handlungen vorzunehmen. Kommen dann noch ein tayloristisches Menschenbild und hierarchisch ausgerichtete Karrieremodelle dazu, erstaunt mich eine eher bescheidene Euphorie und Beteiligung der Belegschaft keinesfalls. Was meiner Erfahrung nach am wenigsten zum Erfolg der ganzen Transformation beiträgt, ist ein konsequentes Ignorieren dieser Tatsache oder die Verwechslung von Vermittlung von Dringlichkeit mit Panikmache und Schüren von irrationalen Ängsten.

Voraussetzungen für das Entstehen von Begeisterung

Begeisterung setzt ein Gefühl von Sicherheit, Machbarkeit und Notwendigkeit voraus. Alle drei Aspekte müssen vom Management aktiv gewährleistet, kommuniziert und demonstriert werden, um den Mitarbeiterinnen und Mitarbeitern die Möglichkeit einer realen Partizipation zu geben.

- **Sicherheit:** Das Management baut dazu Vertrauen über ein ausreichendes Maß an Systemstabilität auf und demonstriert, dass es aktiv die Verantwortung für das Unternehmen trägt.
- **Machbarkeit:** Das Management stellt die Mittel und Werkzeuge zur Verfügung, gestaltet die Rahmenbedingungen, sodass der Prozess der Veränderung den notwendigen Raum im System erhält, um realistische Ziele zu erreichen.
- **Notwendigkeit:** Das Management vermittelt die Dringlichkeit der Transformation sowie den Mehrwert für das Unternehmen, ohne ins Schulmeistern zu verfallen.

Dabei darf nicht unberücksichtigt bleiben, dass Begeisterung ein zwei-schneidiges Schwert ist. Einerseits erzeugen wir damit den Schub, den wir für eine erfolgreiche Transformation benötigen, andererseits bietet sie aber auch die Möglichkeit zur Manipulation über den Druck der sozialen Erwünschtheit und weckt Erwartungen, welche die Beleg-schaft überfordern kann. Und doch lohnt es sich, hier zu investieren. Denn geschieht es verantwortungsvoll, sind Mitarbeitende, die frei-willig die Extra-Meile gehen, der Lohn dafür. Anfangen sollten wir dabei nicht auf theoretischen Allgemeinplätzen. Hinterfragen wir zuerst unsere eigene Sozialisation, unsere Glaubenssätze und bringen diese in Einklang mit den Zielen, die wir für das Unternehmen haben. Damit schaffen wir die nötige Authentizität, die überzeugt, mitreißt und begeistert.

Verschleiß und Abrieb einer agilen Transformation
Was aber tun mit all den kritischen, unwilligen Stimmen? Es wäre unrealistisch anzunehmen, dass wir alle von der Notwendigkeit der Ver-änderung begeistern können und sich ein agiles Mindset top-down ver-ordnen lässt. Hier ist professionelles Changemanagement gefragt. Als Changemanager waren für mich die Befürworter der Veränderung stets wichtig. Doch erst die Wahrnehmung und Wertschätzung der Kritiker ermöglichte es mir, den wesentlichen Schub in den Prozess zu bringen.

Wir haben zwar unsere Startbahn überprüft und möglichst viele Schlaglöcher behoben, doch nun geht es darum, die kritischen Stimmen nicht zum destruktiven Abrieb der Transformation werden zu lassen. Kritik und Ablehnung haben einen individuellen Hintergrund. Das mag die völlig natürliche, generelle Angst vor Veränderung sein, kann aber auch auf spezifischen Erfahrungen und Wissen basieren, das einzubinden und zu berücksichtigen die Erfolgschancen einer Re-Organisation exponentiell erhöht (Abb. 6.3).

Es mag aber auch sein, dass wir in diesem Augenblick erkennen, dass es Angestellte gibt, die unter keinen Umständen bereit sind, die Trans-formation zu tragen. In diesem Fall kommen wir nicht darum herum, über die Bücher zu gehen. Dies kann uns zu essenziellen Fragen führen, die wir weiter unten bei den Abbruchoptionen betrachten werden.

Kritik ist kein Lob. Im Grunde genommen möchte niemand kritisiert werden.
Menschen suchen Bestätigung, Lob und Anerkennung.
Die primären Emotionen bei Kritik sind negativ.
Das primäre Verhalten ist Abwehr.

möglicher Umgang mit Kritik bei agilen Transformationen	konstruktive Kritik	destruktive Kritik
Zuhören und Inhalte prüfen	sachdienlich	nicht sachdienlich
Form der Kommunikation prüfen	sachlich	unsachlich
Einordnen der Sender-Motivation	Interesse an Entwicklung der Sache oder Person	Positionierung, Abwehr, Angst, Wut, etc.
Entscheid zu Umgang mit der Kritik	Prüfen der Relevanz, Massnahmen definieren	Klären der Hintergründe und diese bearbeiten

Abb. 6.3 Umgang mit Kritik im Rahmen der agilen Transformation

> **Fragen**
>
> Ist die Transformation auch dann machbar, wenn wir uns von Personen trennen, die den Weg in die neue Organisation nicht gehen möchten? Oder können wir diese Mitarbeiterinnen und Mitarbeiter doch noch so einbinden, dass es zum beiderseitigen Wohl geschieht, das Ziel der Agilität aber nicht gefährdet?

Hier ist es nicht selten notwendig „out of the box" zu denken. Denn die Transformation ist kein fixes „on-size-fits-all"-Konstrukt. Doch wir müssen dazu neu denken und auch bis jetzt Undenkbares zulassen. Es gibt unterschiedlichste Möglichkeiten, dies über Design Thinking, Ishikawa-Problem-Solving-Workshops oder weitere Kreativitätstechniken anzugehen. Gehen wir auf unsere kritischen Mitarbeitenden zu und lassen sie teilhaben am Prozess, statt top-down Unmündigkeit und tayloristische Mechanismen zu pflegen. Wer kennt die Situation nicht? Die Lehrerin oder der Lehrer stellt eine Frage und unsere Antwort ist falsch. Gelächter, Maßregelungen, ob bewusst oder unbewusst, führen dazu, dass wir vorsichtig werden und teilweise irrationale Ängste entwickeln. Viele Menschen haben so von klein auf gelernt, nichts falsch machen zu dürfen und Autoritäten zu respektieren.

Best und worst Practices

Mit unerwartet hohem Widerstand wird in der Praxis sehr unterschiedlich umgegangen.
Best Practices: den agilen Werten folgend, wertschätzend

- sachliche, transparente Offenlegung und Diskussion auf Augenhöhe
- Inanspruchnahme von Mediation bei erhöhter Emotionalisierung
- Respekt von gegenseitigen, sich widersprechenden Bedürfnissen und Sichtweisen
- gemeinsame Suche nach Konsens statt faulem Kompromiss

Worst Practices: den tayloristischen Werten folgend, im unfairen Sektor zu verorten

- direkte und indirekte Drohungen über Ausspielen des hierarchischen Stands
- intrigante Vorgehensweisen über Dritte, auf die der/die Betroffene nicht direkt reagieren kann
- jegliche emotionale Verletzung über persönliche Beleidigungen, Anspielungen, Mobbing

---

Hier mag sich ein weiterer, gerne verschwiegener Aspekt der Agilität auftun. Denn auch wenn es erwiesen ist, dass Selbstorganisation und Empowerment außerordentlich starke Mechanismen sind, benötigen diese nach wie vor Führung, wie wir bereits gesehen haben. Wir sollten zur Verhinderung unnötigen Verschleißes uns selbst und unseren Mitarbeitenden gegenüber so fair sein, zu respektieren und zu akzeptieren, dass Autonomie Mehraufwand ist. Insbesondere für jene, die bis jetzt lediglich Befehle umgesetzt und, wie Rädchen in der Maschine, funktioniert haben. Fairness heißt für mich, dass ich diesen Menschen den verdienten Respekt entgegenbringe und ihnen die Chance gebe, über iterative Lernschritte und positive Erfahrungen Sicherheit im neuen Setting zu gewinnen.

Emissionen – Außenwirkungen

Nun kommt also das Management mit der Ansage: Fertig mit dem People-Management. Neu sind alle selbstverantwortlich. Meist jedoch nur, solange getan wird, was von oben erwartet wird. Um aus diesem Kreislauf herauszukommen und eine Fehlerkultur aufzubauen, die uns den Marktvorteil des schnellen Lernens ermöglicht, müssen wir, wie wir gesehen haben, in der agilen Transformation iterativ vorgehen, in kleinen Schritten und mit schnellen Erfolgen Vertrauen schaffen.

Diese Quick Wins provozieren wiederum positive Außenwirkungen, die auf das System einwirken. Die Tatsache, dass eine Transformation über unterschiedliche Emissionen das Gesamtsystem innen und außen beeinflusst, wird bei den bunten Hochglanzprospekten zur Agilität nicht gerne thematisiert.

> Eine agile Transformation erzeugt, insbesondere bei partieller Implementation, Emissionen im Sinne von Außenwirkungen auf das Unternehmenssystem und seine Umgebung, da mit der Veränderung Geräuschentwicklung, Erschütterungen und gesamtsystemische Veränderungen verbunden sind, die oft nicht über die Transformation selbst gesteuert werden.

Wie in den vorhergehenden Kapiteln beschrieben findet eine agile Transformation nicht in einem isolierten Laborsetting statt, sondern folgt den Gesetzmäßigkeiten systemischer Gegebenheiten und Prozesse. Es werden im übertragenen Sinne Stoffe freigesetzt, welche zu Außenwirkungen außerhalb der jeweiligen Veränderungsmaßnahmen führen.

> **Mögliche Außenwirkungen einer agilen Transformation, die eine Belastung für das Gesamtsystem darstellen können**
>
> • Geräusche
>   – Informelle, nicht abgestimmte Kommunikation und Gerüchte tragen negative Aussagen schnell weiter und können als ungeprüftes Wissen aus zweiter Hand Meinungen und Haltungen gegenüber der Agilität negativ beeinflussen. Das wiederum kann bei Mitarbeiterinnen, Mitarbeitern und Stakeholdern zu Verunsicherung und Vertrauensverlust in die Unternehmensleitung führen.
> • Atmosphäre
>   – Der Schritt in eine agile Kultur führt nicht selten zur Offenlegung von Diskrepanzen in Grundhaltungen und Verhaltensweisen, die

> im Widerspruch zu den agilen Prinzipien stehen und die Kultur des Unternehmens spalten.
> – Inkonsistenzen und fehlende Durchgängigkeit in der agilen Transformation selbst werden von außen meist schneller wahrgenommen und schränken die Glaubwürdigkeit der formulierten Vision ein. In der Konsequenz können Qualitätseinbußen, Mehraufwände und Redundanzen aufgrund von unkontrolliertem Mushrooming das System bedrohen.
> • Erschütterungen
> – Werden Prozesse und Strukturen in die Agilität überführt, erfolgt eine Umverteilung von Macht und Status, was zu nachhaltigen Erschütterungen in bestehenden Abläufen der Gesamtorganisation führen kann, z. B. zur Notwendigkeit neuer Karrieremodelle.

Werden die möglichen Auswirkungen auf das Gesamtsystem bedacht und beobachtet, lassen sich diese durchaus kontrollieren und zeitnah konstruktiv korrigieren. Lediglich eine Nichtbeachtung der systemischen Effekte würde der Zielsetzung der agilen Transformation und damit dem Unternehmen schaden. Wie sich nicht jedes Schlagloch auf Startbahn vermeiden lässt und das eine oder andere Holpern dazu gehören, geben die Einflüsse, die eine Transformation auf das System ausübt, immer auch eine Chance, sie im Positiven als Indikatoren für Verbesserungsansätze zu nutzen. Wenn unser Fahrwerk ausreichend stabil ist und das Management den richtigen Treibstoff für den notwendigen Schub zur Verfügung stellt, steht damit unserem Start nichts mehr im Weg.

6.2 Startprozedur und Abbruchoptionen – Kennen wir unsere Entscheidungspunkte?

Bekanntlich ist der Start auch ohne besondere Zwischenfälle eine kritische Prozedur, die Pilotinnen, Piloten und Crew sowie Material und Technik fordert. Wenn jetzt ein Triebwerk ausfällt, muss schnell entschieden und reagiert werden. Während der Startphase eines Flugzeugs gibt es drei verschiedene, geschwindigkeitsabhängige Entscheidungspunkte. Bis zum ersten Entscheidungspunkt V1 reicht die Piste noch aus und das Pilotenteam kann im Fall eines Problems den

Start problemlos mit einer Vollbremsung abbrechen. Unmittelbar danach folgt der Moment, an dem die Nase des Fliegers angehoben wird. Jetzt liegt kein Abbruch mehr drin, auch bei Ausfall eines Triebwerks muss gestartet werden. Der dritte Punkt schließlich lässt das Flugzeug abheben. Und auf einmal ist die Bodenhaftung weg.

In so mancher Transformation konnte ich die steigende Spannung spüren, ähnlich dem Moment, bevor die Pilotin oder der Pilot Gas gibt. Die Gerüchteküche kocht über, die Nerven liegen blank. Verkrampfung macht sich breit. Wir verlassen unsere lieb gewonnene, wenn auch nicht immer positive Komfortzone und Sicherheit. Ist unsere Führungsetage gewappnet, die verschiedenen Entscheidungspunkte bravourös zu meistern? Wie bereits beschrieben, neigen viele Unternehmen dazu, ab einem gewissen Punkte stattdessen lieber die «Augen-zu-und-durch»-Strategie zu fahren.

Sunk Cost Effekt und mangelhafte Kommunikationsstrukturen

Mögliche Unannehmlichkeiten wie erste Erkenntnisse, dass mit höheren Risiken zu rechnen ist als ursprünglich angenommen, werden konsequent ausgeblendet. In der Psychologie wird dies als «Sunk Cost Effect» bezeichnet. Wie zuvor beschrieben, handelt es sich dabei um die Tendenz, ein Vorhaben auch in Schieflage fortzusetzen, wenn bereits eine Investition in Form von Geld, Anstrengung oder Zeit getätigt wurde, die «Sunk Costs». Diese beeinflussen weitere Entscheidungen, insbesondere wenn eine Person für die getätigten Investitionen persönlich zur Rechenschaft gezogen wird oder in den Entscheidungsprozess und seine Folgen involviert ist.

> Der „Sunk Cost Effect" vermindert die Objektivität im Entscheidungsprozess und führt dazu, dass «gutes» Geld «schlechtem» hinterhergeworfen wird.

Für unsere Transformationsphase mag das bedeuten, dass Erkenntnisse über Risiken, Settings und Umgebungsbedingungen bis zum ersten Entscheidungspunkt noch handhabbar wären, indem die Notbremse gezogen wird. Eine Vollbremsung, kurzes Schütteln, zurück zum Hangar und die „Auslegeordnung"[1] nochmals korrigieren. Nun kommen zwei Faktoren zusammen, die eine solche Aktion in der Regel verhindern. Der eine Aspekt ist der oben beschriebene „Sunk Cost Effect". Die Entscheidungsträger erliegen diesem meiner Erfahrung nach nicht im Sinne einer bewussten Entscheidung. Es laufen vielmehr unbewusste Verteidigungsprozesse ab, die dazu führen, dass am ursprünglichen Beschluss teilweise mit den irrealsten Begründungen festgehalten wird.

Sunk Cost Effect bei einem ERP-Optimierungsprojekt

In einem mittelständischen Unternehmen wurde ein Standard-ERP-System[2] eingesetzt, das bereits kurz nach der Einführung massiv verändert und ergänzt wurde. Die Geschäftsbeziehung mit dem damaligen Software-Lieferanten, welcher die Anpassungen vorgenommen hatte, war aufgrund von Meinungsverschiedenheiten beendet worden. Das technische Wissen über die Veränderungen an der Software gingen damit verloren.

Nun musste nach einiger Zeit das System aufgrund geänderter gesetzlicher Vorschriften angepasst werden. Dazu wäre für die Standard-Software ein einfaches Update möglich. Doch da das System verändert worden war, war mit hohen Kosten für zusätzliche Anpassungen zu rechnen. Die logische Konsequenz wäre ein Wechsel auf die neueste Standard-Version gewesen.

Doch der damalige Entscheidungsträger argumentierte vehement, warum dies nicht sinnvoll sei. Ein Argument war etwa, dass die Angestellten sich an das System gewöhnt hätten. Allerdings fanden die meisten Anwender, dass die aktuelle Software an Benutzerfreundlichkeit und Zuverlässigkeit zu wünschen übrigließ.

Dementsprechend wurde nun ein anderer Software-Lieferant damit beauftragt, weitere kostspielige Anpassungen vorzunehmen, welche letztlich aufgrund der im Programmcode vorhandenen, nicht zugänglichen «Black-Boxen» bei jeder Veränderung der Parameter zu Fehlern führten. Die Kosten überstiegen immer mehr diejenigen einer Neu-Anschaffung.

---

[1] Schweiz: militärischer Begriff für das Auslegen aller Gegenstände in vorschriftsmäßiger Anordnung.

[2] ERP-System: Enterprise Ressource Planning System, eine bereichsübergreifende Softwarelösung zur Steuerung und Auswertung betriebswirtschaftlicher Prozesse einer Unternehmung.

Neben dem beschriebenen Effekt gelangen jedoch auch relevanten Informationen, die ein rasches Handeln der steuernden Mannschaft ermöglichen würden, oft nur partiell oder zeitverzögert zu den jeweiligen Entscheidungsträgern. Dadurch wird der Zeitpunkt für eine mögliche Abbruchoption mit geringstem Negativeffekt nicht selten verpasst.

> Träge Entscheidungsprozesse sind oftmals auf starre Kommunikationsstrukturen und hierarchische Hindernisläufe ohne konkreten Mehrwert zurückzuführen.

Wir sehen erneut die immense Bedeutung von Transparenz und gelungener Kommunikation, um die Handlungsfähigkeit zur Steuerung eines Unternehmens generell zu gewährleisten. Eine agile Transformation erhöht dabei nochmals den Druck. Denn wir setzen das System in eine Bewegung, die in bestehende Abläufe eingreift, indem zum Beispiel der Unternehmensbasis im Rahmen der Selbstverantwortung ein höheres Maß an Mitbestimmung zugesprochen wird. Dies verlangt seitens Managements jedoch gleichzeitig Präzision für eine professionelle Gesamtsteuerung und setzt voraus, dass ein schneller Austausch von relevanten Informationen über alle Hierarchiestufen und Prozesse hinweg sichergestellt wird.

Auswirkungen der Vorbereitungsarbeiten

Eine Frage, die sich hier aufdrängt: Setzen wir damit nicht bereits eine Kultur und Strukturen voraus, die wir erst mit der agilen Transformation erreichen wollen? Dies würde bedeuten, dass die Transformation selbst gar nicht die angenommene Notwendigkeit hätte. Dem ist mit Sicherheit nicht so. Wir werden nicht umhinkommen, die Anstrengungen der agilen Transformation auf uns zu nehmen, um unsere Organisation auf den Weg zur nachhaltigen Marktstärke zu verhelfen. Doch wir sehen, dass unser Management in der Rolle der Pilotencrew in einer nicht delegierbaren Verantwortung steht. Dies auch, wenn in Zukunft eine Entlastung durch höhere Eigenverantwortung und Selbstorganisation der Teams im Unternehmen erwartet werden darf. Und damit kommen wir auf die in den vorherigen Kapiteln beschriebene Bedeutung einer soliden Vorbereitung der agilen Transformation zurück.

Fragen

Haben wir unser Ziel richtig ausgesucht, die Koffer korrekt gepackt?
Haben wir den richtigen Flieger mit angemessener Bauweise und Qualität gewählt?
Wurde der Preflight-Check korrekt durchgeführt oder erkennen wir erst jetzt, an diesem kritischen Punkt unserer Startphase, dass Uneinigkeit über den Sinn und Zweck im Management herrscht und der Antrieb unseres Flugobjekts nicht funktioniert?
Wissen wir, wer alles an Bord ist?

Selbstverständlich können wir auf unserer Reise in die Agilität niemals alle Risiken in der Startphase kennen, abschätzen und eliminieren. Ein gewisses Holpern und Wackeln werden sich, wie wir unten sehen werden, weder bei der initialen Einführung, noch in der vollständigen Implementation vermeiden lassen. Aber damit das Management die notwendigen Entscheide in und für die Transformation treffen kann, muss der Informationsfluss entsprechend beschleunigt und optimiert werden.

Ein früher und konstanter Fokus auf durchgängige Informationsflüsse als Entscheidungsgrundlage helfen, den Verlauf der agilen Transformation positiv zu gestalten.

Doch das bedingt im Vorfeld ein hohes Maß an Bereitschaft zur Transparenz auf der Führungsstufe, um offenzulegen, wo der Schuh drückt. Nur über diese Aufrichtigkeit ohne Schuldzuweisung und Commitment werden die Mitarbeiterinnen und Mitarbeiter das Management als authentisch und ehrlich wahrnehmen. Letztendlich zeigt sich hier, ob wir unsere Hausaufgaben gemacht haben und bereit waren, die logischen Konsequenzen einer Veränderung im positiven wie auch im negativen Sinne zu tragen.

Sensibilisierung und Mobilisierung

Nun gilt es, die Kräfte des Unternehmens zu mobilisieren, um die Nase unseres Fliegers nach oben zu ziehen. Hier zahlen sich nun die Bemühungen im Vorfeld aus, die Belegschaft nicht nur zu informieren, sondern aktiv ins Boot zu holen. Es ist für mich immer wieder faszinierend zu beobachten, wie Menschen sich gegenseitig unterstützen. Sie zeigen teilweise völlig unerwarteten Einsatz und fördern Fähigkeiten zutage, wenn sie einen Sinn darin sehen und den nötigen Respekt erhalten. Andererseits gibt es ein hohes Maß an gewohnheitsmäßiger Trägheit, welches Personen aller Hierarchiestufen davon abhält, sich an einem Unterfangen zu beteiligen, das Einfluss auf das eigene Berufsfeld hat. In erfolgreichen Transformationen werden weder Mitarbeitende noch Vorgesetzte über die Schwelle getragen, sondern über Vermittlung von Dringlichkeit, Sinn und Mehrwert zur aktiven Partizipation angehalten.

Wurde die Sensibilisierung im Vorfeld übersprungen, fehlt meist das notwendige Verständnis, warum wir diese Reise unternehmen sollen, und eine mangelhafte Mobilisierung, beispielsweise eingeschränkte Kommunikation und fehlende Befähigung, kann die beste Vorarbeit zunichtemachen.

> Sensibilisierung und Mobilisierung stellen einen kritischen Erfolgsfaktor für die nachfolgende Umsetzung dar. Sie sind die Basis der Vertrauensbildung und entscheidend für das Maß an Widerstand und Veränderungsresistenz.

In vielen Fällen wird dies oft erst zu spät realisiert und resultiert im Versuch, das nicht vorhandene Vertrauen über Brechen des Widerstandes zu kompensieren. Dies wiederum führt zu einem destruktiven Kreislauf von Druck und Gegendruck, unser Flieger schlingert auf der Startbahn mit einem hohen Risiko von dieser abzukommen.

Konsequenzen eines Startabbruchs

Sollte, während dem Start, die Pilotin oder der Pilot sich zu einem Abbruch entscheiden, ist zu beachten, dass sich ein solcher Transformationsprozess nicht auf isolierte Einzelsysteme beschränkt.

Er schwappt bereits in Vorbereitungs- und Startphase über den Rand des angedachten, limitierten, kontrollierbaren Rahmens und entwickelt ein Eigenleben. Dabei wird oft gleichzeitig ausgeblendet, dass eine punktuelle Agilität nicht realistisch ist. Viele Transformationsvorhaben beginnen mit einer Pilotierungsphase, um den Schaden, den man schon von vornherein als gegeben annimmt, und das Maß der Unsicherheit gering zu halten. Leider eine sich nicht selten selbst erfüllende Prophezeiung. Denn dann gibt die Pilotin oder der Pilot gegebenenfalls nur Halb-Gas, wenn es darum ginge durchzustarten.

> Der Entscheid zu einer agilen Transformation sollte in aller Konsequenz für das Unternehmenssystem verstanden sein, um mit genügend Energie in der Mobilisierungsphase nachhaltige Überzeugungsarbeit leisten zu können.

Einmal begonnen, können wir zwar «Stopp!» rufen, die Auswirkungen lassen sich aber ähnlich den Wellen eines in den See geworfenen Steines nicht aufhalten. Denn die Organisation wurde bereits mit dem Entscheid zur Transformation verändert. Ebenso wie sich ein Mindset nicht verordnen lässt, genauso wenig lässt sich eine einmal initialisierte Veränderung nicht einfach stoppen oder zurückbauen, ohne offene und verdeckte Verluste mit sich zu bringen. Damit wird deutlich, wie die Chance auf Erfolg und das Risiko des Misserfolgs früh und kontinuierlich beeinflusst werden. Wir sollten also gute Kenntnis über die Länge und Beschaffenheit unserer Startbahn haben und wissen wo unsere Entscheidungspunkte liegen, um die Mobilisierung mit der nötigen Entschiedenheit und Überzeugung durchzuziehen.

6.3 Im Steigflug gegen die Gravitationskräfte – Bestehendes und Scheinagilität

Der Flieger startet durch. Das Höhenruder zieht die Flugzeugnase konsequent nach oben. Die Gravitationskräfte wirken und reißen am Flugzeug, als würden sie sich weigern wollen, dem Menschen diese wider seine Natur laufende Freiheit des Fliegens gewähren zu wollen.

Doch das Flugzeug kämpft gegen die physikalischen Gegebenheiten an. Zuerst löst sich das Bugfahrwerk vom Boden bis schließlich der gesamte Flieger abhebt und die Pilotin oder der Pilot das Fahrwerk einfährt. Die Bodenhaftung ist weg und wir sind in der Luft. Für die nächsten 15 bis 20 min kämpft sich das Flugzeug im Steigflug immer weiter hinauf, um nach Erreichen der Flughöhe in den Reiseflug übergehen zu können. Wir spüren den Druck in den Ohren und das Schütteln der Seitenwinde. Da ist plötzlich die eigene Machtlosigkeit, der Verlust des gewohnten Bodens unter den Füssen, die Unsicherheit und Fremdbestimmung, die uns in die engen Sitze nötigt, das Ausgeliefertsein an die Kompetenzen von Piloten und Crew, aber auch die Hoffnung, dass das Bodenpersonal einen guten Job gemacht hat, was die Qualität des Fliegers angeht.

In einer Transformation kann man wie bei Start und Steigflug den heftigen Anstieg des Drucks spüren. Es ist keine Ablenkung, Beschwichtigung oder Ignorieren der kommenden Veränderung mehr möglich. Die Tatsache, dass die Transformation tatsächlich startet und uns betrifft, wird dem einen oder anderen nun auf einmal richtig bewusst, lässt sich nicht verleugnen.

Druck im Steigflug

Da sitzen wir, in engen, ungewohnten Sitzen neuer, eigenartiger Rollen und noch halb-garer Prozesse. Wir spüren, wie die Gravitationskräfte des Gewohnten und Bekannten zerren und reißen. Doch die Kontrolle des klassischen Managements greift nicht mehr in der bekannten Manier und doch bleiben die Aufgaben und Verantwortung die gleichen wie bis jetzt. Daneben macht sich aber auch Erwartungshaltung im Unternehmen breit. Gehen wir die Unannehmlichkeiten der Situation doch selten aus reiner „Flugbegeisterung" ein.

Das System erwartet eine rasche Verbesserung, die Angestellten mögen der Veränderung von begeistert bis komplett ablehnend gegenüberstehen. Wird es eine rosarote Zukunft für alle? Waren wir ehrlich genug, uns selbst und auch unseren Mitarbeitenden einzugestehen, dass der Flug nicht für alle positiv sein wird? Dass die Reise mit Schütteln verbunden sein wird und Abschied von gewohnten Formen des

Arbeitslebens, von Rollen und Strukturen genommen werden muss? Nun muss es sich zeigen, ob das Management seine Hausaufgaben gemacht hat, um den Flieger nicht im letzten Moment aufgrund von Seitenwinden abschmieren zu lassen. Und ob unser Unternehmen gleich einem Flugzeug die nötige Qualität und Robustheit besitzt, den steigenden Druck der Veränderung aufzunehmen, den Schub aufrecht zu erhalten und die Wolkendecke alte Strukturen und Rollen zu durchqueren, um die ideale Flughöhe in Richtung Ziel zu erreichen. Dabei kann das System gerade im Steigflug beginnen, mächtig unter der Last zu knarzen und zu ächzen. Denn für so manchen, und ich schließe hier das Management keinesfalls aus, mag erst jetzt klar werden, dass es sich nicht um ein paar Einzelne im Unternehmen handelt, die sich mit Buzzwords und ein paar Hotshots profilieren wollen. Viele erkennen, dass sich die Transformation nicht mehr einfach nach dem Motto «Bend and Wait» aussitzen lässt, wie vielleicht die vielen Reorganisationen der Vergangenheit.

> Das gesamte System wird mit dem offiziellen Start der Transformation in Bewegung versetzt, ob langsam wie eine Großraummaschine oder zackig wie der Sportflieger, und der Druck der Veränderung steigt wahrnehmbar.

Und es stellt sich die Frage, was sind die Kräfte, gegen die unsere Veränderung jetzt anzukämpfen hat? Mit welchen bisherigen Strukturen, Abläufen, Verhalten, aber auch Denkweisen haben wir zu kämpfen?

Eine Erkenntnis in dieser Phase ist oft, dass wir nicht nur mit ein paar veränderten Prozessen auf dem Papier sowie neuen Rollenbezeichnungen klarkommen müssen. Auf einmal steht die Frage im Raum, was tun mit dem Bestehenden? Insbesondere externe Berater neigen nicht selten dazu, Unternehmen in abstrakten Konstrukten zu vereinfachen. Die Organisation ist aber, wie wir gesehen haben, ein lebendiges, gewachsenes System, das sich nicht auf Powerpoint und gewandte Buzzword-Rhetorik reduzieren lässt. Dahinter stehen Menschen, Mitarbeitende, die das wertvollste Potenzial des Unternehmens darstellen.

> Es muss das vorrangige Ziel jeder agilen Transformation sein, die Mitarbeiterinnen und Mitarbeiter als Grundfesten des Unternehmens zu sehen und diejenigen, die das Unternehmen auch weiterhin unterstützen wollen und können, zu gewinnen und zu halten.

Doch die meisten Mitarbeitenden wurden in der Vergangenheit nach traditionellen Rollenbeschreibungen und Anforderungsprofilen eingestellt, jahrelang auf die tayloristischen Grundprinzipien getrimmt, entsprechend bewertet, belohnt und bestraft. In diesem ganzen Prozess haben sie Kompetenzen und Erfahrungen mitgebracht, aufgebaut und das Unternehmen zu dem gemacht, was es heute ist.

Rollen und Strukturen in der beginnenden Veränderung

Die Veränderung beginnt mit der Veränderung von Rollen und Strukturen. Wir stehen vor Bewegungen im Marktgeschehen, die im starren Korsett traditioneller Unternehmensstrukturen immer weniger gehandhabt werden können, wie wir in den vorherigen Kapiteln gesehen haben. Wurde es nicht im Vorfeld bereits angedacht, so muss spätestens jetzt das daraus resultierende Dilemma angegangen werden. Einerseits wurde in der Vergangenheit ein gewaltiges unternehmerisches Potenzial aufgebaut, das wir nicht verlieren wollen. Andererseits wurden damit auch Machtstrukturen über Zuständigkeiten, Prozesse und Verhaltensweisen geschaffen, die dem tayloristischen Prinzip entsprechen und der notwendigen Flexibilität des Unternehmens im Wege stehen.

Diesen gewachsenen Gegebenheiten gegenüber steht der Anspruch agiler Prinzipien. Nicht Top-down-Befehle werden mehr gewünscht, sondern die Zuständigkeiten und Entscheidungen sollen dorthin verlagert werden, wo das Wissen und die Umsetzung sind. Es ist längst kein Geheimnis mehr, dass wir es insbesondere über die zunehmende Digitalisierung mit hoch spezialisierten Knowledge-Workern im Unternehmen zu tun haben.

> Mitarbeitende sind als hoch spezialisierte Wissensarbeiterinnen und -arbeiter ihren Vorgesetzten inhaltlich zunehmend überlegen, wodurch das traditionelle Machtgefälle gegenläufig zum Wissensgefälle verläuft.

Die Schere, welche sich hier im bisherigen Systemkonstrukt auftut, hat zur Folge, dass die Effizienz und Zuverlässigkeit in Entscheidungsprozessen abnehmen. Es kommt zur Notwendigkeit, Entscheide mehrfach zu validieren, zu begründen, um schließlich über den Hebel der hierarchischen Machtgefälle durchgesetzt zu werden. Damit wiederum begünstigen wir die Tatsache, dass sich Mitarbeitende weniger einbringen, zurücklehnen und managen lassen.

Rollenverständnis mit Konsequenzen

Wie wollen wir unter diesen Umständen mit den Anforderungen agiler Settings umgehen? Bilden wir Scrum Teams, findet sich dort zum Beispiel nirgends mehr die Rolle des klassischen Projektleiters. Diese waren in den meisten Unternehmen in der Vergangenheit mit entsprechendem Status und Macht ausgestattet. Manche Organisationen nehmen diese Tatsache leider auf die leichte Schulter. Machen wir aus unseren Projektleitern Scrum Master und die Sache ist erledigt! Schon kommt unser Flieger in sehr dunkle Gewitterwolken, denn das Resultat ist in der Praxis oft anders als erhofft. Die Mitarbeitenden eines Unternehmens, die ohne ausreichende Vorbereitung und ohne Berücksichtigung der Auswirkungen auf Verantwortung, Status und Macht auf neue Rollen gesetzt werden, praktizieren meist in bester Absicht weiter das Bekannte und Erlernte.

So sind viele sogenannte Scrum Master nach wie vor im traditionellen People-Management verankert. Das Team bleibt damit gemanagt und wird nicht zur eigenverantwortlichen Selbstorganisation befähigt. Die Folgen sind hübsche, agile Etiketten. Dabei ist ein Scrum Master kein Pseudo-Projektleiter, aber auch kein Türsteher oder Administrator. Sie oder er ist Befähiger, Unterstützer und hilft dem Team, die notwendige Eigenverantwortung für echte Selbstorganisation aufzubauen. Der Scrum Master hat nicht die Befugnis, Aufgaben zu verteilen und Vorgaben zur Umsetzung zu machen. Sie oder er ist auch nicht mehr der strahlende Held, der das Projekt erfolgreich umsetzt. Die Rolle des Scrum Masters ist zentral, wichtig und herausfordernd, jedoch mit einer völlig anders ausgerichteten Macht, anderem Ansehen und Status als jene eines Projektleiters.

> Agile Rollen führen zu Machtverschiebungen. Erfolge werden im Miteinander erzielt, mit Ausrichtung auf das gemeinsame Ziel. Traditionelles Führen und People-Management sind nicht mehr gefragt.

Und dennoch erfordert auch agiles Arbeiten Führung, jedoch auf eine völlig andere Art. Die Aufgaben des Projektleiters werden dabei gerade in größeren Unternehmen nur teilweise obsolet. Nicht mehr von Nöten ist in einem agilen Arbeitsumfeld das kontrollierende, treibende, überwachende Element und die Rechtfertigungspflicht über zeitintensive, oft wenig realitätsnahe Rapporting. Umso mehr sollte verstanden werden, dass die neuen Rollen neue Verantwortung und Anforderungen mit sich bringen.

Anforderungs- und Stakeholder-Management sind nun die sehr anspruchsvolle Aufgabe des Product Owners. Die Sicherstellung, dass die Spielregeln des agilen Prozesses verstanden sind und eingehalten werden, obliegt dem Scrum Master, mit allen Konsequenzen wie etwa der Schutz des Teams vor Außeneinflüssen. Dieses wiederum übernimmt in Eigenverantwortung die Realisierung und stellt das potenziell nutzbare, qualitativ hochwertige Lieferergebnis zur Verfügung. Dennoch ist gerade in einer größeren Organisation zu berücksichtigen, dass Reporting, Finanzierung, Governance und Compliance zwingend notwendig und überlebenswichtig für das Unternehmen sind. Wird dieser Punkt in der allgemeinen agilen Euphorie übergangen, muss auf unserem Flug mit heftigem Unwohlsein aufgrund von Turbulenzen gerechnet werden.

> Eine agile Transformation muss berücksichtigen, dass die meisten Unternehmen längst aus der Start-up-Phase heraus sind und dementsprechend die Anforderungen an kurz-, mittel- und langfristige Finanzierung ebenso gewährleistet werden müssen, wie zum Beispiel Sicherheitsstandards, Gesetze, Verträge und arbeitsrechtliche Vorgaben.

Support durch agiles Coaching

Wie helfen wir unserem Management und Vorgesetzten, mit der Situation zurechtzukommen? Hier kommen wir zu einer wichtigen

Support-Rolle im Rahmen jeder Transformation, den agile Coaches, dessen Bedeutung bereits beim vorherigen Kapitel im Preflight-Check thematisiert wurde.

Agile Coaches unterstützen das Unternehmen dabei zu lernen. Sie nehmen die Herausforderungen nicht ab und lösen die Probleme nicht, die sich bei einer Transformation in die Agilität auftun. Im Gegenteil. Sie haben einen recht weit gefassten Auftrag und vermitteln die agile Kultur über unterschiedlichste Facetten.

> Ein agiler Coach kennt die Anwendung der Agilität in Theorie und Praxis, die jeweiligen Pain Points einer Transformation im Allgemeinen und ist in der Lage, diese mit dem unternehmensspezifischen Setting zu verbinden.

Ein guter Coach lebt die agilen Werte, kennt Methoden und Praktiken sowie die Anforderungen des organisatorischen Changemanagements aus eigener Erfahrung. Sie oder er ist als Lehrer und Mentor in der Lage, die theoretischen Grundlagen situationsgerecht zu vermitteln, ohne dem Predigen statischer Theorien zu verfallen. Daneben muss sie oder er als professioneller Coach in der Lage sein, sein Gegenüber in seiner individuellen Situation zu verstehen und bei der eigenen Lösungssuche zu helfen. Ein Coach setzt seine Fähigkeiten und Erfahrung als Moderator ein, um Teams und Gruppen darin zu unterstützen, die besten Lösungen selbst zu finden und auch das Ownership dafür zu übernehmen. Das wiederum setzt voraus, dass sie oder er ein Grundverständnis der Wertschöpfungskette, technisch oder business-bezogen, hat und in Konfliktsituation vermitteln kann. Agile Coaches sind interne oder externe Berater, Lehrer, Unterstützende, aber auch die «Pain in the neck», was externen Coaches aufgrund ihrer Unabhängigkeit vom internen Systemkontext oftmals leichter fällt.

> Agile Coaching ist eine permanente Gratwanderung zwischen Nähe, Verständnis und Vertrauen auf der einen Seite und Konsequenz, Striktheit und Einfordern auf der anderen.

Sie müssen in der Lage sein, die Einhaltung von agilen Prinzipien einzufordern und machen unzulässige Abkürzungen und Regel-Beugungen transparent. Ich stelle immer wieder fest, dass es sehr schwierig ist, die tatsächliche Härte der Transparenz offen auf den Tisch zu legen. Denn oft werden über die Unternehmenskultur verschiedene sozial erwünschte Verhaltensweisen propagiert, die Wirklichkeit dabei aber nicht selten tabuisiert. So differenziert sich die oder der Vorgesetzte heute deutlich weniger vom «Untergebenen». Welch' Unwort und doch nach wie vor Realität. Jeans und T-Shirt sind angesagt, wir duzen uns, gehen gemeinsam joggen, um dem Schein des gesellschaftlichen Ideals der Gleichheit zu entsprechen. Warum Schein? Letztendlich bleiben die Chefin und der Chef diejenigen am längeren Karrierehebel. Ein agiler Coach kann derartige Dilemmata erkennen, transparent machen und helfen, die emotionalen Aspekte mit den sachlichen zu verbinden, um in eine gemeinschaftliche, konstruktive Lösungsfindung zu kommen.

Dilemma einer „Kumpel"-Kultur

In der Informatik-Abteilung eines Unternehmens wurde großer Wert auf eine kollegiale Atmosphäre gelegt. Die Abteilungsleiter gingen miteinander und mit Mitarbeitenden über Mittag joggen, das «Du» war selbstverständlich. Es wurde stets betont, dass die Kommunikation wertschätzend und auf Augenhöhe praktiziert wurde. In Realität befanden sich die Angestellten nun jedoch in einer emotionalen Zwickmühle, denn die gepflegte „Kumpel"-Kultur stand nach wie vor in krassem Widerspruch zur hierarchischen Ungleichstellung. Kritik vom Mitarbeitenden am Vorgesetzten wurde so zu einem doppelten emotionalen Tabu aufgrund der aufgebauten emotionalen Verpflichtung als Freund auf der einen und des hierarchischen Machtgefälles auf der anderen Seite.

Nun traten bei einem agil umgesetzten Projekt Probleme auf. Die Lieferergebnisse entsprachen in Umfang und Qualität nicht den Erwartungen der Geldgeber. Aufgrund des Drucks von oben dominierte nun sehr schnell wieder die Hierarchie über besagte „Kumpel"-Kultur. Es folgten Abgrenzungen und harte Schuldzuweisungen. Ein Coach wurde zugezogen, welcher einerseits erkannte, dass das Team im Vorfeld mehrfach auf Missstände hingewiesen hatte, andererseits das emotionale Dilemma desselben die Kommunikation aber blockiert hatte. Die Position des agilen Coaches als «Außenstehender» ermöglichte es, die emotionalen Wogen und Befindlichkeiten zu glätten und die Diskussionen in konstruktive Bahnen zu lenken.

Verantwortung der Linie

Wie gehen wir mit dieser Tatsache nun in einem agilen Setting um? Agile Frameworks wie Scrum sprechen nicht vom Linienvorgesetzten, der Gehalt und Ferien bestimmt. Und doch benötigen wir in großen Unternehmen diese Linienfunktionen. Hier lassen sich in der Startphase einer Transformation leider viele Missverständnisse von Empowerment und unschöne Auswüchse derselben beobachten, die letztendlich genau das Gegenteil der Agilität schaffen, nämlich Misstrauen, Ineffizienz und abnehmende Partizipation der Angestellten.

Chefs delegieren dabei unter dem Deckmäntelchen der Selbstorganisation Verantwortung fröhlich nach unten, aber ohne tatsächlich Macht abzugeben. Die Mitarbeitenden werden durch den sozialen Druck der Erwünschtheit mit einem hohen Maß an Indirektheit, wenn nicht gar der Manipulation, geführt. Letztendlich bleibt aber die Chefetage diejenigen mit dem hohen Gehalt, der größeren Macht und der Entscheidungsbefugnis über Karriere und Einkommen der Mitarbeiter.

> Der Weg in die Agilität führt unweigerlich über den Wandel vom People-Management, ob offen oder verdeckt, zum Enablement mit Fokus auf wertsteigernden Flow der Arbeit, entbindet dabei die Führungsfunktionen aber nicht von ihrer zentralen Verantwortung.

Agilität bedingt eine Dezentralisierung von Entscheidungsgewalt dorthin, wo das Wissen und die Kompetenz sind. So haben Angestellte, aber auch das Management und die Linie, neue Verantwortlichkeiten. Agilität verlangt klare Transparenz und Einhaltung dieser Spielregeln, wie W. Edward Demming es auf den Punkt brachte: «… and if you can't come, send no one!» (Mathis 2016). Agile Coaches legen hier den Finger in die Wunde und sind unangenehm, lästig. Denn es geht nicht um das Erlernen der eigentlich relativ simplen Regeln der Agilität, sondern vielmehr um das Verständnis, was dieselben mit mir und meiner Arbeit ganz konkret zu tun haben.

Empfehlungen für Management und Linienvorgesetzte

- Frühzeitige Unterstützung durch einen erfahrenen agilen Coach mit Verständnis für die systemischen Zusammenhänge des Unternehmens
- Verständnisklärung und Sensibilisierung dafür, welchen indirekten Einfluss eine überkollegiale Kultur auf die Mitarbeitenden und Vorgesetzten haben kann
- Einplanung der Unterstützung von Linie und Trägern neuer Rollen, um Veränderungen in den Anforderungen und Verantwortlichkeiten zu erkennen und schrittweise neue Verhaltensweisen erproben zu können

Für eine erfolgreiche Transformation empfehle ich deshalb dringend die Rolle agile Coach so früh wie möglich zu etablieren und Rollenträger zu befähigen, um Missverständnisse bereits in Steigflug auszuräumen und Verständnis für den Umgang mit Unsicherheit über iteratives Vorgehen und kontinuierliches Lernen zu schaffen. Atmen wir also noch einmal tief durch, werfen letzte wehmütige Blicke auf das Alt-Bekannte und nehmen wir die Herausforderungen der Transformation an.

6.4   FLIGHTCHECK – Ready for Take-off

Übersicht

- ☑ Offizieller Start über einen gut geplanten Kick-off
- ☑ Transparenter, verbindlicher Kommunikationsplan
- ☑ Start kontinuierlicher Kultur-Check
- ☑ Verständnisklärung agiler Führungsverantwortung
- ☑ Nutzen der Schubkraft über Mitarbeitermotivation
- ☑ Support zur angemessenen Begleitung und Befähigung
- ☑ Definition von Abbruchoptionen

Weiterführende Literatur

Adams P (2017) Question thinking. dtv, München
Ballé M, Beauvallet G (2016) Le Management Lean. Pearson, Paris
Bendel O (2018) Digitalisierung. Gabler Wirtschaftslexikon. https://wirtschaftslexikon.gabler.de/definition/digitalisierung-54195. Zugegriffen: 03. Juni 2018

Berger M, Chalupsky J, Hartmann F (2008) Change Management – (Über-) Leben in Organisationen. Schmidt, Giessen

BFU (Büro für Flugunfalluntersuchungen) (2001) Statisik über Flugunfälle von in der Schweiz immatrikulierten Luftfahrzeugen im In- und Ausland sowie von im Ausland immatrikulierten Luftfahrzeugen in der Schweiz. https://www.sust.admin.ch/inhalte/pdf/Jahresberichte_u._Statistiken/ Statistik_2000.pdf. Zugegriffen: 26. März 2021

Birkenbihl V (2004) Kommunikation für Könner. Redline, Frankfurt

Brandes U, Gemmer P, Koschek H, Schültken L (2014) Management Y. Campus, Frankfurt

Bundesamt für Statistik (2017) Marktwirtschaftliche Unternehmen nach Wirtschaftsabteilungen und Grössenklasse. https://www.bfs.admin.ch/bfs/de/ home/statistiken/industrie-dienstleistungen/unternehmen-beschaeftigte/wirtschaftsstruktur-unternehmen.assetdetail.3202074.html. Zugegriffen: 01. Juni 2018

Bundesamt für Statistik (2018) Konkursverfahren nach Kanton – 1994–2017. https://www.bfs.admin.ch/bfs/de/home/statistiken/industrie-dienstleistungen/unternehmen-beschaeftigte.assetdetail.4642607.html Zugegriffen: 01. Juni 01 2018

DeMarco T (1997) The deadline. Dorset House, New York

Diehl A (2021) Objectives and Key Results (OKR) – Einführung in die OKR Methode. https://digitaleneuordnung.de/blog/okr-methode/. Zugegriffen: 26. März 2021

Diesbrock T (2011) Ihr Pferd ist tot? Steigen Sie ab! Campus, Frankfurt

Dobelli R (2017) Die Kunst des klaren Denkens. dtv, München

Fischer-Epe M, Reissmann M (2017) Coaching zu Führungsthemen. Rowohlt, Hamburg

Fischermanns D (2010) Praxishandbuch Prozessmanagement. Schmidt, Giessen

Forgas J (2011) Soziale Interaktion und Kommunikation. Psychologie Verlags Union, Weinheim

Forward Intelligence Group (2020). Agile Transformation Domains. http:// mybusinessagility.com/agile-transformation-domains/. Zugegriffen: 26 März 2020

Gadatsch A, Mayer E (2010) Masterkurs IT-Controlling. Vieweg + Teubner, Wiesbaden

Gloger B, Margetich J (2014) Das Scrum-Prinzip. Schäfer-Poeschel, Stuttgart

Goldratt E, Cox J (2010) Das Ziel. Campus, Frankfurt

Gorman T (2011) The complete idiot's guide to MBA basics. Alpha Books, New York

Grossmann R, Bauer G, Scala K (2015) Einführung in die systemische Organisationsentwicklung. Carl-Auer, Heidelberg

Hackl B, Gerpott F (2015) HR 2020 – Personalmanagement der Zukunft. Vahlen, München

Hanschke I, Giesinger G, Goetze D (2016) Business analyse. Hanser Fachbuch, München

Häusling A, Römer E, Zeppenfeld N (2018) Praxisbuch Agilität. Haufe Gruppe, Freiburg

Heringer H (2017) Interkulturelle Kommunikation. Franke, Tübingen

Hofert S (2016) Agiler führen. Springer Gabler, Wiesbaden

Höfler M, Bodingbauer D, Dolleschall H, Schwarenthorer F (2018) Abenteuer change management. Frankfurter Allgemeine Buch, Frankfurt

Hohm H-H (2006) Soziale Systeme, Kommunikation, Mensch. Juventa, Weinheim

Institut für Angewandte Psychologie (2018) IAP Studie 2017. Zürcher Hochschule für Angewandte Wissenschaften (Hrsg) https://www.zhaw.ch/de/psychologie/institute/iap/iap-studie/. Zugegriffen: 01. Juni 2018

Jule A (2009) Teamentwicklung – Die Rolle des Teamleiters. GRIN

Kaltenecker S (2016) Selbstorganisierte Teams führen. dpunkt, Heidelberg

Kennedy O, Künzi M (2016) Full Potenzial Report. Cominmag, Enigma Lab. https://enigma.swiss/full-Potenzial/report-2016-fp-analysis.pdf. Zugegriffen: 29. Mai 2020

Kim G, Behr K, Spafford G (2018) The phoenix project. O'Reilly, Sebastapol

Kleinoth C (2019) Top Trends in der Unternehmenssteuerung. https://www.valsight.de/blog/top-trends-in-der-unternehmenssteuerung/. Zugegriffen: 26. März 2021

Kotter J (2012) Leading change. Vahlen, München

Kotter J, Rathgeber H (2011) Das Pinguin-Prinzip. Droemer Knaur, München

Krech D, Crutchfield R (1992) Grundlagen der Psychologie. Beltz Psychologie Verlags Union, Weinheim

Kruse D P (2008) 8 Regeln für völligen Stillstand (nach P. Kruse). https://erfolgreich-projekte-leiten.de/8-regeln-fuer-voelligen-stillstand/. Zugegriffen: 25. März 2021

Kunow A (2017) Projekt Management & Business Coaching. Books on Demand

Laloux F (2017) Reinventing Organizations. Les Èditions Diateino, Paris

Leido P (2014) Lean & Agile Project Management. Trafford

Leopold K (2018) Agilität neu denken. Leanability, Wien

Lombriser R, Abplanalp P (2010) Strategisches Management. Versus Verlag AG, Zürich

Lyonnet B (2015) Lean management. Dunod, Malakoff Cedex

Mann L (1999) Sozialpsychologie. Beltz, Weinheim

Marquet D (2015) Turn the ship around! Penguin

Marquet D (2020) Leadership is language. Penguin

Martin R (2020) Clean agile – back to basics. Pearson, Boston

Mathis C (2016) SAFe – Das Scaled Agile Framework. dpunkt, Heidelberg

Nowalski D (2019) Lean, Kanban et DMAIC. Maxima, Paris

Nowotny V (2018) Agile Unternehmen. Business Village, Göttingen

Olfert P (2010) Projektmanagement. NWB, Neckargemünd

Osterwalder A, Pigneur Y (2011) Business Modell – Nouvelle Génération. Pearson, Paris

Osterwalder A, Pigneur Y, Bernarda G, Smith A (2015) Value proposition design. Pearson, Paris

Pfetzing K, Rohde A (2009) Ganzheitliches Projektmanagement. Schmidt, Giessen

Röpstorff S, Wiechmann R (2016) Scrum in der Praxis. dpunkt, Heidelberg

Rosenberg M (2016) Gewaltfreie Kommunikation. Jungfermann, Paderborn

Sagmeister S (2016) Busines culture design. Campus, Frankfurt

Schmidt P (2011) Organisatorische Grundbegriffe. Schmidt, Giessen

Schmidt DS (2021) Schwarmorganisation. https://www.schwarmorganisation. de. Zugegriffen: 30. März 2021

Schuldt C (2012) Systemtheorie. CEP Europäischer Verlagsanstalt, Hamburg

Schulz von Thun F (2013) Klarkommen mit sich selbst und anderen: Kommunikation und soziale Kompetenz. Rowohlt Taschenbuch, Hamburg

Schwarz T, Lindner A (2016) KATA – Verbesserung zur Routine machen. Hanser, München

Simon F (2013) Einführung in Systemtheorie und Konstruktivismus. Carl-Auer, Heidelberg

Stroebe W, Jonas K, Hewstone M (2003) Sozialpsychologie. Springer, Berlin

Strode DE, Huff SL, Tretiakov A (2009) The impact of organizational culture on agile method use. IEEE, Waikoloa

Süddeutsche Zeitung (2010) Studie zu Flugzeugunglücken. https://www. sueddeutsche.de/reise/studie-zu-flugzeugungluecken-die-landung-ist-am-gefaehrlichsten-1.241053#:~:text=Nach%20Darstellung%20von%20Experten%20sind,Fahrwerk%2C%20die%20Landeklappen%20und%20die. Zugegriffen: 28. März 2021

Summerer A, Maisberger P (2018) Teamwork agil gestalten. Hanser, München

Vahs D, Weiand A (2010) Workbook change management. Schäfer-Poeschel, Stuttgart

Weber C, Preuss A (2006) Potenzialorientiertes Coaching. Klett-Cotta, Stuttgart

Wegener R, Loebbert M, Fritze A (2014) Coaching-Praxisfelder – Forschung und Praxis im Dialog. Springer VS, Wiesbaden

Wirtz MA (2017) Dorsch – Lexikon der Psychologie. In: Hogrefe AG (Hrsg). https://dorsch.hogrefe.com. Zugegriffen: 28. März 2021

Würzburger T (2019) Die Agilitäts-Falle. Vahlen, München

7

Der Reiseflug – Einführung der Agilität

Zusammenfassung Wurde die agile Transformation gestartet und auf Flughöhe gebracht, geht es nun darum, die Flughöhe und Geschwindigkeit an das Unternehmenssystem konstant anzupassen, um das Ziel Agilität erreichen zu können. Entscheidende Erfolgsfaktoren sind dabei die Befähigung der Mitarbeitenden aller Stufen über effiziente, bedarfsgerechte Schulungen und die Inanspruchnahme von Coaching als Hilfe zur Selbsthilfe, die konstruktive Nutzung von Widerstand als Ressource zur Optimierung des Flugverlaufs und schnelle sichtbare Erfolge als Motivationsschübe. Eine verlässliche Steuerung unseres Fluges bedarf daneben das Set-up eines verlässlichen Kontrollprozesses mit aussagekräftigen, zielführenden Metriken zur Vermeidung von Systemüberlastungen.

Ist der Start gelungen, so brachte uns der Steigflug schrittweise auf die gewünschte Flughöhe. Wir gehen in den Reiseflug über. Je höher wir unterwegs sind, desto schneller kann aufgrund geringeren Reibungswiderstands der Luft bekanntlich geflogen werden. Daneben können Gewitterwolken und Gebirge überflogen, Jetstreams genutzt und dem Flugverkehr von Kurzstreckenfliegern ausgewichen werden.

© Der/die Autor(en), exklusiv lizenziert durch Springer Fachmedien Wiesbaden GmbH, ein Teil von Springer Nature 2022
S. Zech, *Erfolg in der agilen Transformation*,
https://doi.org/10.1007/978-3-658-36139-6_7

Die maximale Höhe berechnet sich dabei für jeden Flugzeugtyp aus der statischen Belastbarkeit, die Triebwerksleistung und Manövrierfähigkeit des Flugzeugs. Bei der Planung eines Flugs wird versucht, die Reiseflughöhe möglichst nahe an die optimale Flughöhe zu legen, in den meisten Fällen gut 600 m unter der maximalen Höhe. Entscheidend sind wirtschaftliche Faktoren wie die Gegenüberstellung der Kosten von Treibstoff gegenüber den zeitabhängigen Kosten wie Wartungs- und Personalkosten. Eine hohe Reisegeschwindigkeit erhöht etwa den Treibstoffverbrauch, reduziert aber die zeitabhängigen Kosten.

Wir haben unsere Zieldestination definiert, Koffer gepackt, gebucht und sind tatsächlich losgekommen. Start und Steigflug unserer agilen Transformation sind mehr oder wenig holprig gut über die Bühne gegangen. Nun sind wir also unterwegs in Richtung Agilität und damit in der praktischen Umsetzung unserer Transformation. Unsere Berater und Trainer sind an Bord, die Mitarbeitenden wurden informiert.

Wie wir oben gesehen haben, ist es sinnvoll, eine Transformation iterativ unter Berücksichtigung der agilen Prinzipien umzusetzen, da wir es mit vielen Ungekannten zu tun haben und das Risiko über eine iterative, lernbasierte Realisierung deutlich geringer halten können als mit einem Big-Bang-Ansatz. Wir wollen uns nun anschauen, was das bedeutet und wie ein an das Unternehmen angepasstes und angemessenes Vorgehen aussehen könnte.

Fragen

Was ist unsere optimale Reiseflughöhe, was die Geschwindigkeit, mit welcher wir die Transformation umsetzen?
Wovon hängen die Transformationsparameter ab?
Wie behalten wir auch dann die Zielausrichtung bei, wenn uns Wolken den Flug auf Sicht zunichtemachen?
Können wir einfach auf Auto-Pilot schalten, sobald die Transformation einmal initiiert wurde?

So manches Management legt hier bereits den Grundstein für heftiges Trudeln, indem davon ausgegangen wird, dass eine Transformation einmal beauftragt wird und die Umsetzung dann lediglich über

Standard-Reporting passiv beobachtet werden kann. Sehr schnell wird jedoch klar, dass gerade diese konventionellen Steuerungsprozesse neu zu denken sind. Denn die bisherigen Mechanismen ermöglichen weder greifbare Aussagen zum Mindset noch zur Korrektheit in der Anwendung agiler Prinzipien. Empirie ist dabei eine wesentliche Basis der Agilität, wird aber in den meisten Unternehmen ein massives Umdenken erfordern, um tatsächlich förderliche Aktionen nach sich zu ziehen. Bei all dem beinhaltet eine agile Transformation die Abkehr von Passivität auf allen Stufen, ohne dabei jedoch in ineffizienten Hyperaktivismus zu verfallen.

> Eine agile Transformation verlangt die aktive Beteiligung des Managements und die Bereitschaft zur konstanten Adaptation des Transformationsdesigns während der gesamten Reise.

Andernfalls finden wir uns schnell in der unschönen Lage, den Flugschreiber der abgestürzten Transformation zu analysieren, weil wir nicht rechtzeitig die Kurskorrektur für das Ausweichen vor einem gefährlichen Gewitters vorgenommen haben. Das Management muss proaktiv im Cockpit bleiben und mitfliegen, nicht im Tower oder Elfenbeinturm zurückbleiben und reaktiv warten, bis die nächste Meldung kommt. Leider ist es immer noch eher die Regel, dass dies passiert. Es wird klassisch beauftragt und erwartet, dass die anderen dann schon das entsprechende Mindset entwickeln werden. Das wiederum hat meist zur Folge, dass die umsetzenden Ebenen eine geringe Notwendigkeit zur Veränderung sehen. Oder aber sie fühlen sich blockiert, im Unklaren darüber, was der nächste Schritt sein sollte. Meistens manifestiert sich dies an Aussage, dass erst einmal das Management agil werden müsse. Wir kommen damit in die unsägliche Henne-Ei-Diskussion, die keinen Mehrwert für das Unternehmen bringt. Vermieden werden kann dies durch ein klares Commitment des Managements und aktive Partizipation. Wir sitzen alle im gleichen Flieger. Die Führungsebene passt als Teil des Systems iterativ die Rahmenbedingungen für die Umsetzungszyklen an und stellt einen ordentlichen Flugverlauf sicher. Die Crew dagegen hilft den Passagieren, mit der Veränderung zurechtzukommen, um bei Ankunft den klimatischen Bedingungen des

Marktes gewachsen zu sein. Die Umsetzung selbst liegt aber im System und steht und fällt mit unseren Mitarbeitenden.

7.1 Adaptation von Flughöhe und Geschwindigkeit – Anpassungen in der Umsetzung

Eine maximale Flughöhe ermöglicht es uns Hindernisse schnell zu überfliegen. Doch aufgepasst. In Bezug auf Höhe und Geschwindigkeit müssen neben den Spezifikationen des Flugzeugs auch äußere Umstände wie Luftdichte, Temperatur und Luftfeuchtigkeit beachtet werden. Ein generelles Limit sich dabei über den Differenzialdruck zwischen Innen und Außen gegeben. Wir riskieren damit zudem einen deutlich höheren Treibstoffverbrauch, welcher proportional zur Flugzeugmasse, aber umgekehrt proportional zur Luftdichte ist. Je höher wir fliegen, desto dünner wird die Luft, auch bei einer agilen Transformation (Abb. 7.1).

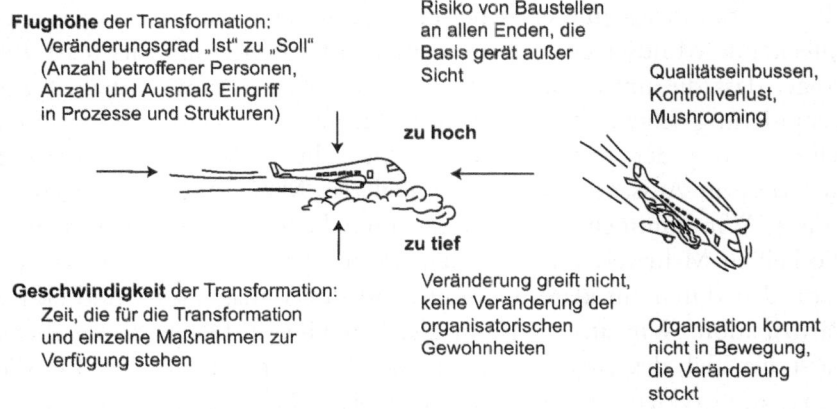

Wird das System durch ein unangemessenes Transformationsdesign unter- oder überbelastet ist der Erfolg der Transformation massiv gefährdet.

Flughöhe der Transformation:
Veränderungsgrad „Ist" zu „Soll"
(Anzahl betroffener Personen,
Anzahl und Ausmaß Eingriff
in Prozesse und Strukturen)

Risiko von Baustellen
an allen Enden, die
Basis gerät außer
Sicht

Qualitätseinbussen,
Kontrollverlust,
Mushrooming

zu hoch

zu tief

Geschwindigkeit der Transformation:
Zeit, die für die Transformation
und einzelne Maßnahmen zur
Verfügung stehen

Veränderung greift nicht,
keine Veränderung der
organisatorischen
Gewohnheiten

Organisation kommt
nicht in Bewegung,
die Veränderung
stockt

Abb. 7.1 Belastung der agilen Transformation durch nicht angepasste Flughöhe und Geschwindigkeit

Flughöhe

Einerseits müssen wir also sicher sein, dass unsere Organisation die gewählte Höhe der Transformation aushält. Gehen wir mit zu großen Ambitionen an die Veränderung des Unternehmens heran, kann es sehr schnell passieren, dass es an allen Ecken und Ende gleichzeitig zu gefährlichen Überlastungen kommt. Eine Flughöhe, die mehrere Bereiche gleichzeitig transformiert, führt insbesondere bei fehlender Abstimmung dazu, dass die bestehenden Prozesse zu schnell den noch nicht auf das gesamte Unternehmen angepassten Prozessen weichen müssen. Widerstand und Baustellen an allen Ecken und Enden können uns ins Trudeln bringen.

Falsche Flughöhe bei einer unternehmensspezifischen agilen Projektmethode

Ein Unternehmen stand vor der Herausforderung, dass die Abwicklung agiler Projekte keinen einheitlichen Standards folgte und der entstandene Wildwuchs an Interpretationen und Praktiken zu Intransparenz führten. Die Steuerbarkeit von Projektportfolios auf Unternehmensebene wurde immer aufwendiger und unzuverlässig.

Das Management erkannte das Problem und entschied über ein klassisch aufgesetztes Projekts eine unternehmensweit gültige agile Projektmethode zu definieren, um auch in agil umgesetzten Projekten den Vorgaben von Governance und Compliance gerecht zu werden und die Qualität von Lieferobjekten und Prozessen über agile Praktiken zu verbessern.

Dabei wurde das Projekt allerdings auf einer maximalen Flughöhe, inhaltlich mit reduzierter Komplexität, gefahren, um die Kosten tief zu halten. Viele Besonderheiten des Unternehmens wurden aufgrund des Zeit- und Kostendrucks mehr oder weniger bewusst ausgeklammert oder übersehen.

So wurde die Projektmethodik definiert, offiziell kommuniziert und das Projekt abgeschlossen. Es wurde davon ausgegangen, dass ein minimales Schulungsangebot ausreichend sei, kein dediziertes, kostspieliges Change-Management von Nöten und eine solide Dokumentation ausreichend sei.

Nun stellte sich jedoch schnell heraus, dass viele die Kommunikation nicht als verbindlich wahrnahmen und die Methode somit auch nicht gemäss Dokumentation angewendet wurde. Dort, wo es versucht wurde, gab es aufgrund der mangelhaften Einführung Missverständnisse und unterschiedliche Interpretationen. Zudem war nicht klar, wie die Methode mit der existierenden, in der neuen Methodik nicht explizit behandelten Komplexität in den Projekten in Einklang gebracht werden konnte. Die falsche Flughöhe bei der Definition der Projektmethode führte in der Folge zu massiven Mehrkosten über redundante Abstimmungsmarathons, aufwendige punktuelle, nachträgliche Schulungsaufwände und Korrekturmaßnahmen. Das eigentliche Ziel der ganzen Aktion, höhere Transparenz, Produkt- und Prozessqualität, wurde nur teilweise erreicht.

Hier wurde unser Flieger bereits vom ersten Seitenwind heruntergedrückt und in schwere Bedrängnis gebracht. Die Konsequenzen waren starke Verunsicherung, unterschiedliches Verständnis der Methodik bis hin zur kompletten Ablehnung agiler Vorgehensweisen. Damit war nicht nur die Glaubwürdigkeit der Veränderungsmaßnahme infrage gestellt. Auch die Nichtbeachtung wesentlicher Anforderungen von Governance und Compliance wurde schmerzlich spürbar.

> Die Realisierung einer Transformation kann zu einer teuren Alibi-Übung werden, wenn die Flughöhe im „Augen-zu-und-durch"-Modus nicht korrekt an die realen Systemanforderungen angepasst wird.

Hier empfiehlt es sich die Überzeugungsarbeit über erfolgreiche Einzelschritte erfahrbar zu machen, Optionen für schrittweise Adaptationen offen zu halten und mit einem Bereich zu beginnen, der die höchsten Chancen auf Erfolg hat, um kontinuierlich Learnings aufzunehmen und einzubinden. Werden mehrere Bereiche parallel im Rahmen der Transformation angegangen, müssen die Aktionen sehr gut aufeinander abgestimmt werden. Dadurch werden nicht nur unnötige Redundanzen und Verunsicherung vermieden, sondern auch Sicherheit durch einheitliche Kommunikation und die Nutzung von Synergien vermittelt.

Es ist zwingend notwendig die Flughöhe auf die Bedürfnisse des Unternehmens anzupassen und sie gegebenenfalls schrittweise zu erhöhen. Ignorieren wir wesentliche Fakten der Realität zugunsten theoretischer Konstrukte, ohne die Veränderung Kilometer für Kilometer unserer Reise sauber zu steuern, Erkenntnisse einzubinden, lernend weiter aufzubauen, besteht ein großes Risiko, den ganzen Transformationsaufwand für eine simple Platzrunde zu betreiben.

Geschwindigkeit

Doch auch die angesetzte Geschwindigkeit spielt eine wesentliche Rolle. Eine schnelle Transformation spart uns die zeitabhängigen Kosten, indem zum Beispiel teure Berater und Consultants weniger lang benötigt werden. Gleichzeitig erhöhen wir damit aber auch die finanziellen Aufwände und Risiken aufgrund hoher Intensität. Bei einer schnellen Transformation müssen beispielsweise sehr viele Angestellte parallel geschult werden, ohne dabei das Tagesgeschäft zu gefährden. Eine hohe Geschwindigkeit hat zudem ihren Reiz darin den unangenehmen Akt der Veränderung schnell hinter sich zu bringen und damit, so die meist unbewusste Motivation, zügig wieder in den sicheren Hafen der Gewohnheiten zurückkehren zu können. Der mühsame Weg in die Agilität über die einengende, schüttelnde Veränderung ist das schrittweise Erlernen, Ausprobieren und Adaptieren von Verhaltensweisen, die nicht selten im Widerspruch zum Bisherigen stehen. Wäre es möglich derartige Lernprozesse auf die in vielen Transformationen praktizierte Höchstgeschwindigkeit zu pushen, müssten wir mehr als nur unser Schul- und Ausbildungssystem hinterfragen. Lernen benötigt Zeit, um nachhaltig zu sein. Dazu kommt, dass zu viel Gas bei einer agilen Transformation die Manövrierfähigkeit erheblich einschränkt, ähnlich der übersetzten Geschwindigkeit eines Neulenkers[1] auf der Landstraße, wenn plötzlich hinter der nächsten Kurve ein Hindernis auftaucht. Nun mögen wir der Ansicht sein, über außergewöhnliche Reaktionen und Reflexe zu verfügen, um eine hohe Geschwindigkeit handhaben zu können. In diesem Fall wären aber bereits hochgradig agile Prozesse etabliert und wir wären den rasch wechselnden Anforderungen des Marktes längstens gewachsen.

Drosseln wir jedoch die Geschwindigkeit zu weit, weil wir Angst vor Kontrollverlust haben, niemanden mit der Veränderung brüskieren möchten und uns einfach nicht von den lieben Gewohnheiten trennen möchten, wird unsere Transformation schnell ins Trudeln kommen. Ob wir den Flieger dann noch abfangen können, sei dahingestellt.

---

[1] Schweizerisch: Fahranfänger im Strassenverkehr.

> Prügeln wir die Transformation durch das Unternehmen, werden die Konsequenzen zum Schluss recht schmerzhaft werden, da wir Steuerbarkeit und Nachhaltigkeit einbüßen. Schleichen wir dagegen, um auch ja niemandem auf die Schuhe zu treten und nett zu sein, werden wir niemanden aus der Komfortzone holen.

Ob zu schnell oder zu langsam, in beiden Fällen werden alle zwar von Agilität, agilem Mindset und weiteren Buzzwords sprechen, doch es wird keine Umsetzung geben. Wir pflegen Lippenbekenntnisse und sind tunlichst besorgt, jegliche eigene Veränderung hinauszuschieben oder an andere zu delegieren. Und selbstverständlich wussten im Falle eines Scheiterns schließlich alle ja schon von vornherein, dass Agilität genau hier nicht funktionieren kann, auch wenn dieselbe realistischerweise keinerlei Schuld trägt. Denn was nicht vorhanden ist, kann auch nicht als Ursache herhalten.

Belastbarkeit des Transformationsdesigns

Daneben stellt sich die Frage, wie unser Flieger grundsätzlich konstruiert ist. Wie hoch ist die tatsächliche Belastbarkeit? Laufen wir bereits in einer ständigen Überlast und klatschen die Transformation als theoretisches Konstrukt noch obendrauf? Je nach konventioneller Arbeitslast und Führungsschema beginnt unsere Flieger bereits bei geringer Höhe heftig zu ächzen und zu stöhnen. Nicht jede und jeder mag dann der gewünschten Umsetzungsgeschwindigkeit nachkommen können und bekommt unter Umständen heftige Atemnot aufgrund unverträglicher Höhe und fehlendem Druckausgleich.

> Eine solide Systemanalyse im Vorfeld, wie in der Vorbereitungsphase beschrieben, zahlt sich nun aus, da die neuralgischen Punkte des Unternehmens bekannt sind und entsprechend berücksichtigt werden können.

Diese Punkte gilt es aktiv anzugehen, wobei auch das eine oder andere kulturelle Tabu gebrochen werden muss. Eines betrifft mit Sicherheit die etablierte Hierarchie. Unsere Führungsequipe hat sich in der Vergangenheit mit mehr oder weniger Effort hochgearbeitet,

Schulungsnachweise angehäuft, sich vernetzt und mag den mühsam erarbeiteten Status nun auch verteidigen. Dabei strebt man den modernen Gesichtspunkten von Führungstheorien und gesellschaftlichen Trends entsprechend selbstverständlich Partnerschaftlichkeit und Augen-Höhen-Verhältnisse mit den Mitarbeitenden an. Leider jedoch fällt in der Praxis oft eine Form der Pseudo-Egalität auf. Denn nicht wenige Führungskräfte vergessen bei gemeinschaftlichen Jogging-Runden und Kollegialität, dass so manche Verantwortlichkeit nicht negiert oder delegiert werden kann. Erfolgreiche Unternehmen leben Kommunikation und Führung auf Augenhöhe, indem sie die Befähigung der Führungskräfte sicherstellt, sodass Theorie mit Praxis verbunden wird und zwischenmenschliche Bedürfnisse mit den Anforderungen an Effizienz und Verlässlichkeit vereinbar werden.

Meine Beobachtung ist, dass es gerade für Führungskräfte sehr schwierig ist, den notwendigen Grad an Balance zu halten, wie wir bei der Etablierung der Rollen noch sehen werden. Und auch die Angestellten sind oftmals verunsichert. Agilität fordert Fokus auf den Kundennutzen und ausreichend Zeit, um Arbeiten priorisieren, qualitativ hochstehend erledigen und den Prozess im Sinne kontinuierlicher Verbesserung reflektieren zu können. Doch oft gehört der Stolz auf die persönliche Überlastung zum guten Ton. Dreihundert E-Mails nach einer Woche Ferien und natürlich kein Millimeter Platz in der Agenda vor lauter Meetings, alle selbstverständlich unerhört wichtig. Tanzt man aus karrieretechnischen Gründen doch oft auf mehr Hochzeiten, als es der Platz im Outlook-Kalender zulässt. Fokus auf ein einziges Projekt? Undenkbar, was würden die Vorgesetzten und Kollegen nur denken? Ist nicht die Karriere gefährdet oder gar der Job? Unternehmen nehmen mit der Pflege chronischer Überlastung und einer tayloristischen Grundhaltung exorbitante Kosten aufgrund von permanenten Kontext-Wechseln, Qualitätseinbußen und Waste in Form oft ineffizienter Sitzungsmarathons in Kauf.

> Es gilt die Prioritäten bereits in der ersten Flugphase neu zu ordnen, Sicherheit über positive Rückmeldung zu geben und die Kultur langsam, aber konsequent an den neuen Prinzipien der Agilität auszurichten.

Dies kann mit partizipativer Erarbeitung neuer Prozesse, Rollen und Karrieremodelle erfolgen, bedeutet aber immer aktive Partizipation auf allen Ebenen. Flughöhe und Geschwindigkeit stehen selbstverständlich in direkter Relation zum finanziellen Investment, das für die Transformation vorgesehen ist. Denn der Kostenfaktor eines solchen Veränderungsprozesses ist im Rahmen der Einführung von Agilität nicht zu unterschätzen, wie wir bereits erkannt haben. Jetzt geht es darum, die Investments auf die jeweiligen Zyklen aufzuteilen, damit uns der Sprit nicht zu früh ausgeht. Wir stehen also vor der Herausforderung, genug Schub aufzubringen, um das System in Bewegung zu halten. Das jedoch sparsam genug, ohne es nicht ins Trudeln zu bringen. Denn sonst schmiert uns der Flieger ab.

> **Maßnahmen für an das Transformationsdesign angepasste Flughöhe und Geschwindigkeit**
>
> - Konstante Beobachtung der Auswirkungen der Transformation auf direkt und indirekt von der Veränderung betroffene Bereiche des Unternehmens.
> - Anpassung der Geschwindigkeit an die Bedürfnisse der Organisation, um Tagesgeschäft, Marktanforderungen und Transformation in einer realistischen Balance zu halten.
> - Schnelle Reaktion auf Symptome, die auf eine Systemüberlastung hinweisen, und nachhaltiges Gegensteuern, wenn die Transformation an Schub verliert.

Um die Vorteile der Agilität gewinnbringend nutzen zu können, müssen wir berücksichtigen, dass die optimalen Flugbedingungen zum realen System und den effektiven Bedingungen passen müssen, nicht zu einem theoretischen Konstrukt. Das wiederum erfordert konstante Beobachtung und Messung, Lernen und Anpassung in jedem iterativen Zyklus. Dementsprechend werden wir auch immer wieder Flughöhe und Geschwindigkeit anpassen müssen, um Gewitterwolken auszuweichen oder Jetstreams effizient zu nutzen.

7.2 Die erste Flugetappe – das iterative Vorgehen

Sind wir einmal in der Luft und haben die gewünschte Flughöhe erreicht, gehen die üblichen Routinen los. Der Flug wird von der Pilotencrew auf Kurs gehalten. Dazu wird meist der Autopilot eingeschaltet. Doch dies entbindet die Piloten nicht von ihrer Verantwortung. Sie behalten permanent den Überblick, um Risiken schnell zu erkennen und entsprechende Korrekturen einzuleiten. Die Cockpit-Crew dagegen geht in den Kontakt zu den Passagieren, holt Bedürfnisse ab, verteilt das Essen und Getränke, kümmert sich um Probleme und Anliegen. Allmählich beruhigt sich die Aufregung.

Die Initialisierung unserer Transformation ist erfolgt, Ausgangslage, Rahmenbedingungen und Zielsetzung geklärt. Nun gehen wir in die Realisierung. Diese wird vielfach nur rudimentär beschrieben und der Belegschaft fliegen bei einer Transformation Buzzwords in rauen Mengen um die Ohren. Wir sollen vom «agile Doing» ins «agile Being» kommen und ein agiles Mindset entwickeln, bevor wir überhaupt verstanden haben, was «Agil» für unser Setting bedeutet. Das Ganze erfolgt meist mit viel Theorie, ohne an der effektiven Realität anzuknüpfen und unter Ausklammerung der Gesamtsystem-Sicht. Es wird wild und unkoordiniert drauf los transformiert, mit euphorischen, teils selbst ernannten Spezialisten und immer verwirrteren, genervten Mitarbeitenden. Die Gewitterwolken brauen sich massiver zusammen. Was könnten wir also stattdessen tun?

Wahl des Initialsettings
Es empfiehlt sich für den Einstieg in die Agilität einen geeigneten Organisationsbereich zu wählen, in welchem bereits ein gewisses Maß an Selbstverantwortung, Flexibilität und Interesse an agilen Prinzipien vorhanden ist. Es bedarf keinesfalls einen Bereich mit top geschulten und erfahrenen Experten, die dem Rest jetzt mal zeigen, wie das Ganze richtig zu laufen hat. Dies würde eher zur Verunsicherung der Belegschaft und des Managements führen, welche mehrheitlich als Anfänger auf dem Gebiet der Agilität in diesem spezifischen Unternehmen zu

sehen sind. Vielmehr hilft es, wenn Mitarbeitende neugierig und ent-
deckungsfreudig sind, bereit, das Risiko einer neuen Kultur einzugehen. Wenn das Management ihnen den Freiraum gibt, von dem sie
bis heute nicht gewagt haben überhaupt nur zu träumen, und aktiv
hinter der Veränderung steht, sind die ersten Schritte in eine iterativ
aufbauende, lernende Kultur getan. Außerordentlich hilfreich ist es
natürlich, wenn die Mitarbeit nicht verordnet, sondern auf freiwilliger
Basis erfolgt, dabei aber vom Management die volle Rückendeckung
erhält, um bestehende Prozesse und kulturelle Pattern zu durchbrechen.
Um einen passenden Bereich für die Initialisierung der Agilität zu
finden, wird es nicht ausreichen, einen Blick auf die Aufbaustruktur
zu werfen und irgendeinen Bereich als Startpunkt zu definieren. Wir
müssen einen systemischen Blickwinkel einnehmen. Unsere Wahl muss
die menschliche Seite der Persönlichkeiten im Unternehmen genauso
berücksichtigen wie den inhaltlich-fachlichen Aspekt. Je besser unsere
Vorarbeiten im Verständnis unserer Organisation waren, desto leichter
werden wir uns nun in der Auswahl tun. Erfolgreich sollte dabei jedoch
nicht mit problemlos und einfach gleichgesetzt werden. Wir werden
unsere Kultur verändern und Kulturveränderungen beinhalten üblicherweise beide Seiten, die positive begeisternde wie auch die schmerzhaft
unbequeme.

Aufeinander aufbauende Schritte
Das Gesamtziel der agilen Organisation wurde über unsere Vision
definiert und wir haben im Vorfeld Dringlichkeit und Notwendigkeit der Veränderung vermittelt. Sonst wären unsere Passagiere kaum
an Bord gekommen. Nun geht es darum rasch, aufeinander aufbauend zu überzeugen und zu begeistern, um den nächsten Level der
Inspiration und kontinuierlichen Verbesserung zu erreichen. Wie wir
gesehen haben, empfiehlt sich die iterative Vorgehensweise. Diese legt
nahe, in angemessenen, realistischen und verdaubaren Schritten vorzugehen, mit Fokus auf das Ziel und den angestrebten Mehrwert für
die Organisation. Traditionelle Mehrjahrespläne werden aus Sicht der
Unternehmensleitung nach wie vor ihre Berechtigung haben, um die
langfristige Liquidität des Unternehmens steuern zu können. Doch
für die Transformation müssen nun theoretischen Konstrukte in greif-,

begreif- und handhabbare Iterationen mit klarem Outcome herabgebrochen werden.

Jeder iterative Zyklus einer agilen Transformation muss so geplant und umgesetzt werden, dass

a. ein messbarer Mehrwert generiert wird und
b. aus dem bisherigen Verlauf gelernt werden kann.

Nur so bekommen wir die notwendige Sicherheit, um auch einmal mutig in die nächste Wolke zu fliegen, ohne den Kurs zu verlieren oder gleich einen Absturz zu riskieren.

Haben wir uns initial zur Pilotierung in einem Bereich oder Projekt entschieden, werden die Schritte anders zu definieren sein als bei einer breit angesetzten Transformation des Gesamtsystems.

Allgemeiner Ablauf der Einführungsmaßnahmen

An erster Stelle steht die generelle **Information** über die geplanten Aktionen, Radius der Maßnahmen, Betroffene, zeitliche Verlauf und konkret erwarteter Outcome respektive Sollzustand.

Erste Maßnahme sollte jeweils die **Schulung** der Betroffenen in der gewählten Methodik mit Praxisbezug zum Unternehmen sein.

Danach folgt direkt die **Einführung** des gewählten Set-ups mit **Begleitung** durch erfahrene Experten und regelmäßiger, im festgelegten Iterationszyklus definierten **Messung** des Stands der Transformationsbemühungen und des Einflusses auf das Gesamtsystem. Die daraus resultierenden Erkenntnisse werden mit den Betroffenen diskutiert und gemeinsam die notwendigen **Maßnahmen zur Optimierung** vereinbart. Erst wenn ein Mindest-Reifegrad in der angewandten agilen Methode erreicht wurde, folgt die **Skalierung** auf die nächsthöhere Ebene.

Dieses Vorgehen wird fortgesetzt, bis der erwartete Sollzustand erreicht wurde.

Wir können uns dies wie die Etappen eines Flugs vorstellen. Auch dort gehen wir auf die Flughöhe, von der wir annehmen, dass sie zu unserem Flieger passt. Wir justieren die Geschwindigkeit, nehmen die notwendigen Korrekturen vor und überprüfen kontinuierlich die Instrumente, um bei Bedarf Kurs- oder Flugkorrekturen vorzunehmen. Ist unser Einführungsbereich einmal definiert, geht es in die Realisierung in den definierten Zyklen. Wir starten im agilen Sinne jeweils mit einer Planung unserer Iteration, bevor es in die Umsetzung geht. Nach jeder Iteration erfolgt die Überprüfung in Review und Retrospektive, um die Erkenntnisse in der nächsten Planung direkt einfließen zu lassen. Dabei sollten im Aufgabenbereich komplexe Herausforderungen vorliegen. Denn gerade in Komplexität können agile Praktiken und Prinzipien ihre Stärken ausspielen. Agilität überzeugt genau in der Befähigung, komplexen Anforderungen in einem unsicheren Umfeld mit höherer Flexibilität zu begegnen. Auch wenn die Versuchung nahe liegt, das Risiko darüber gering zu halten, indem genau gegenteilige Ausgangssituationen gesucht werden, um schnelle Erfolge oder weniger schmerzhafte Misserfolge zu generieren.

Priorisierung in der Transformation
Doch um planen zu können, müssen wir die notwendigen, nächsten Aktionen unserer Transformation kennen, definieren und priorisieren. Das wiederum erfordert eine transparente, einfach zu handhabende Struktur, die sich konstant an den realen Gegebenheiten orientiert und optimiert.

> **Fragen**
>
> Wer priorisiert, wer führt aus?
> Wie organisieren wir uns, wenn die bisherigen Gepflogenheiten nicht nur mit einem hübschen Buzzword-bestickten Tüchlein kaschiert, sondern tatsächlich verändert werden sollen?

Wir benötigen dazu Klarheit in Bezug auf die neuen Verantwortlichkeiten, aber auch Verständnis dafür, was es heißt, iterativ vorzugehen. Haben wir unser Change-Team schon vor dem Start aufgebaut, kann es nun tatkräftig und mutig die Mitarbeitenden auf der Reise anleiten, Halt geben, gemeinsam auf Augenhöhe erproben, erkunden und dabei stets den Blick zum Ziel behalten.

Es empfiehlt sich, die Ziele der jeweiligen Iteration in Arbeitspakete mit einem drei- bis sechsmonatigen Zeithorizont zu definieren, diese in einem regelkonformen (!) Kanbanboard zu strukturieren, zu verfolgen und konstant zu priorisieren.

Wir sprechen hier tunlichst nicht von Pseudo-Boards, welche sich als schmalbrüstige To-do-Listen entpuppen, aufgepeppt mit einer fast schon unanständigen Anzahl klassischer Reports und Kontroll-Meetings. Professor Dr. Peter Kruse beschreibt in seinen acht Regeln für völligen Stillstand häufige zu beobachtende Anti-Pattern, die Transformationen regelmäßig das Genick brechen (Kruse 2008). Eine davon ist die Tendenz des Managements zwischen Micromanagement und dem sich Herausnehmen aus allen Verantwortungen zu pendeln, wodurch ein Klima der Verunsicherung gepflegt wird, das jedem Veränderungsbestreben entgegenwirkt. Hier geht es bei unserer Reise bereits ans Eingemachte mit dem Mut zur Priorisierung in Ungewissheit, gepaart mit nicht delegierbarer Übernahme von Verantwortung. Es klingt harmlos, doch damit kann die Basis dafür geschaffen oder eben verhindert werden, um einen effizienten Arbeitsfluss in Gang zu setzen und den Jetstream unseres Unternehmenspotenzials zu nutzen.

Arbeitspakete der Transformation im Fluss
Jedes Arbeitspaket zahlt dabei auf die Vision und das Transformationsziel der Unternehmung ein. Üblicherweise sind diese Teilziele zu Beginn nicht vollständig und werden im Laufe der Umsetzung aufgrund neuer Erkenntnisse angepasst und optimiert. Neue Abhängigkeiten, aber auch Chancen und Möglichkeiten werden zunehmend erkennbar. Dadurch mag sich so manches, das zu Beginn definiert wurde, relativieren und es notwendig machen, das System, seinen Status und den eigenen Standpunkt zu hinterfragen. Wir sprechen hier keinesfalls von Planlosigkeit, nach dem Motto «heute rechts-, morgen linksherum». Es geht nicht um Beliebigkeit, im Sinne eines Adhoc-Vorgehens. Hier lauert ein hartnäckiges, weit verbreitetes Missverständnis zur Agilität. Im Gegenteil muss deutlich werden, dass Agilität bedingt, sich konstant, mit klaren Spielregeln in einen kontinuierlichen Fluss zu begeben.

> Wir müssen uns von statischer Planung und unrealistischem, Schein-Sicherheit suggerierendem Reporting verabschieden, um uns der Tatsache der Ambiguität zu stellen, ohne dabei steuerlos und willkürlich ins Trudeln zu kommen.

Stattdessen definieren wir kleine, messbare, modular aufeinander aufbauende Ziele, keine vagen, nebulösen oder auch monströsen „Schauen-wir-mal-was-dabei-rauskommt"-Konstrukte. Es wird vielfach unterschätzt, wie oft Planung in Ungewissheit mit Beliebigkeit verwechselt wird. Genau aus dem Grund einer eingeschränkten Vorhersehbarkeit des Ganzen gehen wir kleine Schritte, definieren Etappenziele, priorisieren, realisieren, überprüfen Outcome und unser Vorgehen, lernen und optimieren. Unsere Arbeitspakete werden wiederum für die Realisierung in Aktionen, sogenannte Stories, heruntergebrochen, die in kurzen Iterationen bearbeitet werden können. Erfolgsrelevant ist hierbei, dass sowohl größere Arbeitspakete als auch die dazugehörenden konkreten Umsetzungs-Storys klar auf den zu erzielenden Mehrwert für das Unternehmen ausgerichtet und realistisch beschrieben werden. Dazu gehören eindeutige Akzeptanzkriterien, die uns sagen, wann das Ziel auf dem jeweiligen Level erreicht und eine qualitativ hochstehende Messbarkeit des Fortschritts möglichen ist.

Herausforderung der Definition wertgenerierender, kleiner Schritte

Was hier sehr einfach und simpel klingt, ist erfahrungsgemäß eine nicht zu unterschätzende Herausforderung. Wir sind es gewohnt, Gesamtziele zu definieren. Das Herunterbrechen in kurzfristig erreichbare Zwischenschritte erfordert einerseits ein massives Umdenken, andererseits auch Mut. Wir gehen weg vom traditionellen Pseudo-Perfektionismus, hin zu einem MVP[2]-Ansatz. Auch wenn wir es nicht mit Produkten, sondern Services oder Dienstleitungen zu tun haben, bedeutet das, sich zu überlegen, was das Minimum eines wertgenerierenden Lieferobjektes sein

---

[2] MVP: Minimal Viable Product, die Mindestanforderungen erfüllendes, potenziell nutzbares Produkt.

könnte, welches unsere kostspieligen, doch nicht zwingend notwendigen Anforderungen, die goldenen Wasserhähnchen, sind und inwiefern das angestrebte Ziel jeweils tatsächlich Mehrwert in Richtung Vision bringt. Wir sehen dabei sehr schnell, ob unsere Vision eine vage, alles und nichts beinhaltende leere Phrase ist. Oder ob sie tragfähig ist, uns hierbei unterstützt und bei der weiteren Ausrichtung unserer Reise anleitet.

> Die agile Arbeitsweise fordert uns in der Transformation heraus, Ziele auf ihren Mehrwert zu prüfen und den Fokus konstant auf das Kernziel der Vision zu richten.

Dazu müssen wir bereit sein, das Commitment zu eben jenen Etappenzielen einzugehen. Bei diesen sollten wir sicher sein, dass sie unter den aktuellen Voraussetzungen realisierbar sind. Bestehen bereits bei der Planung Zweifel oder Unwissenheit bezüglich der Realisierung in der definierten kurzen Iteration, ist es ein „No-Go", dieses Ziel in die Planung aufzunehmen. Dazu müssen die Arbeitspakete und Storys so beschrieben und geschnitten werden, dass sie tatsächlich erreichbar sind, die „Definition of Ready" erreichen. Wird Arbeit, wie es oft geschieht, dennoch in die Planung aufgenommen, in der Annahme, wir würden die Lösung dann auf dem Weg schon finden, verlieren wir die Vorteile agiler Methodik, nämlich Transparenz und Verlässlichkeit. Nicht selten generieren wir mit unklaren und zu umfangreichen Anforderungen Never-Ending-Storys, deren Abnahme schwerfällt, da die initialen Akzeptanzkriterien zu vage oder gar nicht vorhanden waren. Damit geht die Sicht verloren und auch die Kontrolle. Derartige Verhaltensweisen leisten dem Widerstand gegen die Agilität über fehlende Erfolge nachhaltig Vorschub. Agilität fordert uns heraus, unsere Iterationsziele bei deutlich werdenden Unklarheiten nochmals zu prüfen und in angemessene, realisierbare Happen zu schneiden.

Falscher Stolz in Scrum Teams

In vielen Projektteams mit dem agilen Etikett „Scrum-Team" trifft man auf die Situation, dass die Rolle des Product Owners nicht korrekt gelebt wird und insbesondere die Verantwortung für das Management des Product Backlogs, der priorisierten Liste der bekannten, umzusetzenden

> Anforderungen, nicht wahrgenommen wird. Das Team sieht sich mit der Tatsache konfrontiert, dass die vorliegenden Anforderungen nicht oder nur unvollständig beschrieben vorliegen. Das Team beginnt die Aufgaben des Product Owners zu übernehmen und fehlende Businessanforderungen nach Best Guess umzusetzen, um schließlich etwas liefern zu können. Dies wiederum führt nicht selten zu noch weniger Verantwortungsübernahme seitens Product Owner.
> Doch der Stolz auf diese, aus Sicht des Teams außerordentliche, fast schon heroische Leistung hält in aller Regel nicht lange an. Denn spätestens bei der Auslieferung wird Kritik laut. Entspricht das Gelieferte doch nicht den Bedürfnissen, Erwartungen und Wünschen. Gefühle werden verletzt und Schuldzuweisungen treiben den beidseitigen Frust bei Business und Umsetzungsteam in unermessliche Höhen.

Es kann nicht oft genug betont werden, dass Agilität nicht nur Flexibilität und Schnelligkeit bedeutet, sondern mit Verantwortung, Messbarkeit, Qualität, Transparenz und Zuverlässigkeit gekoppelt ist, um Volatilität, Unsicherheit, Komplexität und Ambiguität gerecht zu werden. Damit wird deutlich, dass Agilität nicht nur Harmonie und Freundlichkeit bedeutet. Angestellte müssen zu konstruktiver Kritik und Verantwortungsübernahme befähigt werden, womit jeder Schritt der Transformation Aspekte der Abstimmung, Konsens, aber auch Fordern und Fördern beinhaltet.

Erneut stoßen wir sehr schnell auf die unsichtbaren Grenzen der Unternehmenskultur. Leider beobachte ich immer wieder, dass die Diskussionen um das richtige Schneiden von Iterationszielen symptomatisch und nicht ursachenbezogen diskutiert und angegangen werden. Ich höre oft, dass Anforderungen und Ziele unter gar keinen Umständen kleiner geschnitten werden könnten, wobei die notwendige Bereitschaft fehlt, sich auf eine neue Denkweise einzulassen. Hier hilft das schrittweise Vorgehen, um über kleine Schritte die neuen Prozesse und Strukturen zu erproben, auszuprobieren und Sicherheit zu gewinnen. Erst im Anschluss daran macht es Sinn, über agiles Mindset zu philosophieren sowie Skalierungen zu diskutieren.

> Eine agile Kultur entsteht, wächst und gedeiht oder verkümmert im Unternehmen entsprechend den Veränderungen im gegebenen Ökosystem im positiven wie auch im negativen Sinne.

Wie wir oben gesehen haben, sind Systeme lebendig und passen sich an. Waren wir jahrelang Teil und Mitgestalter einer streng hierarchischen Blaming-Kultur, werden wir in einer agilen Transformation gefordert, neues Verhalten schrittweise zu entdecken, zu erproben und damit nebenbei selbst unser Ökosystem mitzugestalten.

Begleitung und Loslassen für erste Schritte in die Selbstorganisation
In unserer ersten Flugetappe prüfen wir die Einstellungen und Bedingungen, ob unsere Annahme von Höhe und Geschwindigkeit den aktuellen Gegebenheiten entsprechen, sehr genau. Wir übergeben schließlich der automatischen Steuerung, wissen dabei aber genau, dass wir die Instrumente konstant im Blick behalten müssen, um sicherzustellen, dass unser Flieger gemäß seiner Konstruktion sicher und zuverlässig vorankommt.

In unserer Transformation folgt diese Phase jener der initialen Einführung agiler Praktiken, wenn erste Erfahrungen und Erkenntnisse gesammelt wurden. Der Grundstein der Veränderung wurde gelegt.

Mit welchem Bereich und in welcher Flughöhe wir begonnen haben, hängt in erster Linie von unserer zuvor definierten Vision und Strategie ab, wie wir oben gesehen haben. Diese bestimmen die Finanzierung und zeitliche Begrenzung der jeweiligen Etappen. Nun geht es darum, das Lernen zuzulassen, indem wir Vertrauen schenken, ohne komplett loszulassen.

> Die Selbstorganisation eines Bereichs ist in direkter Abhängigkeit zum Gesamtsystem zu sehen und kann weder isoliert noch losgelöst betrachtet werden.

Kennen wir die Schnittstellen im Unternehmen, so sollte mit einem Auge immer auch die Peripherie dieses Bereichs beachtet und beobachtet werden. Denn Agilität wirkt, wie wir gemäß Systemtheorie gesehen haben, nicht nur nach punktuell, sondern stets auch auf das Gesamtsystem.

Des Weiteren sollten wir im Sinne eines erfolgreichen Change-Managements an das Generieren möglicher Quick-Wins denken. Gerade in der ersten Phase, in welcher erst wenige Erfahrungswerte vorliegen, ist es wichtig, positive Verstärker zu erhalten, um die Selbstsicherheit für das weitere Vorgehen zu stärken. Doch ist die Balance entscheidend. Dabei zeigt sich sehr schnell, wie überzeugt das Management tatsächlich von der Transformation und den Fähigkeiten der eigenen Organisation überzeugt ist. Das Unternehmen wird bereits beim Entscheid der Startbereiche deutliche Signale schicken, was vielen Führungskräften meiner Ansicht nach oft nicht bewusst ist. Zeigen wir Courage oder Zweifel? Sind wir bereit, Fehler zuzugestehen, um die Kultur in positive Lernzyklen zu bewegen oder wollen wir die Führung eigentlich gar nicht aus der Hand geben?

Nun kommt ein solides, praxisbezogenes agile Coaching zum Zug. Es hilft der Führung, die Zügel nicht nur ein wenig zu lockern, sondern dabei auch Vertrauen in die Kompetenzen der Mitarbeitenden aufrespektive auszubauen, diese aber nicht führungslos sich selbst zu überlassen. Für ein erfolgreiches Coaching ist jedoch der passende Match ebenso wichtig wie die Befähigung und Erfahrung des Coaches. Der beste Coach wird wenig erreichen, wenn das zwischenmenschliche Zusammenspiel und die Kommunikation im Coachingprozess nicht funktioniert. Wie wir vorgängig gesehen haben, gibt es eine breite Palette an Coaching- und Beratungs-Ansätzen. Coach und die Person/en, die gecoacht werden, sollten sich sprachlich wie auch menschlich verstehen, um das notwendige Vertrauen aufzubauen. Ein Coach kann und muss oft unbequem werden. Passt der Match, werden die Impulse akzeptiert und aufgenommen. Passt er nicht, werden Widerstand und Blockaden überwiegen. Das Coaching kann folglich nicht auf die reine Wissensvermittlung agiler Praktiken beschränkt sein.

> Eine solide Coachingbegleitung trägt auf allen Ebenen, bei Management und Mitarbeitenden, dazu bei, ein initiales Verständnis für die Werte und Prinzipien der Agilität im spezifischen Unternehmenssetting zu entwickeln.

Also weder Evangelisten, Theoretiker oder reine Trainer, sondern vielmehr die Kombipackung eines agilen Coaches mit Erfahrung und passendem Match ist zu bevorzugen, um neue Rollen, Strukturen und Prozesse verständlich und lebbar zu machen.

7.3   Aktivitäten der Crew – die Einführung von Rollen, Strukturen, Prozessen

Bereits vor Erreichen der Reiseflughöhe startet die Kabinencrew mit dem Service und sobald das Anschnall-Zeichen erlischt, beginnt ein fleißiges Treiben, um Getränke und Verpflegung zu verteilen. Doch neben der kulinarischen Versorgung wacht die Crew auch über das gesundheitliche Wohlergehen der Passagiere. Hin und wieder treten während des Flugs unvorhergesehene medizinische Notfälle auf, die die Leistung von erster Hilfe, das Ausrufen eines Arztes. Im schlimmsten Fall ist die Koordination mit den Piloten für die Planung einer Notlandung aus medizinischen Gründen erforderlich. Aber auch kommerzielle Tätigkeiten wie der Verkauf zollfreier Waren gehören zum Aufgabengebiet.

In unserer Transformation wird die Crew ebenfalls aktiv. Rollen müssen definiert, implementiert und befähigt, Prozesse schrittweise definiert, adaptiert und etabliert, Learnings abgeholt und aufgenommen werden. Wir benötigen den Aufbau eines «servant Leadership», das uns hilft Verständnis für neue Aufgaben und Verantwortung aufzubauen, aber auch bestehendes Denken und Handeln über konsequente Umsetzung der agilen Spielregeln in neue Bahnen zu lenken. Und schon fängt es an zu schütteln. Schaft es unsere Crew die heftigen Böen der Buzzwords zu umfliegen und stattdessen den Jetstream zu nutzen, um dem Flug den notwendigen Drive zu geben? (Abb. 7.2).

Rollen und Verantwortungen

Geht es um neue Rollen und Verantwortungen, stellen wir schnell fest, dass die Sitze auf unserer Reise, ob Business Class oder Economy, bei weitem nicht mehr so bequem wie unseren gewohnten, teils auch schon recht ausgeleierten Sesseln im alten Zuhause sind. Bekanntlich unterscheidet sich die Ausstattung, der angebotene Komfort und Service auf einem Flug je nach Fluggesellschaft, Flugzeug-Größe und gebuchter Beförderungsklasse erheblich. Gibt es für die gehobenen Klassen Champagne in richtigen Gläsern, dürfen sich die Passagiere der „Holzklasse" mit Fertigmenü und Wein in Pappbechern zufriedengeben.

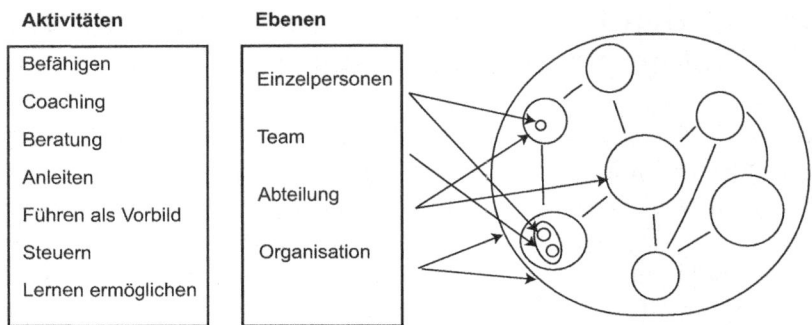

Das Zusammenspiel der Aktivitäten auf allen Ebenen gewährleistet eine einheitliche Ausrichtung und nachhaltige Verankerung der agilen Prinzipien.

Inkonsistenzen können zu widersprüchlichen Wahrnehmungen und damit zu Verunsicherung führen.

Abb. 7.2 Abstimmung von Aktivitäten auf allen Ebenen

Doch auch diese Unterschiede können nicht über die Tatsache hinwegtäuschen, dass die Reise in die Agilität dazu führt, dass die Komfortzone verlassen wurde und nun bestehende Macht-Konstrukte hinterfragt, verändert werden. Dabei kommen historisch gewachsene Strukturen und Kulturen rasch zum Vorschein.

Wurde an der Grundkonstruktion unseres Fliegers gespart, werden insbesondere kostenintensive höheren Hierarchiestufen bei konsequenter Einführung Mühe in der dünnen Luft der Veränderung bekommen. Sind die oberen und mittleren Hierarchiestufen von der Transformation nicht direkt betroffen, könnte dies bereits ein Indiz sein, dass auf den unteren Stufen der Organisation geschraubt werden soll, ohne jedoch tatsächlich am Gesamtsystem Hand anlegen zu wollen, insbesondere wenn es um konventionelle Macht-Konstrukte geht, welche im Widerspruch zu den agilen Prinzipien wie Selbstorganisation und geteilte Verantwortung stehen.

In jeder Organisation kennen wir die unterschiedlichen Maße, mit welchen je nach Hierarchiestufe gemessen werden. So mancher „Agilist" mag nun basierend auf den Erfolgen kleinerer Start-ups auf die Abschaffung aller Hierarchiestufen und die Einführung von Modellen wie Soziokratie, Holocracy drängen.

> Was in kleinen, überschaubaren Unternehmen mit geteilter Verantwortung auf wenigen Stufen durchaus positiv umgesetzt werden kann, sollte nicht als generelles Erfolgsrezept für Organisationen jeglicher Größe und Komplexität verkauft werden.

Andernfalls droht die Abschiebung von Verantwortlichkeiten, Zuständigkeitsverwirrung, mit der logischen Folge heftigster Blame-Games sowie kostspieliger Ineffizienz und Qualitätseinbußen, insbesondere wenn es um Zertifizierungen, Auditierungen und den Nachweis einzuhaltender Compliance und Governance geht. Ganz zu schweigen von der Verantwortung sicherzustellen, dass auch in den nächsten Jahren Ende des Monats tatsächlich alle Gehälter gezahlt werden können.

Fragen

Wurden für die Kaderpositionen extra breite Sitze beschafft, um Unbequemlichkeiten zu vermeiden und dafür bei der «Holz-Klasse» unserer Mitarbeiterinnen und Mitarbeiter gespart?

Wie hoch sind unsere in der Vergangenheit aufgebauten echten und künstlichen Abhängigkeiten von einzelnen Personen und Hierarchiestufen?

Schafft es unsere Organisation die unbequemen Schüttler einer neuen, agilen Denkweise auszuhalten?

Welchen Stellenwert werden neue, motivierte agile Talente im Unternehmen in Zukunft einnehmen?

Haben wir, um ihnen Platz für die Entwicklung zu schaffen, tatsächlich überlegt, wie wir mit Zwieseln, Bedrängern und Peitschern umgehen wollen oder diese stattdessen sogar in die nächsthöhere Komfortklasse verschoben?

Empowerment wird nicht selten missverstanden und die Notwendigkeit adaptierter Prozess-Definitionen unterschätzt. So konnte ich schon mehrfach beobachten, dass gerade Themen wie Rollen-Verantwortung, Befähigung und Selbstorganisation falsch interpretiert werden. Wie W. Edwards Deming bereits 1986 feststellte, ist es nicht ausreichend, dass das Management Qualität und Produktivität einfordert. Führungskräfte müssen wissen, was sie selbst für die Befähigung der Belegschaft zu

tun haben, und diese Verantwortung kann nicht delegiert werden. «…
and if you can't come, send no one. » (Vignette from Out of the Crisis,
1986).

In diesem Zusammenhang müssen Unternehmen es schaffen, sich
von lieb gewonnenem Mikro-Management und Machtgefühlen über
Detail-Kontrolle und People-Management zu verabschieden. Die Grat-
wanderung ist nur mit guter Anleitung und schrittweisem Erkunden
des neuen Terrains möglich, um zu lernen, mit Anlehnung loszulassen
und die Zügel nicht einfach hinzuschmeißen oder aber so zu tun, als
würde man Spielraum geben, diesen aber bitte nach wie vor engmaschig
kontrollieren möchte, da das bekundete Vertrauen ein rein theoretisches
ist.

Bedarfsgerechte Schulung aller Beteiligten
Die Anforderungen in der jeweiligen Führungsebene rein theoretisch
zu diskutieren und zu kommunizieren, ist eine gängige Vorgehensweise, welche meiner Erfahrung wenig an der realen Praxis ändert.
Hier werden punktuelle, nicht selten redundante und wenig nachhaltige Aktionen vorangetrieben. Erfolgsentscheidend kann jedoch
eine bedarfsgerechte Schulung aller Beteiligten sein. Es geht nicht
nur darum, die umsetzenden Mitarbeitenden im jeweiligen agilen
Framework zu schulen.

> Jede Transformation sollte top-down mit einer nachhaltigen Heran-
> führung, Schulung und Begleitung der Führungsebenen beginnen, um
> die notwendigen neuen Kompetenzen auf dem Gebiet der Organisations-
> entwicklung und Transformation aufzubauen.

Gute Schulung und Begleitung scheinen somit durchaus angebracht.
Die Transformationscrew muss dazu jedoch in der Lage sein, von
theoretischen Konstrukten und Theorien abstrahieren zu können
und diese stufengerecht und systemspezifisch zu vermitteln. Sie steht
vor der Aufgabe, die Vision der Transformation, die Methoden und
Prinzipien „on the Fly" zu transferieren, Priorisierungen vorzunehmen,
Learnings direkt aufzunehmen und aktiv einzubinden, ohne dabei die
Stabilität des Unternehmens zu gefährden. Wie wir bereits mehrfach

gesehen haben, arbeiten wir in und an einem lebenden System in einer komplexen, ambivalenten Umgebung, nicht an einem statischen Objekt unter Laborbedingungen. Wir befinden uns damit auch im besten Transformationsflieger der Welt stets den Böen und Turbulenzen einer organisatorischen Veränderung ausgesetzt, die angemessen zu berücksichtigen sind und adaptierte Steuerungsmechanismen erfordern, die wir später noch genauer betrachten. Da sich über die Transformation Prozesse und Strukturen ändern, hat dies auch Impact auf das Systemumfeld. So müssen Stakeholder, interne und externe Kunden, Linienvorgesetzte sowie alle Betroffenen ein grundsätzliches Verständnis der Veränderung erhalten, um den jeweiligen Auswirkungen erkennen und konstruktives Feedback geben zu können.

Bei der Vermittlung der agilen Rollen ist es somit nicht damit getan, ein paar coole Training-Sessions abzuhalten, um die mit den neuen Rollen verbunden Aufgaben zu erklären und ein paar Best Practices respektive Anekdoten aus anderen Firmen zum Besten zu geben. Das Transformationsteam ist in der Verantwortung, die Organisation systemspezifisch und nachhaltig zu befähigen, um Können, Wollen und Dürfen gleichermaßen aufzubauen.

Umgang mit Skeptikern und Kritikern
Jeder, der schon einmal eine organisatorische Veränderung begleiten durfte, weiß, dass die agilen Grundsätze der Transparenz und Selbstverantwortung schmerzhaft sein können. Wie wir oben gesehen haben, spielen Sozialisation und Erfahrungen eine prägende Rolle, die nicht ignoriert werden darf.

Herausforderung Einbindung eines "Alten Hasen»

In einem Unternehmen wurde ein Bereich restrukturiert. Damit verbunden waren neue Prozesse und Rollen. Die Kernaufgaben sollten in neuen Zusammenarbeitsformen erfolgen.

Der Abteilungsleiter stand nun vor der Herausforderung, dass ein hoch performanter, langjähriger Mitarbeiter die Veränderung ablehnte und ständig offen kritisierte. Die deutlich jüngere Führungskraft mit weniger langer Unternehmenszugehörigkeit hatte zwar die offizielle Machtposition, nicht jedoch das inoffizielle Standing wie besagter Mitarbeiter.

Der Abteilungsleiter nahm das Unternehmensangebot einer Art kollegialer Fallberatung in Anspruch, um Impulse für eine Lösungsmöglichkeit zu erhalten. Im Rahmen dieser «Peer-to-Peer»-Beratung wurden Standard-Verhaltensmuster diskutiert: das Gespräch suchen, erneut das Gespräch suchen und im Großen und Ganzen Ratlosigkeit. Denn es zeigte sich, dass sich das Unternehmen einerseits von den Fähigkeiten des Mitarbeiters abhängig gemacht hatte, andererseits eine Kultur aufgebaut worden war, die einen direkten Machtgebrauch eines Vorgesetzten ausschloss, respektive diesem nie vermittelt wurde, wie ein solcher mit angemessener Reife eingesetzt wird.

Die Empfehlungen der anwesenden Coaches waren folgende:

- **Selbst-Reflexion** der eigenen Emotionen und Interpretationen:
  - Was am Verhalten des Mitarbeiters verunsichert den Vorgesetzten?
  - Welche Ängste, Befürchtungen, Blockaden werden beim Vorgesetzten getriggert und beeinflussen damit die Interpretation des Mitarbeiter-Verhaltens und das eigene Verhalten?
- **Umwandlung** der eigenen Interpretation durch einen Perspektivwechsel:
  - Bestehende Interpretation: offene Kritik = Störfaktor, persönlicher Angriff
  - Neue Interpretation: offene Kritik = Stärke und Mut des Mitarbeiters zur Offenheit, Anzeichen, dass der Mitarbeiter Bedürfnisse hat, die vom Vorgesetzten bis jetzt nicht abgeholt wurden

Es zeigte sich, dass der Abteilungsleiter das Verhalten des Mitarbeiters nur beeinflussen konnte, indem er bei sich selbst begann, die eigene Konstitution, Interpretation und Konstruktion zu reflektieren. Erst dann konnte darauf aufbauend eine Verhaltensstrategie entwickelt werden, die dem Mitarbeiter überhaupt eine Chance zur Kooperation gab, statt weiter unsichtbare Mauern aufzuziehen.

Wie gehen wir vor, um das Vertrauen bei den Mitarbeitenden aufzubauen, Skeptiker aktiv einzubinden und dem System die Entwicklung zu einem leistungsorientierten und doch humanen System zu ermöglichen? Wie können wir fordern und fördern, ohne die Organisation mit ihren Subsystemen zu überhitzen? Geben wir Skeptikern und Kritikern eine aktive Rolle, um ihre Bedenken aus konstruktiver Sicht zum Wohle der Firma einzubringen, werden wir schnell die Hintergründe erkennen. Die Theorie erscheint einleuchtend und klar. Doch der Punkt, an dem Transformationen immer wieder anstoßen, ist, wie dies zu bewerkstelligen ist. Hier muss die Veränderung ansetzen.

Das empfohlene Vorgehen ist nicht mit einer Erfolgsgarantie gekoppelt, doch es zeigt sehr deutlich, dass Kommunikationsmuster und Verhaltensweisen nicht von der eigenen Person abgekoppelt werden können.

Bei negativen Reaktionen ist zwischen offenem und verdecktem Widerstand zu unterscheiden, da sich der Umgang insbesondere in der Art unterscheidet, wie wir die Angestellten abholen. Die Basis der Vorgehensstrategie ist aber in beiden Fällen die Gleiche.

Umgang mit Skeptikern und Kritikern

Beginnen wir bei uns selbst, betrachten die systemischen Zusammenhänge und wenden uns dann den Bedürfnissen unseres Gegenübers zu.

a. **Wahrnehmung des Widerstands:** Jeder Mensch nimmt die Umwelt unterschiedlich wahr, konstruiert seine individuelle Realität.
   - Woran erkenne ich den Widerstand, wie äußert sich er sich?
   - Wie nehme ich das Verhalten anderer Personen in Bezug auf das wahrgenommene Verhalten wahr?
b. **Wirkung auf die eigene Person:** Die Interpretation der Umwelt wird über die emotionale Ebene gesteuert.
   - Welche Emotionen, Ängste, Befürchtungen werden durch das wahrgenommene Verhalten bei mir selbst ausgelöst?
   - Inwiefern hängt die emotionale Wirkung mit eigenen Erfahrungen in der Vergangenheit zusammen und triggern mein Verhalten?
c. **Zusammenhang mit dem Gesamtsystem:** Verhalten wird in Unternehmen über die vorherrschende Kultur im jeweiligen Sub-System, dem direkten Umfeld, bestimmt.
   - Welche impliziten Regeln bestehen? Beispiele für implizite Regeln: Keine Thematisierung hierarchischer Machtunterschiede, kein offener Disput, persönliche Schwächen dürfen nicht gezeigt werden, Ausblenden von persönlicher Befindlichkeit
   - Welche offiziellen und inoffiziellen Kommunikationsformen werden praktiziert?
d. **Perspektivwechsel:** Der Blick aus der Richtung unseres Gegenübers eröffnet uns neue Chancen bestehende Limitierungen zu überwinden.
   - Wie würde eine positive Interpretation des Verhaltens lauten, z. B. offene Kritik erfordert Mut und zeigt Betroffenheit?
   - Welche Emotionen und Bedürfnisse liegen dem Verhalten zugrunde? Zum Beispiel signalisiert verdeckte Kritik gegebenenfalls fehlendes Vertrauen, fehlende Befähigung zur offenen

> Kommunikation, eine auf einem tayloristischen Menschenbild
> basierende Unternehmensform
> e. **Gemeinsame Lösungssuche:** Bei der Lösung muss entweder eine echte
> Wahlfreiheit gegeben sein oder die Durchsetzung einer einseitigen
> Entscheidung realistisch sein.
> – Sieht die Führungskraft sich ausrechend befähigt, um den Bedürf-
> nissen des Mitarbeitenden gerecht zu werden, Vertrauen auf-
> zubauen und ihn ins Boot zu holen, oder müssen andere
> Konsequenzen getroffen werden?

Ist es die Angst vor dem Neuen, die Macht der Gewohnheit und Ver-
lustängste von sozialen Rollen und Status? Unsere Reise fordert ihren
Tribut, bietet aber auch Chancen und Möglichkeiten, um sich in der
heutigen VUCA[3]-Welt auszurichten. Die Crew sollte bei Bedarf für alle
Passagiere die wärmende Decke oder das kühlende Getränk zur Hand
haben, um zu unterstützen, die neuen Prozesse, damit verbundene Verantwortlichkeiten und adaptierten Strukturen schrittweise im Laufe
unserer Reise zu entdecken. Nur eine Kombination von Ehrlichkeit sich
selbst und der aktuell gelebten Kultur gegenüber und eine transparente,
offene und wertschätzende Kommunikation kann helfen, den Widerstand nicht in den Frachtraum zu verbannen. Denn dort frisst er, meist
unbeachtet, massive Löcher in unseren Flieger und gefährdet unsere
Reise. Stattdessen müssen wir zwingend hinschauen und uns selbst
befähigen, um die Betroffenen zu Beteiligten machen zu können. Auf
der anderen Seite muss ein Unternehmen zwingend auch seine Stärken
und wichtigen Ressourcen kennen.

> Bei einer agilen Transformation ist Widerstand als Stärke zu nutzen oder,
> wenn dies nicht möglich ist, konsequent aufzulösen, da Ignorieren, langes
> Abwarten und Hoffen auf eine wundersame Auflösung des Problems zu
> nachhaltigen Problemen in der Verankerung der agilen Prinzipien führt
> und den Erfolg der Transformation gefährdet.

---

[3]VUCA: Akronym für die Begriffe Volatility, Uncertainty, Complexity, Ambiguity und beschreibt
damit die zunehmenden Herausforderungen für Unternehmen.

Dabei sollten wir beachten, dass nicht nur auf die Altersstrukturen und Dauer der Unternehmenszugehörigkeit geschaut wird, obwohl diese unter Umständen ein Indiz sein können, um Bereiche zu identifizieren, die gut abgeholt werden sollten. Andernfalls könnte es zu einem unerwünschten Verlust wertvoller Wissens- und Erfahrungsressourcen kommen. In aller Regel werden die Herausforderungen erst dann deutlich, wenn wir die Reise bereits angetreten haben und erkennen, dass der Projektleiter oder Teamleiter im neuen Modell nicht mehr die gleiche Funktion hat. Was tun? Mitnehmen, Ignorieren, auf dem Notsitz platzieren, da wir ja eigentlich nicht wirklich an die neuen Arbeitsweisen glauben und so jederzeit wieder auf das Altbewährte zurückgreifen können? Wir müssen uns vielfach neu finden, es wagen erste unsichere Schritte zu tun, die eine oder andere Turbulenz als Chance nutzen und dennoch optimistisch nach vorne blicken. Keinen Erfolg wird jedoch die Strategie der Verdrängung der strukturellen Veränderungen haben.

Ausstattung der Transformation
Natürlich ist es auch wichtig, wie unser Flieger ausgestattet ist und wie viel Verpflegung zur Verfügung gestellt wurde. Haben wir zu knapp kalkuliert und können den Bedürfnissen der Mitarbeitenden nicht bis zum Erreichen des Ziels unserer Reise gerecht werden, verlieren wir die Unterstützung und den Vertrauensvorschuss unserer Angestellten. Das kann dazu führen, dass der eine oder andere wichtige Wissensträger sich schnell mal den nächsten Fallschirm sucht und abspringt oder spätestens bei der Landung rasch das Weite sucht. Es kann auch dazu führen, dass wichtige Stakeholder und Kunden das Vertrauen in die Veränderung und damit in das Unternehmen verlieren. Haben wir unsere Vorratskammern jedoch zu voll gepackt mit teuren Prestige-Beratern, Showeffekten und goldenen Wasserhähnchen, mag das zu einer Überlastung und rahmensprengenden Kosten führen.

> Das Management ist gefordert, während der gesamten Transformation die Balance halten zwischen grundlegenden Bedürfnissen der Organisation und unnötigen Forderungen oder Sonderwünschen, um eine angemessene Flughöhe und Steuerbarkeit der Transformation sicherzustellen.

Auf dem ersten Teil unserer Reise haben wir uns auf einen pilotierten Bereich konzentriert, um zu lernen und allmählich Sicherheit in die Veränderung zu gewinnen. Wir haben unsere Rollenträger geschult und auf ihren ersten Schritten begleitet. Das Transformationsteam priorisiert in aktiver Beteiligung kontinuierlich die Zielsetzungen der Veränderung. Wir beginnen langsam, uns zu entspannen und Vertrauen aufzubauen. Die Getränke und Speisen wurden verteilt, wärmende Decken ausgeteilt. Wir haben erkannt, dass die Transformation zur agilen Organisation keine Neu-Erfindung des Rades ist, sondern stattdessen die Stolpersteine der Vergangenheit über Bord wirft und durch die damit erzielte höhere Effizienz, Mitbestimmung und Beteiligung die Organisation voranbringt.

7.4 Gewöhnung an den Flug – know agile, do agile, be agile

Konnten wir so unseren Flug stabilisieren, folgt eine erste Gewöhnungsphase. Es ist faszinierend festzustellen, dass beim Fliegen in aller Regel nach kurzer Zeit der Eindruck entsteht, dass nicht ich mich bewege, sondern die Welt da draußen. Wir beginnen uns zu entspannen, vergessen vielleicht sogar, dass wir uns in schwindelnder Höhe befinden. Wir stellen den Sitz unserer Lehne zurück, konsumieren das eine oder andere Filmchen und Gläschen. Denn entweder haben wir nun Vertrauen in unseren Flieger und unsere Crew aufgebaut oder aber mit einer ausreichenden Menge an Beruhigungsmitteln oder Alkohol vorgesorgt, um jeglicher Nervosität den Garaus zu machen. Vorausgesetzt natürlich, es gibt keine unerwarteten Turbulenzen und Schütteleien.

In einer Transformation lassen sich ähnliche Tendenzen beobachten. Ist die erste Aufregung vorbei und die Pilotin oder der Pilot macht seinen Job, wird schnell einmal davon ausgegangen, dass doch jetzt alles wunderbar läuft, und den Dingen wird der Lauf gelassen. Unser Flieger verliert unmerklich an Höhe und Schub. Passiert es bei organisatorischen Veränderungen doch leicht, dass gerade jetzt der Wandel lediglich als äußerliche Veränderung wahrgenommen wird und die eigene Partizipation ausbleibt. Bei Re-Organisationen lässt sich, wie von Professor Dr. Peter Kruse in seinen acht Regeln für den völligen Stillstand beschrieben, eine solche Einstellung oft am «BAW"-Verhalten (Bend-and-wait) deutlich.

"Bend-and-wait"

Die agile Transformation wird beschlossen und kommuniziert. Ein dezidierter Aktionsplan kommt zum Einsatz, will das Management schließlich, dass schnelle Erfolge rapportiert werden. Die Mitarbeitenden jedoch „tauchen ab", warten, bis der Sturm vorüber ist und kommen dann wieder hoch, um genau gleich weiterzumachen wie bisher. Sie lassen dabei Schulungen über sich ergehen, nicken in den zahllosen Meetings zu den ambitionierten Zielen, die vorgestellt werden. Doch schon beim Weg aus dem Sitzungszimmer wurden diese als nicht relevant „schubladisiert" und der gewohnte Trott nimmt seinen Lauf. Die angestrebten Veränderungen bleiben aus.

Wird die Einführungsphase noch dazu zu lange und zu isoliert gefahren, geht schließlich auch das letzte Gefühl der Betroffenheit, Dringlichkeit und damit das wesentliche Momentum gänzlich verloren. Was bleibt sind die Folgen einer wackligen Notlandung. Um genau diese, oft beobachtete Entwicklung zu vermeiden, haben wir im Vorfeld unsere Vision kreiert. Wir haben kommuniziert und arbeiten nun konstant an unserem Ziel nicht nur über Agilität zu sprechen, sondern den Schritt in eine nachhaltige Veränderung zu wagen. Eine gute, konstante Kommunikation zur Vermittlung von Notwendigkeit und Mehrwert für das Unternehmen und auch den Einzelnen zahlt sich aus.

Befähigung zur Selbstorganisation

Jetzt ist die Befähigung des Personals zur effektiven Selbststeuerung anzugehen. Sachte und fundiert muss wieder und wieder erklärt und erfahrbar gemacht werden, was denn damit gemeint ist, wenn wir von knowing, doing und being agile sprechen. Was hier vielfach unter den Tisch gekehrt wird, und später schmerzlich in die Turbulenzen führt, ist die Tatsache, dass oft unklar ist, was unter besagten Buzzwords zu verstehen ist, und nicht jeder von Anfang an begeistert ist, in Selbstorganisation End-to-End-Verantwortung im Sinne der Agilität zu übernehmen.

Iterativer Aufbau von Selbstorganisation

Agilität bedingt den schrittweisen Aufbau von theoretischen, praktischen und emotionalen Aspekten.

- Schrittweisen Wissensaufbau (**knowing**): Wir müssen die wesentlichen Grundlagen und Basis-Spielregeln kognitiv erfassen und kennen, um ein einheitliches Verständnis im Unternehmen zu haben, und dürfen uns bei der Implementation von Agilität nicht in Details und Evangelien verlieren.
- Ausprobieren, Fehler machen, Verbessern, weitere Fehler machen (**doing**): Parallel muss das Wissen praktisch erlebbar werden, mit allen Konsequenzen. So werden Fehler passieren, Reibung entstehen und emotionale Unsicherheiten und Ängste entstehen, die abgeholt und begleitet werden müssen. Es werden sich aber auch Erfolge, Freude und Spaß einstellen, welche über die emotionale Ebene entscheidend zur Adaptation des Erfahrenen beitragen.
- Aufbau einer agilen Grundhaltung (**being**): Jede Grundhaltung basiert auf Wissen, Erfahrung und damit verbundenen Emotionen. Mit jedem Erfolg, mit jeder Bestätigung werden die Grundprinzipien kein Diskussionsthema mehr, sondern konstanter Teil unserer komplexen Realität.

Dazu ist Begleitung und Überzeugungsarbeit zwingend notwendig. Gute Trainer und Schulungskonzepte helfen uns dabei, das theoretische Fundament für ein entsprechendes Verständnis zu schaffen. Doch die Begleitung der praktischen und emotionalen Entwicklung ist zwingend in der Verantwortung der Führungsequipe verortet. Wie Eltern die ersten Versuche ihrer Kinder beim Erlernen des Fahrradfahrens stützen, indem sie Halt, Sicherheit und Anleitung geben, müssen Vorgesetzte hier ihre Pflicht erfüllen, anschieben, stützen, trösten, motivieren.

Schulung und Training

Es ist zwar teuer, doch mithilfe renommierter Beratungsinstitute lässt sich ein «Knowing Agile» mit Schulungsunterlagen und Trainings in der notwendigen Breite gut vermitteln. Wie oben bereits beschrieben, kann die Auswahl und der passende Match mit den Trainern deutliche Unterschiede aufzeigen. Wir benötigen situationsgerechte Vermittlung. Das bedeutet, dass die Trainer in den Schulungen keine Evangelien predigen sollen, sondern den Kontext des Unternehmens von Anfang an mit einbeziehen müssen. Der Umgang mit unbequemem Hinterfragen trennt dabei schnell die Spreu vom Weizen. Gute Trainer erkennen, dass kritische Fragen ein Zeichen für Beteiligung sind, die genutzt werden sollten. Freundliches Nicken und Schulterklopfen seitens Teilnehmer, ob der großartigen und unglaublich kompetent performten Schulung ist, so leid es mir tut dies sagen zu müssen, nicht selten ein untrügliches Zeichen fehlender Partizipation. Selbstverständlich sind sich alle einig, dass sich etwas ändern muss – natürlich weit weg von der eigenen Person –und die anderen dürfen ja auch schon mal anfangen. Hat der Trainer jedoch aufgrund der aktiven Beteiligung und Diskussionen Mühe den geplanten Stoff überhaupt durch die spärlich bemessene Zeit zu bringen, mag das aus Trainersicht zwar unangenehmer sein, aus Unternehmenssicht zeigt sich jedoch positive Bewegung, Mitdenken und erstes Engagement.

> Wirkungsvolle Schulungen im Rahmen einer agilen Transformation vermitteln keine abstrakten, praxisfernen Inhalte in gut performten Events, sondern machen betroffen und motivieren zur aktiven Partizipation.

Arbeiten an den Prozessen

Geht es an die praktische Umsetzung des «Doing Agile» sind die internen Strukturen, Prozesse und Mechanismen des Unternehmens gefragt. Es zeigt sich erneut, ob die Hausaufgaben vor unserer Reise gemacht wurden. Gerade große Unternehmen kennen die Herausforderung eines akkuraten Prozessmanagements. Compliance verlangt diese zwar, doch deren Einhaltung oder gar Pflege steht in der Praxis meist auf einem ganz anderen Blatt. Wir befinden uns somit meist vor einer doppelten Herausforderung. Einerseits sollen neue agile Prozesse aufgebaut werden und als Jetstream unsere Transformation voranbringen. Andererseits werden dabei meist die bestehenden Mankos des aktuellen Prozessmanagements zu wenig reflektiert. Das Risiko, die neuen agilen Abläufe genauso ins Leere laufen zu lassen, wie dies bis jetzt praktiziert wurde, ist hoch.

Fragen

Wie gehen wir damit um, wenn Prozesse in der Vergangenheit nicht korrekt gelebt wurden, nun aber neue Prozesse eingeführt werden?

Wie stellen wir sicher, dass unter diesen Umständen diese neuen Prozesse eingehalten, gepflegt und kontrolliert werden?

Sind wir bereit, Zeit und Geld in ein solides, praktisch genutztes Prozessmanagement zu investieren oder verkommen die neuen Prozessstrukturen zu den gleichen unbeachteten Randerscheinungen wie die bisherigen?

Nur wenn wir es schaffen, über ein verbindliches, aktiv getriebenes Prozessmanagement einen Jetstream in unserer Prozesslandschaft zu generieren und diesen auszurollen, werden wir den Flow für eine angemessene Flughöhe und -geschwindigkeit in die Transformation bringen. Mit einer agilen Grundhaltung sollten wir deshalb die wesentlichen Kernprozesse schrittweise so früh wie möglich und in einem kontinuierlichen Begleitvorgang auf die Vorgehensweisen adaptieren. Oftmals unterliegt dieser Teil der Transformation schönster Prokrastination, um spätestens vor dem nächsten großen Audit in hektischer Kosmetik zu enden. Es geht dabei aber auch nicht darum, die agilen Prozesse auf höchstem Detaillierungsgrad perfekt zu vergolden, um diese Konstrukte anschließend wieder in irgendeinem wundersamen Tool Rost und Patina ansetzen zu lassen.

Es geht beim Prozessmanagement nicht um trägen Formalismus, sondern die Frage, ob das Unternehmen tatsächlich bereit ist, übergewichtige, kostenintensive Abläufe in schlanke, verbindliche agile Praktiken zu überführen.

Agile Unternehmen kennen ihre Prozesse, halten diese mit einer schmackhaften Lean-Agile-Diät schlank, füttern sie aber auch mit ausreichender Kommunikation, um sie gewinnbringend zu nutzen. Die wesentliche Frage ist, ob wir uns überlegt haben, wer dies zu tun hat. Die Crew ist für die Betreuung zuständig. Aber haben wir auch überlegt, wer den Hut für die Adaptation der Prozesse im Laufe der Transformation verantwortet? Idealerweise obliegt diese Tätigkeit keiner Einzelperson, sondern einem entscheidungsbefugten Gremium, um

den erneuten Aufbau von schädlichen Personenabhängigkeiten vorzubeugen.

Erfolge ohne Schönfärberei

Kennen wir unsere Zielprozesse, haben die Organisation geschult und
die ersten Schritte machen lassen, sollte das ganze Unternehmen an
den Erfolgen teilhaben, aber auch erleben dürfen, dass es in unserem
System eine neue, noch zu festigende Kultur gibt. Fehler gehören auf,
nicht unter den Tisch, bevollmächtigte Teams geben einen schneller
werdenden Takt an und das Management stellt sicher, dass das System
sich nicht überhitzt, bremst und steuert nach Bedarf.

Denn das agile Doing erweisen sich meist als schwieriger als erwartet,
Teilaspekte wurden übersehen und werfen unsere Planung über den
Haufen, bescheren uns aber gleichzeitig neue Möglichkeiten und
Chancen.

Umgang mit Rückschlägen und Druck

In der agilen Transformation eines mittelständischen Traditionsbetriebs
war zu beobachten, dass am Anfang schnell Frust aufkam. Die ganze Veränderung ging harziger vonstatten als erwartet, das Alltagsgeschäft legte
immer wieder Steine in den Weg und es musste mit so manchem Rück-
schlag umgegangen werden. Wichtige Wissensträger verließen das Unternehmen. Der Druck wuchs exponentiell.

Doch das Management glaubte nach wie vor an das Ziel und die Machbarkeit der Transformation. Es knickte nicht ein und gab dem Druck nach.
Im Gegenteil, es ging einen wesentlichen, nicht ganz risikolosen Schritt
weiter. Denn sie sahen ihre Hilflosigkeit ein und holten sich Rat. Doch
nicht bei systemfernen Beratern wie in der Vergangenheit, sondern bei
den eigenen Angestellten. Bis jetzt war ein solches Eingeständnis von Ratlosigkeit ein Unding innerhalb der autoritär geführten Unternehmung.

Die Mitarbeitenden waren skeptisch. Nach anfänglichem Zögern
stiegen jedoch die ersten darauf ein, brachten hervorragende Ideen,
Vorschläge und setzten sich mit Unterstützung der Führungsebene für
deren Umsetzung ein. Sie nahmen die Challenge gemeinsam mit dem
Management an. Das wiederum zog sich dabei keinesfalls zurück und
setzte seine Stärke, auch bei heftigem Gegenwind zu kämpfen aktiv ein,
gab Rückendeckung, passte Rahmenbedingungen kompromisslos gemäß
der agilen Vision an.

Die Transformation hielt dem Druck stand und es formte sich eine neue
Kultur, die ihren Preis über den Abgang von einigen Personen hatte, aber

> auch ihren Gewinn über neue Dynamik. So stieg nicht nur die Überlebens-
> chance des Unternehmens auf dem Markt, sondern auch die Attraktivität
> für neue Mitarbeitende, welche die agilen Arbeitsweisen schätzten.

Es erfordert eine gute Portion Fingerspitzengefühl und Voraussicht unserer Piloten, um den Flieger in dieser Phase in die richtige Position zu manövrieren. Dazu muss diskutiert, Hindernisse aus dem Weg geräumt oder umflogen und gemeinsam für eine Vision gekämpft werden, die es dem Unternehmen ermöglichte, auch über Jahre hinaus einen stabilen Platz auf dem Markt zu halten. Ein starker Jetstream wird genutzt, wenn das Management seine Stärken aktiv im Sinne der Sache einbringt, statt sich im Elfenbeinturm zu verschanzen.

7.5   Bordcomputer und Flight-Checks – Transparenz und lean-agile Metriken

In der Regel besteht die Cockpitcrew eines Flugzeugs aus zwei Piloten, die sich die Aufgaben in jeder Flugphase zweckmäßig aufteilen. Während der nicht fliegende Pilot (Pilot not flying PNF) sich um Schreibarbeiten, Funk und andere administrative Dinge kümmert, ist der fliegende Pilot (Pilot flying PF) für die Steuerung des Flugzeugs zuständig. Dazu gehören die Überwachung und Bedienung des Autopiloten, der normalerweise während des gesamten Flugs aktiviert ist. Beide Piloten sind aber auch für die konstante Beobachtung des Luftraumes verantwortlich, um Kollisionen und Probleme frühzeitig erkennen und vermeiden zu können. Das Wetter wird beobachtet, um Gewitterzellen zu identifizieren und zu umfliegen. Treibstoffreserven werden überprüft, der Bordcomputer programmiert und mögliche Szenarien und Kurskorrekturen werden besprochen. Denn auch wenn wir als Passagiere den Eindruck eines direkten Flugs haben, erfolgt dieser in den seltensten Fällen geradewegs von A nach B.

Bei organisatorischen Veränderungen sollten wir ebenfalls klar definierte Steuerungsmechanismen, ähnlich jenen einer Cockpit-Crew, haben. Dazu brauchen wir aber mehr als nur Bauchgefühl, tayloristische

Überwachungsmethoden, überzeugende Redner oder Powerpoint-Helden. Wir benötigen einen soliden Bordcomputer, der Fakten liefert, sowie die stufengerechte Befähigung diese zielführend zu interpretieren und eine gute Beobachtungsgabe für die Umgebungsfaktoren, um das Steuer für unsere Transformation in der Hand zu behalten und auch richtig zu nutzen.

Wie erwähnt wird oft erst versucht, die Situation mit traditionellen Steuerungsmechanismen anzugehen. Scheitern diese oder zeigen nur bedingte Wirksamkeit, wird die Aufgabe gerne an externe Berater delegiert. Sie analysieren, vermitteln Theorien und Best Practices, tragen einen neuen, frischen Blick von außen ins Unternehmen. Der Haken dabei ist ein häufiges Missverständnis, wenn davon ausgegangen wird, dass Erfahrungen aus unterschiedlichen Organisationen immer übertragbar seien. Jedes Organisationssystem hat seine eigene Persönlichkeit, wodurch Metriken und Messmethoden an die spezifischen Bedürfnisse des Systems und seine Transformation angepasst werden müssen, um den Flug in die richtigen Bahnen zu lenken. Beratung und Steuerung dürfen in den Verantwortlichkeiten nicht verwechselt werden. Je nach Wertschöpfungsprozess und Marktsituation kann der Schwerpunkt und damit auch die Notwendigkeit der Messwerte sehr unterschiedlich ausfallen. Stark Innovations-getriebene Unternehmen mögen danach streben über eine höhere Agilität rasch neue Kundenbedürfnisse zu generieren, wohingegen Dienstleistungsbetriebe wie Banken sich unter Umständen mit steigenden Sicherheits- und Qualitätsanforderungen konfrontiert sehen. Wissen wir, wo wir uns befinden, wohin wir wollen und welche Kurskorrekturen notwendig sind, um unseren Transformationsflieger auch bei hohen Anforderungen sicher zum Ziel zu bringen?

Agilität und Empirie

Agilität basiert, was so manchem «Agilisten» nicht bekannt oder, wenn doch bekannt, ein Dorn im Auge sein mag, auf harter Empirie. Diese muss jedoch Mehrwert-bezogen, schlank und effizient sein. Wir wollen klare, messbare Prozesse, welche qualitativ hochwertigen, ebenfalls messbaren Outcome generieren, auf den wir stolz sein können. Nicht nur Output im Sinne von Zahlensalat, Verwirrung und Mehrkosten, um in endlosen Abstimmungsmeetings zu diskutieren, was dies nun bedeuten mag, wer schuld ist und, ähnlich dem Orakel von Delphi, maximalem Interpretationsspielraum zu frönen. Ohne ein klares, auf konkreten Mehrwert ausgerichtetes Cockpit stolpern wir über Aktionismus, traditionelles Mindset, tayloristisches Kulturgut. Unser Flieger schüttelt und rüttelt und unsere Crew hat alle Hände voll zu tun, die aufkommende Übelkeit der Passagiere unter Kontrolle zu bringen, wenn nicht gar eine Notlandung in Betracht zu ziehen. Es empfiehlt sich, dass die Cockpit-Crew diese Turbulenzen schnellstens in den Griff bekommt. Denn oftmals sind diese Probleme einer Transformation hausgemacht und könnten mit einem klaren, stimmigen Messkonzept und konsequenter Transparenz gehandhabt werden. Um diese Unwegsamkeit auf unserem Flug zu meistern, empfiehlt sich somit der Schritt weg von ineffizienten Reporting-Meetings in exklusiven, elitären Kreisen, hin zur Teilnahme an offenen, iterativen Reviews und regelmäßigen Feedback-Loops. Eine erfolgreiche agile Transformation verbindet durchgängig eine systemische Gesamtsicht mit einer agilen Grundhaltung, indem im Vorfeld der über die Transformation zu generierendem Mehrwert definiert und in der Umsetzung kontinuierlich gemessen wird.

Wir haben im Vorfeld den finanziellen und zeitlichen Rahmen gesteckt. Nun sollten wir kontinuierlich auf der aktuellen Flughöhe Transparenz und Vorhersehbarkeit der nächsten Iteration unserer Transformation schaffen, um Geschwindigkeit und Richtung zu steuern. Ein gutes Controlling kann uns helfen Treibstoff zu sparen, indem wir das Potenzial und Ressourcen im Unternehmen als Jetstreams nutzen, kritischen Gewitterwolken frühzeitig auszuweichen und ein möglichst risikominimiertes, schüttelarmes Flugerlebnis zu gestalten. Der zentrale Punkt ist Klarheit darüber zu erlangen, was wir wozu wie messen wollen.

> Es muss verstanden und auch kommuniziert werden, dass es keine einzige Messung geben sollte, die nicht einen klar definierten Mehrwert für die Organisation nach sich zieht.

Insofern sind Abstimmungsmeetings und Reporting allein grundsätzlich erst einmal als Waste zu sehen, welche nur gerechtfertigt sind, wenn sie einen konkreten Mehrwert liefern. Zudem müssen nicht nur ein paar abstrakte Metriken und KPIs definiert werden. Auch die nachhaltige, schlanke Erfassbarkeit, Handhabung und ein glasklares, einheitliches Verständnis von was wir jeweils sprechen muss Hierarchie- und bereichsübergreifend definiert werden. Nur so kann ein solides, potenzial- und chancenbasiertes Risikomanagements abgeleitet werden. Dazu erscheint mir wesentlich, dass zuerst die jeweils zu messenden Ebenen und Verantwortlichkeiten definiert werden.

Ebenen und Verantwortlichkeiten in gegenseitiger Abhängigkeit

- **Top-Management:** Benötigt die Gesamtsicht auf den Stand des Unternehmens und der Transformation über Informationen aus Mittelmanagement und Basis; tritt die Verantwortung für den Fluss in der Wertschöpfungskette an mittleres Management und Mitarbeitenden ab und gibt ihnen Vertrauen und Rückhalt, um die Transformation systemkonform zu etablieren.
- **Mittleres Management:** Benötigt den Rückhalt aus und Vertrauen in das Top-Management und die Informationen über den Stand der Wertschöpfung und den Transformationsprozess von der Basis; tritt die Verantwortung für die operative Wertschöpfung und Ausgestaltung der Transformation an die Basis ab.
- **Basis:** Die Mitarbeitenden wiederum benötigen alle Informationen, die für die Schaffung besagter Wertschöpfung und die Implementation der Agilität von Nöten sind, die Wertschätzung von und Vertrauen in Mittel- und Top-Management, welche Hindernisse für die Basis aus dem Weg räumen.

Nur über eine wechselseitig auf Vertrauen basierenden Arbeitsgrundlage mit Verständnis für die unterschiedlichen Anforderungen der jeweils anderen Ebenen lassen sich operatives Geschäft und kontinuierliche Verbesserung im Sinne der Agilität vereinbaren und pflegen. Je höher dabei die Gesamt-Transparenz über den erbrachten Mehrwert im Rahmen des Veränderungsprozesses ist, desto klarer können angemessene Kurskorrekturen vorgenommen werden. Die Mitarbeitenden der Basis, welche die effektive Datengrundlage für eine solche Transparenz schaffen, sehe ich dabei oftmals zu wenig eingebunden, wodurch sich Widerstand und Ablehnung aufbauen. Gehen wir jedoch den Schritt in eine stufengerechte, geführte Befähigung zur Selbstorganisation und Transparenz, stellen wir sicher, dass eben jene zentrale Datenbasis auch tatsächlich aussagekräftig ist.

KPIs[4] und Metriken in der agilen Transformation

Was auf den ersten Blick für ein Unternehmen trivial anmutet, entpuppt sich schnell als nicht ganz einfaches Unterfangen. Haben wir doch in aller Regel bereits eine Vielzahl an etablierten KPIs und Metriken, Steuerungsprozessen und Reglementen, die eben diesen Zweck in der Vergangenheit erfüllen sollten. Zudem gibt es vermehrt Bemühungen, über unterschiedlichste Business Agility Checks, Agility Health Radars und verschiedene Reifegrad-Modelle auf sehr verschiedenen Flughöhen Aussagen über den jeweiligen Stand der Agilität zu erheben. Bei genauer Betrachtung stellen wir aber oft fest, dass die traditionellen Mechanismen nicht selten die Schwerfälligkeit und Überladung eines Hochseetankers haben und so mancher Maturity Check einen nicht unerheblichen Alibi-Charakter mit wenig Aussagekraft, dafür umso höheren Kostenaufwand aufweist. Der Verdacht, dass es sich in beiden Fällen eher um Profilierungs- als effiziente Steuerungsmechanismen handelt, drängt sich angesichts des Vergleichs von Aufwand und Ertrag schnell auf. Bei einer agilen Transformation greifen die gewachsenen Prozesse nicht mehr. Denn so manches historisch gewachsene Controlling ist zwar mit enormem Aufwand und Kosten verbunden, hat aber unter dem Strich zu wenig Impact über direkt abgeleitete Verbesserungsmaßnahmen auf den Transformationserfolg. So haben sich Kontrollmechanismen entwickelt, die im Wesentlichen Daseinsberechtigungen liefern und dem Machterhalt dienen. In ihrer Trägheit greifen sie zu wenig effizient und nicht ausreichend mit den notwendigen, schnell wirksamen Konsequenzen, die ein flexibler Markt verlangt.

Fragen

Was und wozu wird gemessen?
Gibt es Redundanzen, kostenintensive Status-Bestätigungsmeetings mit Scheinsicherheit suggerierenden Metriken ohne Bezug zur realen Welt?
Wie wird die Wirksamkeit der Messung selbst gemessen?

---

[4] Key Performance Indicator: Begriff aus der Betriebswirtschaft zur Messung des Erfolg einer unternehmerischen Aktivität/Erfüllungsgrad eines bestimmten Ziels.

Jegliche Messungen sollten Klarheit für alle Beteiligten schaffen, nicht nur für Projektleiter und Manager. Unser Bordcomputer muss ein effizientes, schnelles, verlässliches und transparentes Risikomanagement ermöglichen. Dadurch wird Verständnis und Partizipation geschaffen, um Vertrauen in neue Verhaltensweisen aufzubauen und sie zu verankern, ohne in alte Gewohnheiten eines ineffizienten Mikro-Managements zu verfallen. Wie die Praxis zeigt, ist es nicht einfach die relevanten agilen Metriken und KPIs zu definieren. Wir brauchen zwingend die Relation unseres organisatorischen Settings, unseren Prozessen und dem Ist-Zustand. Einmal im Jahr durchgeführte Kunden- und Mitarbeiterbefragungen mögen der Systembefriedigung dienen, sind aber eher im reaktiven Sektor anzusiedeln und damit zu träge für moderne Marktanforderungen.

Betrachten wir die unterschiedlichen Ebenen und Aufgabenbereiche in unserem Unternehmen, so leiten sich daraus letztendlich die zentralen Messdaten im Rahmen einer agilen Transformation ab. Wir sollten uns immer wieder klar machen, dass hinter allen Messwerten letztlich Menschen und ihre enormen Leistungen für das Unternehmen stehen. Je nach Unternehmensbereich, Framework und agiler Methodik können sich Messwerte und Methode stark unterscheiden. Haben wir Scrum eingeführt, mag die Reife unserer Rollenträger ein guter Messwert sein, bei Kanban wiederum der Arbeitsfluss, ein skaliertes Setting sollte stets den messbaren Business Value in den Fokus setzten. Das Unternehmen sollte seine spezifischen Messwerte basierend auf den jeweiligen Prozessverantwortungen evaluieren, diese in Abstimmung mit dem Ziel der Transformation bringen und zwingend transparent kommunizieren. Die jeweiligen KPIs und Metriken helfen uns, den Fokus im Daily Business auf den effektiven Mehrwert zu halten, ohne uns in administrativem Waste, Overhead und Overload zu verlieren. In der Praxis beobachte ich bei vielen Transformationen, dass die Erkenntnis fehlender Steuerungsmechanismen oft spät kommt und rasch zu einem rasanten Wildwuchs an Dashboards, redundanten Metriken und KPIs, sowie verschiedenste, oftmals unabgestimmte Mess- und Steuerungsprozessen führt. Die einen messen etwas auf einer spezifischen Projektebene, die nächsten auf Bereichsebene, wieder andere wollen lediglich die Gesamtkosten rechts unten wissen und halten diese für der Weisheit letzten Schluss. Zuerst müssen deshalb die zu messenden Ebenen und Messpunkte identifiziert werden. Diese werden in Beziehung zur Zielsetzung gesetzt, um Aussagekraft zu erhalten. Keine Messung erfüllt einen Selbstzweck. Jede muss über direkte Konsequenzen seine Daseinsberechtigung in entsprechenden Wirksamkeitsmessungen beweisen. Dies ermöglicht eine aktive Steuerung und schnelle Korrekturmaßnahmen mit griffigen Verbesserungen.

Mess-Ebenen und -Punkte

Beispiele für Ebenen, Messpunkte, Messkriterien und Wirksamkeitsmessung nach jeder im Anschluss an die Messung definierten Maßnahme:

a. **taktisch-operative Ebene:** z. B. agile Projektabwicklung mit Umsetzung und Teillieferungen in Iterationen (Beispiel: Erstellen eines Online-Portals eines Finanzinstituts)
   - **Messpunkte:** Ausgangssituation, Ende jeder Iteration, bei jeder Teillieferung, Projektabschluss
   - **Messkriterien:** messbarer Mehrwert für den Kunden, erzielter Mehrwert für die Organisation, Mitarbeiterzufriedenheit, Qualität der Lieferergebnisse, Kundenzufriedenheit, Durchlaufzeiten
   - **Wirksamkeitsmessung:** Gap-Analyse, Effektivitätsmessung
b. **strategische Ebene:** z. B. Erschließung eines strategischen Marktfelds (Beispiel: Zukauf eines Unternehmens in einem sortimentserweiternden Bereich)
   - **Messpunkte:** Ausgangssituation, Monatsende, Quartalsende, initiale Markterschließung
   - **Messkriterien:** Marktanteil, Kundenzufriedenheit, Umsatz, Absatz, Budget
   - **Wirksamkeitsmessung:** Benchmarking, Nutzwertanalyse, Gap-Analyse, Balanced Scorecard
c. **normative Ebene:** z. B. Anpassung des Leitbilds (Beispiel: Integration ökologische Verantwortung durch ressourcenschonende Arbeitsweisen und Reduktion des Materialverbrauchs)
   - **Messpunkte:** Ausgangssituation, Quartalsende, Jahresende
   - **Messkriterien:** Verbrauchsmessungen ökologisch belastenden Materials, Energieverbrauch
   - **Wirksamkeitsmessung:** Gap-Analyse

In der Konsequenz werden oft mit Begeisterung komplizierte, nicht wartbare technische Konstrukte und eine Vielfalt an aufwendigen

Prozessen entwickelt, statt im Sinne unseres Transformationsziels den Prinzipien von Lean und Agile zu folgen. Und schon befinden wir uns wieder im altbekannten Muster unseres Unternehmenssystems mit Fokus auf Profilierung, Machtdemonstrationen und Vertuschen der Tatsache, dass wir uns in der Vergangenheit zwar redlich bemüht haben, heute aber nicht in der Lage sind, harte und weiche Fakten aktions- und mehrwertausgerichtet zu servieren. So wird das Management so lange wie möglich mit geschmacksneutralem, intensiv grün-gefärbtem Dosenfutter abgespeist, die Mitarbeitenden unterschied-lichster Hierarchiestufen mit unverständlichem Reporting-Aufwand ohne nachhaltigen Mehrwert belastet und gleichzeitig agiles Mindset gepredigt. Reporting und Messung werden zur Last im Fliegen-Fokus, immer schön auf den nächsten Misthaufen gerichtet, statt uns zu helfen im lösungsorientierten Bienen-Fokus Ausschau nach Chancen und Möglichkeiten zu halten und diese zu fördern. Schnell wird ver-gessen, dass es beim Controlling um kontinuierliche Transparenz und Kommunikation geht, um proaktiv, nicht reaktiv auf situative Änderungen eingehen zu können. Und schließlich dient eine trans-parente Sicht auch der Erkenntnis, wo es gut läuft, um Erfolge feiern und wertschätzen zu können. KPIs sollten nicht zu den Peitschen von Sklaventreibern mutieren, sondern als Treibstoff unserer Transformation genutzt werden. Es gilt also konstant zu erkennen, welchen Reifegrad wir bereits erreicht haben, welche Blockaden bezogen auf die Ver-änderung vorliegen und welche Kurskorrekturen damit einhergehen müssen. Damit untrennbar verbunden ist eine übergreifende Sicht, wo wir aktuell hinsichtlich unserer Wertschöpfungsketten stehen. Denn Agilität hat keinen Selbstzweck. Sie soll genau diese Prozesse unter-stützen, dynamischer machen und das Unternehmen voranbringen. Eine Organisation muss dazu den Puls des Systems konstant messen, um zeitnah Maßnahmen definieren zu können.

Maturity Checks

Es empfiehlt sich die Überprüfung der agilen Reife für die notwendige Transparenz auf den Stand der Transformation, um diese voranzu-bringen. Viele Maturity Checks kranken aber oft an mehreren Punkten. So müssten die Parameter an die konkrete Unternehmenssituation angepasst werden und ein nachhaltiger Erhebungsprozess mit konsequenten Aktionsmaßnahmen etabliert werden. Eine einmalige Durchführung eines Standardtests erinnert mich oft eher an unprofessionelle Psychotests in diversen Magazinen und sind meist kaum aussagekräftiger als selbige. Daneben besteht ein hohes Risiko, dass die Checks als konventionelle Kontrollmaßnahme und Reporting missverstanden werden. Damit verlieren sie ihre eigentliche Kraft und werden zu Treibstofffressern, statt unseren Motivationstreibstoff zu erhöhen.

> Um das Potenzial einer Reifegradmessung entfalten zu können, müssen wir auch hier die Frage beantworten können, was wir mit welchem Mehrwert wann und wo messen und in der Konsequenz bewirken wollen.

Ist dies verstanden und definiert, können solche Checks die Kultur eines Unternehmens massiv in einer agilen Ausrichtung unterstützen. Dann nämlich, wenn der Fokus konsequent in Selbstbefähigung und das Verständnis der kontinuierlichen Verbesserung gehalten wird. Dies kann nur bei systemangepasster Messung, einem klar definierten Messprozess und der zwingenden Verbindlichkeit durchgeführt werden. Denn auch hier gilt der Grundsatz des agilen Lernens. Beim ersten Durchlauf überwiegen üblicherweise Rechtfertigungen, Schönreden und Ausreden. Da diese, in die Vergangenheit gerichteten Verhaltensweisen aber bei einer korrekten Durchführung und Anleitung keine Relevanz mehr haben, wird der Fokus schrittweise auf zukunftsorientierte Verbesserungsmaßnahmen gelegt. Mit jeder weiteren Durchführung übernehmen die Angestellten mehr Ownership über den Check, wenn das Management diese Eigenverantwortung zulässt und nicht in traditionelle Führungs- und Kontrollmechanismen verfällt. Ein Maturity Check darf nicht dazu dienen, Teams oder Abteilungen gegeneinander auszuspielen oder Fingerpointing zu betreiben.

Es ist nur dann ein wirksames Instrument, wenn verstanden wurde, dass Selbstorganisation schrittweise erprobt werden muss, bevor es effektiv gelebt werden kann. Eine Selbsteinschätzung ist eine entscheidende Basis, um dazu befähigt zu werden.

Agile Mushrooming

Stellen wir fest, dass uns die Übersicht und damit die Kontrolle fehlen, werden Mitarbeitende mit neuen Moden und Methoden bombardiert und dann unter dem Deckmäntelchen der Selbstverantwortung sich selbst überlassen. Missverständnisse zu Zielen und Umsetzung werden delegiert. Hier sehe ich einen klaren Missbrauch agiler Prinzipien. Denn Selbstorganisation und Selbstverantwortung brauchen Führung, Anleitung, Rückendeckung, keine Beliebigkeit. Ohne diese sähen wir Frust, Zweifel, Verwirrung und das Gefühl, allein gelassen zu werden.

Auswirkungen unabgestimmter Methoden-Vielfalt

In einem Unternehmen kam im Rahmen des allgemeinen Agilitätshypes plötzlich die Idee auf, neben der gerade in der Initialisierung begriffenen agilen Methode auch die OKR-Methode einzuführen. Die Vertreter der Methode waren vom Mehrwert überzeugt und konnten verschiedene Managementvertreter für die Idee gewinnen. Diese waren jedoch weder mit den Konsequenzen eines solchen Entscheids vertraut noch mit dem aktuellen Stand der begonnenen Einführung der agilen Methode.

Bei genauerer Betrachtung stellte sich zudem heraus, dass das Verständnis davon, was OKR[5] ist, das Ziel eines solchen und die Konsequenzen für die Einbettung in eine agile Prozesslandschaft ist, selbst bei den Verfechtern der OKR-Methode enorm auseinanderdrifteten.

Die einen formulierten OKR, um die definierten Ziele bei Gelegenheit, neben dem normalen Daily-Business, als Sahnehäubchen zur Profilierung anzugehen. Wieder andere verwendeten sie für die Leistungsbeurteilung der jeweiligen Mitarbeiter- oder Team-Ziele. Wieder andere formulierten sie, um dem Management einen Gefallen zu tun, welchem die Methode sehr rudimentär verkauft worden war.

Es war unklar, wie die verschiedenen Methoden zu verbinden waren und welcher Mehrwert gemessen am Aufwand für die Transformation erreicht werden sollte. Niemand wollten sich aber eine Blöße geben oder man sah es schlicht nicht in der eigenen Verantwortung besagten Mehrwert für das Unternehmen hinsichtlich des Entscheides auszuweisen. Hieß es doch, wer mit OKRs arbeitet, ist agil und auf dem letzten Stand.

---

[5] OKR: Managementsystem zur Mitarbeitersteuerung über Objectives und Key Results.

> Letztendlich wurden OKR zur top-down verordneten Methoden-befriedigung. Die Konsequenz waren administrativer Mehraufwand, redundante, wenn nicht gar widersprüchlich formulierte Zielsetzungen und Verwirrung ob der Verkomplizierung über eine Methodenflut ohne erkennbaren Mehrwert.

War die Einführung von OKRs nun schlecht? Sie können tatsächlich sinnstiftend in einem Veränderungsprozess zum Einsatz kommen. Richtig angewendet, können sie auch problemlos in Arbeitsweisen wie Scrum oder Kanban integriert werden und strategische Ziele in der Operationalisierung unterstützen. Sie müssen dazu aber stringent in die Transformation eingebettet werden sowie auf die Vision Mehrwert generierend einzahlen.

> Das Management ist während der gesamten Transformation in der Verantwortung für ein angemessenes, an den Transformationsverlauf adaptiertes Design, das koordiniert und messbar auf die Vision und Zielsetzung einzahlt.

Verliert das Management die Gesamtsicht und lässt einen unkoordinierten Wildwuchs agiler Methoden und Praktiken zu, werden damit auch die Prozesse der Wertschöpfungskette in Mitleidenschaft gezogen. Es kommt zu Intransparenz, Verunsicherung und der Verunmöglichung einer soliden Steuerung der organisatorischen Veränderung. Letztlich fordert jeder Wildwuchs zudem seinen bitteren Tribut in Form von finanzieller und personeller Ressourcenbindung, was wiederum direkt auf die Leistungsfähigkeit des Unternehmens Einfluss hat. Es sollte bei einer agilen Transformation berücksichtigt werden, dass es nicht nur darum geht, variabler zu werden, sondern nachhaltig besser.

Wie wir sehen, benötigen wir ein klares Verständnis für die Zuständigkeiten in unserem Unternehmen, um Mehrwert generierende Maßnahmen definieren zu können, die es uns erlauben unseren Flieger auf Kurs zu halten.

7.6   FLIGHTCHECK – Reiseflug

Übersicht

☑ Flughöhe und Geschwindigkeit kontinuierlich im Transformationsdesign anpassen

☑ Effiziente, bedarfsgerechte Schulungen

☑ Coaching-Begleitung als Hilfe zur Selbsthilfe

☑ Set-up Kontrollprozess über angemessene KPIs und Metriken (z. B. systemangepasste Maturity Checks)

☑ Iterative, situativ-angepasste und abgestimmte Adaptation der Steuerung auf das Transformationsziel

☑ Erarbeiten und Feiern von Quick-Wins

☑ Konstruktive Nutzung von unbequemem Widerstand zur Optimierung des Flugverlaufs

Weiterführende Literatur

Adams P (2017) Question thinking. dtv, München

Aholt G (2019) Unternehmenssteuerung mit KPIs und Kennzahlen: Denken Sie an die drei Ebenen! https://itelligencegroup.com/de/local-blog/unternehmenssteuerung-mit-kpis-und-kennzahlen-denken-sie-an-die-drei-ebenen/. Zugegriffen: 26. März 2021

Ballé M, Beauvallet G (2016) Le Management Lean. Pearson, Paris

Bendel O (2018) Digitalisierung. Gabler Wirtschaftslexikon. https://wirtschaftslexikon.gabler.de/definition/digitalisierung-54195. Zugegriffen: 03. Juni 2018

Berger M, Chalupsky J, Hartmann F (2008) Change Management – (Über-)Leben in Organisationen. Schmidt, Giessen

Birkenbihl V (2004) Kommunikation für Könner. Redline, Frankfurt

Brandes U, Gemmer P, Koschek H, Schültken L (2014) Management Y. Campus, Frankfurt

Bundesamt für Statistik (2017) Marktwirtschaftliche Unternehmen nach Wirtschaftsabteilungen und Grössenklasse. https://www.bfs.admin.ch/bfs/de/home/statistiken/industrie-dienstleistungen/unternehmen-beschaeftigte/wirtschaftsstruktur-unternehmen.assetdetail.3202074.html. Zugegriffen: 01. Juni 2018

Bundesamt für Statistik (2018) Konkursverfahren nach Kanton – 1994–2017. https://www.bfs.admin.ch/bfs/de/home/statistiken/industrie-dienstleistungen/unternehmen-beschaeftigte.assetdetail.4642607.html Zugegriffen: 01. Juni 01 2018

DeMarco T (1997) The deadline. Dorset House, New York

Derby E, Larsen D (2012) Agile retrospectives – making good teams great. Pragmatic Bookshelf, Dallas

Diehl A (2021) Objectives and Key Results (OKR) – Einführung in die OKR Methode. https://digitaleneuordnung.de/blog/okr-methode/. Zugegriffen: 26. März 2021

Diesbrock T (2011) Ihr Pferd ist tot? Steigen Sie ab! Campus, Frankfurt

Dobelli R (2017) Die Kunst des klaren Denkens. dtv, München

Fischer-Epe M, Reissmann M (2017) Coaching zu Führungsthemen. Rowohlt, Hamburg

Fischermanns D (2010) Praxishandbuch Prozessmanagement. Schmidt, Giessen

Forgas J (2011) Soziale Interaktion und Kommunikation. Psychologie Verlags Union, Weinheim

Forward Intelligence Group (2020). Agile Transformation Domains. http://mybusinessagility.com/agile-transformation-domains/. Zugegriffen: 26 März 2020

Gadatsch A, Mayer E (2010) Masterkurs IT-Controlling. Vieweg + Teubner, Wiesbaden

Gloger B, Margetich J (2014) Das Scrum-Prinzip. Schäfer-Poeschel, Stuttgart

Goldratt E, Cox J (2010) Das Ziel. Campus, Frankfurt

Gorman T (2011) The complete idiot's guide to MBA basics. Alpha Books, New York

Grossmann R, Bauer G, Scala K (2015) Einführung in die systemische Organisationsentwicklung. Carl-Auer, Heidelberg

Hackl B, Gerpott F (2015) HR 2020 – Personalmanagement der Zukunft. Vahlen, München

Hanschke I, Giesinger G, Goetze D (2016) Business analyse. Hanser Fachbuch, München

Häusling A, Römer E, Zeppenfeld N (2018) Praxisbuch Agilität. Haufe Gruppe, Freiburg

Heringer H (2017) Interkulturelle Kommunikation. Franke, Tübingen

Hofert S (2016) Agiler führen. Springer Gabler, Wiesbaden

Höfler M, Bodingbauer D, Dolleschall H, Schwarenthorer F (2018) Abenteuer change management. Frankfurter Allgemeine Buch, Frankfurt
Hohm H-H (2006) Soziale Systeme, Kommunikation, Mensch. Juventa, Weinheim
IBBA International Institute of Business Analysis (2012) Leitfaden zur Business Analyse – IIBA BABOK Guide 2.0. Schmidt, Giessen
Institut für Angewandte Psychologie (2018) IAP Studie 2017. Zürcher Hochschule für Angewandte Wissenschaften (Hrsg) https://www.zhaw.ch/de/psychologie/institute/iap/iap-studie/. Zugegriffen: 01. Juni 2018
Jule A (2009) Teamentwicklung – Die Rolle des Teamleiters. GRIN
Kaltenecker S (2016) Selbstorganisierte Teams führen. dpunkt, Heidelberg
Kennedy O, Künzi M (2016) Full Potential Report. Cominmag, Enigma Lab. https://enigma.swiss/full-potential/report-2016-fp-analysis.pdf. Zugegriffen: 29. Mai 2020
Kim G, Behr K, Spafford G (2018) The phoenix project. O'Reilly, Sebastapol
Kleinoth C (2019) Top Trends in der Unternehmenssteuerung. https://www.valsight.de/blog/top-trends-in-der-unternehmenssteuerung/. Zugegriffen: 26. März 2021
Kotter J (2012) Leading change. Vahlen, München
Kotter J, Rathgeber H (2011) Das Pinguin-Prinzip. Droemer Knaur, München
Kowalski S (2014) Betriebliche Kennzahlen. Beck, München
Krech D, Crutchfield R (1992) Grundlagen der Psychologie. Beltz Psychologie Verlags Union, Weinheim
Kruse DP (2008) 8 Regeln für völligen Stillstand (nach P. Kruse). https://erfolgreich-projekte-leiten.de/8-regeln-fuer-voelligen-stillstand/. Zugegriffen: 25. März 2021
Kunow A (2017) Projekt Management & Business Coaching. Books on Demand
Laloux F (2017) Reinventing Organizations. Les Èditions Diateino, Paris
Leido P (2014) Lean & agile project management. Trafford
Leopold K (2018) Agilität neu denken. Leanability, Wien
Lombriser R, Abplanalp P (2010) Strategisches Management. Versus Verlag AG, Zürich
Lyonnet B (2015) Lean Management. Dunod, Malakoff Cedex
Mann L (1999) Sozialpsychologie. Beltz, Weinheim
Marquet D (2015) Turn the ship around! Penguin
Marquet D (2020) Leadership is language. Penguin
Martin R (2020) Clean agile – back to basics. Pearson, Boston

Nowalski D (2019) Lean, Kanban et DMAIC. Maxima, Paris

Nowotny V (2018) Agile Unternehmen. Business Village Verlag, Göttingen

Olfert P (2010) Projektmanagement. NWB, Neckargemünd

Osterwalder A, Pigneur Y (2011) Business Modell – Nouvelle Génération. Pearson, Paris

Osterwalder A, Pigneur Y, Bernarda G, Smith A (2015) Value proposition design. Pearson, Paris

Pfetzing K, Rohde A (2009) Ganzheitliches Projektmanagement. Schmidt, Giessen

Pillet M (2013) Six sigma. Groupe Eyrolles, Paris

Röpstorff S, Wiechmann R (2016) Scrum in der Praxis. dpunkt, Heidelberg

Rosenberg M (2016) Gewaltfreie Kommunikation. Jungfermann, Paderborn

Sagmeister S (2016) Busines culture design. Campus, Frankfurt

Schmidt P (2011) Organisatorische Grundbegriffe. Schmidt, Giessen

Schmidt DS (2021) Schwarmorganisation. https://www.schwarmorganisation. de. Zugegriffen: 30. März 2021

Schuldt C (2012) Systemtheorie. CEP Europäischer Verlagsanstalt, Hamburg

Schulz von Thun F (2013) Klarkommen mit sich selbst und anderen: Kommunikation und soziale Kompetenz. Rowohlt Taschenbuch, Hamburg

Schwarz T, Lindner A (2016) KATA – Verbesserung zur Routine machen. Hanser, München

Simon F (2013) Einführung in Systemtheorie und Konstruktivismus. Carl-Auer, Heidelberg

Stroebe W, Jonas K, Hewstone M (2003) Sozialpsychologie. Springer, Berlin

Strode DE, Huff SL, Tretiakov A (2009) The impact of organizational culture on agile method use. IEEE, Waikoloa

Summerer A, Maisberger P (2018) Teamwork agil gestalten. Hanser, München

Vahs D, Weiand A (2010) Workbook change management. Schäfer-Poeschel, Stuttgart

Weber C, Preuss A (2006) Potenzialorientiertes Coaching. Klett-Cotta, Stuttgart

Wegener R, Loebbert M, Fritze A (2014) Coaching-Praxisfelder – Forschung und Praxis im Dialog. Springer VS, Wiesbaden

Wirtz MA (2017) Dorsch – Lexikon der Psychologie. In: Hogrefe AG (Hrsg). https://dorsch.hogrefe.com. Zugegriffen: 28. März 2021

Würzburger T (2019) Die Agilitäts-Falle. Vahlen, München

8

Bitte anschnallen – Turbulenzen in der agilen Transformation

Zusammenfassung In jeder agilen Transformation muss mit Herausforderungen gerechnet werden. Die Befähigung und Präsenz des Managements sowie die Etablierung angemessener Steuerungsmechanismen spielen bei der Handhabung derselben eine wesentliche Rolle. Daneben muss über die notwendige Konsequenz eine korrekte Umsetzung der agilen Prinzipien sichergestellt werden, um Etikettenschwindel und Schein-Agilität zu vermeiden. Dies kann über die Berücksichtigung verschiedener Mechanismen umgesetzt werden, um schließlich den Erfolg der Transformation zu feiern und Bruchlandungen zu verhindern.

Gehen wir davon aus, wir hatten unseren Flug bis jetzt einigermaßen im Griff, so kann es sehr schnell passieren, dass wir trotz aller Vor- und Weitsicht plötzlich mit Luftlöchern, rasch aufziehenden Gewittern oder auch technischen Problemen konfrontiert werden. Gemäß verschiedenen Statistiken ist das Risiko eines Absturzes während des Reiseflugs relative gering, die Todesrate jedoch höher als bei allen anderen Flugphasen, da es unwahrscheinlich ist, eine solche Katastrophe aus großer Höhe zu überleben.

© Der/die Autor(en), exklusiv lizenziert durch Springer Fachmedien Wiesbaden GmbH, ein Teil von Springer Nature 2022
S. Zech, *Erfolg in der agilen Transformation,*
https://doi.org/10.1007/978-3-658-36139-6_8

Nehmen wir an, wir haben für unseren Transformations-Flug Piloten und Crew nach bestem Wissen vorbereitet, unseren Flieger designt und vorab gecheckt. Unser Management hat mit einer motivierenden Vision das Reiseziel definiert und den Tank gefüllt. Bei Vorbereitung und Start unserer Transformation haben wir kritische Punkte erkannt und konnten mit dem richtigen Mindset und angemessener Herangehensweise bereits vielen möglichen Turbulenzen vorbeugen. Doch kaum auf Reisehöhe angelangt, stellen wir nun trotzdem ein heftiger werdendes Rütteln und Schütteln fest. Natürlich sind ein paar Holprigkeiten normal, sagen wir uns. Die Berater beschwichtigen. Sind schließlich bei agilen Transformationen, wie wir bereits gesehen haben, auch bei bester Vorbereitung Turbulenzen nicht auszuschließen. Doch das zunehmende Schütteln und der Blick auf unsere Armaturen lässt zunehmend Verwirrung und Bedenken aufkommen. Die Auswirkungen im Falle eines «Absturzes» oder einer „Bruchlandung" können Unternehmen dabei heftig zusetzen, da eine agile Transformation tief in die System-Konstellation der Organisation eingreift. Was also tun, wenn unser Vorhaben tatsächlich ins Trudeln kommt?

Statistisch gesehen werden die meisten Flugunfällen auf Probleme in Wahrnehmung, Urteilsfähigkeit und Entscheidungsfindung seitens Piloten und Crew zurückgeführt, aber auch auf fliegerische Fähigkeiten und fehlendes Situationsbewusstsein. Erst danach wurden Triebwerksfehler, Design und Ergonomie als Auslöser einer solchen Katastrophe identifiziert. Um dieser Problematik im Flugwesen zu begegnen, befasst sich die Flugsicherheit mit der Theorie, untersucht Flugunfälle, ordnet Ursachen ein und entwickelt Maßnahmen zur Vermeidung. So werden Vorschriften und Kontrollen konstant überprüft und angepasst, Bordcomputer optimiert, Ausbildungen und Trainings stetig adaptiert.

Ziehen wir den Vergleich, lässt sich sagen, dass häufig genannte Ursachen für ein Scheitern von Transformationen und die eines Flugunfalls große Parallelen aufweisen. Betrachten wir also nachfolgend einige für unseren Transformationsflug kritische Problemstellungen in Bezug auf Steuerungsfähigkeit und Belastbarkeit des Transformationsdesigns, um auftretende Turbulenzen rechtzeitig und effizient zu meistern.

8.1 Führerlos im Reiseflug – von Management und allen guten Geistern verlassen?

Auf dem Reiseflug ist üblicherweise der Autopilot eingeschalten und steuert mittels Bordcomputer den Flug. Doch die Überwachung der Instrumente, die Einschätzung der Situation und das Treffen der richtigen Entscheidungen ist nach wie vor zentrale Aufgabe der Cockpit-Crew. Die Ermüdung der Piloten kann zu Konzentrationsproblemen und in der Folge zu Unterlassungen und Fehlern führen. Die Urteilsfähigkeit ist eingeschränkt. Daneben zeigt sich meist erst beim Eintreten von Schwierigkeiten, ob die Piloten überhaupt über ausreichende Erfahrung, Fähigkeiten und Kenntnisse verfügen, um heikle Situationen zu meistern. Dies kann etwa zur Wahl der falschen Funkfrequenz, dem Überhören von Meldungen oder der falschen Interpretation der Armaturen führen. Fehlt so das notwendige Situationsbewusstsein, sind Fehlentscheide vorprogrammiert, wenn es darum geht einer unerwarteten Gewitterfront auszuweichen.

Bei unserer Transformation sind wir auf eine konstante Steuerungsfähigkeit, ein hohes Maß an Präsenz und einen aktuellen Wissenstand unserer Führungscrew angewiesen. Schätzen sie eine Situation falsch ein, sind nicht ausreichend auf die Transformation fokussiert oder gar überfordert, kann dies schnell zu Fehlentscheiden, widersprüchlichen oder die Zielsetzung gefährdenden Handlungen kommen.

Präsenz des Managements
Es empfiehlt sich immer wieder einen Blick in das Cockpit unseres Transformationsfliegers zu werfen, nicht erst wenn die Turbulenzen ein mäßiges Schütteln bereits überschritten haben.

Fragen
Nehmen wir eine solide Steuerung durch das Management wahr oder fühlen wir uns in luftiger Höhe von allen guten Geistern verlassen?
Sind unsere Piloten noch präsent, ausreichend informiert und fähig, um uns sicher durch die eine oder andere Wolkendecke zu leiten?

Sind sie sich immer noch im Klaren über die Zielsetzung der Transformation, kennen den aktuellen Stand der Reise und die notwendigen Schritte, um auf Kurs zu bleiben oder ist die Crew längst auf einen anderen Flieger aufgesprungen und wir befinden uns im Spannungsfeld zwischen Planlosigkeit und planerischem Wildwuchs?

Nimmt die Wolkendichte zu und die Sicht wird getrübt, sind unklare, divergierende Wahrnehmungen und in der Folge Probleme in der Entscheidungsfindung die logische Konsequenz. So könnte es sein, dass das Management die falsche Funkfrequenz in der Kommunikation wählt. Es mag der Eindruck entstehen, dass Informationen korrekt weitergegeben wurden, diese aber bei der Basis nicht oder nur verzerrt angekommen sind. Werden von der Führungsebene entscheidende Nachrichten überhört oder falsch interpretiert, werden Entscheidungen verzögert und Problemstellungen zu spät angegangen. Werden die Ausschläge unserer Messinstrumente ignorieren, ist eine solide, zuverlässige Steuerung der Transformation nicht mehr gewährleistet. Fehlt dann noch die aktive Partizipation des Managements während des Veränderungsprozesses aufgrund anderweitiger Priorisierungen, kann ein fehlendes Situationsbewusstsein nicht überraschen und die Chancen auf Fehlentscheide steigt. Die Wahrscheinlichkeit, einen ruhigen Flug zu genießen, tendieren in diesem Fall gegen null. Es liegt in der Verantwortung der Führungskräfte, die Mitarbeitenden früh in die Transformation einzubeziehen. Dies setzt, wie wir oben bereits gesehen haben, aber voraus, dass das Management mit auf die Reise geht, sich selbst auf die Veränderung einlässt und die Steuerungsverantwortung behält, ohne in ineffizientes Mikro-Management zu verfallen.

Aktionen des Managements bei ersten Turbulenzen

Bei ersten Turbulenzen empfiehlt es sich, den Fokus auf allen tangierten Ebenen zu überprüfen und bei Ablenkung wieder auf das Ziel auszurichten:

- Die Management-Attention des Top-Managements sicherstellen und Bereitschaft der Zusammenarbeit sichtbar machen.

- Überprüfen, ob die Transformationsziele beim mittleren Management nach wie vor ausreichende Priorität neben dem operativen Geschäft genießen.
- Der Informationsaustausch zwischen Steuerungsebene und Basis ist auf Konstanz und Zuverlässigkeit zu kontrollieren.
- Hinterfragen der persönlichen Veränderungsbereitschaft auf allen Management-Ebenen, um die Kulturarbeit der agilen Transformation vorleben zu können.

Die Verantwortung für die Implementation und den damit verbundenen Kulturwandel des gesamten Unternehmens müssen wir jedoch in die Hände der Belegschaft übergeben. Denn diese bilden den Kern des Systems und haben die Kompetenz, es zu gestalten. Doch dabei sollte nicht vergessen werden, dass auch das Management letzten Endes Mitarbeitende und Mitgestaltende sind. Um die Organisation in der Veränderung zu unterstützen, muss ich als Führungskraft bereit und gewillt sein, mich selbst zu hinterfragen und das System immer wieder auf ein Neues zu erforschen, Abläufe zu hinterfragen und auf Tragfähigkeit prüfen. Dabei ist es, wie wir gesehen haben, entscheidend, dass empfängergerecht kommuniziert und die gleiche Sprache auf Augenhöhe gesprochen wird, um einen effizienten Austausch von Informationen im Sinne der Veränderung als Grundlage der geforderten Unterstützungsleistung zu gewährleisten.

Die systemangepasste Kommunikation muss für die Transformationscrew zu einer Gewohnheit werden, wie das tägliche Zähneputzen, ohne dabei zum Rückfall in traditionelle Reporting-Verhaltensweisen zu führen, sondern dazu anregen, die Gründe hinter sich anbahnenden Turbulenzen transparent zu machen und diese proaktiv anzugehen.

Gegensteuern bei Buzzwording

Möglicherweise erkennen wir erst, wenn die Transformation ins Stocken oder gar in Schräglage kommt, dass wir es doch eher mit einem, auf Buzzwords basierenden Konstrukt zu tun haben und tatsächliche Befähigung, Rollen- und Verantwortungsübernahme bis jetzt nur im Bereich der Verbalbekundung anzusiedeln sind. Damit ist logischerweise keine nachhaltige Veränderung zu erreichen. Denn die notwendigen fliegerischen Fähigkeiten zur Steuerung der Transformation sind eingeschränkt, wenn überhaupt vorhanden. In diesem Fall sollte tunlichst die Geschwindigkeit reduziert und der Kurs korrigiert werden.

Merkmale von Buzzword-basierten Transformationen

- **Merkmale:**
  - Agile Prozesse werden als zeitraubend bezeichnet.
  - Effizienz und Qualität der Umsetzung im Wertschöpfungsprozess werden nicht erhöht.
- **Ursachen:**
  - Mitarbeiterinnen und Mitarbeiter erhalten agile Rollenbezeichnungen, z. B. Product Owner oder Scrum Master, ohne die notwendige Verbindlichkeit und Befähigung, um die mit der Rolle verbundenen Verantwortlichkeiten wahrzunehmen.
  - Bestehende konventionelle Prozesse und Rollen werden konsequent weiter praktiziert.
  - Es gibt keine Notwendigkeit etwas zu ändern, da weder Messbarkeit noch Verbindlichkeit vorliegen, um die Veränderung nicht nur als Add-on zur Management-Befriedigung zu sehen.
- **Konsequenz:**
  - Prozessual: Kostspielige Rechtfertigungen, Schuldzuweisungen, Ineffizienz, Redundanzen, Qualitätseinbußen.
  - Personell: Frustration, Widerstand und Abwehrhaltungen, Fluktuation.

Buzzword-basierte Transformationen haben ihren Ursprung oft in einer Kombination aus Marketing, klassischem Profilierungsverhalten und Missverständnissen zu Relevanz, Zielsetzung und Bedeutung der Veränderung für das Gesamtsystem. Wir müssen uns bereits bei den ersten Anzeichen von Seitenwinden aus Worthülsen zwingend die Zeit nehmen, um die Karten auf den Tisch zu legen. Zu hoch sind die Kosten, die das Unternehmen für ein zwanghaftes Wegschauen bezahlt.

Korrekturmaßnahmen bei Buzzwording

- **Transparenz:** Die Schieflage der Transformation muss für das gesamte System offengelegt, nicht unter den Teppich gekehrt werden.

- **Verbindlichkeit:** Die Zielsetzung der Transformation muss als verbindliche Destination seitens Managements erneut sichtbar gemacht und bestätigt werden.
- **Systembezug:** Jedes Buzzword sollte durch konkrete systemspezifische Beschreibungen ersetzt werden. Z. B. sollte statt vom «agile Mindset» konsequent von «wir als Unternehmen XY» gesprochen werden, um von der Abstraktion der Worthülsen wegzukommen und einen konkreten Bezug auf die System-Realität zu schaffen.
- **Befähigung:** Befähigungen müssen nochmals geprüft und gegebenenfalls nachgeholt werden.
- **Verdeckte Anker:** Tradierte Meeting-Strukturen sollten, da sie feste Anker der Vergangenheit sind, konsequent eliminiert und durch agile Prozess-Strukturen ersetzt werden.

Eisbären am Südpol – Fehlbesetzungen im Transformationsteam

Ein weiterer möglicher Grund, der zu einer turbulenten, kritischen Situation geführt haben mag, könnte sich nun bitter offenbaren. Denn eventuell haben wir Eisbären zum Südpol verfrachtet, indem wir genau jene Personen mit der Umsetzung der agilen Transformation beauftragt haben, die eben nicht über ein agiles Mindset verfügen und auch nicht gewillt sind, bestehende Werte und Prozesse der Vergangenheit aufzugeben. Mag die Startphase mit den damit verbundenen Aktivitäten und Aufregungen diese Tatsache noch verdeckt haben, trifft sie uns nun mit aller Heftigkeit.

In der Implementierungsphase, dem Reiseflug der Transformation, geht es für alle Ebenen des Systems darum, sich auf das Neue tatsächlich einzulassen, zu lernen, Fehler als Lern-Chancen anzunehmen, aber auch Risiken einzugehen und Verantwortung dafür zu übernehmen.

Wird auf der einen Seite jedoch Selbstverantwortung und Partizipation gepredigt, doch in Tat und Wahrheit fehlt die Bereitschaft, Macht abzugeben, steht meiner Erfahrung nach meist kein böser Willen dahinter, sondern sehr oft einfach die Unkenntnis, wie die Situation persönlich zu bewältigen ist, da die Perspektiven und das notwendige Verhaltensrepertoire im neuen Setting fehlen. Verwirren wir in der Folge Management und Belegschaft mit unterschiedlichen, widersprüchlichen Informationen, können aus ein paar harmlosen Wölkchen gefährliche Gewitterwolken werden. Es ist völlig normal, dass wir dann in die Sicherheit gebenden, alten Verhaltensmuster fallen.

Fragen

Vertrauen unsere Keyplayer der Transformation, unserem System und den Mitarbeitenden oder sind sie im Grunde genommen nach wie vor im Taylorismus gefangen und halten Befehl und Kontrolle für unabdingbar?

Wurden sie zum Umgang mit den neuen agilen Setting-Strukturen und -Prozessen befähigt oder nur mit der Umsetzung beauftragt?

Haben sie attraktive Perspektiven, die zur Abgabe von Macht und Verantwortung animieren oder wurden die klassischen Karrieremodelle im Unternehmen von den Anforderungen agiler Arbeitsweisen ausgenommen?

Ein erfahrener agile Coach kann helfen, dies zu spiegeln, Hand für das Lernen in iterativen Schritten und den individuellen Umgang mit dem Neuen bieten, damit die jeweiligen Keyplayer ohne Gesichtsverlust sich in die neue Situation und ihren Platz im System finden.

Die Erkenntnis von Fehlbesetzungen in agilen Transformationen sollten als Chance gesehen werden, da diese oft auf ein Manko in der Ausrichtung der agilen Systemkonfiguration hinweisen.

Nun muss eine Befähigung „on-the-fly" erfolgen, um die Versäumnisse der Startphase nachzuholen. Das setzt Bereitschaft und Verständnis voraus, fördert zugleich aber auch den tatsächlichen Aufbau eines agilen Mindsets im Sinne von Kollaboration und Fokussierung auf eine gemeinsame Zielsetzung auf allen Ebenen. Über gegenseitige Unterstützung und förderndes Leadership ist es möglich, das Steuer wieder herumzureißen, die Transformation aus der Turbulenz zu führen und auf Kurs zu halten.

Doch auch wenn die fliegerischen Fähigkeiten unserer Piloten ausreichende sind, sie fit und konzentriert sind, stelle ich oft fest, dass ihnen die notwendigen Entscheidungsgrundlagen fehlen. Zu dicht sind die Wolken der Intransparenz. Wir sind also gut beraten, unsere Armaturen genauer zu betrachten.

8.2   Probleme mit Bordcomputer und Armaturen – wenn Steuerungsmechanismen versagen

Der Bordcomputer liefert alle zur Durchführung des Fluges notwendigen Informationen, wie Fluglage, -richtung und -geschwindigkeit, sowie den Zustand der Triebwerke, verbleibenden Kraftstoff, Kabinendruck, über unterschiedliche Messwerte. Diese werden für die Cockpit-Crew entsprechend für Flugführung und Navigation aufbereitet und visuell dargestellt. Dabei wird einfachste Bedienung und zuverlässiges Funktionieren verlangt. Probleme mit dem Bordcomputer können dazu führen, dass Flüge abgebrochen werden. Die traurigen Folgen eines Fehlers im Software-Design eines Bordcomputers kosteten im März 2019 346 Menschen beim Absturz einer Boeing 737 Max das Leben. Als Unglücksursache wurde eine fehlerhafte Steuerungsautomatik identifiziert.

Wie bereits diskutiert, benötigen wir auch bei unserer Transformation einen verlässlichen Bordcomputer, der klare, handlungsweisende Metriken zur Verfügung stellt, sodass wir navigationsfähig sind und Problemstellungen frühzeitig erkennen. Möglicherweise stellen wir nun fest, dass uns ein gravierendes Missgeschick unterlaufen ist. Denn die Armaturen unseres Cockpits wurden zwar auf die unterschiedlichen Metriken und KPIs[1] programmiert, laufen aber, ähnlich jener Boeing 737 Max, nicht synchron. Denn die einen Instrumente zeigen die altbewährten, bis zum letzt-möglichen Augenblick grüngefärbten Ampelwerte an, wohingegen die eine oder andere neue agile Armatur bereits auf das Heftigste ausschlägt. Sie finden jedoch im entscheidenden Moment nicht die nötige Aufmerksamkeit. Agile Metriken können, wie im vorhergehenden Kapitel diskutiert, äußerst unterschiedlich sein und müssen Unternehmenssystem und Transformationsdesign entsprechen. Beginnt unsere Transformation in dunkle Wolken

---

[1] Key Performance Indicator: betriebswirtschaftliche Kennzahl zur Messung von Fortschritt und Erfüllungsgrad unternehmerischer.

Bei einer erfolgreichen agilen Transformation werden die Steuerungsmechanismen und Metriken konstant auf ihren Mehrwert hinterfragt, um sicherzustellen, dass nicht in traditionelle Pattern zurückgefallen wird.

Messbereich	traditionell	agil
Performance	getriebenes Push-Prinzip	intrinsisch motiviertes Pull-Prinzip
Qualität	prozessorientiert	resultatorientiert
Innen-Wirkung	gemanagt, träge	selbstverantwortlich, flexibel
Außen-Wirkung	reaktiv	proaktiv
Messpunkte	phasenorientierte längere Zeiträume	kurze iterative Zeiträume

Abb. 8.1 Traditionelle vs. agile Steuerungs- und Messmethoden

zu fliegen, die Seitenwinde unangenehmes Schütteln verursachen, wäre es angebracht, die Zuverlässigkeit unserer Instrumente einem kritischen Check zu unterziehen (Abb. 8.1).

Metriken und Messwerte einer agilen Transformation müssen konstant überprüft werden, ob sie nach wie vor zielführend, abgestimmt und redundanzfrei sind sowie auf den korrekten Datengrundlagen basieren, um handlungsweisend zu sein.

Metriken-Falle

Das Management wurde jahrelang auf die großen, bekannten Displays und dahinter liegenden Prozesse getrimmt und erkennt nun unter Umständen nicht die Wichtigkeit der neu entwickelten Metriken. Ist dann noch unklar, wie in der ungewohnten Situation neuer Abläufe und Verantwortlichkeiten vorzugehen ist, um adäquate Entscheidungen zu treffen, sind Urteilsfähigkeit und Situationswahrnehmung massiv beeinträchtigt. Wir haben in diesem Fall oftmals trotz aller Bemühungen vergessen, das traditionsgeprägte, tayloristische Reporting mit all seinen Prozessen und Artefakten vor unserer Reise konsequent anzupassen und die Anforderungen nachhaltig zu schulen. Wurde vielleicht davon ausgegangen, dass wir es mit altem Wein in neuen Schläuchen zu tun haben. So messen wir nun die Flughöhe der Transformation in unterschiedlichen Maßeinheiten und Ausschlägen.

People-Management statt Kundennutzen

In einem Unternehmen sollten Projekte agil unter Anwendung vom Scrum-Framework umgesetzt werden. Doch bereits nach kurzer Zeit geriet der Fortschritt ins Stocken. Zuerst wurde die Ursache selbstverständlich beim Umsetzungsteam gesucht, da dieses weniger Lieferobjekte vorweisen konnte als erwartet.

Es zeigte sich jedoch, dass das Team, der Scrum Master und der Product Owner einen großen Teil der Zeit mit komplizierten, redundanten Rapportierungsarbeiten und dem Erstellen von sogenannten «Schatten»-Buchhaltungen verbrachten. Es wurde genauestens getrackt, welche Mitarbeitenden wie viele Stunden verbucht haben, um sicherzustellen, dass die zugesagten Ressourcen auch tatsächlich planmäßig eingesetzt worden waren. Klassisch tayloristisches Peoplemanagement vom Feinsten statt Selbstorganisation und Commitment.

Was jedoch nicht gemessen wurde, war der Reifegrad im agilen Anforderungsmanagement, welches nicht den Regeln von Scrum folgte. Das Product Backlog wies entsprechend schlechte Qualität auf. Wodurch es dem Team wiederum nicht möglich war einen guten Arbeitsfluss aufzubauen, kosten- und zeitintensive Meeting-Marathons nötig wurden, welche die Zeitreserven belasteten, und der gewünschten Kundennutzen ausblieb.

Die wachsende Unsicherheit und Angst vor Kontrollverlust führen zu vermehrtem Streben nach Halt und Steuerung über bekannte Prozesse, nicht selten mit der Konsequenz zunehmenden Mikro-Managements. Dieses blockiert die Triebwerke unserer Transformation. Wir trudeln, was schließlich die Führungsebenen erneut bestätigt, dass sie noch mehr eingreifen und schnell die Schuldigen evaluieren müssen. Wir befinden uns mitten in dichten Gewitterwolken und haben den Kurs verloren. Da eine agile Transformation kein Selbstläufer ist, muss das Management ausreichend befähigt sein, die Rahmenbedingungen über angemessene Steuerungsmechanismen den Anforderungen der Organisation anzupassen.

Alte und neue Messwerte dürfen nicht konkurrenzieren, um das Management im Entscheidungsprozess angemessen zu unterstützen.

Umgang mit einer intransparenten Wolkendecke

Stellen wir fest, dass wir uns in einer intransparenten Wolkendecke manövriert haben, die Übersicht über den Stand unserer Transformation vorübergehend aus den Augen verloren haben, haben wir mehrere Optionen. Wir könnten versuchen, unter die Wolken zu kommen, um uns auf Sicht zu orientieren. Dazu müssten wir die Flughöhe und Geschwindigkeit unserer Transformation massiv reduzieren. In einer projektbasierten Transformation könnte dies zu einer Projektsistierung führen, welche uns Zeit geben kann, unserer Rahmenbedingungen neu zu sortieren. Das Risiko liegt hier auf der Hand. Wir wissen nicht, was unter uns zum Vorschein kommt. Vielleicht ein Gebirge in Form von Vertragsverbindlichkeiten, in das wir donnern, oder ein Strömungsabriss über die nicht schlafende Konkurrenz, der uns in die Tiefe zieht? Eine andere Variante könnte es sein, die Wolkendecke zu überfliegen. Dies würde bedeuten, dass wir die Flughöhe und damit den Treibstoffverbrauch massiv erhöhen müssten.

Da die meisten Transformationen oft bereits im Grenzbereich der Maximalgeschwindigkeit fliegen, würde eine zusätzliche Beschleunigung unweigerlich zu einem gravierenden Flugunfall führen. Bleibt also noch den Flug durch die Wolken fortzusetzen. Das heißt jedoch, dass eine Steuerung auf Sicht nicht mehr möglich ist. Nun ist es aber normal, dass eine agile Transformation bestehende Steuerungsmechanismen aushebelt und wir lernen müssen, den neu implementierten agilen Prozessen und Metriken, aber auch unseren Mitarbeiterinnen und Mitarbeitern zu vertrauen.

Oder zeigt sich nun, dass wir zu Beginn zwar theoretisch den Schritt in die Agilität gehen wollten, uns aber mit den Konsequenzen schwertun? Die allgemein abgenickten Herausforderungen der VUCA[2]-Welt

---

[2] VUCA: Akronym für die Begriffe Volatility, Uncertainty, Complexity, Ambiguity und beschreibt damit die zunehmenden Herausforderungen für Unternehmen.

sind kein abstraktes Konstrukt auf irgendwelchen hübschen Folien mehr, sondern blanke Realität. Die Folgen: Zweifel, Misstrauen und Angst statt Zuversicht, Vertrauen und Kampfgeist. Hier heißt es nun Farbe auf allen Ebenen zu bekennen und Transparenz walten lassen. Denn besagte Divergenz ist weder eine große Überraschung noch eine Exklusivität des Managements, wie wir bereits oben gesehen haben. Lässt sich dies doch gerade in der Implementation auf allen Unternehmensstufen beobachten: ob Linienchef, der nun mit Machteinbußen und neuem Führungsverständnis klarkommen muss, aber auch Angestellte, die höhere Eigenverantwortung übernehmen, Commitment abgeben und einhalten müssen.

> Der Erfolg einer agilen Transformation ist abhängig von der Fähigkeit des Managements, neue Steuerungsmechanismen zu adaptieren und konstant auf die Zielvision hin auszurichten.

So mancher realisiert nun tatsächlich, dass die gewohnten Vermeidungsstrategien nicht mehr wirken. Es könnte auch sein, dass wir den einen oder anderen Zwiesel, Bedränger oder Peitscher erst jetzt erkennen. Schaffen wir es, diese mit einem Fallschirm ausgestattet aus dem Flieger zu komplimentieren und so Raum für ein neues Mindset zu schaffen oder klammern wir uns nach wie vor an Tradition und hausgemachte Abhängigkeiten? Zeigen wir Perspektive, Mehrwert sowie Überzeugung und fordern Konsequenz in den agilen Prinzipien ein, kann sich so manches unerwartetes Potenzial im Unternehmen auftun, das bis anhin unbemerkt blieb oder brach lag.

Hinterfragen der Messung

Wie wir bei der Vorbereitung unserer Transformation gesehen haben, ist es zwingend notwendig, sicherzustellen, dass jede Messung auf die Zielsetzung der Veränderung einzahlen. Andernfalls pflegen wir Prozesse und Strukturen um ihrer selbst willen, statt sie konsequent auf das Unternehmensziel auszurichten. Da das System der Organisation sich jedoch in Bewegung befindet, ist es zwingend notwendig, Messkriterien und -methoden konstant zu überprüfen. Andernfalls werden

Ineffizienzen über Aktivitäten gepflegt, die unnötig Ressourcen binden, statt die Transformation voranzubringen. Nur durch diese Überprüfung ist unsere Crew in der Lage, die Hintergründe hinter den Problemstellungen mit den richtigen Mess- und Steuerungsmethoden aufzudecken, zu thematisieren und proaktiv anzugehen, statt energieraubende und kostspielige Symptom-Bekämpfung zu praktizieren. Wir werden auf unserer Reise immer noch mit Turbulenzen kämpfen. Doch das Vertrauen in unser System kann bei jeder Wolke, die durchflogen wird, zunehmen und das agile Mindset aufbauen. Um dies zu erreichen, sind wir genötigt, nicht in blindem Vertrauen auf den Autopiloten traditioneller Messwerte zu setzen, sondern stets zu hinterfragen, ob wir noch das Richtige richtig messen, um das Richtige zu tun.

Überprüfung der Empirie

Es empfiehlt sich, Messkriterien und -prozesse regelmäßig auf die folgenden Kriterien hin zu prüfen:

- Aussagekraft: Wie viele Entscheide wurden seit der letzten Messung von dem Messwert beeinflusst?
- Zielorientierung: Zahlt das Messergebnis auf das Ziel ein?
- Datenbasis: Erfolgt die Messung auf der richtigen Datengrundlage oder hat sich diese geändert?
- Optimierung: Kann der Messprozess vereinfacht, verbessert werden?
- Stringenz: Gibt es Redundanzen oder Widersprüche im Messverfahren?

8.3 Triebwerkschaden – Transformation in Schräglage

Gemäß einer Statistik der UK Civil Aviation Authority wurden 14 % der Flugunfälle zwischen 2002 und 2011 von Triebwerksfehlern verursacht. Im Juli 2019 musste ein Flugzeug der Swiss mit 121 Personen an Bord wegen eines defekten Triebwerks außerplanmäßig in Paris landen. Im gleichen Monat flog eine A380 4.5 h mit nur drei laufenden Turbinen weiter. Ein Triebwerk hatte Probleme mit dem Öldruck, woraufhin der Pilot sich entschied es abzustellen. Der Flug konnte ohne Zwischenfälle zur Zieldestination fortgesetzt werden, da die Crew das

technische Risiko professionell einschätzen konnte und die Grund-
wartung eine entsprechende Vorgehensweise erlaubte. Die Passagiere
konnten in beiden Fällen die Flieger ohne Schaden verlassen. Doch der
Schock sitzt tief. Neben der emotionalen Betroffenheit ist mit nicht
unerheblichen Kosten bei derartigen Vorkommnissen und für jeden
ungeplanten Zwischenstopp zu rechnen.

Wie bei einem Flug kann es auch bei einer Transformation zu
Triebwerkschäden kommen. Ursachen könnten sein, dass wir die
Belastbarkeit unserer Organisation grundsätzlich überschätzt, die Trans-
formationsaufwände massiv unterschätzt oder aber die Tragfähigkeit
unseres Transformationsdesigns überbeansprucht haben.

> Die Tragfähigkeit des Transformationsdesigns kann durch Überbelastung
> oder Mängel in der Vorbereitungsphase massiv beeinträchtigt werden.

Vielleicht machen sich jetzt auch Unterlassungssünden in Vorbereitung
oder Startphase bemerkbar. Welche Ursachen auch immer unserem
Dilemma zugrunde liegen, geht es nun darum, rasch die richtigen Ent-
scheide zu treffen. Wir müssen einschätzen, ob unser Flieger es bis zur
Zieldestination schaffen wird, ob wir zur Umkehr oder Notlandung
gezwungen werden. Wieder einmal kommen unser Monitoring und
Risikomanagement zum Tragen. Denn vielfach deuten sich drohende
Triebwerksausfälle in einer Transformation bereits früh an (Abb. 8.2).

Maßnahmen bei Triebwerksschaden

Befinden wir uns in einer Krisensituation, empfiehlt es sich, den
Druck zu reduzieren, indem Flughöhe und Geschwindigkeit angepasst
werden, die Schäden zu inspiziert und nach Möglichkeit „on the fly"
zu reparieren. Die in der Vergangenheit gespielten Blame-Games sollten
dabei tunlichst vermieden werden und die Ausrichtung konstruktiv
nach vorne in die Umsetzung unserer Vision erfolgen. Selbstverständlich ist es hilfreich zu erkennen, ob es ein massiver Triebwerkschaden oder lediglich eine falsche Anzeige ist. Es besteht jedoch ein
großer Unterschied zwischen lösungsorientierter, vorwärts gerichteter
Ursachenforschung und rückwärts blickender Schuldzuweisungen.

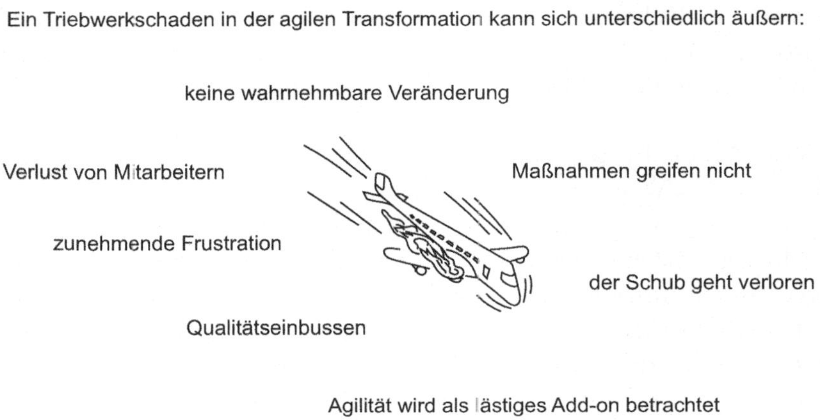

Ein Triebwerkschaden in der agilen Transformation kann sich unterschiedlich äußern:

keine wahrnehmbare Veränderung

Verlust von Mitarbeitern

zunehmende Frustration

Qualitätseinbussen

Maßnahmen greifen nicht

der Schub geht verloren

Agilität wird als lästiges Add-on betrachtet

Abb. 8.2 Anzeichen eines Triebwerkschadens in einer agilen Transformation

Werden Schuldige gesucht, wird umgehend die für die Korrektur notwendige Energie abgezogen und in wenig förderliche Stellungskämpfe investiert. Wir steuern nicht mehr Richtung Ziel und begeben uns stattdessen auf Kollisionskurs mit dem nächsten, selbstgebauten Berg. Bei ersten Anzeichen, dass eine agile Transformation ins Stocken kommt, kann jedoch der Aufwand eine Bestandsaufnahme nicht ausgelassen werden, um eine realistische Einschätzung der Situation zu erlangen.

Viele Transformationen stocken zum Beispiel, wenn die erste Begeisterung verflogen ist und deutlich wird, dass die agilen Methoden lediglich ein Hilfsmittel zu einer Adaptation höherer Effizienz und Leistungsfähigkeit eines Unternehmens ist. Sie nehmen den Betroffenen und Beteiligten aber die Problemlösungen nicht ab. Im Gegenteil, sie machen Herausforderungen schneller transparent und fordern eine höhere Entscheidungsfrequenz auf unterschiedlichen Ebenen. Wir sind in einer solchen kritischen Situation erneut auf die Befähigung und Erfahrung unserer Cockpit-Crew angewiesen. Doch auch unser Bordcomputer muss uns die richtigen KPIs für die notwendigen Entscheidungen liefern.

Stolpernde Holokratie

Das Management eines Unternehmensbereichs ließ sich vom damals aktuellen Trend der Holokratie, einem auf Basis der Soziokratie entwickelten Management-Konzept, mitreißen. Es wurde eine Holokratie-Verfassung für eine basisdemokratische Zusammenarbeit erstellt, Rollen definiert und diese unterschiedlichen Kreisen zugeordnet.

Nach einer aufwendigen Einführung stellte sich jedoch weder die erhoffte gesteigerte Innovationskraft noch eine höhere Effizienz ein. Die Motivation der Mitarbeitenden befand sich im Sturzflug und das Unternehmen verzeichnete eine massiv gestiegene Anzahl von Kündigungen, da das Management nicht auf die ersten Signale wie etwa die offen bekundete Mitarbeiterunzufriedenheit reagiert hatte, die das System gesendet hatte.

Als der Schaden nicht mehr ignoriert werden konnte, wurde in der folgenden Analyse deutlich, dass einige entscheidenden Fehlannahmen im Transformationsdesign zum Scheitern geführt hatten. Eine davon war, dass übersehen worden war, dass die Menschen bei Entscheidungen mit der Trennung von Rolle und Person Schwierigkeiten hatten, es zunehmende Irritationen hinsichtlich zukünftiger Karrieremöglichkeiten gab, die Abhängigkeit von externen Beratern nicht reduziert werden konnte und die operativen Abläufe der Wertschöpfungskette zunehmend ins Stocken gerieten, da der vorgesehene integrative Entscheidungsfindungsprozess aller Kreise zu massiven Verzögerungen führte.

Je früher mögliche Problemstellungen erkannt werden, desto besser kann ein effizientes Risikomanagement die heikle Situation steuerbar machen. Wir sind gut beraten, hier nicht in einen Top-down-Management-Approach zu verfallen, der unsere agilen Ansätze wie ein Panzer platt fährt. Gerade in herausfordernden Situationen haben wir eine außerordentlich wichtige Chance, unsere Mitarbeiterinnen und Mitarbeiter als Wissensträger und Fundament des Unternehmens in einer tragfähigen und zumutbaren Weise einzubinden.

Hier trennt sich im Leadership sehr schnell die Spreu vom Weizen. Die einen verfallen in Kontroll-Hektik, Mikro-Management und alte Gewohnheiten, reißen hektisch am Steuer herum und riskieren dadurch einen empfindlichen Absturz. Die anderen zeigen Vertrauen in die Belegschaft, holen die relevanten Wissensträger ins Cockpit und steuern konsequent und wohl überlegt aus der Gefahrenzone heraus. In solch kritischen Momenten ist es überlebenswichtig, die richtigen Entscheidungsträger tatsächlich an Bord zu haben.

> Neben dem Einbezug der Belegschaft ist es zwingend erforderlich, dass
> das Management die notwendigen Rahmenbedingungen setzt, beispiels-
> weise ausreichenden Freiraum für eine fokussierte Lösungsfindung.

Es ist eine angemessene, situative Adaptation des Drucks notwendig. Ist er zu tief, bewegt sich zu wenig, die Transformation hat nicht genug Schub, kommt ins Trudeln. Ist der Druck dagegen zu hoch, überlasten wir das Transformationsdesign und damit das System. Matchentscheidend ist wieder einmal, dass das Management offen, transparent und aktiv hinter der Zielsetzung unserer Transformation steht. Vertrauen wir auf unsere Vision, werden wir nun Flughöhe und Geschwindigkeit anpassen und alle Hebel und Mittel konsequent nutzen, in der Hoffnung, das ausgefallene Triebwerk neu starten zu können.

Anpassung von Flughöhe und Geschwindigkeit

Die Flughöhe können wir adaptieren, indem wir den Fokus auf jene Bereiche unserer Transformation legen, welche die höchste Chance einer raschen Adaptation haben. Wurden wir bei der Planung dazu verleitet, im großen Stil vorgehen zu wollen, wäre es nun an der Zeit, die oben genannten Empfehlungen eine Fokussierung nochmals zu überdenken und den Druck zu verringern. Damit reduzieren wir selbstverständlich auch die Geschwindigkeit. Dadurch können Blockaden und Hindernisse aktiv angegangen und behoben werden. Wir erhalten Zeit, Sicht auf das Wesentliche und den notwendigen Freiraum. Werden Hindernisse jedoch weiterhin ignoriert, heruntergespielt und vor sich hergeschoben, ballen sie sich in eben jenen undurchsichtigen Gewitterwolken zusammen, die unsere Transformation in dieser heiklen Situation zum kompletten Absturz bringen können. Wurden kapitale Fehler begangen, wie etwas das reine Umetikettieren bestehender Konstrukte, alte Silos nur durch neue ersetzt, statt den Flug gemäß den agilen Prinzipien in die Agilität zu lenken, ist es notwendig, der Realität mit aller Härte ins Auge zu blicken. Ob Fortsetzung, Notlandung oder Umkehr, wir müssen uns aller bereits beschriebenen Konsequenzen einer solchen Entscheidung bewusst sein.

> Eine strauchelnde agile Transformation benötigt die volle Aufmerksamkeit des Managements, um den Schaden am Gesamtsystem, wie zum Beispiel massive Know-how-Einbußen durch den Verlust von zentralen Wissensträgern, rasch zu begrenzen und aktiv in die Lösungsfindung zu investieren.

Haben wir den „Point of no Return" bereits überschritten, gilt es den Kurs zu korrigieren. Was jedoch tun, wenn wir uns in einem Coffin Corner befinden?

8.4   Coffin Corner – im Grenzbereich der agilen Transformation

Nun kann es sein, dass es uns nicht möglich ist, unsere Flughöhe oder Geschwindigkeit anzupassen, ohne das hohe Risiko eines Absturzes zu provozieren. Dann kann es der Fall sein, dass sich unser Flug gerade in einem Coffin Corner befindet. Dies bezeichnet einen Bereich, bei dem sich Mindestfluggeschwindigkeit und Höchstgeschwindigkeit in großer Flughöhe annähern. Das Flugzeug darf in dieser heiklen Situation weder schneller noch langsamer fliegen. Je höher wir fliegen, desto dünner wird bekanntlich die Luft. Die Mindestgeschwindigkeit müsste dann über der Höchstgeschwindigkeit liegen, um einen Strömungsabriss zu verhindern. Wird aber diese Höchstgeschwindigkeit überschritten, löst sich die Strömung ebenfalls ab, die Steuerklappen verlieren an Einfluss und der Auftriebsschwerpunkt verlagert sich nach hinten. Die Nase des Flugzeugs geht nach unten und beschleunigt weiter. Dank dem optimierten Zusammenspiel von Autopiloten und Bordcomputer sind heute im Flugverkehr Zwischenfälle im Zusammenhang mit der Konstellation des Coffin Corners außerordentlich selten geworden.

Ganz anders sieht dies in agilen Transformationen aus, welche sich oftmals genau in einem solchen heiklen Bereich befinden. Dies passiert etwa, wenn aus finanztechnischen oder anderen Gründen Treibstoffeinsparungen über eine zu hohe Flughöhe erzwungen werden, dabei aber die Belastbarkeit des Transformationsdesigns missachtet wird. In der Folge wird damit ein folgenschwerer Strömungsabriss riskiert, mit massiven Auswirkungen auf das Unternehmen.

Strömungsabriss bei einer agilen Transformation

Werden bei eine agilen Transformation Geschwindigkeit und Flughöhe in einen kritischen Bereich manövriert, kann sich ein Strömungsabriss im System unterschiedlich äußern.

- **Interne Strömungsabrisse**
  - Die Transformation hat unterschiedliche Auswüchse angenommen und lässt sich nicht mehr auf das Gesamtziel hinsteuern.
  - Der Wertschöpfungsprozess wurde durch inkonsequente Implementation der agilen Grundprinzipien und fehlende Begleitung negativ beeinflusst.
  - Widerstand hat sich als unterschwellige Gegen-Kultur etabliert.
  - Kosten und Zeitaufwand wurden während der Transformation nicht konsequent genug überwacht.
- **Externe Strömungsabrisse**
  - Stakeholder und Kunden des Unternehmens wurden im Transformationsprozess nicht ausreichend abgeholt und reagieren mit Ablehnung.
  - Externe Anforderungen wurden aufgrund zu starker Simplifizierung nicht ausreichend berücksichtigt.

Nicht selten werden nach den anfänglichen Implementationsschritten rasch Stimmen laut, die auf höhere Geschwindigkeit und mehr Flughöhe dringen. Denn unter Umständen wird deutlich, dass es sich eben nicht nur um eine schicke Imagekampagne handelt, das System sich tatsächlich zu bewegen beginnt und die bisherigen Steuerungsprinzipien den neuen, agilen Anforderungen weichen müssen. Wurden wir zudem mit einem minimalistischen finanziellen Treibstofftank auf die Reise geschickt, kommen die Verantwortlichen unter Druck, den sie üblicherweise postwendend nach «unten» weitergeben.

Folgen unzulässiger Simplifizierung
Wird der Druck größer, wird vielfach versucht, das „Problem" schnellstmöglich aus dem Weg zu räumen. In der Folge werden agile

Frameworks bis zur Unkenntlichkeit vereinfacht, entstellt und verbogen, um das leidige Thema der agilen Transformation schneller und billiger hinter sich zu bringen und die Veränderungen so minimalistisch wie möglich zu halten. Agile Rollen werden mit den Praktiken der «alten Welt» überschrieben und die Grundprinzipien schlicht weg ignoriert. Teams werden nach dem Set-up im allseits gewohnten Adhoc-Modus mit klassischen Kontrollmechanismen gehalten. Product Owner sehen sich mit der Aufgabe der inhaltlichen Priorisierung und Backlog-Pflege überfordert und die verzweifelte Suche nach dem traditionell verantwortlichen Projektleiter geht los. Teams und Business werden unzufrieden. Blame-Games machen die Runde und der Misserfolg wird selbstverständlich der agilen Methode zugeschrieben.

> Die agilen Methoden und Frameworks sind Hilfsmittel; Inhalte und Umsetzung liegen in der Verantwortung der Menschen des Systems.

Werden die grundlegenden Spielregeln einer Methode und die Verantwortlichkeiten der jeweiligen Rollen nicht respektiert und gelebt, sondern lediglich als bunte Worthülsen initialisiert, stecken wir im Dilemma. Damit landen wir geradewegs im nächsten kritischen Coffin Corner des agilen Etikettenschwindels. Statt eine nachhaltige Verankerung über einen stabilen Flugverlauf zu erreichen, stürzen wir mit zunehmender Geschwindigkeit immer schneller dem drohenden Aufprall entgegen.

Nun muss schnellstmöglich sichergestellt werden, dass die Transformation abgefangen werden kann, um auf eine machbare Flughöhe und angemessene Geschwindigkeit zurückzufinden. Das Gleichgewicht ist wieder herzustellen. Dazu muss Durchhaltewille im Geradeausflug bewiesen und abweichenden Stimmen Paroli geboten werden, um langsam aus der kritischen Zone wieder in eine konstruktive, nachhaltige Verankerung agiler Prinzipien übergehen zu können. In dieser Situation ist das Zusammenspiel der Steuerungsprozesse für das Unternehmen genauso überlebenswichtig wie dasjenige von Autopiloten und Bordcomputer auf einem Reiseflug.

Der erste Schritt wäre es, den tatsächlichen Stand unserer Transformation transparent zu machen, Etikettenschwindel zu eliminieren und mit Blick auf die Belastbarkeit unserer Organisation den agilen Prinzipien konsequent zu folgen. Möglicherweise müssen wir jenen Ballast abwerfen, von dem wir uns bis jetzt nicht trennen konnten oder wollten, um schließlich doch noch den Kurs halten zu können und den Schaden auf ein Minimum zu beschränken.

Mögliche Korrekturmaßnahmen

Hat das Management die Risiken erkannt, geht es nun darum, schnellstmöglich die nächsten Schritte einzuleiten, um dem System zu helfen, die kritische Situation selbstständig zu meistern.
Dazu empfehlen sich folgende Schritte:

- **Transparenz** der Situation aus finanzieller, operativer und emotionaler Sicht schaffen.
- **Kommunikation,** dass das Management weiterhin hinter der Zielsetzung der Transformation steht.
- **Abgleich** von Anforderungen der agilen Prinzipien mit den realen Praktiken über Maturity Checks.
- Optimierte **Messgrundlagen** vereinbaren und verbindliche Messprozesse implementieren.
- Angemessene **Begleitung** über agiles Coaching organisieren, um ein einheitliches Verständnis von Agilität im Unternehmen zu vermitteln und Schulungsdefizite aufzuholen.

Ich möchte nochmals betonen, dass Agilität in einem System nur erfolgreich verankert werden kann, wenn die Menschen in unserer Organisation die Veränderung selbst vornehmen. Dazu benötigen sie Unterstützung und Motivation. Die Führungskräfte sind am Zug und angehalten vom Macher zum Mentor zu werden, zu motivieren, zu befähigen sowie das gewünschte Verhalten auch selbst vorzuleben. Zeigen wir, dass wir an unsere Vision nach wie vor glauben und stehen zum gemeinsamen Ziel, sind unsere Mitarbeitenden erfahrungsgemäß bereit Dinge zu bewegen und zu bewirken, die wir bis jetzt vielleicht nicht für möglich gehalten haben, da sie beginnen ihr Potenzial einzubringen und damit die Organisation aktiv tragen.

8.5 Unwohlsein und defektes Inventar – Herausforderungen für die Crew

Neben Turbulenzen aufgrund von Gewitterfronten, Coffin Corner oder eingeschränkter Flugführung, muss im Laufe des Reiseflugs immer auch mit Herausforderungen im Flieger selbst gerechnet werden. Da kann es zu Problemen mit dem Inventar oder mit Reisenden kommen. Zu den Hauptaufgaben der Flugbegleitung gehört es, die Sicherheit an Bord zu gewährleisten, die Passagiere zu betreuen und im Notfall das Flugzeug schnellstmöglich zu evakuieren. Es geht somit nicht ausschließlich um das freundliche Servieren von Speisen und Getränken und die Information über das Anlegen des Sicherheitsgurts. In Notfällen muss die Crew in der Lage sein, Rettungsmaßnahmen durchzuführen und schwierige Situationen zu meistern, ob technischer Defekt, gesundheitliches Problem eines Reisenden, alkoholisierter Randalierer, Exhibitionist oder einfach nur egozentrischer Regelverweigerer.

Was tut also unsere Transformationscrew, wenn der Sitz verklemmt ist, weil die agile Rolle partout nicht zur Person passt, oder die Toilette nicht mehr funktioniert, um den Unmut der Organisation hinunterzuspülen? Ja, die Herausforderungen, die beim Transformations-Inventar auftreten können, sind nicht immer appetitlich, freundlich und mit blumigen Worten schön zu reden.

Technische Defekte

Sind unsere Begleiterinnen und Begleiter ausgerüstet und fähig, unterschiedlichste «technische» Defekte zu beheben? Dies können bei einer Transformation der Umgang mit fehlenden Ressourcen und Hindernisse aufgrund nicht angepasster Prozesse und Vorgaben, aber auch Problemstellungen aufgrund fehlenden Wissens und Erfahrung der Belegschaft sein. Es liegt nahe, dass die Transformationsbegleitung nicht nur fachlich in der Lage sein muss, fundiert und situationsangepasst Schulungen, Trainings, Coaching und Beratung durchzuführen. Für eine kompetente Begleitung unseres sich verändernden Systems benötigen sie ein hohes Maß an Aufmerksamkeit und die Fähigkeit, Herausforderungen frühzeitig, vor der großen Eskalation zu erkennen, zu analysieren und die notwendigen Aktionen einzuleiten. Wenn die Gepäckklappe klemmt, ist es besser, umgehend zu agieren, nicht zu warten, bis das Gepäck den Passagieren schmerzhaft auf den Kopf fällt. Sehen diejenigen, welche das System begleiten sich hier tatsächlich in der Verantwortung und geben den kleinen Anzeichen bereits die notwendige Aufmerksamkeit, um Dramen und Blockaden zu verhindern?

> Die Personen, welche eine agile Transformation begleiten, steuern und verantworten, müssen wissen, mit welchen Herausforderungen sie in der Umsetzung konfrontiert werden sowie fähig und befugt sein, diese zu handhaben.

Verfügen sie über besagte Kenntnisse und Aufmerksamkeit, benötigen sie zwingend die notwendigen Befugnisse und den Willen, um auch einmal in die stinkende Schüssel zu greifen und den Mist zu entfernen, der den Abfluss blockiert. Leider habe ich den Eindruck, dass dann einfach die Türe geschlossen, ein Schild «out of order» drangehängt wird und die Mitarbeitenden mit allen Konsequenzen sich selbst überlassen werden. Ein weiteres Mal zeigt sich in einem solchen Fall, ob wir unsere Transformation auf Worthülsen, Allgemeinweisheiten und Scheinheiligkeit aufgebaut haben, oder ob wir tatsächlich an die Vorteile des agilen, iterativen, kundenzentrierten Vorgehens und die Kraft eines selbstorganisierten, ressourcenorientierten Systems mit allen Konsequenzen glauben. Beobachten wir unseren Flieger also mit Argusaugen. Agile Transformationen kämpfen dabei vielfach nicht mit neuen, sondern mit bereits bestehenden Unwegsamkeiten, welche in der Vergangenheit verdrängt, akzeptiert oder mit „Work-arounds" umschifft wurden.

Mögliche aufgedeckte Mängel

Agile Arbeitsweisen offenbaren oft bestehende Worst Practices und zwingen zu einer Auseinandersetzung mit dem Setting.

- **Prozessual:**
  - Die Organisation hatte bis jetzt keine Verpflichtung, Prozessvorgaben einzuhalten, da Abweichungen keine negativen Konsequenzen hatten.

- Prozesse sind überladen und zu wenig auf den Kundennutzen aus-
  gerichtet.
- Die Pflege von Prozessen, die Hierarchiebedürfnisse bedienen,
  haben Vorrang vor den Zielen der Wertschöpfungskette des Unter-
  nehmens.
- **Personell:**
  - Es wurden riskante Personenabhängigkeiten geschaffen, welche sich
    mit agiler Teamorganisation nicht vereinbaren lassen.
  - Das Unternehmen hat ein Karrieremodell, das Einzelkämpfer und
    Selbstdarsteller bevorzugt.
- **Strukturell:**
  - Die Organisation verfügt nicht über abgestimmte Hilfsmittel und
    es gibt einen Wildwuchs, wodurch es zu fehleranfälligen Medien-
    brüchen und Intransparenz kommt.
  - Bestrebungen zur Implementation agiler Praktiken, wie z. B. ein
    hoher Automatisierungsgrad in der Software-Entwicklung, wurde
    aus Kostengründen blockiert.

Zeigen sich Schwächen, Mängel oder Schäden, Wissenslücken oder
Blockaden durch Waste, gilt es sofort zu handeln. Jedoch sollte dieses
Handeln weder rein symbolisch noch symptom-bekämpfend sein.
Im Sinne der Agilität empfiehlt es sich, die Root-Cause[3]-Analyse zu
praktizieren, um Ursachen, nicht Symptome zu bekämpfen.

Schwachstellen in der Organisation, die im Widerspruch zur Zielsetzung
der agilen Transformation stehen, müssen zwingend auf ihre Hintergründe untersucht werden, um nachhaltige, systemangemessene
Lösungen finden zu können.

Umgang mit Befindlichkeiten und Regelverweigerung

Eine Transformation ist, wie wir mehrfach gesehen haben, eine grundlegende Veränderung des Unternehmers-Systems. Und eine solche
ist nicht nur „fancy" und „stylish", sondern tut dem einen oder

---

[3] Die früheste, grundlegendste Ursache für einen Zustand oder eine Kausalkette, die zu einem
Ergebnis, Verhalten oder einer Wirkung führt.

anderen auch weh. Sind die Transformationsbegleiter in der Lage, die notwendige Erste Hilfe zu leisten, um auftretende Schmerzen zu behandeln? Dazu müssten wir sicherstellen, dass das Unwohlsein frühzeitig erkannt wird und offen darüber gesprochen werden kann. Ist unsere Kultur lediglich schein-offen, Enablement nur bis zur traditionellen Machtgrenze gestattet, werden wir Überlastungen, Burnouts, Unmut und Frustration erst feststellen, wenn das Arztzeugnis oder die Kündigung vorliegt.

Versierte Flugbegleiterinnen und Flugbegleiter nehmen bereits die Anzeichen eines drohenden Herzinfarkts wahr und warten auch nicht, bis der blasse Reisende sich am Platz übergibt. Sie beobachten, bieten Hilfe an, begleiten und steuern von Start bis Landung, um Probleme auf unterschiedlichen Ebenen zu beseitigen, damit das Wissen und die Fähigkeiten der Mitarbeitenden sowie ihr Vertrauen ins Unternehmen erhalten bleibt.

Dazu gehört ebenfalls der Umgang mit randalierenden oder regelbrechenden Passagieren. Sie müssen in die Schranken gewiesen werden, ohne die gesamte Transformation in Gefahr zu bringen. Hier zeigt sich schnell, wie wir mit Problemen und Konflikten umgehen. Wie sehen die Facetten unserer Problemlösungsfähigkeit aus? Mutig, kollaborativ, konstruktiv oder vermeidend, harmoniesüchtig und hierarchiebasiert?

> Agilität muss zwar dem Unternehmenssystem angepasst werden, doch die vereinbarten Regeln sind zwingend einzuhalten und damit auch konsequent einzufordern.

Ich höre bei organisatorischen Veränderungen oft den Spruch «Culture eats strategy for breakfast». Nach einem allseits bestätigenden, wissenden Nicken geht es dann wieder an die Arbeit nach bekanntem Muster. Schön haben wir darüber gesprochen.

Gut geplante Kultur-Workshops enden als Systembefriedigung

Ein Unternehmen erkannte, dass die aktuelle, traditionsgeprägte Kultur sich nicht mehr dauerhaft mit den Anforderungen und Erwartungen des Marktes vereinbaren ließ. Die Personalabteilung entwarf zusammen mit einer externen Firma in einem groß angelegten Projekt die neue Kultur.

Dazu wurden Umfragen ausgewertet, Interviews und Workshops geführt und die auf die Organisation und seine Vision ausgerichtete Ziel-Kultur mit klar definierten Kulturaspekten erarbeitet.

Da sich Kultur bekanntlich nicht verordnen lässt, wurden Kultur-Workshops zur Vorstellung und Vermittlung der neuen Kultur kreiert, „Culture Coaches" befähigt, diese durchzuführen. So wurden Bereiche informiert und eine große Anzahl an Workshops geplant. Viele Mitarbeitende nahmen das Angebot wahr und besuchten die Veranstaltungen. Die neue Kultur wollte unter anderem mit den Aspekten «Mut fördern» und «unternehmerisches Denken» zur Eigeninitiative ermutigen. Die Events wurden gelobt und weiterempfohlen.

Nur leider änderte sich in der Praxis kaum etwas, denn die hierarchischen Entscheidungsstrukturen und Karrieremodelle wurden nicht verändert, wodurch die Theorie der Workshops nicht zur Anwendung gebracht werden konnten. Das System degradierte die «neue Kultur» und die zugehörigen Aktivitäten wurden zur Systembefriedigung.

Es ist ohne Zweifel schwer den praktischen Link von der Theorie einer «Ideal-Kulturen» zur aktuell existierenden Realität herzustellen. Es kommt aber der Moment, in dem sich die Veränderungen nicht mehr leugnen lassen. Doch wie das Beispiel zeigt, muss zwingend eine systemische Gesamtsicht eingenommen werden.

Die Veränderung der Kultur in einem Unternehmen kann weder von der operativen Ebene noch von formeller oder informeller Struktur abgekoppelt werden.

Kultur zu verändern, heißt für mich, nicht nur darüber zu philosophieren, sondern ganz praktisch die Komfortzone zu verlassen, unbequem zu werden, schrittweise Neues probieren, auf die Nase fallen, Krone richten und weiterlaufen. Um dies tun zu können, muss ich als Mitarbeitende praktische, reale Vorbilder haben und aktiven Rückhalt bekommen. Und wieder stehen wir vor Herausforderungen an das Leadership auf allen Stufen des Systems. Führungskräfte müssen Verständnis für das Gesamtsystem mit den Bedürfnissen, Ängsten und Emotionen der Belegschaft ausbalancieren können. Wir durchschreiten im Laufe der Transformation das Tal der Tränen, unter Umständen mehrmals. Dabei gilt es Hand zu bieten, konsequent, aber fair zu bleiben. Können wir Verständnis für jene aufbringen, die aufgrund von

Unsicherheit rebellieren, sie beruhigen, stützen, auf der anderen Seite aber die Konsequenz aufbringen, Saboteure nachhaltig in die Schranken zu weisen? Meiner Erfahrung nach erfordert dies die Fähigkeit einen Balance-Akt zwischen Wissen, Vertrauen auf die eigenen Fähigkeiten, auch unter Variabilität und Ungewissheit.

Fragen

Können wir akzeptieren, dass wir kompetent und fähig, aber nicht perfekt sind?

Akzeptieren wir die Tatsache, dass wir uns in einem kontinuierlichen Lernprozess befinden?

Kennen wir den Unterschied zwischen Unsicherheit und Beliebigkeit und können diesen handhaben?

Unternehmen, welche kulturelle Veränderungen praktisch angehen möchten, sollten wie bereits beschrieben stets die Vergangenheit, die Erfolge und die Menschen dahinter sehen, nicht nur Hypes und Trends in der Zukunft. Geben wir der Belegschaft in unserem Transformationsflug eine Chance, in kleinen Schritten neue Verhaltensweisen speziell im Umgang mit Konflikten zu erproben, können wir Vertrauen schaffen. Der Schlüssel dazu ist jedoch nicht nur das Tun der Mitarbeitenden. Es geht auch darum, die notwendige Konsequenz im Einfordern weniger Spielregeln, welche die Agilität verlangt, aufzubringen, aktiv zu ermutigen und neue Verhaltensweisen selbst vorzuleben. Vielfach lassen wir uns beraten, konsultieren Experten und konsumieren auf allen Ebenen, um letztlich festzustellen, dass Impulse dieser Art verpuffen, wenn keine eigenen Handlungen folgen.

Auch wenn es einfacher ist, anderen Handlungsanweisungen zu geben, kann eine agile Transformation nur Fahrt aufnehmen und auf Kurs bleiben, wenn wir bei uns selbst beginnen.

Natürlich ist es einfacher, andere zu dirigieren, zu kritisieren, anzuleiten. Doch gerade beim Schritt in die Agilität haben wir einen deutlich höheren Wirkungsgrad, wenn jeder dazu ermutigt wird, bei sich selbst zu beginnen. Wie oft höre ich in Meetings und Retrospektiven

Aussagen wie «man müsste…» oder «das Management muss…», anstelle «wir könnten…», «ich möchte versuchen…». Fangen wir also bei uns selbst an, hinterfragen unsere Grundhaltung und wagen mutig die Schritte in die Selbstorganisation und Eigenverantwortung, um mit frischem Wind dem Unternehmen nachhaltig Auftrieb zu geben.

8.6   Luftraum und Lufthoheit – Umgang mit Bereichsdenken und Silos

Auf einem Flug sind jedoch nicht nur die Flug-Steuerung und das Wohlbefinden unserer Passagiere relevant. Wir bewegen uns auf einer Flugreise in einem Luftraum mit unterschiedlichen Lufthoheiten und wir sind auch nicht die Einzigen, die sich in diesen luftigen Höhen tummeln. Der Flugverkehr basiert grundsätzliche auf der sogenannten Freiheit der Luft. Dennoch müssen die jeweiligen Luftverkehrsabkommen im internationalen Bereich berücksichtigt und eingehalten werden, kreuzende Flugzeuge, Heißluftballons und andere Flugobjekte beobachtet und in gebührendem Abstand zueinander koordiniert umflogen werden.

Fragen

Welche Lufthoheiten berühren wir im Rahmen unserer Transformation?
    Wo befindet sich ein Sperrgebiet, das besser großräumig zu umfliegen ist?
    Welche Hindernisse fliegen uns vor die Nase und kreuzen unseren Weg?

Wir müssen in der Lage sein, unseren Luftraum im Auge zu behalten und koordiniert, flexibel zu reagieren. Gerade Großunternehmen und traditionell geprägte Firmen erzielten in der Vergangenheit ihren Erfolg basierend auf tayloristisch aufgebauten Bereichsstrukturen, welche sich ganz im Sinne der Arbeitsteilung sehr spezifischen Herausforderungen annahmen. Erzielte das Unternehmen nicht mehr den gewünschten oder notwendigen Gewinn, folgten Maßnahmen zur Optimierung des bestehenden Systems wie Austausch von Mitarbeitenden, groß angelegte Reorganisationen, Einsparungen. Immer jedoch ohne das Grundprinzip der Arbeitsteilung tatsächlich infrage zu stellen. Stattdessen wurde die Peitsche geschwungen und der Takt erhöht, um die Konkurrenz über gesteigerte Produktionen in die Schranken zu weisen. Wie der heutige Markt uns gelehrt hat, ist dies kein nachhaltig zielführendes Verhalten mehr.

> Das «Mehr vom Gleichen» trägt das Unternehmen nicht mehr im gleichen Masse und fordert stattdessen Flexibilität und Kreativität, Motivation und Engagement mit einer stärker werdenden Ausrichtung auf Wissensarbeit.

Der Luftraum ist dabei voller geworden. Wir müssen beobachten, uns an die Außenbedingungen anpassen und Kurskorrekturen vornehmen. Eine agile Transformation trägt dem Rechnung und fordert eine komplette Neuausrichtung mit End-to-End-Denken und -Verantwortung auf allen Ebenen. Um das Unternehmen auf unserer Reise auch unter den jeweiligen Bedingungen auf Erfolgskurs zu halten, müssen somit Wertströme konstant überprüft und Strukturen angepasst werden. Wir müssen zwingend Außeneinflüsse und Lufthoheiten kennen und berücksichtigen, indem wir Feedback rasch aufnehmen und einbinden können. Andernfalls kann uns ein eisiger Wind entgegenwehen, der nicht nur zum Strömungsabriss unserer Transformation führt, sondern den Unternehmensbestand grundsätzlich zu hinterfrägt.

Tayloristische Nabelschau

So manche Transformation scheint jedoch zu einer nach wie vor tayloristischen, innen gerichteten Nabelschau zu degenerieren. Wir sind so sehr mit uns, unseren Gärten und Silos statt mit dem gemeinsamen Ziel unserer Reise beschäftigt, dass die eigentliche Notwendigkeit der Veränderung in den Hintergrund gerät und wir nicht merken, dass der aktuelle Luftraum Sperrzone geworden ist. Dann tun sich schnell Gräben zwischen den internen Gärtchen und Silos auf, welche wir eigentlich hinter uns lassen wollten. Auf unserer Reise sollten wir dies frühzeitig erkennen.

> Um ein Unternehmen zu einer agilen Organisation zu formen, die dem tayloristischen Bereichsdenken abschwört, bedarf es als wesentliche Konstante unsere Vision und eine überzeugende Kommunikation derselben, sowie eine sehr gute Beobachtung der Außenwirkung.

Wie bereits mehrfach aufgezeigt, ist die Transformation kein Selbstläufer und auch ein noch so guter Autopilot kann uns die Beobachtung des Luftraums, die notwendigen Entscheidungen und Kurskorrekturen nicht abnehmen. Doch über einen konstanten, transparenten Überprüften der Außenwirkung, Kommunikation und Motivation im Inneren haben wir hohe Chancen, das Ziel unserer Reise weiterhin vor Augen zu haben. Jedes Unternehmen steht als selbst-referenzielles System in regelmäßigem Austausch mit der Umwelt. Im Rahmen der Transformation, welche Veränderungen an Systemstrukturen vornimmt, werden zwangsläufig wechselseitige Effekte in diesem Austausch wirksam. In aller Regel werden diese über die bestehenden Prozesse und Strukturen im Unternehmen abgefangen und über unterschiedliche Verhaltensmechanismen bewältigt. In der Transformation kann es nun zu unerwarteten Außenwirkungen kommen, wenn die Veränderung im System das Umfeld betrifft, oder aber zu nicht vorhergesehenen Außeneinflüssen, die eine Anpassung an die gestartete Implementation der Agilität in der Organisation haben können.

> **Umgang mit unerwarteter Außenwirkung und -einflüssen in der Transformation**
>
> Außenwirkungen und -einflüsse müssen vom Unternehmen rasch erkannt und verarbeitet werden.
>
> - **Außenwirkungen:**
>   - *Wirkung auf Kunden, Lieferanten, Stakeholder:* Das Unternehmen zeigt aufgrund der implementierten agilen Prozesse neue Kommunikationsformen mit Kunden, Lieferanten, Stakeholdern.
>   - *Handhabung:* Es empfiehlt sich frühzeitig in den Austausch mit den Betroffenen zu treten, um sie über Prozessänderungen zu informieren.
>   - *Wirkung auf die Wahrnehmung als Arbeitgeber:* Mitarbeitende, welche die Agilität ablehnen, verlassen die Firma, neue Talente werden gesucht.

> - *Handhabung:* Das Unternehmen sollte aktive Kommunikation und Marketing betreiben, um auf dem Markt als attraktiver Arbeitgeber wahrgenommen zu werden und die gesuchten Talente anwerben zu können.
> - **Außeneinflüsse:**
>   - *Wirkung veränderte Konkurrenzsituation:* Neue Player auf dem Markt können massiven Druck auf das Unternehmen auswirken, welcher sich in Ressourcen und Finanzen auswirken kann.
>   - *Handhabung:* Die Prioritäten der Transformation müssen im Einklang mit den wirtschaftlichen Anforderungen des Unternehmens gehalten werden, dürften aber von diesen nicht ausgehebelt werden.
>   - *Wirkung Gesetzgebung:* Die Rechtslage wie etwa Sicherheitsanforderungen können sich deutlich auf die Produktions- und Servicekette eines Unternehmens auswirken und zu erheblichem Mehraufwand führen.
>   - *Handhabung:* Außenfaktoren wie Gesetze und Normen werden üblicherweise angekündigt. Diese Ankündigungen müssen rechtzeitig mit dem Transformationsdesign abgeglichen werden.

Erneut sind wir dabei auf unsere Messsysteme angewiesen, die uns helfen, unseren Marktwert als Unternehmen zu überprüfen wie auch den Balanceakt zwischen Konstanz und kreativer Veränderung zu meistern. Nehmen wir dabei die Basis konsequent mit, indem Fortschritte offen kommuniziert und Erfolge gebührend gefeiert werden, können wir damit unsere Transformation über die aktive Einbindung der Angestellten weiteren Auftrieb verleihen.

Doch nicht nur die beschriebenen Aspekte sollten in Bezug auf Außeneinflüsse berücksichtigt werden. Wurden früher interne Prozesse wie Staatsgeheimnisse gehütet, gibt es heute vermehrt Bestrebungen, den unternehmensübergreifenden Austausch zu fördern. Über diesen können Best Practices geteilt werden, ähnliche Fehler vermieden werden und Synergien genutzt werden. Gerade bei den Themen Agilität und Lean muss längst nicht mehr jedes Unternehmen das Rad nochmals neu erfinden, auch wenn die systemspezifischen Eigenarten zu berücksichtigen sind und nicht jede Praktik für jedes Unternehmen passend ist.

> Es hat sich gezeigt, dass ein offener Austausch zu agilen Praktiken das Ansehen des Unternehmens intern und extern als moderne, aktive und zielgerichtete Organisation fördert.

Wir sind längst nicht mehr nur auf teure Consultants angewiesen, die für uns das angeblich perfekte Korsett schnüren. Agilität lässt auch hier den Blick über die Nasenspitze zu, ohne dabei Governance, Compliance oder Datenschutz über den Haufen zu werfen. Angestellte sollten sich in einem vom Unternehmen gestützten Rahmen, mit anderen Firmen austauschen können und werden als repräsentative Kompetenzträger und Repräsentanten wahrgenommen. Dass dies die Motivation der Mitarbeitenden eher fördert als ein einfacher Top-down-Management-Approach, dürfte offensichtlich sein. Auch, dass ein Unternehmen über einen solchen Austausch das beste Marketing als moderner Arbeitgeber für Wissensarbeiter nutzt und somit gleich zwei Fliegen mit einer Klappe schlägt.

Natürlich haben wir auch Fehlschläge und Misserfolge zu vermelden, müssen Gegen- und Querverkehr ausweichen, uns den Spielregeln des Marktes unterwerfen, wenn die Verkehrsabkommen dies verlangen. Betrachten wir dies im Sinne agiler Fehler- und Lernkultur als Entwicklungschancen und binden die Mitarbeitenden als kompetente Wissensarbeiterinnen und -arbeiter in die Lösungssuche mit ein, werden wir unseren Tank „on-the-fly" mit der unglaublichen Energie eines gemeinsamen Ziels und ungeahnter Ressourcen befüllen können.

8.7   FLIGHTCHECK – bitte anschnallen

Übersicht

☑ Befähigung und Begleitung des Managements in die Agilität
☑ Schrittweise Adaptation bestehender Steuerungsmechanismen
☑ Konsequentes Aufräumen mit Etikettenschwindel und Schein-Agilität
☑ Beobachtung von Markt und Konkurrenz
☑ Hinterfragen interner Machtstrukturen und Silos
☑ Feiern von Erfolgen und Einbinden der Mitarbeitenden in Lösungsprozesse
☑ Förderung von Austausch-Formen mit anderen Unternehmen

Weiterführende Literatur

Adams P (2017) Question thinking. dtv, München

Aholt G (2019) Unternehmenssteuerung mit KPIs und Kennzahlen: Denken Sie an die drei Ebenen! https://itelligencegroup.com/de/local-blog/unternehmenssteuerung-mit-kpis-und-kennzahlen-denken-sie-an-die-drei-ebenen/. Zugegriffen: 26. März 2021

Ballé M, Beauvallet G (2016) Le Management Lean. Pearson, Paris

Bendel O (2018) Digitalisierung. Gabler Wirtschaftslexikon. https://wirtschaftslexikon.gabler.de/definition/digitalisierung-54195. Zugegriffen: 03. Juni 2018

Berger M, Chalupsky J, Hartmann F (2008) Change Management – (Über-)Leben in Organisationen. Schmidt, Giessen

Birkenbihl V (2004) Kommunikation für Könner. Redline, Frankfurt

Brandes U, Gemmer P, Koschek H, Schülken L (2014) Management Y. Campus, Frankfurt

Bundesamt für Statistik (2017) Marktwirtschaftliche Unternehmen nach Wirtschaftsabteilungen und Grössenklasse. https://www.bfs.admin.ch/bfs/de/home/statistiken/industrie-dienstleistungen/unternehmen-beschaeftigte/wirtschaftsstruktur-unternehmen.assetdetail.3202074.html. Zugegriffen: 01. Juni 2018

Bundesamt für Statistik (2018) Konkursverfahren nach Kanton – 1994–2017. https://www.bfs.admin.ch/bfs/de/home/statistiken/industrie-dienstleistungen/unternehmen-beschaeftigte.assetdetail.4642607.html Zugegriffen: 01. Juni 2018

DeMarco T (1997) The deadline. Dorset House, New York

Derby E, Larsen D (2012) Agile retrospectives – making good teams great. Pragmatic Bookshelf, Dallas

Diehl A (2021) Objectives and Key Results (OKR) – Einführung in die OKR Methode. https://digitaleneuordnung.de/blog/okr-methode/. Zugegriffen: 26. März 2021

Diesbrock T (2011) Ihr Pferd ist tot? Steigen Sie ab! Campus, Frankfurt

Dobelli R (2017) Die Kunst des klaren Denkens. dtv, München

Fischer-Epe M, Reissmann M (2017) Coaching zu Führungsthemen. Rowohlt, Hamburg

Fischermanns D (2010) Praxishandbuch Prozessmanagement. Schmidt, Giessen

Forgas J (2011) Soziale Interaktion und Kommunikation. Psychologie Verlags Union, Weinheim

Forward Intelligence Group (2020). Agile Transformation Domains. http://mybusinessagility.com/agile-transformation-domains/. Zugegriffen: 26 März 2020

Gadatsch A, Mayer E (2010) Masterkurs IT-Controlling. Vieweg + Teubner, Wiesbaden

Gloger B, Margetich J (2014) Das Scrum-Prinzip. Schäfer-Poeschel, Stuttgart

Goldratt E, Cox J (2010) Das Ziel. Campus, Frankfurt

Gorman T (2011) The complete idiot's guide to MBA basics. Alpha Books, New York

Grossmann R, Bauer G, Scala K (2015) Einführung in die systemische Organisationsentwicklung. Carl-Auer, Heidelberg

Hackl B, Gerpott F (2015) HR 2020 – Personalmanagement der Zukunft. Vahlen, München

Hanschke I, Giesinger G, Goetze D (2016) Business analyse. Hanser Fachbuch, München

Häusling A, Römer E, Zeppenfeld N (2018) Praxisbuch Agilität. Haufe Gruppe, Freiburg

Heringer H (2017) Interkulturelle Kommunikation. Franke, Tübingen

Hofert S (2016) Agiler führen. Springer Gabler, Wiesbaden

Höfler M, Bodingbauer D, Dolleschall H, Schwarenthorer F (2018) Abenteuer change management. Frankfurter Allgemeine Buch, Frankfurt

Hohm H-H (2006) Soziale Systeme, Kommunikation, Mensch. Juventa, Weinheim

IBBA International Institute of Business Analysis (2012) Leitfaden zur Business Analyse – IIBA BABOK Guide 2.0. Schmidt, Giessen

Institut für Angewandte Psychologie (2018) IAP Studie 2017. Zürcher Hochschule für Angewandte Wissenschaften (Hrsg) https://www.zhaw.ch/de/psychologie/institute/iap/iap-studie/. Zugegriffen: 01. Juni 2018

Jule A (2009) Teamentwicklung – Die Rolle des Teamleiters. GRIN

Kaltenecker S (2016) Selbstorganisierte Teams führen. dpunkt, Heidelberg

Kennedy O, Künzi M (2016) Full potenzial report. Cominmag, Enigma Lab. https://enigma.swiss/full-Potenzial/report-2016-fp-analysis.pdf. Zugegriffen: 29. Mai 2020

Kim G, Behr K, Spafford G (2018) The phoenix project. O'Reilly, Sebastapol

Kleinoth C (2019) Top Trends in der Unternehmenssteuerung. https://www.valsight.de/blog/top-trends-in-der-unternehmenssteuerung/. Zugegriffen: 26. März 2021

Kotter J (2012) Leading change. Vahlen, München

Kotter J, Rathgeber H (2011) Das Pinguin-Prinzip. Droemer Knaur, München

Kowalski S (2014) Betriebliche Kennzahlen. Beck, München

Krech D, Crutchfield R (1992) Grundlagen der Psychologie. Beltz Psychologie Verlags Union, Weinheim

Kruse D P (2008) 8 Regeln für völligen Stillstand (nach P. Kruse). https:// erfolgreich-projekte-leiten.de/8-regeln-fuer-voelligen-stillstand/. Zugegriffen: 25. März 2021

Kunow A (2017) Projekt Management & Business Coaching. Books on Demand

Laloux F (2017) Reinventing organizations. Les Èditions Diateino, Paris

Leido P (2014) Lean & agile project management. Trafford

Leopold K (2018) Agilität neu denken. Leanability GmbH, Wien

Lombriser R, Abplanalp P (2010) Strategisches Management. Versus Verlag AG, Zürich

Lyonnet B (2015) Lean management. Dunod, Malakoff Cedex

Mann L (1999) Sozialpsychologie. Beltz, Weinheim

Marquet D (2015) Turn the ship around! Penguin

Marquet D (2020) Leadership is language. Penguin

Martin R (2020) Clean agile – back to basics. Pearson, Boston

Mathis C (2016) SAFe – Das Scaled Agile Framework. dpunkt, Heidelberg

Nowalski D (2019) Lean, Kanban et DMAIC. Maxima, Paris

Nowotny V (2018) Agile Unternehmen. Business Village, Göttingen

Olfert P (2010) Projektmanagement. NWB, Neckargemünd

Osterwalder A, Pigneur Y (2011) Business Modell – Nouvelle Génération. Pearson, Paris

Osterwalder A, Pigneur Y, Bernarda G, Smith A (2015) Value proposition design. Pearson, Paris

Pfetzing K, Rohde A (2009) Ganzheitliches Projektmanagement. Schmidt, Giessen

Pillet M (2013) Six sigma. Groupe Eyrolles, Paris

Röpstorff S, Wiechmann R (2016) Scrum in der Praxis. dpunkt, Heidelberg

Rosenberg M (2016) Gewaltfreie Kommunikation. Jungfermann, Paderborn

Sagmeister S (2016) Busines culture design. Campus, Frankfurt

Schmidt P (2011) Organisatorische Grundbegriffe. Schmidt, Giessen

Schmidt DS (2021) Schwarmorganisation. https://www.schwarmorganisation. de. Zugegriffen: 30. März 2021

Schuldt C (2012) Systemtheorie. CEP Europäischer Verlagsanstalt, Hamburg

Schulz von Thun F (2013) Klarkommen mit sich selbst und anderen: Kommunikation und soziale Kompetenz. Rowohlt Taschenbuch, Hamburg

Schwarz T, Lindner A (2016) KATA – Verbesserung zur Routine machen. Hanser, München

Simon F (2013) Einführung in Systemtheorie und Konstruktivismus. Carl-Auer, Heidelberg

Strode DE, Huff SL, Tretiakov A (2009) The impact of organizational culture on agile method use. IEEE, Waikoloa

Stroebe W, Jonas K, Hewstone M (2003) Sozialpsychologie. Springer, Berlin

Summerer A, Maisberger P (2018) Teamwork agil gestalten. Hanser, München

Vahs D, Weiand A (2010) Workbook change management. Schäfer-Poeschel, Stuttgart

Weber C, Preuss A (2006) Potenzialorientiertes Coaching. Klett-Cotta, Stuttgart

Wegener R, Loebbert M, Fritze A (2014) Coaching-Praxisfelder – Forschung und Praxis im Dialog. Springer VS, Wiesbaden

Wirtz MA (2017) Dorsch – Lexikon der Psychologie. In: Hogrefe AG (Hrsg). https://dorsch.hogrefe.com. Zugegriffen: 28. März 2021

Würzburger T (2019) Die Agilitäts-Falle. Vahlen, München

9

Landung – Paradies in Sicht oder abgeschmiert?

Zusammenfassung Die agile Transformation hat die Organisation in Bewegung versetzt, um die Prinzipien der Agilität zu implementieren. Nun geht es darum den Ausnahmezustand der Veränderung zu beenden, die neuen Prozesse zu standardisieren und den kontinuierlichen Verbesserungsprozess zu etablieren. Dazu empfiehlt sich die Überprüfung des erreichten agilen Reifegrads, Identifikation offener Punkte und Abschluss der Transformationsaktivitäten, um realistische Ausblicke in die Weiterentwicklung des Unternehmens zu ermöglichen.

Start und Landung gehören zu den gefährlichsten Phasen eines Flugs. Demnach passieren etwa die Hälfte aller Flugunglücke während der Landephase. Die Piloten sind hier besonders gefordert. Sie müssen das Flugzeug abfangen und stabilisieren. Sie müssen einen sauberen Anflug fliegen, um die Piste korrekt zu treffen, weder zu früh noch zu spät, weder zu schnell noch zu langsam. Einmal aufgesetzt wird ein abgestimmtes Brems- und Lenkmanöver durchgeführt, um schließlich auszurollen und die Parkposition zu erreichen. Dabei ist das Wetter, der Bodenbelag, die Konstitution der Maschine zu beachten, um nicht von der Piste abzukommen oder über sie hinauszurollen. Bei Stress und

S. Zech, *Erfolg in der agilen Transformation*,
https://doi.org/10.1007/978-3-658-36139-6_9

Unstimmigkeit zwischen den Piloten oder einem Ausfall der Armaturen können schnell kritische Fehler passieren.

Ich möchte jeglichen Missverständnissen vorbeugen und nicht infrage stellen, dass Agilität im Sinne der kontinuierlichen Verbesserung keinen Stillstand und finalen Endzustand vorsieht. Ganz im Gegenteil. Doch es ist eine Tatsache, dass eine agile Transformation selbst lediglich Mittel zum Zweck ist. Sie ist eine Maßnahme, die das System dazu befähigen soll, von einem starren, traditionsgeprägten Zustand in einen beweglichen, agilen überzugehen. Der Veränderungsprozess muss damit klar vom Zielzustand unterschieden werden. Passiert dies nicht, befinden Unternehmen sich bei organisatorischen Veränderungen in einer konstanten, treibstofffressenden, nervenzehrenden Dauerschleife der Hyperaktivität, welche von einer Reorganisation zur nächsten übergeht. Damit werden die mühsam erarbeiteten Ziele jeweils direkt wieder sabotiert. Die Transformation muss somit zwingend in einer Landephase abgefangen, stabilisiert und auf den Boden gebracht werden, um den Sonderstatus der Veränderung in einen nachhaltigen Standard zu überführen. Auf die Implementation folgt die Stabilisierung in Konstanz der Regeln und Verantwortungen, um nicht als kostspieliges Verwirrspiel doch noch eine Bruchlandung hinzulegen. Die Transformation muss dafür sauber und koordiniert auf den Boden gebracht werden, nicht über das Ziel hinausschießen oder in Warteschleifen verharren, bis auch der letzte Mitarbeitende die Motivation verloren hat. Diese Landung stellt für mich die Beendigung des Ausnahmezustands dar. Der Krisenmodus der Re-Organisation weicht über einer sauberen Verankerung der erarbeiteten Ansätze eines agilen Mindsets. Wie muss man sich also die Landung bei einer Transformation vorstellen und welche Anforderungen kommen auf uns zu? Wir benötigen zwingend eine solide Bestandsaufnahme und klare Kommunikation der nächsten Schritte, ähnlich den Meldungen aus dem Cockpit, um einschätzen zu können, was uns erwartet, Sonne, Regen oder ein paar Warteschleifen (Abb. 9.1).

Abschlussarbeiten definieren
noch nicht beendete Aktionen und offene Punkte identifizieren
Dokumentation der neuen Prozesse und Strukturen sicherstellen
„Sonderrollen" der Transformationscrew auflösen
Übergang sichtbar machen
weitere Begleitung klären und sicherstellen
Verankerung des kontinuierlichen Verbesserungsprozesses
Evaluation und Erfolgskontrolle durchführen
und transparent kommunizieren

Abb. 9.1 Überführung des Ausnahmezustands in die Standardisierung

9.1 Landeanflug – die Transformation auf den Boden bringen

Wir nähern uns dem Ende unserer Reise und damit der Landung. Aus den Lautsprechern ertönt die freundliche, aber eindringliche Aufforderung nun bitte den Sitzplatz aufzusuchen, die Sitzlehne aufzurichten, den Tisch hochzuklappen und den Gurt anzulegen, der Landeanflug beginnt. Die entsprechenden Lampen unterstreichen die Ansagen. Der Flieger geht merklich in den Sinkflug über, was sich in einem unangenehmen Druck in den Ohren deutlich bemerkbar macht. Je nach meteorologischen Gegebenheiten, Flugaufkommen und örtlichen Gegebenheit kann dies sanft und zügig, holprig oder auch mit mehr oder weniger langwierigen Warteschleifen erfolgen.

Wagen wir den Vergleich mit der Transformation, wäre im Rahmen der Verankerung eine entsprechende Kommunikation mit klaren Anweisungen für den Übergang der Ausnahmesituation in den Standardprozess zu erwarten. Selbstverständlich haben bei einer erfolgreichen Transformation die Piloten und die Crew bereits darauf hingearbeitet. Der Fortschritt wurde überwacht und gemessen,

Turbulenzen gemeistert und der Kurs immer wieder auf das Ziel des Unternehmens ausgerichtet. Doch gerade der Landeanflug wird vielfach vernachlässigt. Wenn wir tatsächlich den Weg in die Agilität angetreten haben und die verheißungsvolle Landschaft unter uns erkennbar ist, gilt es nun den Sinkflug für die Landung einzuleiten. Denn die Organisation muss aus der bewegten Phase der Veränderung in die Leistungserbringung übergehen, wie ein Team, das über Forming, Storming und Norming schließlich ins Performing kommt. Unser Flieger befindet sich jedoch nicht auf magische Weise und ohne jede Anstrengung am Boden. Unsere Cockpit-Crew ist gefordert, die korrekte Anflugschneise zu identifizieren, die Transformation auf der richtigen Geschwindigkeit zu halten und die Organisation zu stabilisieren.

Vorbereitung des Übergangs
In der Anflugphase muss somit auch die agile Transformation auf die Landung vorbereitet, die Geschwindigkeit reduziert und das Anflugverfahren festgelegt werden. Wird der Change sang- und klanglos für beendet erklärt, werden die einen weiter im Veränderungsmodus versuchen, neue Modelle und Prozesse zu entwickeln, während andere vielleicht bereits die innere Kündigung vollzogen haben. Es ist auch nicht mit einer Einmalkommunikation getan, welche nicht selten als «zurück zum Alt-Gewohnten» interpretiert wird. Der Zustand des Unternehmens wird bei der Landung der Transformation niemals im perfekten, bilderbuchmäßigen agilen Modus sein. Wir sind weiter gefordert, rechtzeitig und angemessen zu kommunizieren sowie Maßnahmen zu planen, welche den Angestellten helfen, die Agilität eigenverantwortlich, aber dennoch unterstützt weiterzuführen. Wie die Lampen in unserem Flieger empfiehlt sich jedoch zuerst eine auf die Organisation angepasste Visualisierung des Erreichen, um auf die anstehende Beendigung des Ausnahmezustands hinzuweisen.

> Die Transformationscrew ist in der Verantwortung, während des gesamten Flugs den Fokus immer wieder auf den Übergang von aktueller Veränderungsmaßnahme und folgender Weiterführung zu lenken.

Das weitverbreitete Missverständnis, dass mit Beendigung der Transformation das Thema Agilität vom Tisch ist, da wir ja jetzt alle agil sind und das agile Mindset über uns schwebt wie ein Heiligenschein, kann zu einer schmerzhaften Bruchlandung führen. Denn es wird immer noch offene Punkte gegeben, Abteilungen und Personen, welche nicht in vollendeter Perfektion den agilen Prinzipien frönen. Vor dem Abschluss muss ein genauer Blick auf diese Themen und Topics geworfen werden. Es gilt zu identifizieren und zu klären, welche davon nach Beendigung der Transformation weiterverfolgt werden sollen. Dabei müssen Finanzierungsaspekte ebenso berücksichtigt werden wie Ressourcen, Zielsetzungen und die Einbindung in operative und strategische Prozesse. Dabei kann es durchaus vorkommen, dass auch hier unangenehmer Druck in den Ohren auftritt. Dann nämlich, wenn aus den Aktivitäten der Transformation lieb gewonnene «Hobbys» geworden sind. War es doch so nett, sich mit den lieben Kollegen in wilden Diskussionen des Transformationsteams zu treffen. Und was tun mit denjenigen, die sich über die Veränderungsprozesse neu profiliert und positioniert haben? Gerade für diejenigen Mitarbeiterinnen und Mitarbeiter, welche sich in der letzten Zeit stark engagiert haben, kann es schmerzhaft sein, wenn die Perspektiven für die Zukunft fehlen.

Vorbereitungs- und Aufräumaktionen

Nachfolgende Themen sollten tunlichst geprüft und während der Landephase bearbeitet und bereinigt werden:

- Transparenz schaffen zum erreichten Reifegrad auf allen Ebenen (operational, prozessual, organisatorisch)
- Kontrolle der Zielerreichung
- Geradeziehen von Dokumentationen und Prozessen
- Identifikation von offenen Themen und Topics, die bis zum Abschluss der Transformation noch nicht geschlossen werden können
- Definition von Aktionen, die nach Beendigung der Transformation weiterverfolgt werden
- Priorisierung dieser Aktionen und Bereitstellung von Ressourcen und Budget
- Offizielle Beendigung nicht weiter zu verfolgenden Themen
- Klärung der zukünftigen Situation der Transformationsbegleitung, z. B. weitere Begleitung durch agile Coaches, neue Rollen der bisherigen Transformationsbegleiter

Diese Aktionen stellen unseren Landecheck dar. Wir kontrollieren nochmals, ob unter uns tatsächlich das angestrebte Ziel liegt, nehmen die Geschwindigkeit unserer Transformation herunter, fangen das Unternehmen ab, fahren mit den vorbereitenden Maßnahmen das Fahrwerk für eine saubere Landung aus und visieren die Landebahn an.

Indizien für Missverständnisse

Haben wir den Abschluss des offiziellen Transformationsprozesses vorbereitet, geht es nun darum, eine saubere Landung hinzulegen. Es wird ausgeschwebt, aufgesetzt und ausgerollt. Ich empfehle definitiv keine Kamikaze-Landung hinzulegen, indem nun einfach Knall auf Fall die Transformation wie eine heiße Kartoffel fallen gelassen wird. Dies geschieht leider in schöner Regelmäßigkeit. Denn die Meinung ist oftmals, dass doch korrekt nach Lehrbuch transformiert wurde und jetzt alles wie am Schnürchen läuft. Was nicht dieser Annahme entspricht, wird dabei tunlichst ausgeblendet. Wozu also noch das ganze Theater einer sauberen Landung? Das würde doch bedeuten, dass das Projekt der Veränderung gescheitert und die Zielerreichung infrage zu stellen wäre. Ein verbreitetes Missverständnis mit entsprechenden Konsequenzen.

Wird die Transformation dann noch im Sturzflug heruntergefahren, werden die Schäden den Nutzen unter Umständen massiv übersteigen. Sind wir jedoch zu zaghaft, bleiben in Platzrunden hängen und zögern zu lange, mag bald auch der letzte Tropfen Motivation und Vertrauen aufgebraucht sein. Bei einer erfolgreichen Transformation dürfte es jetzt keinen Etikettenschwindel, Hybrid-Modus oder Unverbindlichkeit im Umgang mit agilen Praktiken mehr geben, die uns auf den letzten Metern doch noch von der Landebahn abbringen können. So müssen wir den Zustand unseres Systems im Auge behalten sowie die Kommunikation stringent und konsequent weiterführen. Andernfalls rasen wir ungebremst in Richtung Boden der harten Realität, welchen wir bisher möglicherweise aufgrund zu vieler Wolken und Ablenkungen außer Acht gelassen haben.

Vielfach wird die kritische Phase der Landung deutlich unterschätzt, wenn nicht gar ausgelassen. Nachdem viele Transformation als Projekt gedacht, behandelt und entsprechend abgeschlossen werden, erkennen wir spätestens jetzt, dass wir eventuell gar nicht im Land der Agilität gelandet sind, sondern lediglich kostspielige Platzrunden gedreht haben.

Eine agile Transformation bewirkt im definierten Rahmen des Transformationsdesigns einen Übergang vom Ist- zum Soll-Zustand und darf weder in einem Dauerzustand der Veränderung noch als Provisorium enden.

Wenn die Agilität als ein vorübergehend zu installierender Prozess betrachtet wird, wurde die systemische Veränderung der Organisation womöglich tunlichst vermieden. In einem solchen Fall erfolgten während der Transformation nicht die notwendigen Checks. Stattdessen wurde dafür gesorgt, dass den bestehenden Strukturen kein Abbruch getan wurde. Es dürfte klar sein, dass wir in einem solchen Fall nach wie vor meilenweit von einem agilen Setting und Mindset entfernt sind. Denn wie wir mehrfach gesehen haben, ist Agilität kein vorübergehender Zustand, sondern eine Haltung, an welcher laufend gearbeitet wird. Diese Zieldestination bedeutet permanentes Lernen, Optimieren, Risiken erkennen und begegnen, Chancen nutzen, nicht die erneute Einnahme eines statischen Zustands, wie etwa die organisatorische Aktion zur Neubesetzung von Geschäftsleitung oder Verwaltungsrat. Nun zeigt sich, ob unsere Vision ein imaginäres Luftschloss war und wir die Transformation als eine dem allgemeinen Hype geschuldete Alibiübung unternommen haben oder tatsächlich im Land der Agilität gelandet sind. Eine agile Transformation ist die Reise dorthin und überführt unsere Organisation aus dem kostenintensiven, tayloristischen, knochigen und starren Gerüst einer dennoch durchaus erfolgreichen Vergangenheit in einen flexiblen, gesunden Fitness-Zustand der Gegenwart. Dabei sehe ich den Landungsprozess ähnlich dem Reiseflug als äußerst kritisch an. Wir müssen nun die bestehenden Gaps kennen, weitere Maßnahmen definieren und diese auch mit dem operativen Tagesgeschäft in Einklang bringen.

Herausforderungen der Landung

Die Restenergie der Transformation muss kanalisiert und am Boden abgebaut werden, um schließlich den Weg zur finalen Parkposition der Veränderung, nicht jedoch der Agilität, anzutreten. Die Abschlussaktionen mögen beim einen oder anderen auch nochmals zu einem unangenehmen Druck in den Ohren führen. Denn bei genauer Betrachtung stellen wir oft fest, dass sich die einen oder anderen während der Transformation im klassischen Sinn positioniert haben, ihre Fäden nach wie vor in den Händen halten und die Prinzipien der Agilität eher aus Marketingsicht etikettiert, aber nicht implementiert haben. Hier benötigen wir wie beim Landeanflug die richtigen Checks und Kurskorrekturen. Mit dem Abschluss der Transformation übergibt die Führungsebene die Verantwortung an jene, die das erforderliche Wissen der Umsetzung haben. Sie behält dabei gleichzeitig die Verantwortung für nicht delegierbare Entscheidungen.

Im Sinkflug prüfen wir, ob wir dazu die nötige Reife erlangt haben. Sollten wir feststellen, dass es noch Mankos zu beseitigen gibt, könnte die eine oder andere Warteschleife gezogen werden. Doch letztendlich gilt es in die Anflugphase überzugehen, die Geschwindigkeit zu reduzieren, zu stabilisieren und die Piste anzuvisieren. Die Piloten unserer Transformation fangen den Flieger ab. Neu definierte Prozesse und Rollen wurden zwar implementiert, müssen nun aber auch als Standard mit Anspruch auf permanente Verbesserung konstant verankert werden.

> Der Abschluss der Transformation muss im richtigen Timing erfolgen und die Konstitution unseres Unternehmenssystems berücksichtigen.

Je nach Marktlage und Unternehmensstatus mag die Landung mehr oder weniger holprig ausfallen, Seitenwinde das Können unserer Führungsequipe herausfordern und unser Flieger muss nochmals einer intensiven Belastungsprobe standhalten. Solange wir jedoch fokussiert auf der gewählten Spur bleiben, können wir mit den notwendigen Brems- und Lenkmanövern nach dem Aufsetzen garantieren, dass unser Personal die Sicherheit und Stabilität erhalten, die es benötigt, um die Vorteile der Agilität tatsächlich nutzen zu können. Eine organisatorische Veränderung führt dem System Energie zu und setzt es in Bewegung, was jedoch nicht in unkontrollierten, das Unternehmen gefährdenden Schwingungen ausarten darf.

Deshalb muss die Transformation mit der vorhandenen Restenergie konstruktiv gelenkt werden, um das Potenzial des neu ausgerichteten Systems aus der Enge der Veränderungsmaßnahme in Konstanz und Freiheit der Selbstorganisation zu entlassen. Denn in dem Moment, in dem wir in die sichere Parkposition manövriert haben, geht die Bewegung des Systems weiter mit der Entdeckung aller Möglichkeiten unserer Destination Agilität, auf die wir die Organisation während unserer Reise bestmöglich vorbereitet haben.

> Der Krisenmodus wird beendet, der Schwung des Empowerments genutzt, um eine gesunde Dynamik des Systems zu etablieren.

Nur wenn dies gelingt und wir nicht auf den letzten Metern doch noch von der Bahn abkommen, kann das Unternehmen die Transformation im Sinne einer Reise als Erfolg verbuchen und hat die reale Chance, die Vorteile der Agilität zu nutzen, um jene Beweglichkeit zu pflegen, die wir als moderne Organisation zwingend benötigen.

9.2   Ausstieg, Baggage-Claim und Customs – nichts wie raus aus der Kiste

Der Flug ist beendet, die Parkposition erreicht und der Ausstieg montiert. Die Passagiere strömen mehr oder weniger ermüdet, einer nach dem anderen, aus der Enge des Fliegers, um sich, noch etwas steif und ungelenk, auf den Weg zur Gepäckausgabe zu begeben.

Wir haben das System im Laufe der Transformation gefordert, neue Prozesse und Strukturen erarbeitet und eingeführt. Nun haben wir mit der Landung den beengten, unbequemen Status der Veränderung beendet. Doch die Knie sind etwas steif geworden im Versuch, sich in die neuen Prozesse zu zwängen, und der Kopf schmerzt ob der vielen Schulungen und Anleitungen. Also nichts wie raus hier. Lasst uns das Gepäck holen und am neuen Domizil erst einmal einen Cocktail schlürfen. Diesen hätte sich das Unternehmen jetzt nämlich redlich verdient.

> Bei einer agilen Transformation geht es nicht um die Methode, sondern um das System, das den Abschluss des Ausnahmezustands gebührend würdigen und feiern sollte, um die Motivation für die nächsten Schritte aufrecht zu erhalten.

Natürlich werden wir uns fragen, welches Gepäck es bis zur Zieldestination geschafft hat. Ob wohl alles angekommen ist und wenn ja, in welchem Zustand? So stehen wir da und warten darauf, dass sich das Band endlich in Bewegung setzt und ein Gepäckstück nach dem anderen aus dem dunklen Maul spuckt. Die einen haben das Glück, ihre Habseligkeiten rasch und unversehrt in Empfang nehmen zu können, andere dagegen müssen sich etwas länger gedulden und weitere stellen schließlich fest, dass ihre Koffer wohl doch nicht den Weg in den richtigen Flieger gefunden haben. Die Wahrscheinlichkeit, dass sich das Gepäck bei einem Flug verspätet, beschädigt wird oder verloren geht, war 2013 aufgrund der Verbesserungen im Gepäck-Service mit unter 7 % so niedrig wie nie. Dennoch besteht weiterhin das Risiko von Verlusten und Beschädigungen.

Nun dürfte die Wahrscheinlichkeit, dass unser Reisegepäck der Transformation verloren gegangen ist oder beschädigt wurde, stark davon abhängig sein, mit welchen Koffern und Taschen in Form von Werten, Emotionen und Erwartungen wir uns ursprünglich auf den Weg gemacht haben.

Fragen

Hatten wir uns für leichtes Gepäck entschieden oder doch versucht, den gesamten Hausrat mitzunehmen, um nicht auf altbekannte Bequemlichkeiten verzichten zu müssen?

Waren es zerbrechliche Erinnerungen an gute alte Zeiten oder vielleicht eher eine gehörige Portion Neugierde und Begeisterung, die wir mit auf den Weg nahmen?

Werden wir bisherige Prozesse und Strukturen vermissen oder uns an den neuen Gegebenheiten ausrichten?

Wurde sorgsam mit dem anvertrauten Gut, wie etwa Vertrauen und Motivation, umgegangen oder nachlässig und sorglos?

Das eine werden wir betrauern, wenn es verloren gegangen ist, anderes kaum vermissen. Wieder anderes sollte auf keinen Fall abhandenkommen. Hier zeigt sich nun das Resultat unserer Vorbereitungsphase, aber auch der Transferleistung unserer Flug-Organisatoren. So stehen wir also an unserer Gepäckausgabe und hoffen, die richtigen Werte und Prinzipien, Rollen und Prozesse auf dem Gepäckband zu finden.

Nachhaltigkeit im Übergang
Nutzen wir die Ankunftsprozeduren wie Gepäckausgabe und Zollkontrolle, so stellen wir sicher, dass wir mit der agilen Transformation keinen kostenintensiven Etikettenschwindel betrieben haben. Wir vergewissern uns, dass unsere Organisation bereit ist, die nächsten selbstständigen Schritte in unserer Destination Agilität zu gehen, statt Traditionen und Machtgefüge der alten Welt in die neue zu schmuggeln, gut verpackt in Buzzwords und Powerpoints. Geben wir der Pseudo-Agilität auch auf den letzten Metern keine Chance, die agilen Werte zu unterwandern und stellen wir uns klar hinter deren Prinzipien. Leider passiert es sehr oft, dass genau jetzt alle Augen geschlossen werden. Mit der Begründung «wir sind doch jetzt agil», wird die entscheidende Verantwortung vermieden, die Transformation aus der Implementierung in die real gelebte Praxis nicht zur zu überführen, sondern kontinuierliche weiterzuleben und zu optimieren. Die Nachhaltigkeit steht und fällt dabei mit der Messung der effektiven Zielerreichung, an welcher sich die weitere Entwicklung des Systems ausrichtet. Was tun jedoch, wenn sich abzeichnet, dass die Veränderung auf sehr formale Art und Weise abgehakt werden soll und die gesamte Ankommens-Prozedur als unnötig übersprungen wird? In diesem Fall ist das Unternehmen nicht bereit, nochmals in die Evaluation zu gehen, das emotionale und handlungsbezogene Gepäck zu überprüfen. Wir scheuchen unsere Gäste möglichst schnell aus dem Flieger. Das Gepäck wird sorglos hingeworfen und die Passagiere überlassen wir ihrer eventuellen Selbstorganisation. Ein solches Vorgehen kann zur teuren Erkenntnis führen, dass hier ein Change praktiziert wurde, welche den tayloristischen Grundprinzipien des Top-down-Managements nach wie vor entspricht, nicht jedoch den Prinzipien der gewünschten Destination Agilität.

Maßnahmen zur Stabilisierung

- Wurden bestehende Rollen und Karrieremodelle bis jetzt nicht ausreichend an die agilen Anforderungen, z. B. Team- statt Einzelleistung, angepasst, gilt es diese nun zwingend gerade zu ziehen.
- Führungsprozesse müssen ausreichende Transparenz und Klarheit hinsichtlich der Einbindung dezentraler Entscheidungsprozesse aufweisen.
- Bestehende und neue Abhängigkeiten und Anforderungen, wie etwa die Auslagerung von Unterstützungsprozessen, muss mit den agilen Prozessen in Einklang gebracht werden.
- Abgestimmte Unterstützungsangebote, z. B. interne agile Coaches und Möglichkeiten für den Erfahrungsaustausch, müssen verfügbar gemacht werden, um die weiteren Entwicklungsschritte des Unternehmens zu fördern und Hilfe zur Selbsthilfe zu geben.
- Festhalten der Lernerfahrungen, die aus der Transformation gezogen werden können, um eine positive, lernorientierte Fehlerkultur zu verankern.

Erst wenn die Prüfung dieser Aspekte vollzogen wurde, macht es überhaupt Sinn, das System aus dem Transformationssetting komplett in den operativen Modus zu überführen. Insbesondere die Notwendigkeit der kontinuierlichen Weiterentwicklung muss vom Management akzeptiert und über die entsprechenden Impulse und Strategien gefördert und unterstützt werden.

Agilität beinhaltet die kontinuierliche Weiterentwicklung des Systems, indem die neu geschaffenen Komfortzonen erprobt, hinterfragt und angepasst werden.

Berater: Flucht oder eingenistet?

So manch teuer bezahlte Berater nutzt die Gunst der Stunde. Mit einem gemurmelten «nichts zu deklarieren» huschen sie rasch durch die Tür. Job erledigt, ein neuer Orden auf der Brust. Wer prüft schon, ob die Leistungen nachhaltig waren? Sie suchen die nächstbeste Gelegenheit, ihre nun noch glänzendere Professionalität mit einem weiteren Aushängeschild an den Mann oder die Frau zu bringen. Ob in diesem Fall das Unternehmenssystem tatsächlich befähigt wurde, wird ruhigen Gewissens dem Unternehmen überlassen. Selbstverständlich kann kein

Berater für den Erfolg der Transformation haftbar gemacht werden. Es darf nicht zwingend eine jahrelange Dauerbegleitung durch hochbezahlte Consultants angestrebt werden. Auch wenn diese sicher nicht abgeneigt wären und ein solcher Dauer-Service, unabhängig von der tatsächlichen Effizienz, in vielen Firmen gepflegt wird. Meine Erwartung an einen souveränen Berater ist jedoch, das Unternehmen darauf hinzuweisen, dass die Transformation auf den Boden gebracht und in das Daily-Business überführt werden muss. Ähnlich der Cabine-Crew, die bereits während dem Reiseflug die Zoll-Deklarationszettel verteilt, bereitwillig Auskunft gibt zu Einreisebestimmungen und Formalitäten.

Nach dem Ausstieg sollten wir nun in eine transparente Evaluation gehen, um festzustellen, welche Lehren gezogen werden können. Außer Spesen nichts gewesen? Was waren die Kosten und Verluste, was der Mehrwert? Ein weiteres Mal sei darauf hingewiesen, dass es nicht um Schuldzuweisungen geht. Doch mit diesen Fragen zum Abschluss einer organisatorischen Veränderung leiten wir die Verankerung des kontinuierlichen Lernens am eigenen Beispiel ein. Wir erkennen dabei auch, ob es uns gelungen ist, die Aspekte Business, Technik und Management zu motivieren, ein gemeinsames Mindset aufzubauen, in ein motivierendes und profitables Miteinander zu kommen. Haben wir unsere Silos während dem Flug tatsächlich aufgelöst und auf Value Streams ausgerichtet, mit Fokus auf das gemeinsame Ziel, die positive Entwicklung des Unternehmens? Wie wir gesehen haben, lässt sich eine agile Grundhaltung nicht garantieren, verordnen oder er-schulen, sondern muss im systemischen Feld und Umfeld schrittweise erarbeitet werden und für eine dauerhafte Weiterentwicklung konstant in Einklang mit Erfahrungen und Emotionen gebracht werden.

Und das können nur die Menschen der jeweiligen Bereiche selbst tun. Die Transformation hat die Leitplanken gesetzt, befähigt, ermöglicht. Doch, wie beim Ankommen nach einer Reise, ist es nun an den Menschen selbst zu laufen und die neue Umgebung zu entdecken. Wurden sie bis jetzt getragen und ständig an der Hand gehalten, fordert Agilität nun die Bereitschaft maßvoll Eigenverantwortung zu übernehmen. Das Management muss dafür die anspruchsvolle Balance zwischen Tragen der Gesamtverantwortung und Abgeben von Verantwortung konstant praktizieren. Dazu wird geleitet, angeleitet, unterstützt, ohne in traditionelle, tayloristische Handlungsmuster zurückzufallen. Es ist ein ständiger Spagat zwischen Fordern und Fördern, Antreiben und Bremsen, Führen und Loslassen und dabei die Gesamtsicht zu wahren.

> Es empfiehlt sich rechtzeitig die notwendigen Strukturen für systeminterne Unterstützungsleistungen bereitzustellen, z. B. durch Ansprechpartner, Schulungsangebote und Austauschplattformen.

9.3 Jetlag, Eingewöhnung, Weiterfliegen? – sesshaft werden im neuen Zuhause

Bei Langstreckenflügen ist oft mit als „Jetlag" bezeichneten Folgesymptomen zu rechnen. Wir haben den gewohnten Zeitrhythmus verlassen und tun uns schwer uns umzustellen. Die Folgen können Müdigkeit, Magenprobleme, Kopfschmerzen, Reizbarkeit und ausgeprägte Schlafstörungen sein. Wie stark jemand auf eine Zeitverschiebung reagiert, ist dabei sehr individuell. Manche stecken die Veränderung erstaunlich schnell weg, andere leiden tage- oder gar wochenlang darunter.

Ich finde den Vergleich Jetlag und Eingewöhnungsphase bei einer agilen Transformation sehr passend. Denn unser organisatorisches Klima hat sich nun massiv geändert. Die einen mögen sich gut darauf einstellen können und ein gesundes Maß an Robustheit diesbezüglich mitbringen. Andere kämpfen mit den Auswirkungen. Oftmals passiert es jedoch, dass diese Symptome von außen, aber auch von den Betroffenen selbst, als Ablehnung und Widerstand gegen die Agilität an sich interpretiert werden. Hier benötigen wir Verständnis und Vertrauen. Denn wir müssen uns eingewöhnen, Schritt für Schritt die neue Umgebung erkunden, herantasten, jetzt, da wir die Selbstorganisation entdecken dürfen. Und vielleicht müssen wir unseren Mitarbeitenden, aber auch uns selbst, erst einmal zugestehen, dass die Sonne zu Beginn etwas zu stark für unsere ungewohnten Augen ist und dunkle Sonnenbrillen aufsetzen. Denn je nach Konstitution, Position und Anforderungen tun wir uns schwer mit Symptomen wie Kopf-schmerzen, Veränderungsmüdigkeit und Desorientierung gleich in die Vollen zu gehen. Akzeptieren wir die Möglichkeit eines individuellen Jetlags, tun wir uns in der nächsten Phase der Veränderung, nach Kotter das «Make it stick», deutlich leichter.

> Schwierigkeiten mit der Anwendung agiler Prinzipien müssen weiter-hin als konstruktive Herausforderungen akzeptiert und gelöst, nicht ignoriert, missverstanden oder verharmlost werden, da dies zu einer unfairen Negierung der Verantwortung führen würde.

Wir sollten somit nicht den Fehler begehen, diese Symptome falsch zu deuten. Das Hamsterrad hat vermutlich nicht aufgehört zu drehen und die Erwartungshaltung ist leider oft auch in «agilen» Unternehmen, auf Kommando noch schneller, effizienter, ausdauernder zu rennen. Führe ich in einem Team agile Arbeitsweisen ein, ist es völlig normal davon auszugehen, dass die Geschwindigkeit zu Beginn ab-, nicht zu-nimmt, wie bei jeder neu gelernten Verhaltensweise. Hier gilt es Hand zu bieten und gemeinsam stabile Lösungen bereitzustellen.

Umgang mit Heimweh und Klimaunterverträglichkeit
Doch was tun, wenn das Heimweh zu groß wird und der Klima-wechsel einfach nicht vertragen wird? Erneut stehen wir vor Personal-entscheiden. Doch diesmal sollten wir dies in einem agilen Bewusstsein tun. Letztendlich geht es darum, dass die Basis bereit und motiviert ist, die Unternehmensziele in dieser Form zu unterstützen. Im agilen Mindset sind wir dabei auch bestrebt, jene zu unterstützen, die im neue ausgerichteten System keinen Match mehr haben. Wir werden mit ihnen gemeinsam Wege suchen, um entweder doch noch eine Akklimatisation zu erreichen oder, wenn dies tatsächlich nicht der richtige Weg ist, mit ihnen den für sie richtigen suchen. Obwohl hohe Lieder auf die Agilität gesungen werden, müssen wir akzeptieren und respektieren, dass die agilen Prinzipien und Arbeitsweisen nicht zu jedem passen, genauso wie sich nicht jeder Mensch physisch zum Langstreckenläufer eignet. Auch wenn dies mit dem Verlust der Person für die Organisation verbunden sein mag. Mitarbeitende, welche sich

beim Verlassen der Firma unterstützt und wertgeschätzt fühlen, bringen zwar ihre Fähigkeiten nicht mehr produktiv im Unternehmen ein, werden diesem aber sehr wohl ein gutes Arbeitszeugnis ausstellen. Und dies ist auf dem heutigen Arbeitsmarkt ein wesentlicher Erfolgsfaktor, wenn es darum geht, zukünftige Wissensarbeiter für die Firma zu rekrutieren, um bei den neuesten Technologien mithalten zu können.

> Mitarbeitende, welchen auch beim Verlassen des Unternehmens Wertschätzung entgegengebracht wird, sind ebenso Aushängeschilder desselben wie diejenigen, die bleiben.

Kontinuierliches Lernen

Auf der anderen Seite ist es mit dem Ausstieg aus dem Veränderungsprozess nicht getan. Ganz im Gegenteil. Es gilt die Frage zu beantworten, ob wir rückblickend freiwillig wieder in diesen Flieger einsteigen würden. Was sind unsere Learnings, was waren die Kosten, was der Ertrag? Die Transformation hat uns verändert. Wir leben nun im Bewusstsein und mit dem Anspruch des kontinuierlichen Lernens. Wir planen, setzen um, überprüfen, adaptieren fortlaufend. Wir folgen Regeln nicht mehr der Regel willen, sondern hinterfragen diese. Konstantes Lernen heißt dabei aber auch, sich selbst infrage stellen. Denn wir können letztendlich nur uns und unser eigenes Handeln verändern. Mit anderen können und sollen wir reflektieren, diskutieren, aber sie mit einem Minimum an «Rat-Schlägen» traktieren, welche vermutlich eher in Abwehrhaltungen resultieren werden.

> Zu den Erfolgsfaktoren einer agilen Transformation gehört auch das Eingestehen der Tatsache, dass sich nichts hartnäckiger hält als jahrelange Gewohnheiten und positive Verstärker der Vergangenheit.

Respektieren wir, dass diese nicht gelöscht werden können oder sollen, sondern wir sie als Erfahrungen nutzen wollen, um nicht gegen Dämonen zu kämpfen, sondern ihre Kraft konstruktiv einsetzen. So können Führungskräfte allmählich zu echten Coaches mutieren, statt sich als Pseudo-Coach und «Siebesiech[1]» auf die Schulter zu klopfen, weil sie schließlich wissen wie der Hase läuft und den anderen sagen, wie es geht. Dementsprechend sind auch die Prozesse nicht in Stein gemeißelt. Nun, da wir den Boden der Agilität betreten haben, erkunden wir Schritt für Schritt die Möglichkeiten. Jetzt, und erst jetzt sollten wir über Anpassungen, Customization der verwendeten Frameworks nachdenken.

Lust auf Mehr
Haben wir im System den Funken der Begeisterung und Partizipation wecken können, so müssen wir auch mit den Konsequenzen rechnen.

Agilität ist ansteckend Singuläre, isolierte Transformationen sind Utopien. Agilität wirkt auch bei partiellem Vorgehen auf die gesamte Organisation, auf das nähere oder weitere Umfeld, ob nun Human Ressource, Einkauf, Verkauf, Top Management. Die Frage des Erfolgs liegt nicht im jeweiligen Framework, sondern in der Bereitschaft, den Menschen im System zu sehen und zu erkennen, dass das Unternehmen selbst mit all seinen Sub-Systemen in konstanter Bewegung ist. Diese können wir gestalten oder uns weiter mit den symptomatischen Konsequenzen tieferliegender Root-Causes herumschlagen. Mit dem Wachsen eines agilen Mindsets ist unweigerlich das Messen, Bewerten und Hinterfragen des Status quo verbunden, das sich im kontinuierlichen Verbesserungsprozess manifestiert. So werden wir vielleicht an den internen Schnittstellen unsere Schwachstellen aufdecken und erkennen, dass weitere Bereiche es den agilen gleichtun und ihren Weg in die Agilität antreten sollten. Oder aber externe Einflussfaktoren zwingen uns zu Skalierungen, um den steigenden Abhängigkeiten vernetzter Systeme, Services und Produkte gerecht zu werden (Abb. 9.2).

---

[1] Schweiz, umgangssprachlich: Alleskönner, oft mit kritischer Note des Blendens und Prahlens verbunden.

Die schrittweise Evolution einer Organisation basiert auf den konstanten Wechselwirkungen des System im Innern und nach Außen.

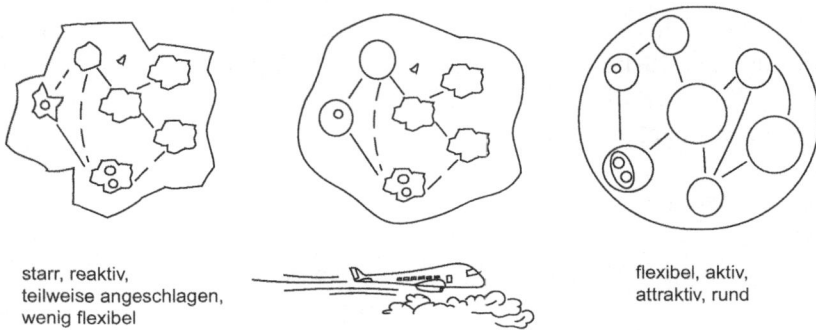

starr, reaktiv,
teilweise angeschlagen,
wenig flexibel

flexibel, aktiv,
attraktiv, rund

Abb. 9.2   Schrittweise Evolution des Unternehmenssystems

Exemplarische System-Evolution

- Initiale Einführung agiler Praktiken auf Projekt-Ebene über agiles Projektmanagement, z. B. mittels Scrum
- Erweiterung auf der operativen Bereichsebene durch Einbezug der mit den Projekten in Verbindung stehenden Teams, z. B. über die Einführung von bereichsübergreifenden Kanban-Systemen
- Wechsel von starrer Projekt- auf agile Produkt-/Sevicefinanzierungen, z. B. mit einem auf das Unternehmen angepassten DevOps[2]-Modus
- Erweiterung auf mehrere operative Bereiche, welche Wechselwirkungen und Abhängigkeiten haben, z. B. über einen skalierten Ansatz
- Erweiterung auf Unterstützungsbereiche, z. B. im HR-Bereich, um die Bedürfnisse agiler Arbeitsweisen über eine adaptierte Personalpolitik zu unterstützen
- Einbezug eines durchgängigen Management-Systems, das den agilen Praktiken Rechnung trägt, z. B. mittels Planungs- und Messinstrumenten zur Verbindung strategischer Zielsetzungen mit unterschiedlichem Zeithorizont

---

[2] Ansatz, um die Zusammenarbeit von Softwareentwicklung und IT-Betrieb zu verbessern.

Meine Empfehlung: Lasst uns das Abenteuer angehen und die Reise in die Agilität unternehmen, aber mit der richtigen Vorbereitung, überlegtem Kofferpacken, sodass wir schließlich eine saubere Landung im Land der Agilität hinbekommen. Und vielleicht hat der eine oder andere bereits Lust auf mehr bekommen und hält Ausschau, wo der nächste Flieger in die höhere Dimension als agiles Organisationssystem geht.

9.4   FLIGHTCHECK – Landung

Übersicht

☑ Check des agilen Reifegrads des Unternehmens.
☑ Aktive Stabilisierung und «Auf-den-Boden-Bringen» der Veränderung.
☑ Beenden des Veränderungsmodus.
☑ Nutzen der Restenergie zur Verankerung des kontinuierlichen Verbesserungsprozesses.
☑ Ressourcenorientierte Unterstützung und Begleitung des Systems und der Mitarbeitenden.
☑ Ausschau halten nach der nächsten Dimension der Agilität im System.

Weiterführende Literatur

Adams P (2017) Question thinking. dtv, München

Aholt G (2019) Unternehmenssteuerung mit KPIs und Kennzahlen: Denken Sie an die drei Ebenen! https://itelligencegroup.com/de/local-blog/unternehmenssteuerung-mit-kpis-und-kennzahlen-denken-sie-an-die-drei-ebenen/. Zugegriffen: 26. März 2021

Ballé M, Beauvallet G (2016) Le Management Lean. Pearson, Paris

Bendel O (2018) Digitalisierung. Gabler Wirtschaftslexikon. https://wirtschaftslexikon.gabler.de/definition/digitalisierung-54195. Zugegriffen: 03. Juni 2018

Berger M, Chalupsky J, Hartmann F (2008) Change Management – (Über-)Leben in Organisationen. Schmidt, Giessen

Birkenbihl V (2004) Kommunikation für Könner. Redline, Frankfurt

Brandes U, Gemmer P, Koschek H, Schültken L (2014) Management Y. Campus, Frankfurt

DeMarco T (1997) The deadline. Dorset House, New York

Derby E, Larsen D (2012) Agile retrospectives – making good teams great. Pragmatic Bookshelf, Dallas

Diehl A (2021) Objectives and Key Results (OKR) – Einführung in die OKR Methode. https://digitaleneuordnung.de/blog/okr-methode/. Zugegriffen: 26. März 2021

Diesbrock T (2011) Ihr Pferd ist tot? Steigen Sie ab! Campus, Frankfurt

Dobelli R (2017) Die Kunst des klaren Denkens. dtv, München

Fischer-Epe M, Reissmann M (2017) Coaching zu Führungsthemen. Rowohlt, Hamburg

Fischermanns D (2010) Praxishandbuch Prozessmanagement. Schmidt

Forgas J (2011) Soziale Interaktion und Kommunikation. Psychologie Verlags Union, Weinheim

Forward Intelligence Group (2020). Agile transformation domains. http://mybusinessagility.com/agile-transformation-domains/. Zugegriffen: 26 März 2020

Gadatsch A, Mayer E (2010) Masterkurs IT-Controlling. Vieweg + Teubner, Wiesbaden

Gloger B, Margetich J (2014) Das Scrum-Prinzip. Schäfer-Poeschel, Stuttgart

Goldratt E, Cox J (2010) Das Ziel. Campus, Frankfurt

Gorman T (2011) The complete idiot's guide to MBA basics. Alpha Books, New York

Grossmann R, Bauer G, Scala K (2015) Einführung in die systemische Organisationsentwicklung. Carl-Auer, Heidelberg

Hackl B, Gerpott F (2015) HR 2020 – Personalmanagement der Zukunft. Vahlen, München

Hanschke I, Giesinger G, Goetze D (2016) Business analyse. Hanser Fachbuch, München

Häusling A, Römer E, Zeppenfeld N (2018) Praxisbuch Agilität. Haufe Gruppe, Freiburg

Heringer H (2017) Interkulturelle Kommunikation. Franke, Tübingen

Hofert S (2016) Agiler führen. Springer Gabler, Wiesbaden

Höfler M, Bodingbauer D, Dolleschall H, Schwarenthorer F (2018) Abenteuer change management. Frankfurter Allgemeine Buch, Frankfurt

Hohm H-H (2006) Soziale Systeme, Kommunikation, Mensch. Juventa, Weinheim

Holzberg N (2016) Ovids Metamorphosen. Beck, München

IBBA International Institute of Business Analysis (2012) Leitfaden zur Business Analyse – IIBA BABOK Guide 2.0. Schmidt, Giessen

Institut für Angewandte Psychologie (2018) IAP Studie 2017. Zürcher Hochschule für Angewandte Wissenschaften (Hrsg) https://www.zhaw.ch/de/psychologie/institute/iap/iap-studie/. Zugegriffen: 01. Juni 2018

Jule A (2009) Teamentwicklung – Die Rolle des Teamleiters. GRIN

Kaltenecker S (2016) Selbstorganisierte Teams führen. dpunkt, Heidelberg

Kennedy O, Künzi M (2016) Full Potential Report. Cominmag, Enigma Lab. https://enigma.swiss/full-potential/report-2016-fp-analysis.pdf. Zugegriffen: 29. Mai 2020

Kim G, Behr K, Spafford G (2018) The phoenix project. O'Reilly, Sebastapol

Kleinoth C (2019) Top Trends in der Unternehmenssteuerung. https://www.valsight.de/blog/top-trends-in-der-unternehmenssteuerung/. Zugegriffen: 26. März 2021

Kotter J (2012) Leading change. Vahlen, München

Kotter J, Rathgeber H (2011) Das Pinguin-Prinzip. Droemer Knaur, München

Kowalski S (2014) Betriebliche Kennzahlen. Beck, München

Krech D, Crutchfield R (1992) Grundlagen der Psychologie. Beltz Psychologie Verlags Union, Weinheim

Kruse D P (2008) 8 Regeln für völligen Stillstand (nach P. Kruse). https://erfolgreich-projekte-leiten.de/8-regeln-fuer-voelligen-stillstand/. Zugegriffen: 25. März 2021

Kunow A (2017) Projekt Management & Business Coaching. Books on Demand

Laloux F (2017) Reinventing Organizations. Les Èditions Diateino, Paris

Leido P (2014) Lean & agile project management. Trafford

Leopold K (2018) Agilität neu denken. Leanability, Wien

Lombriser R, Abplanalp P (2010) Strategisches Management. Versus Verlag AG, Zürich

Lyonnet B (2015) Lean management. Dunod, Malakoff Cedex

Mann L (1999) Sozialpsychologie. Beltz, Weinheim

Marquet D (2015) Turn the ship around! Penguin

Marquet D (2020) Leadership is language. Penguin

Martin R (2020) Clean agile – back to basics. Pearson, Boston

Mathis C (2016) SAFe – Das Scaled Agile Framework. dpunkt, Heidelberg

Nowalski D (2019) Lean, Kanban et DMAIC. Maxima, Paris

Nowotny V (2018) Agile Unternehmen. Business Village, Göttingen

Olfert P (2010) Projektmanagement. NWB, Neckargemünd

Osterwalder A, Pigneur Y (2011) Business Modell – Nouvelle Génération. Pearson, Paris

Osterwalder A, Pigneur Y, Bernarda G, Smith A (2015) Value proposition design. Pearson, Paris

Pfetzing K, Rohde A (2009) Ganzheitliches Projektmanagement. Schmidt, Giessen

Pillet M (2013) Six sigma. Groupe Eyrolles, Paris

Röpstorff S, Wiechmann R (2016) Scrum in der Praxis. dpunkt, Heidelberg

Rosenberg M (2016) Gewaltfreie Kommunikation. Jungfermann, Paderborn

Sagmeister S (2016) Business culture design. Campus, Frankfurt

Schmidt P (2011) Organisatorische Grundbegriffe. Schmidt, Giessen

Schmidt DS (2021) Schwarmorganisation. https://www.schwarmorganisation. de. Zugegriffen: 30. März 2021

Schuldt C (2012) Systemtheorie. CEP Europäischer Verlagsanstalt, Hamburg

Schulz von Thun F (2013) Klarkommen mit sich selbst und anderen: Kommunikation und soziale Kompetenz. Rowohlt Taschenbuch, Hamburg

Schwarz T, Lindner A (2016) KATA – Verbesserung zur Routine machen. Hanser, München

Simon F (2013) Einführung in Systemtheorie und Konstruktivismus. Carl-Auer, Heidelberg

Strode DE, Huff SL, Tretiakov A (2009) The impact of organizational culture on agile method use. IEEE, Waikoloa

Stroebe W, Jonas K, Hewstone M (2003) Sozialpsychologie. Springer, Berlin

Süddeutsche Zeitung (2010) Studie zu Flugzeugunglücken. https://www.sueddeutsche.de/reise/studie-zu-flugzeugungluecken-die-landung-ist-am-gefaehrlichsten-1.241053#:~:text=Nach%20Darstellung%20von%20Experten%20sind,Fahrwerk%2C%20die%20Landeklappen%20und%20die. Zugegriffen: 28. März 2021

Summerer A, Maisberger P (2018) Teamwork agil gestalten. Hanser, München

UK Civil Aviation Authority (2013) Global Fatal Accident Review 2002 to 2011, CAP1036. https://www.caa.co.uk/Data-and-analysis/Safety-and-security/Analysis-reports/Global-fatal-accident-review/. Zugegriffen 25. März 2021

Vahs D, Weiand A (2010) Workbook change management. Schäfer-Poeschel, Stuttgart

Weber C, Preuss A (2006) Potentialorientiertes Coaching. Klett-Cotta, Stuttgart

Wegener R, Loebbert M, Fritze A (2014) Coaching-Praxisfelder – Forschung und Praxis im Dialog. Springer VS, Wiesbaden

Wirtz MA (2017) Dorsch – Lexikon der Psychologie. In: Hogrefe AG (Hrsg). https://dorsch.hogrefe.com. Zugegriffen: 28. März 2021

Würzburger T (2019) Die Agilitäts-Falle. Vahlen, München

Literaturverzeichnis

Adams P (2017) Question thinking. dtv, München

Aholt G (2019) Unternehmenssteuerung mit KPIs und Kennzahlen: Denken Sie an die drei Ebenen! https://itelligencegroup.com/de/local-blog/unternehmenssteuerung-mit-kpis-und-kennzahlen-denken-sie-an-die-drei-ebenen/. Zugegriffen: 26. März 2021

Ballé M, Beauvallet G (2016) Le Management Lean. Pearson, Paris

Bendel O (2018) Digitalisierung. Gabler Wirtschaftslexikon. https://wirtschaftslexikon.gabler.de/definition/digitalisierung-54195. Zugegriffen: 03. Juni 2018

Berger M, Chalupsky J, Hartmann F (2008) Change Management – (Über-) Leben in Organisationen. Schmidt, Giessen

BFU (Büro für Flugunfalluntersuchungen) (2001) Statisik über Flugunfälle von in der Schweiz immatrikulierten Luftfahrzeugen im In- und Ausland sowie von im Ausland immatrikulierten Luftfahrzeugen in der Schweiz. https://www.sust.admin.ch/inhalte/pdf/Jahresberichte_u._Statistiken/Statistik_2000.pdf. Zugegriffen: 26. März 2021

Birkenbihl V (2004) Kommunikation für Könner. Redline, Frankfurt

Brandes U, Gemmer P, Koschek H, Schültken L (2014) Management Y. Campus, Frankfurt

Bundesamt für Statistik (2017) Marktwirtschaftliche Unternehmen nach Wirtschaftsabteilungen und Grössenklasse. https://www.bfs.admin.ch/bfs/de/

home/statistiken/industrie-dienstleistungen/unternehmen-beschaeftigte/
wirtschaftsstruktur-unternehmen.assetdetail.3202074.html. Zugegriffen: 01. Juni 2018

Bundesamt für Statistik (2018) Konkursverfahren nach Kanton – 1994–2017. https://www.bfs.admin.ch/bfs/de/home/statistiken/industrie-dienstleistungen/unternehmen-beschaeftigte.assetdetail.4642607.html Zugegriffen: 01. Juni 01 2018

DeMarco T (1997) The deadline. Dorset House, New York

Derby E, Larsen D (2012) Agile retrospectives – making good teams great. Pragmatic Bookshelf, Dallas

Diehl A (2021) Objectives and Key Results (OKR) – Einführung in die OKR Methode. https://digitaleneuordnung.de/blog/okr-methode/. Zugegriffen: 26. März 2021

Diesbrock T (2011) Ihr Pferd ist tot? Steigen Sie ab! Campus, Frankfurt

Dobelli R (2017) Die Kunst des klaren Denkens, dtv Verlagsgesellschaft mbH & Co.KG, München

Fischer-Epe M, Reissmann M (2017) Coaching zu Führungsthemen. Rowohlt, Hamburg

Fischermanns D (2010) Praxishandbuch Prozessmanagement. Schmidt, Giessen

Forgas J (2011) Soziale Interaktion und Kommunikation. Psychologie Verlags Union, Weinheim

Forward Intelligence Group (2020). Agile Transformation Domains. http://mybusinessagility.com/agile-transformation-domains/. Zugegriffen: 26 März 2020

Gadatsch A, Mayer E (2010) Masterkurs IT-Controlling. Vieweg + Teubner, Wiesbaden

Gloger B, Margetich J (2014) Das Scrum-Prinzip. Schäfer-Poeschel, Stuttgart

Goldratt E, Cox J (2010) Das Ziel. Campus, Frankfurt

Gorman T (2011) The complete idiot's guide to MBA basics. Alpha Books, New York

Grossmann R, Bauer G, Scala K (2015) Einführung in die systemische Organisationsentwicklung. Carl-Auer, Heidelberg

Hackl B, Gerpott F (2015) HR 2020 – Personalmanagement der Zukunft. Vahlen, München

Hanschke I, Giesinger G, Goetze D (2016) Business analyse. Hanser Fachbuch, München

Häusling A, Römer E, Zeppenfeld N (2018) Praxisbuch Agilität. Haufe Gruppe, Freiburg

Heringer H (2017) Interkulturelle Kommunikation. Franke, Tübingen

Hofert S (2016) Agiler führen. Springer Gabler, Wiesbaden

Höfler M, Bodingbauer D, Dolleschall H, Schwarenthorer F (2018) Abenteuer change management. Frankfurter Allgemeine Buch, Frankfurt

Hohm H-H (2006) Soziale Systeme, Kommunikation, Mensch. Juventa, Weinheim

Holzberg N (2016) Ovids Metamorphosen. Beck, München

IBBA International Institute of Business Analysis (2012) Leitfaden zur Business Analyse – IIBA BABOK Guide 2.0. Schmidt, Giessen

Institut für Angewandte Psychologie (2018) IAP Studie 2017. Zürcher Hochschule für Angewandte Wissenschaften (Hrsg) https://www.zhaw.ch/de/psychologie/institute/iap/iap-studie/. Zugegriffen: 01. Juni 2018

Jule A (2009) Teamentwicklung – Die Rolle des Teamleiters. GRIN

Kaltenecker S (2016) Selbstorganisierte Teams führen. dpunkt, Heidelberg

Kennedy O, Künzi M (2016) Full potential report. Cominmag, Enigma Lab. https://enigma.swiss/full-potential/report-2016-fp-analysis.pdf. Zugegriffen: 29. Mai 2020

Kim G, Behr K, Spafford G (2018) The phoenix project. O'Reilly, Sebastapol

Kleinoth C (2019) Top Trends in der Unternehmenssteuerung. https://www.valsight.de/blog/top-trends-in-der-unternehmenssteuerung/. Zugegriffen: 26. März 2021

Kotter J, Rathgeber H (2011) Das Pinguin-Prinzip. Droemer Knaur, München

Kotter J (2012) Leading change. Vahlen, München

Kowalski S (2014) Betriebliche Kennzahlen. Beck, München

Krech D, Crutchfield R (1992) Grundlagen der Psychologie. Beltz Psychologie Verlags Union, Weinheim

Kruse D P (2008) 8 Regeln für völligen Stillstand (nach P. Kruse). https://erfolgreich-projekte-leiten.de/8-regeln-fuer-voelligen-stillstand/. Zugegriffen: 25. März 2021

Kunow A (2017) Projekt Management & Business Coaching. Books on Demand

Laloux F (2017) Reinventing Organizations. Les Èditions Diateino, Paris

Leido P (2014) Lean & agile project management. Trafford

Leopold K (2018) Agilität neu denken. Leanability, Wien

Lombriser R, Abplanalp P (2010) Strategisches Management. Versus Verlag AG, Zürich

Lyonnet B (2015) Lean management. Dunod, Malakoff Cedex

Mann L (1999) Sozialpsychologie. Beltz, Weinheim

Marquet D (2015) Turn the ship around! Penguin

Marquet D (2020) Leadership is language. Penguin

Martin R (2020) Clean agile – back to basics. Pearson, Boston

Mathis C (2016) SAFe – Das Scaled Agile Framework. dpunkt, Heidelberg

Nowalski D (2019) Lean, Kanban et DMAIC. Maxima, Paris

Nowotny V (2018) Agile Unternehmen. Business Village, Göttingen

Olfert P (2010) Projektmanagement. NWB, Neckargemünd

Osterwalder A, Pigneur Y (2011) Business Modell – Nouvelle Génération. Pearson, Paris

Osterwalder A, Pigneur Y, Bernarda G, Smith A (2015) Value proposition design. Pearson, Paris

Pfetzing K, Rohde A (2009) Ganzheitliches Projektmanagement. Schmidt, Giessen

Pillet M (2013) Six sigma. Groupe Eyrolles, Paris

Röpstorff S, Wiechmann R (2016) Scrum in der Praxis. dpunkt, Heidelberg

Rosenberg M (2016) Gewaltfreie Kommunikation. Jungfermann, Paderborn

Sagmeister S (2016) Business culture design. Campus, Frankfurt

Schmidt DS (2021) Schwarmorganisation. https://www.schwarmorganisation. de. Zugegriffen: 30. März 2021

Schmidt P (2011) Organisatorische Grundbegriffe. Schmidt, Giessen

Schuldt C (2012) Systemtheorie. CEP Europäischer Verlagsanstalt, Hamburg

Schulz von Thun F (2013) Klarkommen mit sich selbst und anderen: Kommunikation und soziale Kompetenz. Rowohlt Taschenbuch, Hamburg

Schwarz T, Lindner A (2016) KATA – Verbesserung zur Routine machen. Hanser, München

Simon F (2013) Einführung in Systemtheorie und Konstruktivismus. Carl-Auer, Heidelberg

Strode DE, Huff SL, Tretiakov A (2009) The impact of organizational culture on agile method use. IEEE, Waikoloa

Stroebe W, Jonas K, Hewstone M (2003) Sozialpsychologie. Springer, Berlin

Süddeutsche Zeitung (2010) Studie zu Flugzeugunglücken. https://www. sueddeutsche.de/reise/studie-zu-flugzeugungluecken-die-landung-ist-am-gefaehrlichsten-1.241053#:~:text=Nach%20Darstellung%20von%20 Experten%20sind,Fahrwerk%2C%20die%20Landeklappen%20und%20 die. Zugegriffen: 28. März 2021

Summerer A, Maisberger P (2018) Teamwork agil gestalten. Hanser, München

UK Civil Aviation Authority (2013) Global Fatal Accident Review 2002 to 2011, CAP1036. https://www.caa.co.uk/Data-and-analysis/Safety-and-security/Analysis-reports/Global-fatal-accident-review/. Zugegriffen 25. März 2021

Vahs D, Weiand A (2010) Workbook change management. Schäfer-Poeschel, Stuttgart

Weber C, Preuss A (2006) Potentialorientiertes Coaching. Klett-Cotta, Stuttgart

Wegener R, Loebbert M, Fritze A (2014) Coaching-Praxisfelder – Forschung und Praxis im Dialog. Springer VS, Wiesbaden

Wirtz MA (2017) Dorsch – Lexikon der Psychologie. In: Hogrefe AG (Hrsg). https://dorsch.hogrefe.com. Zugegriffen: 28. März 2021

Würzburger T (2019) Die Agilitäts-Falle. Vahlen, München

The manufacturer's authorised representative in the EU is Springer
Nature Customer Service Centre GmbH, Europaplatz 3, 69115 Heidelberg,
Germany. If you have any concerns regarding our products, please
contact ProductSafety@springernature.com

Printed and bound by CPI Group (UK) Ltd, Croydon, CR0 4YY
24/04/2026
02096335-0008